U0126728

後新儒家

與現代之後

林安梧教授回甲誌慶

學術論集

元亨書院 編

學生書局 發行

2016 年 1 月 9 日後新儒學與現代之後學術會議 林安梧教授

左起林柏宏博士、林安梧教授伉儷、林教授二公子林蘋

林教授及夫人會後與書院同仁合影

後新儒學與現代之後學術會議一景

後新儒學與現代之後學術會議林教授與書院同仁合影

「後新儒學」與「現代之後」學術研討會
林安梧教授回甲學術會

後新儒學與現代之後學術會議團體照

承續儒家慧命 宗教

朱元晦與張南軒 城南
唱和詩 於民國一百零
五年之後新儒學與現
代之後研討會前夕
寫贈林安梧凡與會
諸君 寄託中長吟伐木
篇之雅意 新儒學永昌

賴賢宗教授題字

安哲元亨新道範

格林慈濟大宗師

林教授安格學長弈甲壽慶識賀

丙申元宵節前夕　屯仁　賴賢三　書聯

賴貴三教授題字

編者序

　　「後新儒學」是林安梧教授在一九九三年提出的概念。藉由反省儒學實踐論的缺失，對比傳統儒學、當代新儒學的實踐立足點的不同，並提出應重新開啟儒學新的實踐概念。以其在時序上繼當代新儒學之後，故稱為「後新儒學」。此所謂後，並非只是接續當代新儒學的體系，更重視批判的繼承與創造的發展。他強調必須審視整個當代新儒學發展的路向，調整與轉進。也就是說，儒學必須重新面對當代，意識到新的危機與課題。過去為了克服整個當代中華民族的意識危機，當代新儒學完成了「重建道德形上學」之使命，牟宗三先生結穴成丹，以「智的直覺」為核心締建「兩層存有論」，樹立了當代新儒學的高峰。然其高揚道德主體性，卻可能窄化了儒學多元發展的向度。林教授認為這裡必須有新的理論系統的轉折。他將牟先生的哲學系統視為重要的里程碑，以「牟先生之後」做為嶄新的起點提出「後新儒學」，由此繼志述事，自覺地展開理論系統上的轉折。此種理論系統的轉折，是以「存有三態論」的提出為標誌。

　　林教授提到：「這樣的嶄新起點『是一轉折，是一迴返，是一承繼，是一批判，是一發展』。他總的來說是從『兩層存有論』到『存有三態論』的發展，是從『新儒學』到『後新儒學』的一個轉向。」[1] 雖然「後新儒學」在理論系統上是針對牟先生「兩層存有論」的反省，但是林教授也強調：後新儒學的「後」，並非如「後現代」的「後」，是以否定的意義居多，他的目的並非要瓦解原先的體系而是一種繼續往前的思考。省察問題意識的改

---

[1]　林安梧：《牟宗三前後：當代新儒家哲學思想史論》序言（臺北：臺灣學生書局，2011 年 9 月），頁Ⅷ。

變，發展理論系統的轉折，開啟儒學新的轉向，這就是林安梧教授二十多年來致力的「後新儒學之路」。開啟這條道路的任務，是艱困而必要的。林教授提到：

> 「後新儒學」其實要去開啟的活動是繁重而巨大的。更為重要的是，他必須去審視整個當代新儒家的發展路向，重新調整、轉進；一方面去釐清原先老儒家與血緣的、宗法的、專制的、咒術的社會之關係，另方面則須正視在市民的、契約的、現代的、開放的社會裡，儒學傳統如何釋放出其原先的意義系統，參與交談、辯證。再者，更為重要的是，後新儒學則必須去面對現代性所帶來之種種異化以及病痛，展開一文化的批判與意義的治療，進而前瞻現代化之後人類文明的可能發展。[2]

後新儒學必須面對三個課題：1 釐清傳統儒家與社會之關係。2 面對現代社會，儒學傳統如何釋放意義。3 面對現代化之後，種種異化及病痛如何展開批判與治療。處在當今現代化之後的社會，儒學要繼續生根發展進而花榮滋長，必須重新審視自身的特質應當如何表現在現代社會中，因此他必須展開自我的批判繼承及創造性的轉化。這樣的問題意識，是以當代新儒學為基礎，進一步將審視的重點從「心性論」轉向到「哲學人類學」式的理解。也就是說，必須更加重視物質性的理解，將人從道德的形而上學的高度，拉回到與具體的生活世界、歷史社會總體相關聯的視域，以此來思考傳統儒學的問題與病痛，如此才能真正有所理解並且進一步解開。在這樣的基礎上，儒學才能真正坦然的面對現代化之後的社會，迎接新的任務。對比於傳統儒學與當代新儒學，林教授指出了後新儒學的實踐向度：

---

[2]　林安梧：《儒學轉向：從「新儒學」到「後新儒學」的過渡》〈自序——儒學轉向：從「新儒學」到「後新儒學」的過渡〉（臺北：臺灣學生書局，2006 年 2 月初版），頁 V。

　　後新儒學強調：「社會正義為核心的儒學」，不再是以「家族宗法為核心的儒學」；是以「意義治療為核心的思考」，不是以「心性修養為核心的思考」；是以「文化批判為核心的儒學思考」，不是以「人文建構為核心的儒學思考」；這是以「萬物並作、多元互動、儒道佛及其他東西文明互動」的「交談性思考」，不是以「一統江湖、儒家主流、道家支流、佛教為外來」的「主宰性思考」。[3]

　　面對現代化之後的社會，儒學必須學習重新定位自我的角色。在多元文化的社會中，它依然可以表現其積極入世的社會關懷。它必須學習跟其他的文明合作，共同面對現代性所帶來之種種異化以及病痛。在公民社會中探尋對「心性修養」與「社會正義」有恰當衡定的「新外王」；在工具理性高張的現代文明中面對生命的異化，透過儒家型的「意義治療」來尋找人如何「安身立命」的可能；面對話語系統的紛雜多音，儒家不再只是藉由人文建構來彰顯價值理性，而是要展開「文化批判」來展現其思想的活力；最重要的是，必須放下主宰性思考，以「交談性思考」學習與其他文明互動、融通。

　　「後新儒學」是儒學面對當下之情境，審視其自身歷史發展而必然提出的「轉向」；「現代化之後」，則是考驗儒學思想活力的重要舞台。這正是林教授念茲在茲的後新儒學之路，就某方面來說，仍是接續著當代新儒學「返本開新」的志業。二零一六年元月，適逢林教授耳順之年，元亨書院創立八年之際，門人弟子，欲書論心得，各陳已志，思以勉學，敬賀恩師。先於一年前以網路群組發起討論，由王慧茹、廖崇斐、李宗定分別串連北、中、南同門師友並規劃活動，後由書院執行長廖崇斐偕師友共同執行，擇訂元月九日，假國立中興大學人文大樓一樓，舉辦「後新儒學與現代之後——林安梧教授回甲學術會議」。是日雖為學術會議，計有來自臺北大學、中央大學、中興大學、逢甲大學、臺中科技大學、僑光科技大學、實踐大學……各校師生參與，更有正和書院、景行書院、人文傳習書院、全球讀經基金

---

[3]　林安梧：《牟宗三前後——當代新儒家哲學思想史論》序言，頁VIII。

會、楊太極武藝協會……等民間師友前來襄贊，直至閉幕儀式，仍有百人留下合影，彷彿重現傳統書院講學盛況。王慧茹博士有會議側記，收於本書附錄中。

「甲」者天干之首，象徵陽氣萌動，草木生發。「回甲」一名，除了標誌對林教授學思歷程的回顧，更提醒門人弟子當繼續生長學問，以「承天命、繼道統、敦人倫、傳斯文」為志，開啟儒學的未來之路。此次會議，始於師友發心，間有同道襄助，終於圓滿成功，乃吾師之馨德所致，能得四方善緣，引領書院同仁，集綿薄之力，堅持永恆之志業。於是師友倡議將論文集結出版，以為永誌。本論集除收錄當天由學者專家以及門人弟子發表的十四篇論文外，另增七篇論文與兩篇附錄，共收錄文章二十三篇，分列為六單元：其一，「轉折、迴返、承繼、批判、發展：後新儒學的開啟」，對後新儒學的理論體系與思想意義，提供較整體的理解；其二，「存有三態與生活世界：哲學關懷與理論建構」，深入探討林教授的理論核心──「存有三態論」，對比與牟先生理論結構之異同；其三，「乾坤並建與兩端一致：儒學的詮釋與開展」、其四，「自然場域與意義治療：林安梧先生對道家的闡析與發微」，分別論述林教授對儒家與道家思想的理解，涉及人性論、詮釋學、意義治療等諸多向度的思考。其五，「不離生活世界的哲學思考：林安梧先生的現實關懷」，強調後新儒學重視的「場域」的思考，乃是由人參與其中所構成的，它不只是俗世的生活世界，更隱含一根源性的創造意義。「附錄」為研討會當天之側記，並收錄賴賢宗教授與談文章及賀詞。

本論集的編纂，當感謝元亨書院同仁與賴賢宗教授的大力支持。並有海峽對岸：王磊先生、張小星先生、楊生照教授、陳治國教授、程志華教授等師友移書襄贊，為論集增添光彩。本書由臺灣學生書局協助出版，在此並致謝悃。願所有關懷中華文化，關心儒學實踐的同道，為人類文明之發展共盡心力。

──歲次丁酉，孔子紀元 2568 年（西元 2017 年）

冬月 廖崇斐 誌於臺中元亨書院──

後新儒家與現代之後
——林安梧教授回甲誌慶學術論集

目 次

從「血緣性縱貫軸」到「道的錯置」
——論林安梧「後新儒學」思想的切入點

楊生照[*]

摘　要

　　現代新儒家的產生和發展，是二十世紀的偉大事件之一。他們在中國傳統文化、特別是儒家文化受到毀滅性打擊而岌岌可危的時候挺身而出，「從體系性的建構到文獻的耙疏、整理、構造，以及哲學史上的探討，都有相當高的成就」，[1]為重建儒學、傳承中國文化作出了不可磨滅的貢獻。然而有學者說，隨著牟宗三先生的去世，現代新儒家的發展也就基本結束了。但是，在我看來，現代新儒家的發展還遠沒有結束。作為牟先生晚年的傑出弟子，林安梧先生提出的「後新儒學」思想，可以說是現代新儒家在當代繼續探索發展的一個見證。林安梧不僅秉承了現代新儒家前輩學者的傳統，致力於儒學在現代社會中的「返本開新」的創造性轉化，並且為我們提供了一個新穎的視角與思維向度，也為「儒學革命」提供了一個新的「可能的方向」。[2]

　　本文無力展開對林安梧整個「後新儒學」體系建構的全面研究，[3]而只是對「後新儒學」建構的思想切入點的一種考察。這個切入點，就是從中國傳統社會生活的「血緣性的縱貫軸」到「道的錯置」的一種連貫分析。在本文中，筆者將就「後新儒學」這一切入點中的某些思想觀念提出若干問題，儘管未必有能力回答這些問題，然聊以自慰者，或許這些問題的提出本身就是一種有意義的思考。

關鍵詞：後新儒學　血緣性縱貫軸　道的錯置

---

[*]　中國海洋大學社會科學部講師。
[1]　林安梧：〈John Makeham 訪談林安梧論「新儒學」與「後新儒學」（之一）〉。
[2]　林安梧：〈儒學革命——一種可能的方向〉。
[3]　就「後新儒學」的體系建構來說，林安梧先生本人也還在不斷地探索和逐步的展開過程之中。

一、引論：「後新儒學」的提出

1995 年，現代新儒學一代大師牟宗三先生在臺灣仙逝。但是，牟先生的辭世並不代表現代新儒學發展的停滯，相反，從港臺到大陸，都已經有人在思考整個儒學的繼續發展問題。在 1995 年底的第四屆當代新儒學國際會議上，林安梧提出了「牟宗三先生之後：護教的新儒學與批判的新儒學」的論題。[4]林安梧認為，在牟先生之後的現代新儒學的發展：

> 大概分兩個向度在走，一個基本上是繼續著牟宗三先生原來所建構的那個哲學結構而繼續往前發展。這個繼續的往前發展，就把它叫做「護教的新儒學」，維護牟宗三先生基本的理論系統。另一個稱之為「批判的新儒學」。……「批判的新儒學」基本上是對牟宗三先生的系統作一個歷史的回溯之後，給予一個分判。這個分判是想把牟宗三先生過世的那一年，當成一個以牟宗三系統來講的新儒學的一個轉捩點。[5]

林安梧「後新儒學」的提法，就是在這樣的思想論題的背景之下應運而生的：這個「後新儒學」，就屬於「批判的新儒學」的向度，即是現代新儒學在牟宗三之後繼續發展的一個「轉捩點」。

（一）「後新儒學」之為「儒學」

在「後新儒學」這個稱謂中，所謂「後新」只是它的修飾語，它的中心語還在「儒學」。這就是說，「後新儒學」並不是作為一個孤立的、不與其它任何理論體系發生聯繫的哲學體系而被提出的，相反，「後新儒學」的提出是有所承，有所統的。其「有所承」者，是說「後新儒學」不僅直接緊承

4　林安梧：〈解開「道的錯置」──兼及於「良知的自我坎陷」的一些思考〉。

5　林安梧：〈John Makeham 訪談林安梧論「新儒學」與「後新儒學」（之一）〉。

著現代新儒家的問題意識及其理論思考，而且也因此而承繼著傳統的「老」儒家的問題意識及其思考；這也就是「統」，而其「有所統」者，在我看來，在某種意義上就是儒家「道統」。

我們知道，自韓愈以來，儒家就明確提出了自己的「道統」觀念[6]，認為儒家有一個自堯舜禹湯文武周公而降、直至孔孟的道統傳承；而後「濂洛關閩」及陸王等人也相繼被列入此道統傳承之中。然而，對於以梁漱溟、熊十力、徐復觀、唐君毅、牟宗三等人為代表的現代新儒家，至今好像還沒有人正式提出把他們列入繼宋明諸儒以後的新的道統傳承者。不過，在我看來，牟宗三先生提出的「儒學第三期發展」之說，在某種意義上也就是把現代新儒家列為了新的道統傳承者。那麼，作為現代新儒學理論系統之「轉出」、從而實現儒學之最新發展的「後新儒學」，也必定是承繼著此一貫之「道統」來的。

這就是說，「後新儒學」乃是「儒學」。其實，沒有任何一個思想體系是可以被完全孤立地提出的，而必定是有所承，有所統的。「後新儒學」的問題意識，其實就是整個儒家哲學、乃至整個中國哲學的問題意識，其核心問題是：天人之際問題，以及由天人之際問題而展開的物我之際問題、人己之際問題。當然，中西哲學中都有所謂「天人」問題，但是，中國文化、儒家思想中的「天」和西方文化中的那個超越的至上的人格神「上帝」是本質不同的。在儒家思想中，所謂的「天」應該是指的宇宙間萬物的「共在」狀態——宇宙萬物的共同「化生」、「自身被給予」。

現代新儒學作為儒學的新開展，雖然是「儒家的一種現代性言說」（黃玉順教授語），但它仍然沒有離開儒家的「天人之際」這個核心問題。林安梧說：

> 人生於天地之間，最為根本的幾個面向是：天人、物我、人己；就這

6　儒家「道統」觀念在此之前就是存在的，甚至可以追溯到孔子那裡；但首次明確提出這個觀念的，則是韓愈的〈原道〉。

三個面向而言，「天人之際」處理的是人與冥冥中的絕對者（神）之關係之問題，「物我之別」處理的是人與外界存在事物的關係之問題，「人己之間」處理的是人與人及人群間的問題。就這三個問題而言，又以「天、人」的關係最為重要，它對於另外兩者具有決定性的影響。或者更恰當的說，這三者是關聯成一體的，「天人之際」的問題很可能即是「人己之間」及「物我之別」等問題之投影。[7]

林安梧的「後新儒學」也同樣如此：一切都是由此「天人之際」問題來貫通而展開的。

（二）「後新儒學」之為「新」

在「後新儒學」中，「新」是「儒學」的第一個修飾語：它是儒學，但它是一種「新儒學」。

我們知道，「新儒學」一詞最初是指的宋明理學，是為了把他們與先秦的原始儒家相區分。當然，所謂「區分」，正如前面所說，並不是、也不可能把兩者完全孤立開來；然而，這種區分是必要的。這涉及到儒學的「發展」問題：時代在發展變化，相應地，儒者們所面對的問題也在發展變化，因而，他們應對處理問題的方式也會有所發展變化。宋明新儒學與先秦原始儒家之間就是這樣一種繼承而發展關係上的區分。而現代新儒學與宋明新儒學之間，同樣存在著這樣的區分。

就現代新儒學而言，人們又把它區分為三代：以梁漱溟、熊十力為代表的是第一代，以徐復觀、唐君毅、牟宗三等人等為代表的是第二代，而「牟宗三之後」的杜維明、林安梧等人屬於第三代。從此我們可以看出，林安梧的「後新儒學」，正如他自己所說的，是由牟宗三哲學系統「轉出」而來的，也就是現代新儒學的嫡傳，這就是說，「後新儒學」也屬於現代「新儒學」。但是，這種「轉出」還具有另外一層意義，在這種意義上，「後新儒

7　林安梧：〈「絕地天之通」與「巴別塔」——中西宗教的一個對比切入點的展開〉。

學」即使對於現代新儒學來說也是「新」的，所以才被命名為「後」新儒學。

（三）「後新儒學」之為「後」

正是由於這種「轉出」、「轉折」，「後新儒學」不僅是「新儒學」，而且是「後」新儒學。我以為，「後新儒學」之「後」有兩層意思：一是時間上的「後」，是指牟先生逝世以後的儒學新開展，這意味著對牟宗三等現代新儒學的創造成果的一種繼承，表明林安梧「後新儒學」並非絲毫沒有他所說的「護教的新儒學」的意味；二是一種發展、超越意義上的「後」，這意味著對牟宗三等現代新儒學的成果的一種「批判」，也就是林安梧所說的「批判的新儒學」。

我更傾向於在第二層意義上理解，即在一種批判的、超越的意義上來理解。林安梧也確實是更多地在這個意義上講「後新儒學」的，「後新儒學」本身強調的就是清楚地意識到從現代新儒學的「轉出」，是在牟宗三哲學的理論系統的基礎上提出的一種「轉折」性的思考，強調要對現代新儒學前輩作出一種批判的繼承，而這種批判本身就意味著一種超越。

這裡關於「超越」的意義，我願取成中英先生的說法：

> 「合內外之道」融合內外為一體的自我超越。──超越作為一種活動可以是超越者和被超越者合而為一的進程，也就是把超越看成一種個體或思想的自身轉化活動。超越也就可以看成事物或思想自身向一新的狀態或境界轉化的進程。……我們無法想像本體意義上絕對的斷裂的外在超越而必須把超越與被超越看作存在整體的界定與延伸，進而把超越者與被超越者看成一個存在整體的內在運動，形成一個互通互動與互化的整體活動，此即其所謂的本體詮釋圓圈（ontohermenutical circle）的性質。在這意義下，所謂超越就具有提升擴大的意義。超越者在一定意義下包含了被超越者，甚至可以用來說明被超越者。而被超越者可以與超越者建立一定的溝通管道。這是個體的自身自力轉化

與思想的自我辯證性的（經過否定與對否定的融合）轉化，仍可與其被超越的狀態與境界形成一種歷史性的回顧並從其中獲取教訓作為再超越走向更高明的境界的憑藉。在這個意義下，我們也可以說超越是一種更新，是在時間中的一種向廣大與精微發展以提升自我的更新與創新。湯銘言：「苟日新，又日新，日日新」主指在表明一個思想對廣大精微高明與中庸的追求，而此追求則是要與時俱行的。[8]

從先秦的原始儒學到後來的宋明儒學、到現代新儒學、再到當代的「後新儒學」，這一系列的發展正是儒學作為一個思想觀念整體自身不斷的「與時俱行」，這是向著廣大精微高明中庸的「合內外之道」的自我超越的追求。在這種意義上，「後新儒學」乃是「後」新儒學。

　　但我們知道，在當代思想界，「超越」這個詞語有著兩種截然不同的用法。一種是傳統的形而上學存在論的用法。例如在宗教形而上學中，「上帝」就是超越的；在哲學形而上學中，「本體」就是超越的。胡塞爾儘管對「超越的」（transzendent）和「先驗的」（transzendental）作出了區分，但他的現象學還是形而上學的。牟宗三先生「道德形上學」當中的「超越」，也是這樣的一種形而上學的「超越」觀念。另一種「超越」則是海德格爾「基礎存在論」（Fundamentalontologie）的用法，這種「超越」觀念恰恰意味著是對傳統形而上學進行「解構」的企圖。他對傳統形而上學的「超越」觀念進行了批判：

　　「存在」的「普遍性」不是族類上的普遍性。如果存在者在概念上是依照類和種屬來區分和聯繫的話，那麼「存在」卻並不是對存在者的最高領域的界定；存在不是類。存在的「普遍性」超乎一切族類上的普遍性。按照中世紀存在論的術語，「存在」是「transcendens（超越

8　成中英：〈當代新儒學與新儒家的自我超越——一個致廣大與盡精微的追求〉，參見氏著《合外內之道——儒家哲學論》，第 398-412 頁。

者）」。亞里斯多德已經把這個超越的「普遍（者）」的統一性視為類比的統一性，以與關乎實事的最高族類概念的多樣性相對照。……黑格爾最終把「存在」規定為「無規定性的直接性」並且以這一規定來奠定他的《邏輯學》中所有更進一步的範疇闡述，在這一點上，他與古代存在論保持著相同的眼界。[9]

托瑪斯從事的工作是推導出諸超越性質：存在的某些性質超出存在者的一切可能的關乎實事而可能歸類的規定性之外，超出一切 modus specialis entis（存在者的特殊式樣）之外，同時卻又是無論什麼東西都必然具備的。[10]

海德格爾自己的「超越」觀念則是指的「此在」（Dasein）的「去存在」（Zu-sein）：從被拋的「所是」向本真的「能在」的超越。[11]這本身就是對形而上學觀念的超越。

這個問題，與「後－」這個詞語的用法是有著密切關係的。

我們知道，「後－」的一種用法是從西語「meta-」迻譯過來的，並且，它與「形而上學」密切相關。「形而上學」一詞最早的意思就是「物理學之後」——metaphysics，這裡的首碼 meta- 是指「在……之後」，本來是指的對亞里斯多德著作的編排方式：把哲學著作編排在其物理學著作之後。但是，這個名詞後來獲得了一種哲學的意義。海德格爾認為，「這個名稱源出於希臘文 τα μξτα φνσικα。這個稀奇的名稱後來被解釋成 μξτα-trans-（超出）在者整體的追問的名稱。形而上學就是超出在者之上的追問，以求返回來對這樣的在者整體獲得理解。」[12]然而按照海德格爾的思想，「形而上

---

[9]　海德格爾：《存在與時間》，第 4 頁。

[10]　海德格爾：《存在與時間》，第 17 頁。

[11]　黃玉順：〈儒學的生存論視域〉，載於《中華文化論壇》2004 年第 2 期。

[12]　海德格爾：〈形而上學是什麼？〉，熊偉主編：《存在主義哲學資料選輯》，上卷，第 243-260 頁。

學」及這個「後－」是一種應該被「解構」的觀念，因為這種觀念意味著「存在的遺忘」，它雖然「超出在者之上」而對「在者整體獲得理解」，但仍然只是對「在者」而非「存在」本身的思考。

此外，「後－」還有另外一種用法，也是從西語當中迻譯過來的，即「post-」，如「後現代主義」（Post-modernism）。後現代主義是一種解構傳統形而上學的傾向，在這一點上，它與海德格爾解構形而上學的意圖是一致的。近些年來，許多學術領域出現的新的動向，都以「後－」來命名，都或多或少與後現代主義思潮相關。

那麼，林安梧「後新儒學」之所謂「後」究竟是怎樣的一種觀念？它是傳統形而上學的「meta-」、還是後現代主義的「post-」？抑或兩者都不是、而是另一種意義上的「後－」？

二、「血緣性的縱貫軸」
──林安梧對中國傳統社會之根本結構的揭示

林安梧展開整個「後新儒學」的思想切入點，就是他從「血緣性縱貫軸」到「道的錯置」（misplaced-Tao）的一種連貫性的、邏輯性的分析：「血緣性的縱貫軸」是林安梧梳理出來的中國傳統的歷史社會總體的一個根本結構，這種結構是通過對中國傳統政治社會共同體所作的社會學、現象學、哲學、人類學等的省察而得到的；而「道的錯置」則是在此省察梳理的基礎上，通過邏輯性的分析而得出的一個重要結論，它是揭示儒學發展、乃至整個中國政治文化發展的根本困結之所在。這樣一種連貫性的分析，就是「後新儒學」的思想切入點，也就是說，整個「後新儒學」的思考是從這個分析開始的。這裡，我們首先分析「血緣性縱貫軸」。

（一）一個嶄新的視角：中國傳統社會的生活世界

往昔的儒者們在探討儒學時，幾乎總是局限於形而上學的義理層面、或者心性修養方面（內聖），然後再理想性地涉及一些「治國平天下」的問題

（外王），而忘卻了儒學之所以產生和發展的根源或背景問題。然而須知，儒學在中國傳統社會中孕育產生並得到發展，這並非純然是單純的思想領域的事情，而是有其深厚的政治經濟文化背景的。但這個問題卻被歷代儒者們所忽視；而林安梧的「後新儒學」恰恰是在填補這個空缺。他是從儒學之所以孕育的最根源處入手，即是「經由中國傳統社會的進入、理解、詮釋、闡析，去指出其根本的結構，指出儒學居於其中是何地位，扮演何角色，又有何限制」。[13]

在林安梧看來，顯然，這樣的省察實質上就是對「生活世界」的省察。因此，「生活世界」的觀念在「後新儒學」中佔據著極其重要的地位，可以說是「後新儒學」之構建中的一個基礎性的核心觀念，整個「後新儒學」的展開就是從「生活世界」開始的。林安梧說：

> 強調「生活世界」的優先性，而與此「生活世界」同時俱起的則是人之作為一「活生生的實存而有」，進到此生活世界之中，而開啟了新的生活世界之感知，進而再由此新的生活世界之感知經由一物件化之歷程，推提而上，並再回向於生活感知中，此時自然就起了一新的認知之歷程。[14]

由此我們就可以知道，為何林安梧的「後新儒學」要從對中國傳統的政治社會共同體的省察開始。

林安梧說，他強調「生活世界」，並不意味著是在採取一種「人類學式的田野考察」，而是「強調要處在生活世界之中，與此生活世界有一新而密切的、內在的親和關係，並經由這樣的背景來重新理解、詮釋『儒學與中國

---

[13] 林安梧：《儒學與中國傳統社會之哲學省察——以「血緣性縱貫軸」為核心的理解與詮釋》，第6-7頁。

[14] 林安梧：《儒學與中國傳統社會之哲學省察——以「血緣性縱貫軸」為核心的理解與詮釋》，第6-7頁。

傳統社會』之為何物，過去如何，當前如何，而其未來又當如何！」[15]

　　林安梧解釋道：他的思考並不是對前輩的那種形而上學的、本質主義的論述的完全拒斥，而是要探尋其更為先行的原因：「蓋因所謂形而上、本質之論述實不能外於歷史發生原因之考察也」；[16]而那種局限於形而上的、本質論的論述，往往失卻了對歷史發生原因的考察。「後新儒學」在活生生的生活世界中，從對歷史發生原因之考察研究入手，這填補了儒學研究在歷史社會層面上的空白，為儒學研究的繼續開展拓展了一個全新的視域，從而為儒學在新時期的重建奠定了一個可能的基礎。

　　此處值得說明的是，「生活世界」（Lebenswelt）本來並非是林安梧的發明，而是德國哲學家胡塞爾後期思想的一個概念，它和「主體際性」（Intersubjektivität）概念一樣，是為了弱化其前期思想的唯我論傾向而提出來的。但是，「生活世界」觀念在胡塞爾本人的先驗現象學觀念中是難以安立的，它會面臨這樣的兩難困境：一方面，假如「生活世界」是在純粹先驗意識之外存在著的，即是被經驗論地理解的，那麼，它就是應該被「懸擱」起來的「超越物」（Transzendenz），因為先驗意識是不可能通達它的；而另一方面，假如「生活世界」本來就是內在於純粹先驗意識的事情，即是被先驗論地理解的，那麼，它的提出，對於胡塞爾想要弱化其前期思想的唯我論傾向的意圖來說，就是毫無意義的。[17]

　　當然，也可以在胡塞爾現象學之外的意義上來使用「生活世界」這個詞語。但是，這個問題與上文談到的「後新儒學」之「後－」是何意義的問題卻是相關的：如果「後－」意味著「meta-」，那麼「生活世界」就是一種形而上學的觀念；如果「後－」意味著「post-」，那麼「生活世界」就是一種後現代主義的觀念。在後一種情況下，考慮到後現代主義與海德格爾思想在解構傳統形而上學方面的某種一致性，那麼，「生活世界」的觀念是否有可能獲得一種更其源始的意義呢？

---

[15]　林安梧：《儒學與中國傳統社會之哲學省察》，第7頁。

[16]　林安梧：《儒學與中國傳統社會之哲學省察》，第7頁。

[17]　這裡提出的「兩難困境」，是黃玉順教授對胡塞爾「生活世界」觀念的一個判定。

　　那麼，對於林安梧的「後新儒學」來說，「生活世界」又意味著什麼？這取決於「後新儒學」是在何種意義上使用「生活世界」這個概念的：它是胡塞爾現象學意義上的？還是另外一種意義上的？若是後者，它又是什麼意義上的「生活世界」？

（二）「血緣性的縱貫軸」——中國傳統社會的根本結構

　　對於中國傳統社會的這種「生活世界」，林安梧「從東西文化的差異與日常生活的差異論起，進而以一種現象學的描述方式、往前追溯、探源窮本，指出血緣性、土根性、道德性三者是如何的連在一起，並指出內聚性的德行與生命之氣的感通，有其密切的依存關聯」，[18]由此在中國成就一種「鄉土的、禮俗社會」；在此意義上，他把中國傳統社會判定為「以『血緣性縱貫軸』為核心而展開的政治社會共同體」。[19]

　　接著，就是對「血緣性縱貫軸」之相關構造因素的分析，如：三基元（父子、君臣、夫婦）、兩輔元（兄弟、朋友）；「血緣性縱貫軸」所成之「宗法國家」以及此「宗法國家」下之宗教、理性、皇權與孝道等。通過此層層透析，充分地展示出中國傳統社會之根本結構與特點。

1.中國傳統社會的土根性、血緣性和道德性

　　對中國傳統社會之結構的考察，其實也就是對中國人所生活於其中的「生活世界」的一種考察。這種考察同時也必然要關聯著「人」這個「活生生的實存而有」，因為「人」作為「活生生的實存而有」與「社會」作為「生活世界」是分不開的。這個考察本身，也是我這個人作為一個「活生生的實存而有」進入到「生活世界」的一種方式，亦即也是一種生活方式。我們總是離不開「生活世界」的，所以，在某種意義上說，對「生活世界」的考察其實也就是對人自身之生存樣態的一種省察。此考察涉及社會學、哲學、人類學、現象學等，從返觀我們自己的日常生活（如語言、祭祀禮儀等）

18　林安梧：《儒學與中國傳統社會之哲學省察》，第7頁。

19　林安梧：《儒學與中國傳統社會之哲學省察》，第8頁。

開始，一步步地抽象概括。

　　中國傳統社會的基本特徵，可以總結概括為「三性」，即：土根性（或曰「鄉土性」[20]）、血緣性、道德性。此「三性」之間不是分開或獨立的，而是完全的融合、或者說是捆綁在一起的，從其中的任何一個都可以推導出其它兩個。因此，我們可以說中國傳統社會是一個鄉土性社會，也可以謂其為血緣性社會，亦可謂之為道德性社會。

　　林安梧「後新儒學」關於中國傳統社會的「三性」的概括，與費孝通先生關於「鄉土中國」的研究是頗為融通的：

　　首先從「鄉土性」說起。鄉土性主要是在說中國的基層社會，是說「那些被稱為土頭土腦的鄉下人，他們才是中國社會的基層。……土字的基本意思是指泥土，鄉下人離不了泥土，因為在鄉下住，種地是最普通的謀生辦法。」[21]我們知道，中華民族的全部文明可以說發源自兩條大河流域，即黃河流域與長江流域，而此兩大流域皆是農業種植區，亦即是說此兩河流域之人民皆以種地為生。種植農業之所以能在中華大地廣為盛行且延續流傳如此之久，其中之最根本原因就是：對於生存來說，再沒有比土地更穩定之因素了。這正如費孝通所說：

　　（種植）農業和遊牧或工業不同，它是直接取資於土地的。遊牧的人可以逐水草而居，飄忽無定；做工業的人可以擇地而居，遷移無礙；而種地的人卻搬不動地，長在地裡的莊稼行動不得，侍候莊稼的老農也因之像是半身插入了土裡，土氣是因為不流動而發生的。[22]

對於以種植農業為生的民族來說，由於土地總是作為穩定不動之因素在那裡，他們只需按照不同的季節變化種上不同的作物就可以維持生活了。如

---

[20]　「鄉土性」一詞原為費孝通先生提出，參見費孝通：《鄉土中國‧生育制度》，北京大學出版社，1998 年 5 月第 1 版。

[21]　費孝通：〈鄉土本色〉，出自《鄉土中國‧生育制度》，第 6 頁。

[22]　費孝通：〈鄉土本色〉，出自《鄉土中國‧生育制度》，第 7 頁。

此，隨著歲月的流淌，此種生存方式世代相傳，土地也就成了他們的命根子。即使是遇上大災害或者其它什麼的原因，讓他們不得不背井離鄉，但他們落腳以後的第一件事仍然就是嘗試著在新的土地上種上點什麼。他們離不開土地，離開泥土就無法生存。他們以土為生，把土地作為他們的根，就像是植物一樣落地生根而延續自身的生命。

同時，這樣的種地農業使得中國社會形成了小農經濟的組織結構。在此種經濟結構下，人們都是聚村而居，紮根於一片土地上，不喜歡遷移。也難怪城裡人對鄉下人有一種蔑稱——「鄉巴佬」，就是說鄉下人「老土」，土裡土氣。而這就構成了中國傳統社會的所謂「土根性」或「鄉土性」。

再說「血緣性」。費孝通說：「以農為生的人，世代定居是常態，遷移是變態」。[23]這種長久的世代定居，必將形成宗族；宗族越大，其穩定性就越大。在宗族的延續傳遞中，最重要的就是婚姻和生育。婚姻把不同的家族聯結在一起，這是為生育提供必要的前提條件；而生育則是宗族延續傳遞的唯一的、也最直接的方式。伴隨著婚姻和生育而發生的，則是其間的血緣親屬關係。「親屬是由生育和婚姻所構成的關係。血緣，嚴格說來，只指由生育所發生的親子關係。事實上，在單系的家庭中所注重的親屬確多由於生育而少由於婚姻，所以說是血緣也無妨。」[24]

這種血緣關係決定著職業、身份、財富的「父死子繼」的延續方式：「父死子繼：農人之子恆為農，商人之子恆為商——那是職業的血緣繼替；貴人之子依舊貴——那是身份的血緣繼替；富人之子依舊富——那是財富的血緣繼替。」[25]其結果是：整個中國傳統社會就是一個血緣性之社會。可以說，血緣親屬關係是中國人生存的基礎，甚至也是整個中國傳統社會存在的基礎。因而，血緣性是中國傳統社會的一個根本特性。

從這樣的土根性和血緣性，生長出中國傳統社會的「道德性」。為此，費孝通對中、西社會的差異進行了比較：

23　費孝通：〈鄉土本色〉，出自《鄉土中國‧生育制度》，第 7 頁。
24　費孝通：〈血緣和地緣〉，出自《鄉土中國‧生育制度》，第 69 頁。
25　費孝通：〈血緣和地緣〉，出自《鄉土中國‧生育制度》，第 69 頁。

　　西方的家庭、社會的格局是各種「團體」，費孝通稱之為「捆柴型的團體格局」：

> 他們常常是由若干人組成一個個的團體。團體是有一定的界限的，誰是團體裡的人，誰是團體外的人，不能模糊，一定得分清楚。在團體裡的人是一夥，對於團體的關係是相同的，如果同一團體中有組別或等級的分別，那也是事先規定的。[26]

而在中國傳統社會中，因其人與人之間的關係是靠血緣親屬關係來維持，以自己為中心向外層層推擴，每個人的生活圈亦是由此推擴而來，而有或大或小，這也就使得中國傳統社會中最基本的社會單位都不明確清晰，整個社會的格局就呈一「波紋型的差序格局」：

> 不是一捆一捆紮清楚的柴，而是好像把一塊石頭丟在水面上所發生的一圈圈推出去的波紋。每個人都是他社會影響所推出去的圈子的中心。被圈子的波紋所推及的就發生聯繫。每個人在某一時間某一地點所動用的圈子是不一定相同的。[27]

相應於兩種不同的社會結構或格局，則有不同的社會道德倫理觀念。在西方「捆柴型的團體格局」下，從團體內的每個人之間、到團體與團體之間，都是界限分明的。在團體內，有他們互相約定、共同遵守的團體規章等，作為人與人之間的關係連結體；在團體之間，則有全民共同約定的社會或者國家的法律規定作為團體之間的關係連結體。團體、國家乃至社會的和諧也就是靠此各種規章等外在的連結體來維持。在猶太教或者基督教內，也有此連結體，即上帝。當然，上帝與世俗社會中的法律規章之不同之處則在於：上帝

---

[26] 費孝通：〈差序格局〉，出自《鄉土中國‧生育制度》，第 25 頁。

[27] 費孝通：〈差序格局〉，出自《鄉土中國‧生育制度》，第 26 頁。

乃是絕對超越的連結體，它對於教眾有絕對的約束性；而世俗社會中的法律規章則是相對的、可變的。

　　然而相反，在中國傳統社會的「波紋型的差序格局」下，則無清晰界限可言。我們知道，中國人向來喜歡攀關係、談交情，而界限在中國人看來則是「傷感情」之事。直到現在，我們仍然經常可以聽到周圍的人們這樣說：「哎呀，咱們之間還說這些，這不是傷感情麼？」可見，中國人把人與人之間的感情看得更甚於人與人之間的界限。可以說，這是感情吞沒了界限。[28]中國人在其生活圈中是按照血緣親屬關係之遠近而有感情之深淺，然終究感情總是在先；而西方人不是首先談感情，而是把互相之間的界限（權利義務）放在首位，然後再談感情。

　　既然中國人談感情甚於談界限，那麼中國人以何來指導規範約束自己的行為呢？那當然還是社會倫理、社會道德。但在中國社會中，倫理道德觀念之來源、基礎、根源，仍在於人與人之間的感情。此與中國傳統社會之為一「波紋型的差序格局」亦是密切相關：由血緣親屬關係之遠近而有人們之間的感情之深淺，建築在此感情之上的社會倫理、社會道德當然也是一種「波紋型的差序格局」。

　　　　我們儒家最考究的是人倫，倫是什麼呢？我的解釋就是從自己推出去的和自己發生社會關係的那一群人裡所發生的一輪輪波紋的差序。「釋名」於倫字下也說「倫也，水文相次而有倫理也」。潘光旦先生曾說：凡是有「侖」作公分母的意義都相同，「共同表示的是條理，類別，秩序的一番意思」。（見潘光旦〈說倫字〉，《社會研究》第十九期）[29]

---

[28]　我說此「感情吞沒了界限」之話有二義，是從正反、褒貶兩方面說：感情吞沒界限既讓中國人能夠更加親密地和諧相處，也讓中國人不能產生出基本權利等觀念，特別是對權力之制衡關係則更是無能為力。

[29]　費孝通：〈差序格局〉，出自《鄉土中國・生育制度》，第27頁。

> 孔子最注重的就是水紋波浪向外擴張的推字。他先承認一個己,推己
> 及人的己,對於這己,得加以克服於禮,克己就是修身。順著這同心
> 圓的倫常,就可以向外推了。「本立而道生。」「其為人也孝悌,而
> 好犯上者鮮矣,不好犯上而好作亂者,未之有也。」從己到家,由家
> 到國,由國到天下,是一條通路。《中庸》裡把五倫作為天下之達
> 道。因為在這種社會結構裡,從己到天下是一圈一圈推出去的,所以
> 孟子他說「善推而已矣」。[30]

如此我們即可知,在整個中國傳統社會中維繫著社會之和諧發展的社會倫理
道德,乃是由人們之間的血緣親屬關係之遠近、感情之深淺推擴而來。血緣
親屬關係決定著每個人與其他人之間的感情之發生與深淺,故而,社會倫理
道德首先就是從作為此「差序格局」之同心圓的圓心之「己」開始的,即是
從中心之「己」按照各種不同的血緣親屬關係和感情關係向外推,而有不同
的道德要素。此即是說,在「推的過程裡有著各種路線,最基本的是親屬:
親子和同胞,相配的道德要素是孝和悌。……向另一路線推是朋友,相配的
是忠信。」[31]這也就是儒家反對墨家「兼愛」之「愛無差等」、而一直強調
「愛有差等」的緣由所在。整個社會就是一個由無數私人關係而搭成的道德
網路。所以,「道德性」就成為中國傳統社會的根本特徵之一。

　　此三性之中,「土根性」是土壤,滋養著「血緣性」與「道德性」。而
此「血緣性」與「道德性」,對應著林安梧所說的人之兩種連結,即:「血
緣性的自然連結」和「人格性的道德連結」。

> (此兩者)相滲透而成為一體之兩面,使得那「血緣的」不再停留在
> 「自然的血性」中,而提到了「道德的感通」這層次,同時也使得
> 「道德的」不停留在「權力的、理性的」規約之中,而滲入了「自然

---

30 費孝通:〈差序格局〉,出自《鄉土中國‧生育制度》,第28頁。
31 費孝通:〈維繫著私人的道德〉,出自《鄉土中國‧生育制度》,第33頁。

的血性」之中。自然的血性與道德的感通關聯成一個整體，不可兩
分。[32]

2.血緣性縱貫軸之確立

　　所謂「血緣性縱貫軸」，顧名思義，涉及兩點：一者血緣性，二者縱貫
軸。關於中國傳統社會之「血緣性」，上文已經討論，概括說來就是：中國
傳統社會之構建是以血緣親屬關係為基礎的。其實，這種血緣親屬關係是任
何社會都存在的，因此，它更具有「自然」的性質。而「縱貫軸」則不僅如
此，它是在血緣性基礎上形成的一種更具有文化性和「社會」性的結構。所
以，林安梧進一步作出區分：

> 「父子」是一血緣性的縱貫軸，它不同於「母子」（或「母女」、「父
> 女」）的則是特別突出此血緣性的縱貫軸所具有的權力與符號意義，
> 這權力與符號的意義，是文化所特別賦予的，它不同於「母子」或
> 「母女」較為自然的。或者，我們可以說「父子」是一「社會的血緣
> 性縱貫軸」，而「母子」或「母女」則是一「自然的血緣性縱貫
> 軸」。[33]

父母對於子女來說是生命的根源，相應地，子女對於父母來說則是生命的延
續。我們從此根源與延續中可以知道一種「縱向」的發生意義，這就是血緣
性；但此血緣性在中國傳統的父權社會宗法觀念的文化背景中，形成一種獨
特的「父—子」權力結構，這就是所謂的「父子血緣性的縱貫軸」；推擴至
整個家族、乃至整個宗法國家或社會，皆可以析出此一條軸線，貫穿於整個
中國傳統社會當中並支撐著它。林安梧揭示出：

---

[32]　林安梧：《儒學與中國傳統社會之哲學省察》，第 22 頁。
[33]　林安梧：《儒學與中國傳統社會之哲學省察》，第 29 頁。

　　「父子」這血緣性的縱貫軸是中國人所謂「家」的核心，是宗法的原型與起點。「父」不只是作為「子」的自然生命的來源而已，而且它亦是文化生命乃至價值生命的來源。「父」對於「子」而言，絕不只是「養育」與「依賴」這樣的關係，更進一步的，它可以說是「根源」與「生長」的關係。……祖先的生命是與其繼起者關聯在一處的，是經由其後起者而開顯的；後起者的生命是稟受祖德之氣而開啟，與祖德有密切的關聯。如此說來，我們可知「父子」這血緣性的縱貫軸是人存在的根柢，它一方面具體的撐起現世的起點，而另方面則是深入到過去，並指向未來。[34]

　　若把「父母」生育「子女」之事情——「生」——推而至極，則將達於天地之「創生」。《易傳》有云：「天行健，君子以自強不息」；「地勢坤，君子以厚德載物」。[35]天之德為「乾」，地之德為「坤」；「乾稱父，坤稱母」[36]，那麼我們可以說，天地其實就是父母觀念之「放大」，使之本體論化，這就是中國特質的宇宙論。而其引申之源泉就是「生」，「天地之大德曰生」[37]，故而我們常以「天地父母」並稱，其中所蘊含之深意就在於「天地」與「父母」之大德皆在於「生」。父母生育子女，天地生化萬物，縱貫的創生意便嵌於其中。如此，天地與萬物的關係中也就不再是純外在自然的，而是血緣化的，血緣化即意味著人文化。天地萬物之縱貫創生就是「人們以自家的生活經驗、將家庭的血緣性縱貫軸推而擴之於天地間所作的詮釋」。[38]

　　不過按林安梧之意，從家庭之「生育」後代、到天地之「生化」萬物，此種由「誕生」到「創生」的推擴至極，此中一直強調的「縱貫的創生」

---

[34]　林安梧：《儒學與中國傳統社會之哲學省察》，第29頁。
[35]　《周易·繫辭傳》。
[36]　張載：《西銘》。
[37]　《周易·繫辭傳》。
[38]　林安梧：《儒學與中國傳統社會之哲學省察》，第36頁。

義，是「創生」而非「創造」。「創生」與「創造」是不同的。在中國文化
中是「創生」，在西方基督教文化中是「創造」。言「創生」是在天地萬物
本自一體的意義上，即天地萬物自身之共同生化，所謂「一氣之所化」是
也；而言「創造」則是要樹立一個絕對的至上的實體性的人格神，由此人格
神作出命令，然後經由這命令而創造出萬物來。如《聖經》中，上帝說這個
世界該有光，然後世界就有了光，上帝說這個世界該有人，然後世界就有了
人……等等，這是一種「言說的論定」（林安梧語）。而在中國，生育我之
父母是具體現實的與我在一起的，即使是天地萬物也被中國人通過血緣性縱
貫軸的人文化、而收攝到與人的共在之境域中，父母、乃至天地萬物通過此
「生」義皆與我緊密地連結成一體。西方基督教中的上帝則是被規定為一個
全知全能全善的形上實體，宇宙萬物皆由他所造，如此之上帝就因其超越而
絕對，故不可能與人類生活在一起，而是被安排規定在天堂裡———一個遠離
醜惡人間的地方，人格神上帝就通過此「造」而與我等人類完全分離斷裂開
來。而在中國：

> 血緣性的縱貫軸關係推到極處，整個天、地、人、我四方通包在內，
> 進而這一主軸而說「縱貫的創生」，說天性道相貫通為一。血緣性的
> 縱貫軸不只用來說明「家」的原型，而且可以推到一切存在的實況。
> 這也就是說，這樣一個血緣性的縱貫軸是一撐起整個天地六合的綱
> 維，我們一般所說的「三綱」的「綱」便帶有這樣的宗教意義。「三
> 綱」裡的「忠君」、「孝親」、「守節」便帶有宗教性的意義了。[39]

中國人講求「天人合一」，也就是將血緣性的縱貫軸關係推到極處說。也正
因為此血緣性的縱貫軸關係可以被推到極處，而把天地萬物皆囊括在內，那
麼，原來根源於人的「孝親」之基本感情也就被推擴至整個社會、乃至宇宙
間。「忠君」、「守節」其實是從「孝親」推擴發展至於整個社會國家而

---

[39] 林安梧：《儒學與中國傳統社會之哲學省察》，第38頁。

來；而且，當其推擴至於極處，此「三綱」就不再是「德行」，而是提升到了「道」的層次，如有「孝道」、「婦道」、「忠道」等說法，而「『道』指的是整體的、根源的、終極的」。[40]至此終極意義之層次，儒學就成了一種雖有別於基督教、但也是十足的宗教。[41]林安梧認為，儒學是一種人文宗教。這個結論與牟宗三、杜維明等其他的現代新儒家是一致的。

　　然而，就在此血緣性的縱貫軸關係被推擴至極處、而使「三綱」提升至「道」的宗教性意義的過程中，此血緣性的縱貫軸關係發生了異化和扭曲、而變成了一個新的縱貫軸關係：宰制性的縱貫軸。同樣作為縱貫軸，宰制性的縱貫軸和血緣性的縱貫軸一樣，也強調「血緣性」和「縱貫的創生」等義；但是，因為「縱貫」義所體現的實際上是一種上下、隸屬的關係，而不是左右、對列性的關係，所以，當此「血緣性的縱貫軸」關係被推擴至極處以後，必然要吞沒掩蓋社會中本有的那些左右、對列性的關係，如「夫妻」、「兄弟」、「君臣」的關係。「夫」與「妻」在結婚之前本來大部分可能[42]是不同家族的，故而本來沒有血緣親屬關係，所以，夫妻之間本不是上下、隸屬的關係，而是左右、對列性的關係；至於「兄弟」之間，「本是同根生」，在輩分上亦應該是相同的，從情感上說，他們之間只是「兄愛弟悌」；再者，「君臣」之間本也沒有血緣親屬關係，也無所謂上下、隸屬的關係。但是，經過將血緣性的縱貫軸推擴至極處以後，其中之「縱貫」義就也被普遍化，「夫妻」、「兄弟」、「君臣」之間原有的左右、橫向對列性的關係就不能得到當然之發展，而所有的只是上下的、隸屬的、縱貫性的關係。如對於女性而言，就有「在家從父，既嫁從夫」；對於「兄弟」之間而

40　林安梧：《儒學與中國傳統社會之哲學省察》，第 38 頁。

41　關於「儒學是否宗教」的問題，已經發生過很多的爭論，然而也沒有得出一個普遍接受的結論。至於林安梧之具體論述，可參見其文〈論儒家的宗教精神及其成聖之道——不離於生活世界的終極關懷〉，見《儒學與中國傳統社會之哲學省察——以「血緣性縱貫軸」為核心的理解與詮釋》之附錄一。

42　此處加上「可能」一詞，是因為我們不能排除有很多是同一家族中近親結婚的，而此中又以表親居多，這樣結成的夫妻之間還是有些血緣親屬關係的，這就是中國老百姓經常談到的「親上加親」。

言，則是「長兄如父」；對於「君臣」之間而言，則更有「君要臣死，臣不得不死」之說。如此，整個社會就完全變成了一個只有上下的、隸屬的、縱貫性的關係的社會，「宰制性」就由此產生了，「血緣性的縱貫軸」也就異化扭曲成為了「宰制性的縱貫軸」。

自秦漢以降，「宰制性的縱貫軸」就基本形成，並主導著整個國家與社會生活。自此，「整個儒學與專制便結合在一起，兩者不可分，一方面成了一帝制化的儒學，而另一方面則是一儒學化的帝制」。[43]

3.宗法國家以及相關社會因素

我們已經說過，整個中國傳統社會乃是一個由血緣性的縱貫軸所成之社會，那麼，這究竟是個什麼樣的社會呢？這個社會中的國家又是一個什麼樣的國家呢？林安梧指出：中國傳統社會經由血緣性的縱貫軸的貫穿而成為一個「宗法的禮俗社會」，其中之國家也成為一個「宗法的禮俗國家」。一言以蔽之，那就是「宗法」：

> 我們之稱傳統的中國為一宗法國家，是說這樣的一個國家是由原先的「宗法家庭」、「宗法社會」的結構所決定成的，是由血緣性的縱貫軸所決定的。[44]

在此宗法的禮俗社會和國家中形成的社會理性，是一種與西方「斷裂型」理性相對的「連續型的理性」，並且在此「連續型的理性」的運思基礎上產生了極具人文精神的宗教：儒教。

中國傳統社會因其根本特性是血緣性，而血緣性社會所指向的必然是一種生育、創生的關係，並且生育、創生的關係對於生活於社會中的人來說意味著的就是一種縱貫的關係，如此，中國傳統社會的根本結構就必然走向一個血緣性的縱貫軸結構。這也就是所謂「宗法的禮俗社會」的結構，國家也

---

[43] 林安梧：《儒學與中國傳統社會之哲學省察》，第40頁。
[44] 林安梧：《儒學與中國傳統社會之哲學省察》，第70頁。

因此而成為一個「宗法的禮俗國家」。整個中國傳統社會中籠罩著血緣性的味道，以血緣親屬關係論感情深淺，人們之間沒有橫向的、對列的關係，而只有上下的、縱貫的、隸屬的關係。甚至當兩個原來互不相識、沒有任何血緣親屬關係的人遇到一起，因為志同道合、意氣相投等而成為朋友或結拜為兄弟時，兩個人之間名義上也不是橫向的、對列的、互相的、左右的關係，而是縱貫的關係，作為弟弟的必須絕對地忠心聽命於哥哥。這也就是由於如前面所述：血緣性的縱貫軸被推擴而至於整個國家社會、乃至於宇宙天地間。正是在這種血緣性縱貫軸的特殊結構的關係當中，天、地、人、物之為天、地、人、物，才獲得其自身的規定性。

中國傳統社會和國家之為「宗法」的，它的根本特徵就是以家族為中心，按血統關係遠近而形成的家庭、宗族、社會、國家。這樣，《大學》所勾畫的家齊則國治、國治則天下平的「邏輯」也才得以成立。在中國傳統的「宗法社會」、「宗法國家」中，由於「血緣性縱貫軸」的作用，使得此社會、國家已經逐漸脫離原來純血緣性的「根源性」，而異化產生了雜入宰制性色彩的「順服性」。

但是不管怎樣，感情在中國人心目中總是居於首位的。而這跟中國傳統社會中所發展出的、區別於西方「斷裂型理性」的「連續型理性」又密切關聯。此「連續型理性」也就是中國傳統的「宗法社會」、「宗法國家」中的一個基本的社會因素。

> 「連續型理性」是在天人、物我、人己，三者通而為一的情形下所發展出來的理性。……或者，我們可以說這裡的「連續」指的是天人、物我、人己這三個面向中任何一個面向，其中兩端的連續。即天人連續、物我連續、人己連續，由連續而形成一連續體，或者說形成一合一體，因而亦有名之曰「合一」的，其義並無不同。筆者（林安梧）以為理性乃是人們經由長久的歷史摸索，逐漸形成一個社會總體，就此歷史社會總體之構成而有此歷史社會總體下的理性。換言之，理性不是一懸空的東西，而是一歷史社會總體的現實產物。它既是歷史社

會總體之所產，但它又參與整個歷史社會總體，理性與歷史社會總體
有一彼此互動的關聯。[45]

　　在血緣性縱貫軸所形成之中國傳統社會、國家中，一切存有都被賦予了血緣
性的色彩，而此血緣性首先就是跟情感緊密地連結掛搭在一起的，人們以血
緣關係的遠近來決定感情深淺。也正因為血緣性與情感是緊密地連結掛搭在
一起，所以一切存有之間也染著上了情感色彩，或者說，情感成了存有之間
的一種根本連結。這裡，血緣性的發生就意味著情感的發生；也正是在情感
的發生中，實體存有（實存而有）自身才被給出、得到規定。非是先有存
有、後有情感將其連結在一起，而是情感之發生先行於實體存有之產生，此
先行是一種根源性的奠基。此情感並非是一物、一實體，而是人這種「活生
生的實存而有」之間存在著的「道德真實感」或曰「道德實存感」，亦即是
孔子所說的「仁」。此「道德真實感」乃是「氣的感通」，乃是一切存有之
發生的根源所在，是「態勢」，是「境域」。[46]

　　不僅人類因情感而連結在了一起，而且一切存有也因血緣性－情感之發
生而被連結在一起，共同化生而得到其自身規定性。故有「天地萬物本自一
體」（陽明子語）之云。天地萬物、一切存有在根源處是連結在一起的，是
一體化的，亦即是說，天－人、物－我、人－己之間，因為血緣性－情感而
在根源處是連結在一體的。此即林安梧所謂「存有的連續觀」。在此「存有
的連續觀」所支撐構建之歷史社會總體中，形成了「連續型的理性」。儒教
也就是在此「連續型的理性」之運思中孕育產生的。

　　說到血緣性與情感，在儒家有一個基本觀念：孝。它也可以說是儒家思
想中的一個根本性的觀念，整個儒家思想就是從這裡開始展開的。「孝」指

---

[45] 林安梧：《儒學與中國傳統社會之哲學省察》，第 203-204 頁。
[46] 林安梧講「氣的感通」，乃是根基於他所支持主張的「氣論」。這與黃玉順教授所講
　　之「生活儒學」將此情感、即所謂「本源情感」作為存在本身、生活本身、亦即是
　　「無」、「無物」是有所區別的。但相同的是：他們都是在試圖超越原來的主客架
　　構，直達「大本大源」、「根源處」。

的是子女對父母的「親親」之愛，它是孔子之「仁」的思想展開的起點，是我們前面說到的「波紋型格局」之中心部分，是同心圓中從圓心開始的第一個圓圈，它是離圓心最近的。然後，按照此「波紋型格局」、同心圓之結構向外推擴，就是儒家所說的「愛有差等」，也正是這種對愛之「差等性」的理解、詮釋和規定，使儒家與其他講「愛」的諸如墨家相區別。而孝之觀念跟血緣性－情感是分不開的：子女與父母之間的血緣性所意味著的真實情感，從子女對父母這個方向上來說就是孝，從父母對子女這個方向上來說則就是慈，都是根源性的真實情感的顯現。此根源性的情感亦體現了人與人之間的無斷裂、無界限的連續性，也就是在根源處只有連結而無斷裂，顯現在觀念意識上就是「存有的連續觀」。

從根源處的血緣性－情感之顯現到絕對的道德主體之確立、再到現實生活中孝悌等之具體行為，然後將此等孝之觀念與行為推擴至宇宙天地間之至極處，就有了「孝悌之道」，孝悌被提升到了「道」的層面，亦即取得了絕對性的、終極性的本體意義。但是，中國儒家一直都沒有樹立起一個至上的、與人相斷絕隔離的最高外在實體（entity）的人格神出來，而總是不離於真實的生活世界，不離於人，不離於人的真實情感。在儒家，聖人、君子亦還是凡人、而非神。聖人即「仁且智」，是一種理想的人格，是現世的、此岸的，而非彼岸的。

如此，我們看到，儒學既關注現實的人文，亦即「不離於生活世界」，但也不是僅僅局限在現實中，而是更具有終極意義之關懷；此不離於生活世界與不忘終極意義之關懷也是緊密地連結在一起的，或者說就是一體的，此即「體用一如」、「體用不二」。故林安梧說，儒家是「肉身成道」，亦即是「在一具有根源動力所澆灌而成的一個生活世界的涵化下，進而邁向一個人的生命歷程的完成」，[47]是一種極具人文精神的宗教。

與此相對應的，在西方則是一種「存有的斷裂觀」：天地萬物、一切存

47　林安梧：〈論儒家的宗教精神及其成聖之道──不離於生活世界的終極關懷〉，見林安梧：《儒學與中國傳統社會之哲學省察》附錄一。

有在根源處是斷裂的，亦即是說，天－人、物－我、人－己之間是斷裂的，它們之間都有著嚴格的界限。要超越存有之間的界限，就必須找到一個第三者來將它們連結起來，因為只有當存有之間被連結在一起後，社會方才可能產生、發展，否則整個宇宙就是一盤散沙。在此「存有的斷裂觀」所支撐構建之西方歷史社會總體中，形成了西方的「斷裂型的理性」，這就是西方文化的根本特徵所在。

> 就整個西方文化的來源來說，大致可以說有三個：希伯來宗教（後來發展為基督宗教），羅馬法，以及希臘哲學。這三者有共同的地方，他們都強調人與物，人與人，人與天是斷裂的（discontinuous）。大體來說，希伯來宗教它安排了「天、人」的問題，羅馬法則安排了「人、己」問題，而希臘哲學則安排了「物、我」的問題。這三者剛好互為補充。……因為其為「斷裂」，故其所強調在這個主體對外在客體（物）的把握，而不是主客相融為一。那個超絕的存有，跟這個經驗世界的存有是斷裂的，因而這更強調的是那個超絕的存有如何「創造」這個世界，並且如何地「拯救」這個世界，其實這個「拯救」也是另外一種把握。[48]

在西方，既然「天、人」、「物、我」、「人、己」之間都是斷裂的，就需要一個第三者作為仲介，來將其中的斷裂、界限連結起來。如此，在連結天人之間就產生了希伯來宗教，它是現代基督宗教的前身；在連結物我之間就產生了希臘哲學，它是現代科學和哲學的濫觴；在連結人己之間就產生了羅馬法，它是現代法律的源頭。但是，這種連結畢竟還是對根源處斷裂的再連結，而不是如中國文化之在根源處的連結。根源處之連結表現為一種連續性、一體性，它無需第三者作為仲介。

---

[48] 林安梧：〈論儒家的宗教精神及其成聖之道——不離於生活世界的終極關懷〉，參見林安梧：《儒學與中國傳統社會之哲學省察》附錄一。

三、「道的錯置」──血緣性縱貫軸之基本限制

前面討論了中國傳統社會之根本特徵「三性」，即「土根性」、「血緣性」和「道德性」，而其中又以血緣性為代表性特徵；經由對血緣性特徵的進一步分析，得出了中國傳統社會之根本結構乃是血緣性縱貫軸結構的結論；並指出了此血緣性縱貫軸被推擴至極處後，就會異化為一種宰制性的縱貫軸，這也就是血緣性縱貫軸的基本限制。關於此基本限制，上文還只是略微涉及而未予展開，下文將詳述之。

作為中國傳統社會之根本結構的「血緣性縱貫軸」之基本限制，也就是「道的錯置」，它是指儒家原本理想狀態的「根源性倫理」被異化扭曲成了的「順服性倫理」。林安梧認為，此「錯置」也正是中國兩千多年來專制政治的根本原因之所在。要打破此「錯置」，就必須突破「血緣性縱貫軸」的根本結構，尋找到對應的「藥方」、或者可「嫁接」利用之資源，以對此根本結構作出修正，亦即：解開「道的錯置」。這也就是「後新儒學」的展開。

（一）血緣性縱貫軸之基本構成

既然作為中國傳統社會之根本結構的血緣性縱貫軸之確立乃是與其土根性、血緣性、道德性的根本特徵分不開的，那麼，血緣性縱貫軸之基本構成（或曰構成血緣性縱貫軸的基本要素）必定也是與這「三性」之根本特徵聯繫在一起的。

血緣性的特徵表現為人之「血緣性的自然連結」，道德性的特徵表現為人之「人格性的道德連結」，傳統儒學的孕育、產生和發展就是在此兩種連結的基礎上發生的，此二者之一體發展也正是傳統儒學之基本理想，即所謂「人人親其親，長其長，而天下平」[49]。

但是，如前已述，此血緣性的縱貫軸因其極具縱貫義，那麼，當縱貫義

---

[49] 《孟子·離婁上》。

被推擴發揮至極處，則整個社會便成為一梯形的、上下的、隸屬的形態，亦即呈現為一宰制性的形態，體現在人則表現為人之「宰制性的政治連結」。正是這三個連結構成了「血緣性縱貫軸」：

> 這「血緣性縱貫軸」包含了「血緣性的自然連結」、「人格性的道德連結」與「宰制性的政治連結」三個面向，而這三個面向又凝結為一個不可分的整體。我們又說此三個面向之「血緣性的自然連結」表示的是鄉土血統一面，「人格性的道德連結」表示的是文化道統一面，「宰制性的政治連結」表示的是專制政統的一面。[50]

如此我們看到，在此血緣性縱貫軸之結構中，因其本即具有「宰制性的政治連結」一個面向，而此「宰制性的政治連結」面向正表示的是專制政統的一面，這就是說，從「血緣性縱貫軸」到「宰制性縱貫軸」的異化性發展是必然的。所以可以說，在血緣性的縱貫軸以及中國傳統社會之結構中，本就蘊含了其向專制社會發展之必然趨勢。

（二）「以理殺人」的發生——從「根源性的慎獨倫理」到「宰制性的順服倫理」

中國傳統政治社會從「血緣性縱貫軸」的結構異化為「宰制性縱貫軸」，其代表性的事實就是「以理殺人」。這是清儒戴震（字東原）用以批評朱子學的說法，其實這也是中國傳統社會自秦漢特別是宋明以後的一個真實寫照。它揭示出了中國傳統政治社會之發展為一個帝皇專制社會的根本要害之處，所以它也是中國傳統政治社會之「血緣性縱貫軸」結構所蘊含的一個必然的根本的困結。此困結體現為中國傳統政治社會之從「根源性的慎獨倫理」到「宰制性的順服倫理」的異化扭曲的發展。不過，戴東原雖然指出了這個宰制性事實，但「他仍然未真切地去豁顯何以理會異化為宰制者的工

---

[50] 林安梧：《儒學與中國傳統社會之哲學省察》，第 178 頁。

具」[51]而行殺人之事，即：

> 規範性的「理」是怎麼樣轉成宰制性的迫害的呢？這是一值得深思的
> 論題，大體說來，這個問題的關鍵點在於沒有把握住道德實踐的真切
> 面，沒有把握住道德實踐是一生活世界中的事情，是一具體的體現於
> 歷史社會總體中的事情。一旦將道德實踐從生活世界中孤離開來，從
> 歷史社會總體中孤離開來，那道德實踐不但會落空，而且極可能墮為
> 一劣質的意識形態，進而產生一種意識形態上的反控。這麼一來，就
> 使得社會上的長者、尊者拿「理」來作為宰制性的工具，但仍有一更
> 關鍵性的問題：此即何以理會異化為宰制者的工具。[52]

所以，這裡還需要作進一步的梳理和澄清，而這樣的梳理也將使我們瞭解到
從「根源性的慎獨倫理」到「宰制性的順服倫理」之異化發展是如何可能
的。

　　在中國傳統政治社會中，其血緣性即意味著情感，意味著道德，或者也
可以合曰為「道德情感」。此道德情感給出、並規定人之絕對的道德主體
性，此道德主體性亦即人之至善的本心、良知。然此本心良知必然要在生活
世界中化為道德實踐而後方才得到落實，否則所謂的本心良知就是空談，沒
有任何意義。這就是說，本心良知之「性體」必須要通過現實的道德實踐體
現出來，如此，本心良知之「性體」方才可以作為現實的道德實踐之終極根
據而存在。所以，本心良知之「性體」與現實的道德實踐是統一的，此亦即
所謂「體用不二」是也。此中本心良知之「性體」亦即是宋明儒所謂之
「理」，即伊川、朱子所謂「性即理」和陽明子所謂「心即理」。言「理」
不僅強調其道德的規範性，並且此規範性也因其即是「性」、「心」而是內
在的；而且還強調其終極性、至上性、優先性，特別是朱子所強調的「未有

51　林安梧：《中國近現代思想觀念史論》，第 101 頁。
52　林安梧：《儒學與中國傳統社會之哲學省察》，第 182 頁。

天地之先，畢竟也只是先有此理，便有此天地」[53]。雖然朱子也說「天下未有無理之氣，亦未有無氣之理」[54]，然而，始終要強調一個理先氣後、理本氣末，強調「理」之絕對的超越性、先驗性，而把「氣質之性」放在一個從屬的位置上。在此基礎上推出其「存天理、滅人欲」的思想，便把天理與人之情欲作了截然的區分對待，天理完全超絕於人欲。對此，戴東原說：

> 宋儒程子、朱子，易老莊釋氏之所私者而貴理，易彼之外形骸者而咎氣質，其所謂理，依然如有物焉宅於心，於是辨乎理欲之分，謂不出於理則出於欲，不出於欲則出於理，雖視人之饑寒號呼、男女哀怨、以至垂死冀生，無非人欲，空指一絕情欲之感者為天理之本然，存之於心。
>
> 古之言理也，就人之情欲上求之，使之無疵之謂理；今之言理也，離人之情欲求之，使之忍而不顧之謂理。[55]

林安梧認為，在戴東原看來，「情欲是人之所以為人的生命自然狀態，不容滅殺」，[56]而「理」儘管「當然要具有規範性的作用，但『理者，存乎欲者也』，理之所以為理是在人的材質性原則（欲）中落實的」；[57]然而，世人卻不理解這一點，而反把那絕了人之情欲之感者認作天理。當然，在這裡需要說明的是，朱子本人對天理、人欲是有這樣一個界說的，即：「飲食者，天理也；要求美味，人欲也。」[58]此界說本身還尚未把天理從人之自然情欲中脫離出來，所以，我們可以說，真正把天理從人之情欲中脫離出來的不是

---

[53] 轉引自錢穆：《朱子學提綱》第七部分〈朱子之理氣論〉，第 33 頁。

[54] 轉引自錢穆：《朱子學提綱》第七部分〈朱子之理氣論〉，第 33 頁。

[55] 戴震：《孟子字義疏證》，卷下，臺北，河洛圖書出版社印行，1975 年版。此處轉引自林安梧所著《中國近現代思想觀念史論》，第 101、103 頁。

[56] 林安梧：《中國近現代思想觀念史論》，第 100 頁。

[57] 林安梧：《中國近現代思想觀念史論》，第 103 頁。

[58] 錢穆：《朱子學提綱》，第 84 頁。

朱子，而是朱子後學，因此，戴東原所批評的朱子學大概不是直接針對朱子本人，而可能是針對當時已經發生流弊之朱子學。

當「理」從作為材質性原則的人之情欲中完全脫落出來以後，即會變成一超越的形式性原理或原則，亦即：

> 離去了這材質性的原則，理變成一架空之物，這樣的一個架空之物，他仍然有一要求落實的驅力。其驅力無得恰當的落實，便假一可依附之物而落實，又專制者既以專制之結構而假借此超越的形式性之理以為規範，則兩者便形成一體化的關係。人們的情欲受到了宰制性的控制，這樣的宰制性之控制本身當然即是一殘忍之行，而其被控制者作為此殘忍之行的對立面之一端，亦常被內化為另一種殘忍之行。[59]

這裡，脫離於生活世界和整個歷史社會總體的超越之「理」不過是：

> 一虛廓之體，故說是一形式性原則，此形式性的原則必須掛搭於作為實質性原則的氣上，才得開顯。或者，我們可以說，經由實質性原則氣上的磨練，才能使那超越的形式性原則由隱之顯，這由隱之顯的過程即是一道德實踐的過程。朱子所謂「涵養用敬」，「格物窮理」皆指此而言。[60]

當作為超越的形式性原則之「理」脫離開根源性的「生活世界」而附著於帝皇專制時，此超越之「理」就與帝皇專制內化為一體，超越之「理」的規範性也就會很自然地異化成專制性。於是，「理」具有了對一切的絕對的規範性，完全脫離場域性的「生活世界」，只要是違反了這個「理」，那就是「天理難容」，「理」將會無情地殺之，「以理殺人」發生的可能性就產生了。

---

[59] 林安梧：《中國近現代思想觀念史論》，第 103 頁。
[60] 林安梧：《中國近現代思想觀念史論》，第 104 頁。

　　當然，雖然具有規範性的超越之「理」與帝皇專制混為一體，但是由於「理」即是「道」，所以，對於超越之「理」的規範性的言說與建構，即意味著「道統」的傳承，它乃是血緣性縱貫軸結構中之人格性的道德連結因素，它始終為知識份子所掌握著，並以此與宰制性的帝皇專制相抗衡。這也即是血緣性縱貫軸是由血緣性的自然連結、人格性的道德連結、宰制性的政治連結三部分構成的原因。儘管在那帝皇專制的高壓社會中，此宰制性的政治連結必然佔據主導地位，因為整個國家社會的統治權都掌握在他們手裡；但因為超越之「理」的絕對的規範性是針對宇宙間一切的，即使是皇帝也要受到此「理」之絕對規範性的制約，所以，中國古代的知識份子才始終掌握著「道統」的一面，堅持著人格性的道德連結的面向，並結合民間鄉土的倫常孝悌傳統，[61]以與掌握著「政統」、即宰制性的政治連結之面向的帝皇專制相抗衡，從而柔化了帝皇專制的極端性。

　　當然，另一方面，雖然知識份子掌握著「道統」，抗衡和柔化著帝皇專制，但是，知識份子總逃不出「血緣性縱貫軸」結構，在那結構中，宰制性的政治連結是主導性的，因此，不管他們如何批判抗衡，由於血緣性縱貫軸所產生的縱貫的、上下的、隸屬的關係，他們總是只能作為「臣民」與之抗衡，此抗衡也因此只是上下的、隸屬的抗衡，一種弱勢的抗衡，其基本形式就是「進諫」。如果遇上明君能「納諫」還好，如果遇上昏君、暴君，那只有「以身殉道」之「死諫」了。此即林安梧所說：「中國傳統中，生活化的儒學就像土壤一樣，生養著儒學的新生命，而批判性的儒學就象貞婦一般，勸諫著夫君，願格君心之非。」[62]

　　如果按照儒家本來理想的那樣發展，則應該發展出一種「根源性的慎獨倫理」。林安梧說：

---

[61]　人格性的道德連結只是工具，血緣性的自然連結則是土壤，土壤才具有根源性的生養作用，而人格性的道德連結的批判作用必須在此根源性的土壤上才能生養出來，這就是說，知識份子必須結合民間的鄉土血緣性的倫常孝悌傳統，才能壯大力量而有與帝皇專制相抗衡的作用。

[62]　林安梧：《儒學與中國傳統社會之哲學省察》，第180頁。

蓋獨也者，無所對待，無所依傍，獨立無匹，那根源性之整體之謂
也；慎也者，對於那冥冥中的絕對者的根源性之追溯而引起之根源性
的情感之謂也。這樣的「根源性的慎獨倫理」所指的是對於那根源
性的整體存有的一種倫理態度。顯然地，這樣的倫理是以其根源性的
整體作為其思考的依憑（Horizon），是以其根源性的、活生生的、源
泉滾滾的生活世界之總體作為其參贊的依憑。……根源性的慎獨倫理
是人以其為一「活生生的實存而有」進到一活生生的生活世界而開啟
的一種倫理，這樣的倫理是具有開放性的倫理，是以每一個活生生的
實存而有為核心而開啟的道德自主性的倫理，它不是一宰制性的倫
理。[63]

但在中國傳統的帝皇專制社會中，本來應作為「天理」之根源的生活世界的
優先性被取消，而使得本有一種附著之驅力的「理」不得不與帝皇專制結合
並內化為一體；在知識份子以此絕對規範性之「理」與帝皇專制相抗衡的同
時，帝皇專制也利用此絕對規範性之「理」專制性地宰制著隸屬於他的「臣
民」。人們原有的那種「慎獨」情感，亦即「對於冥冥中的絕對者的根源性
之追溯而引起之根源性的情感」轉而成為對那絕對的專制權威的獨夫之怖栗
與畏懼，在這樣的宰制下，臣民們只能小心翼翼地服從而已。如此，「根源
性的慎獨倫理」便徹底異化為「宰制性的順服倫理」。

「宰制性的順服倫理」的基本特徵就是：「『我』在此暴政下日漸喪失
其權力，可它仍沉醉在君主的迷夢中。」[64]臣民們對於那帝皇專制的暴政只
覺無能為力，因而他們不得不逐漸向內收縮而作內聖功夫，即內在的心性修
養。我們應該看到，這樣的內在心性修養只是境界形態的，而非社會實踐
的，是脫離了現實的生活世界而去追求達至心性本體境界的做法，其最大的
社會流弊就是流於空談心性。

---

63 林安梧：《中國近現代思想觀念史論》，第 113-114 頁。

64 馬丁‧布伯：《我與你》，第 41 頁。

（三）「道的錯置」的發生──血緣性縱貫軸的基本限制

當原本理想性的「根源性的慎獨倫理」被異化成「宰制性的順服倫理」時，「道的錯置」便得以構成。但是，我們為什麼稱此異化為「道的錯置」呢？或者說是，「道的錯置」是如何構成的？林安梧說：

> 「道」指的是整個存在、價值、知識的根源，此根源並非超絕而外於
> 人的生活世界者，此根源是內在於人的生活世界者，人即於其生活世
> 界中，在彼此的感通與互動中，而使其內在於生命深處之根源顯現通
> 達於外，周浹流行，圓融無礙。「道」之為道，以其為整個歷史社會
> 總體所分享，以其充彌於人的生活世界之中，以其根源的記憶體於吾
> 人心中，成為吾人實現之指標，道彌布於萬有，萬有咸歸於道，
> 「道」可以說是整個政治社會共同體的依準與歸趨。
>
> ……
>
> 錯置者，其置不得其宅，是以不得其安，其開不得其路，是以不得由
> 此道途；不得其安而強其所安，不得其路而強為其路，是為錯置。[65]

由此可見，所謂「道的錯置」實即是「根源的錯置」，是所有存在之根源之不得其所。這其實就是說：那具有絕對規範性的超越的形式性原則「理」、亦即那所有存有之根源「道」，本應是不離於「氣」的，不離於那作為材質性原則的人之基本情欲的，不離於人的生活世界的，它在「氣」中、生活世界中開顯其自身；但是，在血緣性縱貫軸結構的中國傳統政治社會中，那血緣性的縱貫義是通貫於整個宇宙間的，此通貫於整個宇宙間的縱貫義就是那「道」、「理」、所有存有之根源，這個「道」、「理」因其是縱貫創生之始，具有絕對的優先性，乃是一超絕的實體，所以是脫離了活生生的生活世界的，是一被架空了的實體。當那本為材質性原則的人之基本情欲、作為「理」之場域的生活世界被抽空了以後，那「道」、「理」不得不找到一個

---

[65] 林安梧：《儒學與中國傳統社會之哲學省察》，第133-134頁。

具有類似地位的東西附著著，而帝皇專制正好就是社會政治共同體中之最高權力階層，這樣一來，那「道」、「理」就很自然地要附著於與其同階的帝皇專制，並與其化為一體而共同發揮作用──宰制。如此，「道的錯置」便發生了。

　　「道的錯置」的發生即意味著本來的儒家理想性的「根源性的慎獨倫理」異化而滑轉成「宰制性的順服倫理」。而此一異化滑轉之基本體現就是：

> 　　「君」成了「君父」、「聖君」，「君父」是錯置了「宰制性的政治連結」與「血緣性的自然連結」，「聖君」則是錯置了「人格性的道德連結」與「宰制性的政治連結」；此即我所謂的「道的錯置」（Misplaced Tao）。在「道的錯置」下，原先「孝道」所強調的「血緣親情」被異化了，伴隨而生的是「父權壓迫」；原先「道統」所強調的「仁政王道」被異化了，伴隨而生的是「專政威權」。[66]

經過如此之分析，我們發現，作為中國傳統政治社會之根本結構的血緣性縱貫軸，雖然對中國文化的孕育、形成和發展產生了極大的作用，但是也因為其絕對的血緣性縱貫義，使得儒學與中國傳統社會都發生了不同程度的異化扭曲，這與中國傳統社會和國家兩千多年的專制是分不開的。而這也就是血緣性縱貫軸所固有的基本限制。按林安梧的意思，此血緣性縱貫軸結構必須得到調整、轉變，以解決此基本限制、而又不失儒學本貌。這就是「後新儒學」所要正面建構的部分：解開「道的錯置」。但這已經超出本文的話題了。

---

[66] 林安梧：〈解開「道的錯置」──兼及於「良知的自我坎陷」的一些思考〉，刊於陳明、朱漢民主編的《原道》雜誌第十輯。

四、結語：
一條「接續學統」而「切中當下」的運思之路

　　本文的論題，基本限於林安梧「後新儒學」思考與建構的一個前提性的、問題性的省察，即「後新儒學」的思想切入點。然而唯有通過此既深入於歷史文化傳統的社會總體之中、又不離於當下的「生活世界」的省察，才能發現儒家文化之重建與中華民族之復興所面臨的問題所在。這也透顯出林安梧之運思所具有的雙重意義。

　　黃玉順教授曾指出：任何時代的思想建構，都應盡量做到「接續學統，切中當下」。我覺得這個概括是極其精闢、到位的。聯繫到林安梧教授的「後新儒學」的致思，我的理解是：

　　「接續學統」就是要有所「本」，其實就是我們前面談到的「有所承，有所統」。「後新儒學」正是這樣的「接續學統」的儒學，不僅是對儒學及現代新儒學、而且是對華夏五千年的悠久歷史和文化傳統的接續。

　　「切中當下」就是要有所「源」，就是切中當代的生活。「後新儒學」就是這樣的「切中當下」的儒學，是對當代中國人的活生生的「生活世界」的思考。

　　「接續學統」並不是要守住某個一成不變的「傳統」，因為傳統本身就是不斷變化發展著的；這種不斷的變化發展，就在我們的「當下」展開，所以，真正的「接續學統」恰恰就是「切中當下」，反之亦然。這是因為：傳統的變化發展其實就是人這種特殊存在者「此在」（Dasein）的「去存在」（zu-sein），也是存在本身的不斷「綻出」。[67]這種「綻出」意味著，人總是生活在當下，而此當下作為一種本源的情境、本源的場域，收攝著傳統。所以，「切中當下」與「接續學統」是相輔相成的，其實是一回事。

---

[67]　需要說明的是，我這裡只是借用海德格爾的說法。其實，在海德格爾那裡，對存在本身的領會只能通過此在的生存，而他所謂的「此在」其實仍然是一種主體性的設定，存在本身總是隸屬於此在的。而我認為，存在本身是先行於此在的，是存在本身給出了此在這個存在者。

　　我以為，林安梧的「後新儒學」正是這樣一種「接續學統、切中當下」的運思，其「接續學統」表明其依然是「儒學」，而其「切中當下」則表明其為「後新」儒學。

後新儒學思想探微[*]

後新儒學思想探微[*]

王　磊[**]

摘　要

　　後新儒學是對當代新儒學的批判性繼承。在形上學維度，後新儒學由兩層存有論轉向存有三態論；存有三態論的基本結構為，由存有之根源、存有之開顯到存有之執定；由此得以克服當代新儒學的道德主體形上學，走向身心一如的生活世界。在詮釋學維度，後新儒學由傳統經傳注疏中，抽繹出詮釋方法論五層說：道、意、象、構、言，由不可說到可說，由可說到說，進而說出一對象。後新儒學的形上思想與詮釋學可以相互證成，此乃華文化自立之開端，形成對西學的有效回應。

關鍵詞：後新儒學　如在學　生活世界　生活儒學　政治儒學　存有三態論

---

[*]　簡體字版已經以「後新儒學的氣度」為題，發表在《社會科學論壇》2016.04 期。
[**]　同濟大學人文學院哲學系博士。

一、引言

「後新儒學」是相對於當代新儒學而提出的，在梅約翰教授對林安梧先生的一次訪談中，林先生直言，他在 1994 年間開始有這樣的提法，1996 年間正式提到文獻上。林先生在 1993 年至 1994 年受邀至美國威斯康新大學麥迪遜校區訪問，其間曾記錄平日之哲思，名為「後新儒學的懷想」，其「所最關切者則在如何從新儒學過轉到後新儒學」。其中 1994 年 2 月 22 日一則手記──「後新儒學論綱之一」，即是對後新儒學的構想，涉及到後新儒學之人文性、善向論、「如在」的實踐觀念等，尤其強調後新儒學之實踐觀念是如在的實踐，以感性的掌分為始點，以整個生活世界為場域，以歷史社會總體為依歸，是一動態的歷程，而非靜態的當下。林先生關於後新儒學的思想及詮釋路向在 1994 年間的懷想中已初見端倪。早在前一年（1993），已有學人稱林先生為後當代新儒家，他在 1993 年 10 月 10 日的手記中寫到：「友朋如崇憲、同僚、先恒等待予甚善，並常呼我為後當代新儒家，或為左派新儒家等，吾皆默而認之，以為此皆可以明我學問之指向者也。」[1]1996年，林先生區分了牟宗三先生之後「護教的新儒學」與「批判的新儒學」，顯然，護教的新儒學仍繼承新儒學餘緒，而批判的新儒學即指後新儒學，「儒學之為儒學，其實就一直在這因革損益的過程中，日新又新地往前奮進著，他既有理解，也有瓦解，因之而有進一步的重建。他既有詮釋，也自有轉化，就在轉化中有著進一步的創生。」[2]

二、後新儒學對新儒學的轉承

當代新儒學開山學者熊十力言：清季迄民國，後生遊海外者，其議國學之根本缺點，略有三：一曰，無科學思想。二曰，無民主思想。三曰，持論

---

[1]　林安梧：《儒學革命：從新儒學到後新儒學》（北京：商務印書館，2011 年），頁251。

[2]　同上，〈自序〉。

無系統。又「據張灝說，中國當代由於道德迷失、存在迷失及形上迷失凝聚成一嚴重的意義危機」[3]。熊十力所言三種缺失與張灝所言三種迷失基本構成了新儒學的問題視域，新儒學之理論與實踐大略依此展開。第一代新儒家中，熊十力認為中國傳統中原本就有科學思維、民主思想、持論系統，只是秦漢之後遺失了，原因在於漢儒為維護帝國君主專制篡改儒學正統，形成了一套宰制儒學。他作《原儒》一書，試圖恢復先秦儒學真貌，又在《論六經》中發明孔子學說，以《易》為形上學根基，以《春秋》《周官》為政治哲學根基，論證民主科學為華文化所本有。梁漱溟早年欣慕西方政治制度，為此亦曾做過相當的努力，後來發現這條道路在中國行不通，遂轉向鄉村自治建設，試圖從鄉村起步，培養中國式的新政治習慣。他分析西方政治制度在中國行不通的原因有二：「其一是漸漸凝固的傳統的習慣；其二是從中國文化而開出的一種較高之精神，這兩層皆為養成西洋式政治制度或政治習慣的梗阻。」[4]第一層為國人之短處，消極怕事，不敢出頭，退縮安分；第二層為國人之優越處，「因為西洋的政治制度或是習慣，較之於中國民族文化開出來的一種較高之精神為粗淺、為低下」，由華民族較高之精神俯首降低至西洋政治習慣較低之精神，實在是難以解決的一大滯礙。梁漱溟的嘗試對今日之實踐亦有頗多可借鑒處。牟宗三作為新儒家理論體系的集大成者，歸宗宋明理學，借鑒西方哲學體系化的代表——康德哲學，發演出一套道德主體性形而上學，以此為基點，由「良知的自我坎陷以開出知性主體」，從而在理論上疏通了中國傳統直接開出科學和民主的可能。熊十力、牟宗三等當代新儒家都試圖在傳統中建構一個形上的主體，作為新儒學的形而上學基礎，這是對三種缺失與三種迷失的回應，由此形上道德主體出發，新儒學發演出其時代性的政治哲學及實踐哲學。

西方現代化之擴張必會帶來全球化，即，現代化絕非西方之現代化，而是全球之現代化。在全球現代化中，中國所面對的問題絕非僅僅是華文化與

---

[3]　同上，頁 16-17。

[4]　梁漱溟：《自述五種》（上海：三聯書店，2014 年），頁 26。

西方文化之異同問題，更是中國乃至西方共同面對的傳統與現代如何接榫的問題，或曰，如何在現代社會中安置傳統。西方之現代化是由西方傳統中生長出來的，一步一步走到現代。而中國之現代化則是嫁接的、移植的，而非由華文化傳統中自然生長出來。由此，在全球現代化的情勢下，中國文化首先面對的是古今問題，其次才是中西問題，即，從根本上說，中國須得首先要解決傳統與現代的接榫，才能完成現代化，也才能克服現代化帶給中國的種種問題。換言之，對中國文化來說，古今問題具有邏輯在先性，中西問題具有時間在先性。正因為中西問題的時間在先性，故當代新儒家展開問題的向度首先以中西為視角展開，這是時代使然，時代的急迫容不得由理論上的邏輯在先開始。由是之故，新儒學更多地是在中西之辨的維度下，以西方價值觀為標準，對傳統儒學進行重新詮釋。再者，當代新儒家歸總宋明理學自有緣由。在儒學史上，宋明理學的內聖一路被稱作新儒家，它為了應對西來佛教思想及本土道教思想，「特別發揮了原始儒家的內聖側面及形而上學側面，並且著實地建立起一套工夫修養的進步」[5]。由此，在與西方思想的交會融合上，宋明理學有其形而上學的思維方式，以及與「老西學」（佛學）對話的經驗和基因，亦有與外來思想交會的話語資源和思想資源。因此，為應對「新西學」，當代新儒家歸宗宋明理學和佛學，就具有了的先天優勢。

當代新儒家出於時代的急迫，以中西之辨為理論展開向度，以西方價值觀為真理標準，為回應中國的三種迷失及三種缺失作出了緊急答案。這對解決當時代的意義危機，功不可沒。然而，當我們透析全球化的本質後，將近代中國面臨的問題放置於歷史社會總體中以及思想史的根源處，我們會發現，當代新儒學亦有其自身局限性。如上所述，與時間在先的中西之辨相比，邏輯在先的是：促成傳統與現代的接榫，即，對中國來說，古今之辨才是現代化的本源問題。古今之辨的通達，並非訴諸中西之辨所能完成的，即，當代新儒學為傳統中國奠立道德形而上學的根基並由此開出政治哲學和實踐哲學，這一路向並不能從根本上促成中國由傳統走向現代。換言之，中

5　《儒學革命：從新儒學到後新儒學》，頁16。

國要完成現代化並有能力應對現代化帶來的一系列問題，必得從根源處著手，首先完成中國傳統與現代的無縫對接。

　　牟宗三由良知的自我坎陷開出知性主體，大體來說，即：由知體明覺（良知）自覺地坎陷，由無執到有執，由此而執定一對象。經過這一理論上的程式轉化，道德形而上學可衍生出認識論，由此得以論證由傳統中開出科學、民主的可能。然而，「像這樣的方式仍只是一理論的疏清，是一原則上的通透而已，它並不屬於實際發生上的辦法，也不是學習上需經過的歷程」[6]「這只是理論之收攝，而不能作為實踐之開啟」[7]。因而，這只能是一種後設式的理論，而非具有現實指導意義的理論。就民主、科學等諸種人類價值觀而論，一者，由無到有，從人類歷史社會中創生出來，此為發生之次序；二者，由學習而獲知，由實踐而施行之，此為學習之次序；三者，已有創生者，又有學習者，進而研究其創生、學習之機制，此為理論的次序。「華人社會之走向現代化，施行民主，開啟科學，此是一學習之次序，非原先發生之次序，亦不是理論之次序所能做成的。」[8]既是學習之次序，學來後，就面臨如何將既有的與學來的對接與融合的問題，「不再只是怎樣由傳統開出現代化的問題，而是如何讓傳統在現代化之中扮演一積極參與者、調適者的角色」。[9]

　　當代新儒學站在中西之辨的維度提出的三種迷失與三種缺失，在全球現代化的今天，仍然是後新儒學所面對的問題。然而，後新儒學在處理這一問題的方式上有所差異，並非從理論上讓華文化生出民主、科學、持論系統，而是學習之、融合之、參與調適之；並非從本體論原則出發建構道德形上主體，而是從歷史社會總體中發掘華文化自身的價值根源與展開方式。當代新儒學在理論上歸本宋明理學，而宋明理學在一定程度上是傳統儒學與老西學（佛學）對話交會的理論成果。從本質上說，當代新儒學是以中西理論的視

6　同上，頁72。

7　同上，頁82。

8　《儒學革命：從新儒學到後新儒學》，頁82。

9　同上，頁72。

域展開，借用老的中西問題來應對新的中西問題。雖然宋明理學早已成為華文化傳統的一部分，然而在面對傳統與現代的問題上，當代新儒學回歸得遠遠不夠徹底，「彼等所作形而上學理由的追溯多，而歷史發生原因之考察則顯然不足。」[10]對歷史發生原因之考察要求回歸更古老的六經傳統。其實，熊十力的思想道路早已蘊藏著回歸「六經傳統」的旨向，除唯識一派，熊十力亦歸宗《大易》、《春秋》、《周官》等，「若站在文化傳統的立場來說，其詮釋、揀擇、批判與重建，當具有進一步發展的可能，吊詭的是，這反而是新儒學的後起者所忽略的」[11]，「熊氏的哲學系統與經學系統是合而為一的，他開啟的原儒思想，是繼承原先儒學的隱匿性傳統，這裏可以開啟一套革命的實踐之路，此竟不為當代新儒學之後起者所重視，甚為可惜。」[12]蓋由於時代的急迫，熊十力的論點免不了穿鑿附會及過度闡釋之嫌，而後起新儒家又未能承述發揚之，實在可惜可歎。因此，回到華文化的本源處，從歷史社會總體出發，徹底清理傳統與現代的關係，成為後新儒學的一大要務。另外，「相對於傳統儒學、當代新儒學，後新儒學所面對的問題域當然頗為不同，它需得參與全球現代化之後所造成人的異化之問題的處理」[13]，如：「科技帶來的一往不復的悲劇性」、環境危機、心靈危機等。由此，後新儒學之理論重建工作須得歸宗華文化本源「六經傳統」，深入歷史社會總體，一者在理論上進一步廓清，一者進一步突出實踐概念。

綜上，在全球現代化的今天，時間在先的中西問題退居第二位，邏輯在先的古今問題應當提到首位。後新儒學要處理的問題，一者是古今問題，扭轉新儒學的問題展開向度，徹底回到全球現代化的問題域中，有條不紊地推進華文化古老傳統重新紮根並生長在現代；一者是現代化所帶來的一系列問題，這並非西方文化所能自行解決，而且西方文化的思想嘗試業已指向中國傳統思想。

---

[10] 同上，頁 87。

[11] 同上，頁 137。

[12] 同上，頁 156。

[13] 同上，頁 105。

三、後新儒學的理論建構

　　後新儒學所面對的問題與當代新儒學有重疊處，更有差異處；由是，後新儒學對新儒學有繼承處，更有發揚處。這主要體現在後新儒學之「存有學」與「詮釋學」的理論構架。

　　後新儒學之存有學是其如在學[14]的根基，區別於新儒學本體論式的主體性道德形而上學建構，後新儒學轉向主體間性，進而，由「之間」、由「交際處」發演出「生活世界」。「我們在說生活世界這概念時，或有受於當今西方哲學，如現象學、解釋學之啟發，但並不是一種援引與附會，而是希望藉此取開啟儒家哲學的新的可能」。[15]如果說當代新儒學是本體論的、道德主體主義的，那麼後新儒學則是如在學的、實踐論的。生活世界是後新儒學之如在學的根基和場域，生是「總體的創造性根源」，活是「身心一如的實存活動」，世是「綿延不息的時間歷程」，界是「廣袤有邊的空間區隔」。因其是總體的創造性根源，故非由人去開啟一形而上之理境，而是天、地、人、我、萬有一切交相參贊；因其是身心一如的實存活動，故非主奴式的以心控身的身心論，而是主客交融式的身心一如；因其是綿延不息的時間歷程，故非切斷的、控制式的時間觀，而是天地人我萬物綿延不息地感通一氣；因其是廣袤有邊的空間區隔，故非執著性、對象化的空間觀，而是蘊含有「生生」義的時間綿延之區隔的空間。

　　形而上學的本體界與現象界相互隔離，如在學之如在與歷史社會則是緊密聯接，相互融合。如在學意義上的生活世界指向歷史社會總體，它是歷史的，又是時代的，是倫理的，又是政治的，是家庭的，又是社會的，是個體生命以多樣化的形式得以綻出的場域，個體生命之心性修養、父慈子孝、兄友弟恭、夫婦和諧、政治參與在其中層層上演。它包含親親的倫理世界，也包含市場經濟下、現代政治生活下陌生人的交往世界。在如在學意義上，生活世界超

14　後新儒學的如在學的詳細闡發，見本文第四節。

15　《儒學革命：從新儒學到後新儒學》，頁73。

出時間性、地域性，不分古今中西，不分種族國界，具有普遍義和抽象義。在實踐意義上，生活世界因文化根源、物質基礎、民族構成等而體現出地域和民族上的差異性。因如在學和實踐論的理解差異，生活世界遂有歷史社會總體和歷史社會具體的層次分別。生活世界由如在學確立其理論基礎，由實踐而徹底展開出來。而且，此實踐是如在學之實踐，是天地人我萬物交相參贊的動態歷程，而非形而上學意義上的主宰世、壓迫式、進攻式、攫取式的實踐。

後新儒學的生活世界分出兩個面向，一者是生活儒學，一者是政治儒學。傳統儒學所植根的社群模式是：家庭－宗族－皇權，其實踐立足點是血緣的、宗法的社會。現代化的政治模式和市場經濟對傳統中國的社群模式造成極大衝擊，宗族瓦解，家庭穩定性降低，由此而生成個人（家庭）－社會－國家的社群模式，生活儒學應運而生。近年來，民間興起的國學熱、儒學熱、傳統文化復興、漢服運動、傳統成人禮、傳統意義上的書院的建立，皆是民間自發地對生活儒學的追求。與此同時，儒者關於儒家憲政的理論探討，學界從政治哲學角度對儒學的研究，執政黨對儒學的重視及相關活動的展開，皆可看作各知識團體對政治儒學的嘗試性探討。值得一提的是，林先生提出的公民儒學，源出於生活儒學，又影響到政治儒學的理論思考。由是，公民儒學可以看作連通生活儒學與政治儒學的橋樑，而且，在如在學中，生活與為政原本就是相貫通為一體。後新儒學的「生活世界」仍然構成對華文化「無民主思想、無科學思想」的回應，所不同的是，當代新儒學從理論上讓傳統中產生出民主、科學，而後新儒學則強調儒學實踐，或者是學習民主、科學並積極參與調適，或者為中國尋求不同於西方民主的政治道路。

後新儒學對生活世界的重視，將近現代知識分子從偽啟蒙的迷思中喚醒。「偽啟蒙的迷思認為人類既已啟蒙，而且目前是朝向啟蒙的終極途徑邁進，因此作為落後國家的我們只要追隨著先進國家的腳步，往前邁進，則一切無疑義矣」[16]。在這一意義上，當代新儒家的理論建構仍處於偽啟蒙的迷思的籠罩之下。如，牟宗三先生關於兩層存有論的建構，基本跟隨西方傳統

---

[16] 《儒學革命：從新儒學到後新儒學》，頁 67。

形而上學「理念界」與「現實界」、「物自身界」與「現象界」、永恆與變化、真理與虛假、不動與動兩相對執的理論基礎。這種理論路向純以西方價值為理論構架的標準，僅從形上思想層面建構完善圓融的理論，忽略了華文化獨特的歷史社會與思想本色。而後新儒學則注重華文化生生的思想本色，由「兩層存有論」轉向「存有三態論」，從一動態展開歷程出發，從「存有的根源」、「存有的彰顯」到「存有的執定」。存有的根源是「寂然不動」的「道」；存有的開顯是「感而遂通」至整個知識、理論層面；存有的執定是主體的對象化活動，包括理論上的對象化與實踐開展兩方面。即，由「寂然不動」，到「感而遂通」，到「曲成萬物而不遺」。存有三態論是對兩層存有論的改善和調適，兩層存有論在物自體－現象、真理－虛幻對立的前提下，強調由高對低的統攝，追求較高一級；存有三態論強調生成－開顯－實踐－生循環往復，是一通而為一體的動態歷程，而非一往不復。存有三態論特別突出實踐的參與，而非純粹理論的構想。

「由存有三態論的建立，進而我提出詮釋方法論的五層說：道、意、象、構、言」[17]。早在 1997 年，林先生就已經提出，中國經典傳述中蘊含「言、形、象、意、道」的詮釋層次[18]，「相應於言是語言文字的構成，重在了別作用；相應於形是意義的整體結構，重在把握作用；相應於象是在意義結構之上的總體意象，重在想像作用；相應於意是在此意象之上的意向作用，重在體驗心意之指向；相應於道是在此意向之上的無分別相的空無狀態，重在體證道之本體。」[19]「言、形、象、意、道五者逐層有其互動之交談與相會，彼既有平面的互動，復有縱面的升進，這五層又皆縮歸於天地人交與為參贊之場域，並即此而說其縮歸於道也。」[20]經過多年體會，在 2003 年由讀冊文化事業公司印行的《人文學方法論：詮釋的存有學探源》中，林

---

[17] 同上，頁 300。

[18] 在 1997 年，〈「革命」的孔子——熊十力儒學中的「孔子原型」〉與〈走向生活世界的儒學——儒學、《論語》與交談〉二文中，皆論及「言、形、象、意、道」的詮釋方法論。

[19] 同上，頁 155。

[20] 同上，頁 184。

安梧對「言、形、象、意、道」的詮釋層次進一步完善明晰，建立了中國經典注疏「道、意、象、構、言」的詮釋理論。道是根源，由體證而得之；意是意向，由體會而得之；像是圖像，由想像而得之；構是結構，由掌握而得之；言是句子，由理解而得之。「道、意、象、構、言」的層級，由存有之根源到存有之彰顯，再到存有之執定，內在於經傳注疏的文本中。「這也就是從不可說而可說，由可說而說，再到說出一個對象」。[21] 人對道的參悟，則是由執定，到彰顯，再到根源，是「言、構、象、意、道」的層級。如此一來，人與經典文本之間形成一種互動迴圈關係。經傳注疏文本向人逐層展開，人進入其中，逐層把握，最後通貫於道。

　　後新儒學的詮釋方法論是要深入經傳注疏的傳統中，發掘其中本有的詮釋方法和持論系統，這是對傳統儒學持論系統的構建。華夏經典亦有持論系統，只是不同於西方之持論系統而已。這同時也指向了後新儒學自身的持論系統和詮釋方法，當然，後新儒學之持論系統的形成，必將受到西學方法論的影響，如唯物史觀、現象學方法、思想史方法、政治哲學方法等，而且，其範式和樣態仍在構型中。相對於宋明理學應對佛學所形成的一套持論系統，後新儒學在古今中西的交匯處，必將形成一套獨立的範式與樣態。

　　後新儒學的存有學與詮釋學構成其如在學的基底，生活世界與存有三態論皆有濃厚的實踐氣質，如在學的實踐開展當以此二種理論為基礎。同時，不同於當代新儒學從理論上生出民主、科學，後新儒學強調生活世界在具體歷史社會上的殊異性，通過學習的程式，學習民主、科學，並通過實踐積極參與、調適。於是，此二種理論無形中也構成了對無民主思想、無科學思想的回應。後新儒學的詮釋方法，深入經傳注疏，揭開其內在持論系統，無形中也構成了對無持論系統的回應。當代新儒學向外求，構建一個道德形而上學系統，後新儒學則向內求，從中國的經典詮釋中抽繹出一個內在於經典的持論系統，從無系統中抽繹轉化而生一系統。無可懷疑，這一持論系統原本即內在於經典之中。由此，後新儒學對三種缺失的無形回應，導向對形上危

---

[21]　同上，頁 301。

機、道德危機意義危機進一步克服。

　　值得注意的是，後新儒學的存有三態論歸本於存有學而又導向其詮釋學，由此將存有學與詮釋學關聯起來，也就將生活世界與意義詮釋勾連起來。林安梧言：「我想免除主體主義及形式主義可能之蔽，故多闡發熊十力體用哲學之可能資源，由存有的根源（境識俱泯）、存有的開顯（境識俱起而未分）、存有的執定（以識執境），等諸多連續一體之層次以疏解生活世界與意義詮釋之論題」。[22]存有學引向生活世界，導出歷史社會總體，詮釋學揭開華夏經典的內在詮釋理路，二者皆有明確地實踐指向性。如前所述，生活世界開啟生活儒學與政治儒學兩面，其實踐性自不待言。詮釋學是對文本理路的梳理，其實踐性何在？「意義詮釋必指向道德實踐，必指向社會批判，這裏所說的必，是因為意義詮釋是意－義－詮－釋，是以場域之空無、境識俱泯、存有的根源，此原初者即含有一下貫到生活世界的動力。」「意義詮釋不能停留在言說的系統上，也不能轉而為外於歷史社會總體之心性修養，而宜通極於道德實踐與社會批判。」[23]

　　後新儒學的存有學與詮釋學，都指向社會實踐。而且「後新儒家的實踐概念是要去開啟一個新的如這樣的實踐概念」。

四、後新儒學的如在學

　　現代性帶來一系列問題，即工業－科技－商業的「一往不復的悲劇性」，如人的異化、無家可歸、生態危機、精神危機等。19 世紀以來，馬克思、尼采等哲人已經開始反思西方形而上學帶來的生存困境，二者都將矛頭指向柏拉圖主義，即，西方形而上學的存在學（Ontologie 舊譯本體論）一路。形而上學的存在學追求存在者之本質，即在共相、普遍的意義上的存在者。形而上學的神學追求存在者之實存，即在神性、最高意義上的存在者。

---

[22] 《儒學革命：從新儒學到後新儒學》，頁 109。

[23] 同上，頁 116。

「存在學通過『本質之問』（先驗之問）達到『最普遍者』，神學通過『實存之問』（超驗之問）達到『至高者』」[24]「不過這兩個問題並不是在同等意義上得到展開的，而毋寧說，在柏拉圖以降的形而上學傳統中，第一個問題即本質－先驗的追問一直是佔據優勢地位的。」[25]存在學為邏輯學、幾何學奠基，又促進自然科學的形成，進而締造出工業－科技－商業的現代版圖，現代性的一系列問題隨之而來。為克服現代性問題，以海德格爾為代表的實存主義哲學作出了重要的思想嘗試。「如果說舊形而上學往往通過存在學途徑來為超驗神學奠基的話，那麼，經過康德哲學的劃界，在康德之後的現代哲學（特別是在現代實存哲學）中，新形而上學所嘗試的就可以說是一種相反方向的努力了：通過實存的追問來為存在學奠基，或者更準確地說，要為存在學尋獲一個實存的基礎」[26]實存主義哲學仍然是形而上學，其並不能從根本上解決現代人的無家可歸狀態。海德格爾後期關於語言、詩歌、藝術的思想，與 physis、Ereignis 等思想關鍵字，以及向道家思想的親近，皆蘊含著從靜止到動態、從永恆到生成的思想轉向，雖然，其動態、生成仍具有濃厚的物理學意義、機械論意義，而非倫理意義、實踐意義上的生生之動，但海德格爾的思想嘗試招致著如在學的登場。

　　與形而上學相比，如在學缺乏空間這一維度，或者說如在學的空間歸融在時間之中。空間之缺失斷送了從如在學中開出科學的可能，但正也圓善了物、人在時間中的如在。曾子曰：「慎終追遠，民德歸厚矣。」（《論語‧學而》）《春秋》中作為一科三旨的「異內外」，並非空間上的內與外、遠與近，而是倫理道德意義上的內外。隨時間之演進，夷狄可進為華夏，華夏可退為夷狄，一切以倫理道德為標準。所以，若言如在學有空間，其空間亦是融在時間性以及倫理道德中的，而非物理學、形而上學意義上的空間。《華嚴經》：「佛土生五色莖，一花一世界，一葉一如來」。若以存在學（本體論）來解釋，「一花一世界」中，花是一個對象，一個佔據空間位置

---

[24] 孫周興：《後哲學的哲學問題》（北京：商務印書館，2009 年），頁 15。

[25] 《後哲學的哲學問題》，頁 47。

[26] 同上，頁 38。

的物體，或者是作為理念的花；無論如何，花始終是在時間和空間中的生物，或者是超時空的理念，是有限或無限的存在物；作為主體的人站在花的一旁，觀看它，研究它，或是冥思它的共相。若以實存哲學來解釋，花被置放在一個生長環境中，聚集著天、地、神、人的到來；花由人栽培、施肥、養護，沐浴陽光雨露；花凋落之後，又有新的花誕生。若以如在學來理解，一花一世界，並非「一花」所佔據的空間位置，而是「一花」作為時間性的有限存在所開啟的場域，由開放到凋謝的歷程，是招致人來觀看的場域；一花所開啟的世界從時間性上來說是有限的存在，有節制的存在；既有「接天蓮葉無窮碧，映日荷花別樣紅」的詠歎，又有「落花流水人去也，天上人間」的感傷。一花一世界，萬物皆如在。

在 1994 年麥迪遜手記──後新儒學哲學論綱中，林先生已經提出「如在」的實踐概念，「後新儒家的實踐概念是要去開啟一個新的如這樣的實踐概念。這是以其自為主體的對象化作為其起點的，是以感性的擘分為始點的，是以整個生活世界為場域的，是以歷史社會總體為依歸的。」[27]在 1997 年所作〈咒術、專制、良知與解咒──對臺灣當代新儒學的批判與前瞻：對於《後新儒家哲學論綱》的詮解〉一文中，林安梧對後新儒學「如在」的實踐概念進一步作了詳細解析。「如」並非康德「物自身的如」，亦非佛教的「空有一如」，而是「實踐歷程而開啟」的「縱貫創生的如」，「如是動態的開啟，不是靜態的當下。」[28]如在的實踐是道德主體以生活世界為場域，出入歷史社會總體，以價值的實現為目標，開展「致中和、天地位、萬物育」的道德實踐。在這一意義上，後新儒學是如在學，是實踐學。

現象學的生活世界是一超時間性、空間性的實存概念；如在學的生活世界導向歷史社會總體，是時間性中的個體與群體的生活世界，是歷史的，又是當下的，是政治的，又是倫理的，歷史而當下，政治而倫理，家庭而社會，隨著時間的演進，多向度地推舉著不斷地到來，又不斷地成為當下的，

27　《儒學革命：從新儒學到後新儒學》，頁 89。
28　同上，頁 89。

歷史的，向前推進。這樣以來，歷史、現在、未來在道德人的如在實踐中聚集成一縱貫的歷史社會總體。

「祭如在，祭神如神在。子曰：『吾不與祭，如不祭。』」（《論語·八佾》）子曰：「鬼神之為德，其盛矣乎！視之而弗見，聽之而弗聞，體物而不可遺。使天下之人齊明盛服，以承祭祀，洋洋乎如在其上，如在其左右。《詩》云：『神之格思，不可度思！矧可射思！』夫微之顯，誠之不可揜如此夫」（《中庸》）「『如在』、『如神在』『如在其上』、『如在其左右』，似乎，一切鬼神都不是真的在，但又不是不在，而只是『如在』——好像在、似乎在、像那麼個樣子的在。」[29]傳統社會中，對鬼神的祭祀開啟傳統儒學的如在，慎終追遠，民德歸厚矣，祭祀者需要發自內心之至誠而身心一如。由此，個體融入家庭，進而融入家族，進而通乎鬼神。「鬼神之義乃是文之義、禮之義、德之義，是文德對於實質存在意義上的鬼神的結構和虛化，是禮義對於鬼神之不存在實質的純粹的增補和附加。」[30]個體並非以主體的方式存在到家庭和社會，而是以如在的方式融入到歷史社會總體中，推舉著仁、德、禮、文在個體、家庭、家族、世代那裏的不斷上演。而且，「如」字本身的動態化含義，也參與賦予了如在的實踐本質。

當代新儒學跟隨西方傳統形而上學，建構道德主體性形而上學，是靜止的、存在學的，後新儒學則深入傳統經典、歷史社會總體，開出道德實踐學，是動態的、如在學的。「有了分寸，沒有逾越，只是如，如其自身，如其情景，如其存在，如其當下。」[31]如在是如此存在、如其所是、如其所在、如其所是地存在。如是動態的、生生地開顯和成為，不斷地成其所是，成其所是地開顯出來，湧現出來。如在是自然的、倫理的、政治的，是一個圓善的生態鏈。如在學本質上是一種實踐論，其關鍵字是「好好生活」、「好好存在」，人與天、地、萬物在交談、對話、溝通中，共生共榮。「如

---

29 柯小剛：《在茲：錯位中的天命發生》（上海：上海書店出版社，2007 年），頁 192。

30 同上。

31 《儒學革命：從新儒學到後新儒學》，頁 196。

在」落實到中國的歷史社會中，就是老百姓口中的「好好過日子」。

「好好生活」、「好好存在」引向如在學的兩個主題：藝術和政治。孫周興以為，哲學與宗教是過去時代的思想文化主題，而現今時代，藝術與政治已經開始成為思想主題。「海德格爾很狡猾地把『後哲學』或『哲學的終結』瞭解為哲學之可能性的完全發揮（『完成』）與哲學不再是未來的決定性的思想方式（『結束』）這樣一個看似矛盾的局面」[32]。哲學之完成，即科技－工業－商業全球化的實現；哲學之結束，即哲學的思維方式將減弱，非哲學的思想方式將生出。哲學和宗教的時代結束了，藝術和政治的時代來臨了！如在學的政治並非僅是實際政治事務，而是在人與人相交中，於群體中獲得一個安身位置，由親我家庭到人我社會，由孝悌之道到忠信之道，進而到仁義之道。子曰：「《書》云：『孝乎惟孝，友於兄弟，施於有政。』是亦為政，奚其為為政？」（《論語·為政》）如在論的藝術並非僅是藝術家的專業藝術，而是遊於藝，是人與自然、天地、古今相互貫通。子曰：「天何言哉？四時行焉，百物生焉，天何言哉？」（《論語·陽貨》）四時之行敞開著古往今來，百物之生敞開著天地自然萬物，人生在四時百物裏，參與到「天無言，四時行，百物生」的歷程中，恰恰也是因為人之參與，才有四時，才有百物。如在的政治是人與人的交往對談，如在的藝術是人與天地的交往對談；二者在本質上化歸為一，在古往今來的時間性縱向貫通中，在以道、德、仁、藝為基底的橫向貫通中，構成如在生活的基本境域。在此境域中，人追求好好生活。由此，面對如何「好好生活」的問題，就有中國傳統如在學的登場。恰如中國學習西方的民主、科學，西方也應學習中國的如在學，即好好生活。

五、結語

為應對三種迷失和三種缺失，由於時代的急迫，當代新儒學自身不免有

---

[32] 孫周興：《以創造抵禦平庸——藝術現象學演講錄》（杭州：中國美術學院出版社，2014 年），頁 143。

其局限性。後新儒學沿著新儒學的道路，拐個彎，接著走新儒學未走完、未走好的路。近年來，兩岸三地儒者針對當代新儒學（主要是港臺新儒學）多有批判，批判即是在相似的問題域下反思之、發揚之。其反思、發揚之處主要有以下兩點。

　　一者，後新儒學在研究方法上逐漸走向多元化。雖然傳統經學被近代遊海外者指為「無持論系統」，林先生從傳統經傳注疏中抽繹出「道、意、象、構、言」的內在理路，算作一有效回應。而且，近年來，隨西學的全面引介以及學者對傳統經學的重視，後新儒學的研究方法進一步呈現多元化：傳統經學研究法、唯物史觀法、現象學研究法、思想史研究法、政治哲學研究法等皆有採用。而且，不單單是由重視四書傳統（理學傳統）到重視五經傳統（經學傳統），而是四書、五經並重，經學、子學並重。後新儒學成為沉思式、反思式的儒學，在明確時代問題的前提下，以傳統經典為根本，多種方法並用，後新儒學將會呈現一新的思想面貌。

　　一者，後新儒學走出了當代新儒學以西方價值觀為標準的階段，以更加寬廣的胸懷，歸本傳統，會同中西。林先生常以「筷子和叉子」來類比中國與西方，中國是筷子文明，西方是叉子文明。筷子、叉子都是餐具，我們不能以叉子的功能為標準來否定筷子的用法，也不能以筷子來否定叉子，即，不能以仁、義、禮、智、信的標準來否定自由、平等、民主的價值觀，反之亦然。在後新儒學的論域下，中西的界限、古今的界限逐漸抹平，叉子不專屬於西方，仁義也不專屬古代中國。基礎理論、政治觀念、日常用具、科技商業等等，凡能適合一國、一民族，且有利於國人生活者，皆可取而用之。「就歷史的演變而言，儒家思想一直扮演著主流的角色，它一直有種聖之時者也的性格，它維持者時刻的創新性，並且又萬變不離其宗地含藏著永恆的本質性。」[33]後新儒學以高遠的姿態，寬廣的視野，面向世界，面向未來，面向現代化。

---

[33]　《儒學革命：從新儒學到後新儒學》，頁16。

生活世界、存有之道、社會正義
──林安梧「後新儒學」思想述要

張小星[*]

摘　要

作為「後新儒家」的代表人物，林安梧在批判與檢討「當代新儒學」的基礎上表達了「儒學革命」或「儒學轉向」的哲學訴求，主張將「當代新儒學」推進到「後新儒學」階段，並試圖通過建構「後新儒學」體系來為「後牟宗三時代」的新儒學轉出恰當的發展路徑。經由對「當代新儒學」理論困境的反思，林安梧提出包含「存有的本源」、「存有的開顯」、「存有的執定」三層的「存有三態論」，主張將「當代新儒學」所獨標的心性道德主體轉為實存於「生活世界」的感性經驗主體，將儒學轉成為「道德的人間學」。進而在此基礎上，扭轉「當代新儒學」所宣揚的「內聖開出新外王」致思進路為「由外王而調試內聖」。在現實指向上，林安梧由此開始建構「公民儒學」，致力於在現代公民社會發展新儒家學說，去解決現代公民社會中的社會正義問題，重新審視和回應中國社會的現代化問題。正是在此意義上，我們可以說，「後新儒學」是「現代儒學」的一種形態，而且作為思想史事實，「後新儒學」應當且必須歸置於尚在展開的「現代儒學」進程中。

關鍵詞：林安梧　後新儒學　生活世界　存有　社會正義

---

[*] 山東大學儒學高等研究院博士。

　　林安梧，臺灣臺中人，生於 1957 年；國立臺灣大學哲學研究所博士，「現代新儒學」集大成者牟宗三先生高足；現任臺灣慈濟大學宗教與文化研究所教授兼所長、元亨書院院長；當代著名儒學思想家與社會活動家，專研哲學人性論、比較宗教學、政治哲學、當代新儒學等，著有《王船山人性論史哲學之研究》、《存有、意識與實踐：熊十力體用哲學之詮釋與重建》、《道的錯置：中國政治思想的根本困結》、《儒學革命論——後新儒家哲學的問題向度》、《儒學轉向：從「新儒學」到「後新儒學」》等，是當代港臺新儒家的代表人物之一；於 2016 年 10 月任山東大學儒家文明協同創新中心傑出海外訪問學者及儒學高等研究院客座教授。林安梧先生於上世紀九十年代中期（1994-1996 年）提出「儒學革命論」暨「後新儒學」理論構想，引發學界關注，近二十年來海內外已有多部著作及論文對此展開研究。時至今日，「後新儒學」已由構想深化為內容豐厚的新儒學形態，值得學界展開深入討論。

　　大陸著名學者李翔海教授曾在文章〈論後牟宗三時代新儒學的發展走勢〉中提出：「牟宗三之後，當代新儒學初步表現出了多元開展的理論特色。在繼續沿著前輩新儒家的基本精神方向對儒學學理系統作進一步闡釋的同時，主要表現出了三方面的發展走勢：一是繼續倡導開展儒學與人類諸文化系統間的對話，代表了在當代人類文化的多元開展中將儒學的智慧精神進一步融入世界文化的發展走勢；二是提出了『中學為用』的觀念，表明後牟宗三時代新儒學的理論興奮點已開始向儒家學理在現實層面的推擴轉移；三是提出了『後新儒學』的概念，表現出了在對新儒學予以內在批判的基礎上力圖有所開新的理論意向。上述發展走勢表明，面向 21 世紀，儒學將繼續走向世界；如何面對後現代主義的問題，已成為當代新儒家關注的重心問題之一；以心性之學為主體的現代新儒學將面臨可能的轉向。」[1]可以說，李教授對於整個「後牟宗三時代」以來新儒學的發展走勢作出了準確而中肯的概括，而其中的第三點指的正是林安梧先生的「後新儒學」，然而不能忽視

---

[1]　李翔海：〈論後牟宗三時代新儒學的發展走勢〉，《孔子研究》2002 年第 3 期。

的是「後新儒學」本身在其後的充實過程中，無論在文明對話還是現實關切層面上也都作出極為深刻的理論建樹，尤其是依循「儒學革命」與「儒學轉向」所提出的「公民儒學」更是揭開了儒學創進的新向度。本文將略述「後新儒學」思想要義如下，敬請林安梧先生批評指正。

一、革命：朝向「生活世界」的轉進

林安梧先生將牟宗三先生之後的新儒學分為「護教的新儒學」與「批判的新儒學」[2]，認為前者以「護教」的態度展開對牟宗三儒學的融通疏釋，後者則以「批判又繼承」的態度展開對牟宗三儒學的反省考察，力圖經由詮釋而重建新儒學。作為「後新儒家」的代表人物，林安梧並未完全繼承乃師牟宗三先生的學術旨趣，而是揭示出「儒學革命」或「儒學轉向」的歷史節點，主張將「當代新儒學」推進到「後新儒學」階段，試圖通過建構「後新儒學」理論來為「後牟宗三時代」的新儒學轉出恰當的發展路徑。隨著1995 年 4 月牟宗三先生的逝世，「當代新儒學」思潮宣告完結；此後林安梧轉而展開「後新儒學」的擬構，以期推進現代儒學的進一步發展。在他看來，以牟宗三哲學為代表的「當代新儒學」完成了儒學智識化與理論化的工作，使傳統儒學的「道德本心」得以形而上地詮釋與保存，但此闡揚與詮釋卻存在著缺失，因而必須對之進行批判與檢討。通過反省「當代新儒學」的理論困境，林安梧提出進行「儒學革命」即展開新儒學的「轉向」，將「當代新儒學」推進到「後新儒學」階段，並稱此為「批判的新儒學」以區別於上述「護教的新儒學」。簡單說來，後新儒家所要進行的「革命」主要包含兩個方面：一是研究立場的轉換，將牟宗三哲學之心學立場轉為（王夫之哲學的）氣學立場，通過闡發王夫之氣論哲學與熊十力體用哲學而建構「存有三態論」，實現對牟先生「兩層存有論」的超越，並由此而轉「內聖開出外

---

[2]　林安梧：《儒學革命論──後新儒家哲學的問題向度》（臺北：臺灣學生書局 1998年版），頁 29。

王」的路徑為「在現代化的過程中如何調適」出儒學發展的新向度；二是在對待西方近現代哲學思想方面，主張將康德哲學與儒家哲學相區分而吸納當代西方社會批判理論尤其是法蘭克福學派的社會批判理論以及海德格爾現象學和伽達默爾解釋學理論。

（一）「儒學」角色的重新定位

林安梧認為，要克服和彌補「當代新儒學」將良知變成遠離生活世界的超越意義的、形式主義的存在而使儒學成為書齋裏學者們研究的材料，與百姓的現實生活日益疏離的缺陷，後新儒家就必須從牟宗三回到熊十力，進而回到王夫之。因此其「後新儒學」所要完成的「革命」或「轉向」首先就是由牟宗三上溯至熊十力，再上溯至王船山哲學，通過王船山「即其器而言其道」的氣論哲學，建構出包含「存有的本源」、「存有的開顯」與「存有的執定」三個階段的「存有三態論」，克服「當代新儒學」的形式主義與本質主義的方法論傾向，將人看作為生活世界與社會歷史總體中交與參贊天地的活生生的人、整體的人，而不是超越意義的、形式主義的純粹良知式的道德實踐主體。這一將繼承自宋明心學立場的「當代新儒學」轉到繼承自王夫之哲學的氣學立場的「儒學革命」，使得現代儒學呈現出新心學、新理學、新氣學並立的思想局面，改變了「當代新儒學」的基本理論格局。

經由氣學立場的確立，後新儒家所完成的最重要的轉向即是對儒學角色在現代社會的重新定位。林安梧認為，通過穩立以良知為核心的道德主體而建立現代民主與科學的方式存在者很大問題，因為在此轉出方式中「良知」實際上超越了道德實踐領域而成為一絕對自由無限的東西，導致其理論成為一種「道德中心主義」或者「倫理中心主義」，所以此哲學構造方式僅僅是一套「理論的邏輯系統」；而從歷史發生的角度來看，現代民族國家的建立工作並不是先穩立了內聖理論，就一定可以順著開出來的，它們兩者的關係只是理論溯源的必然性關係，也就是說「歷史的發生次序」不能經由「理論的邏輯次序」推導得出，在歷史發生的意義上並無實踐的必然性可言，所以不能單純「迷戀」於「內聖開出外王」的傳統轉出方式。在此，林安梧提出

不妨採取「外王－內聖」的思考方式，也就是說「內聖」實際上可以成為現代化過程中的一種調節資源，而不一定要擔負「開出」現代化的任務，其所遵循的應當是「現實的學習次序」。這樣一來，儒學在現代化過程中的地位就是作為調節資源而不是作為主體意識參與到現代生活中，所以他說：「在邁入現代化的歷程裏，儒學應該只是作為諸多參與對話的話語系統中的一個，雖然非常重要，但不是主流和唯一的指導方向」[3]。

（二）「西學」融通的重新選擇

後新儒家繼承了「當代新儒學」融會中西的學術傳統，但對西方哲學資源的選取卻不同於當代新儒家。與牟宗三選取德國古典哲學尤其是康德哲學不同，林安梧更為關注的是當代西方馬克思主義的社會批判理論、現象學與解釋學的理論成果。

林安梧首先對康德哲學與儒學做出了明確區分。他認為，康德意義上的實踐主體所強調的是對於道德法則的遵守並以此作為道德實踐的動力而展開實踐，其是一種道德的主智主義道路；而儒學所強調的是一種當下存在的怵惕惻隱之情感並以此為道德實踐的動力而當下展開道德實踐，其是一種道德情感主義路線[4]；因此不能隨便將二者進行比附。然而，因為林安梧最為關心的哲學論題是「人存在的異化及其復歸之可能」[5]，所以他認為可以適當吸收當代西方社會批判理論。在他看來，法蘭克福學派的社會批判理論對於當代資本主義的問題有著深切的認識，對於化解當代資本主義的問題有著獨到的見解，他們並不把異化問題單純歸結為經濟問題，而是將其看成為整個實存情境的問題，將其思考與理論建構植根於人與整個實存情境的辯證歷程，所看重的是人道主義立場，而極力反對人被外化、物化。並且林安梧認為，儘管「當代新儒家」察覺出了社會的異化現象，但由於受儒家傳統道德理想主義的影響，所以其對人之存在的異化現象採取的是一種本質化的處理

---

[3]　林安梧：〈儒學革命──一種可能的方向〉，《鵝湖》第 26 卷第 9 期，2001 年。

[4]　《儒學革命論──後新儒家哲學的問題向度》，頁 46。

[5]　《儒學革命論──後新儒家哲學的問題向度》，頁 II。

方式，將異化現象當作為主體的自我分化行為，而克服異化就應通過心性修養等內在工夫。所以他認為透過西方社會批判理論，可以照見儒家傳統內省式人道主義的缺失所在，克服由「道的錯置」所引發的「道德自虐」現象，因此「後新儒學」必須接受和吸納當代西方社會批判理論的成果。

此外，海德格爾的現象學和伽達默爾的解釋學也是林安梧進行「儒學革命」的思想資源。在「後新儒學」的建構過程中，「生活世界」的概念尤為引人矚目，這一概念雖然在淵源上與胡塞爾的「生活世界」概念極為類似，但卻明顯不同。林安梧更為關注的則是生活世界的感性經驗實存性，他認為：「『生活世界』指的是由人之做為一『活生生的實存而有』，進入到世界之中，而視此世界乃是一活生生的世界」[6]。就此「實存性」而言，後新儒家的「生活世界」概念顯然是要克服「當代新儒學」道德主體主義哲學的弊端，從而由此開啟儒家哲學新的發展可能，也就是引導儒學深入關注社會實踐問題。在林安梧看來，「當代新儒學」特別是牟宗三的哲學是以主體性即道德良知主體為核心的哲學系統，肯定人有「智的直覺」，可以升進至天地物我一體的境界，並將道德主體性的確立看作是一切社會文化事業的基礎，包括民族國家的建立，即「內聖開出新外王」；但是他們的「主體」卻是由心性修養所證成的「境界主體」，是遠離生活世界與歷史社會總體的主體，這一主體太顯超越而不夠具體、不夠落實，而後新儒家把「生活世界」置於感性經驗界來理解，所側重的就是感性經驗的主體實踐。通過強調「生活世界」的概念，後新儒家重新處理了由心性論所導出的主體「境界性把握」對象的方式，避免了主體偏重心性修養而遠離社會生活的實踐缺失，使的儒學轉成為「道德的人間學」去積極參與社會實踐。

二、建構：「存有之道」的次第展開

上文已有提及，作為「批判的新儒學」的代表，林安梧對其師牟宗三先

6　《儒學革命論──後新儒家哲學的問題向度》，頁32。

生的哲學進行了批判，其中既包含儒學正宗與儒學史分期的問題也包含哲學架構與方法論的問題，並在批判的基礎上提出了「後新儒學」的基本內容。在林安梧看來，儒學是關聯整個天道論、自然哲學、歷史哲學、心性論、以及政治社會學說的哲學，其與各時代的經濟結構的方式、社會結構的方式、政治組織的方式有著密切關聯；儒學本身所強調的是身心一如、理欲合一、理勢合一、道器合一、理氣合一[7]的傳統，這就意味著所謂本心論、天理論、天道論通而為一才是儒學的真正核心。正是在此基本基礎上，林安梧展開「後新儒學」的建構，力圖修正和轉出其師牟宗三先生哲學的理論困局。

（一）「後新儒學」的三層意涵

那麼何謂「後新儒學」呢？林安梧先生對此曾從多個角度給予說明。然而筆者在此則選取其中的三個層面以作解釋：一是思想背景上，「後新儒學」構想的提出與新儒學的發展轉向緊密相關。他認為儒學到了「該轉向的年代了；這轉向是依著儒學而開啟新的轉向，又依著這樣的轉向，而開啟著一新的儒學」，這一轉向被稱為「儒學轉向」，而這一新儒學，因其「時序處在當代新儒學之後」，所以被稱為「後新儒學」[8]。二是致思進路上，「後新儒學」意在轉變既往儒學「內聖開出外王」之路徑為在民主化和科學化過程中調適出儒學發展的新可能。他寫道：「整個後新儒學的一個哲學向度是反本質主義、反主體主義，是以『存有三態論』來取代『兩層存有論』，它在整個結構上，不再是以『內聖』開出『外王』的問題，不再是以一個『理論的邏輯次序』去決定一個『歷史發展次序』，而是強調必須經由一個『實踐的學習次序』，去重新調節。所以說不是如何從傳統開出現代，而是在現代化的學習過程裏面，重新讓傳統的意義釋放出來」[9]。三是理論

7　《儒學轉向：從「新儒學」到「後新儒學」的過渡》，頁 359。

8　林安梧：《儒學轉向：從「新儒學」到「後新儒學」的過渡》（臺北：臺灣學生書局 2006 年版），頁 I。

9　林安梧：〈我的學思歷程：中國哲學研究方法的一些方法與思考〉，《學術界》2014 年第 7 期。

特質上，「後新儒學」重在關切生活世界與歷史社會總體下的社會實踐問題。他坦言：「後新儒學強調的是以『社會正義為核心的儒學』，不再是以『家族宗法為核心的儒學』；是以『意義治療為核心的思考』，不是以『心性修養為核心的思考』；是以『文化批判為核心的儒學思考』，不是以『人文建構為核心的儒學思考』；這是以『萬物並作、多元互動、儒道佛及其他東西文明互動』的『交談性思考』，不是以『一統江湖、儒家主流、道家支流、佛教為外來』的『主宰性思考』」[10]。

由此看來，「後新儒學」作為新儒學形態源自於「當代新儒學」的轉向並以「當代新儒學」為起點而展開；而且「後新儒學」的問題向度和哲學結構是在批判和反思當代新儒學尤其是牟宗三哲學的基礎上獲得的；其將理論的重心轉向到社會實踐領域，致力於探討現代政治以及文化等問題。因此，「後新儒學」的提出即意味著批判和繼承「當代新儒學」而展開現代儒學新的轉進，從而通過詮釋儒家資源而重建新儒學。

（二）「後新儒學」的基本建構

「後新儒學」理論構想最初萌生於 1994 年，而於 1996 年正式提出[11]，之後林安梧先生在其〈後新儒學的基本建構：道統譜系、心性結構、存有三態論、本體詮釋學〉一文中，對「後新儒學」的建構歷程以及其形上層面的主要內容作出全面論述，現略述其要義如下：

1.重釋人的心靈意識結構問題

「人的心靈意識結構」是歷代儒學所重視的核心問題。林安梧出於對「當代新儒學」的反思轉而對此問題展開專門討論。他認為，人的心靈意識結構可總體闡釋為志、意、心、念、識、欲六個層面。「心」是就「總體」來說；「意」則是就心靈總體所發的「指向」來說；而「意」往上提則是「志」，是就其「定向」而言；而「意」往下墜則是「念」，這涉及到客觀

---

[10]　《儒學革命：從「新儒學」到「後新儒學」》，頁 13。

[11]　《儒學革命：從「新儒學」到「後新儒學」》，頁 230。

對象，故「念」是就其「涉著」來說；正是由於涉著客觀對象，所以起分別「識」的作用，而「識」則是就其「了別」而言；而「念」往下則是「欲」，是就「貪取」而言。林安梧指出，儒學尤其是宋明理學家對心靈意識的結構性分析大抵如此，其所做的功夫在於如何「化念歸意」、「轉意回心」、「致心於虛」[12]。由此他批判了「當代新儒學」由於強調陽明學良知主體而陷入的本質主義傾向以及對於整體之人的忽略，提出應該回到劉宗周、黃宗羲以及王夫之去進一步思考這一問題，認為王夫之注重從「人存在的歷史性」出發來討論「道德本心」和「天理」的關係是可貴與可取的，因為程朱的「道德天理論」和陸王的「道德本心論」都是將「以心控身」作為義理旨歸，而只有到了王夫之那裏才真正達到「身心一如」的境界，而這一結構才較為接近原始儒學的面貌。這也就是說「後新儒學」試圖通過對歷代儒家心靈意識結構的闡釋而以一種整合還原的方式來為儒學的未來發展尋求一個新的展開向度。

2.建構「存有三態論」以修正「兩層存有論」

在林安梧看來，其師牟宗三先生的哲學系統可以「兩層存有論」涵蓋之。牟先生借鑒《大乘起信論》之「一心開二門」的架構，參照康德哲學「現象」與「物自身」的超越區分，提出了「一心」可開出「執的存有論」與「無執的存有論」；並強調從「智的直覺」往下開「感觸的直覺」即知性主體來涵攝民主科學。由於「兩層存有論」本身的主體主義立場及其獨斷色彩且此詮釋方式是為了應對當時的存在意義危機，所以林安梧認為如果回到中國文化傳統，這樣的詮釋系統會受到很大挑戰，因為在他看來中國文化的傳統是以「氣」為核心的，其所強調的是生命性的原則，而牟先生的系統僅是其中的一個獨特的發展，不能完全代表儒學，由此他提出了「存有三態論」的形態。而且他認為「當代新儒學」的奠基者熊十力先生的體用哲學實則隱含著「存有三態論」的雛形，並且此系統可追溯到明末的王船山哲學；也就是說「存有三態論」結構是從熊十力「體用不二」的哲學脈絡回到王夫

---

[12]　《儒學革命：從「新儒學」到「後新儒學」》，頁291。

之「乾坤並建」的脈絡，再回到先秦《中庸》、《易傳》的傳統（在林安梧看來，《中庸》、《易傳》可以視為儒學系統的核心）。具體說來，「存有三態論」包含「存有的根源」、「存有的彰顯」、「存有的執定」三個發展階段；「存有」相當於「道」，但「道」本身卻不是形上實體而是天地人我萬物通而為一的、不可分的總體性根源，呈現為「境識俱泯」的狀態；「存有的開顯」則是人作為主體去展開這個「存有」，是一「境識俱起」的狀態；而「存有的執定」則是主體的對象化活動，是主體通過話語使得對象成為被決定的定象（即「名以定形」），呈現為「以識執境」的狀態；這就是「存有」之「道」的依次展開，或者說是「存有的根源」經由「縱貫的創生」到「橫面的執定」的發展歷程[13]。但需指出的是，「名以定形」、「主體的對象化」活動的過程其實是一個「自我的他化」過程，在此過程中既可成就宇宙的客觀的存在同時也不可避免地會導致異化的狀態，人類一方面走向「文明」而一方面遭到「文蔽」，因此這就需要解蔽與除蔽，也就是讓本源存有之道如其本如地彰顯，回到生命之本源、由其本源之開顯而落實為本性，所以「存有三態論」結構又隱含著一治療學的思維，即「存有的治療學」[14]。

3.詮釋方法論的「五層級說」

　　經由「存有的三態論」的建立，林安梧進而提出哲學詮釋方法論的五層級說，即「道、意、象、構、言」。作為本源性存在的「道」是寂然不動的，是就「存有的根源」而言；「意」是指「純粹的意向性」；「象」即通常所謂的「圖像」；「構」是就「結構」來說；而「言」指的則是整個「語句」。與「言」相對的則是「記憶」，與「構」相對的是「掌握」，與「象」相對的是「想像」，與「意」相對的是「體會」，而與「道」相對的則是「體證」[15]；這五個不同層級的理解不僅僅涉及「文本本身」更牽涉到此「存在的語境」；也就是說在此詮釋方法中，所強調的是人跟整個存在的

13　《儒學革命：從「新儒學」到「後新儒學」》，頁297。

14　《儒學轉向：從「新儒學」到「後新儒學」的過渡》，頁59。

15　《儒學革命：從「新儒學」到「後新儒學」》，頁300。

脈絡、整個生活世界與文本脈絡通而為一以達於「道」[16]。林安梧以《老子》：「道生一，一生二，二生三，三生萬物」言之，在他看來，「道」是不可說的，而「道生一」就其不可說的根源義正好對應「存有的根源」，「二」則是指它的對偶性，「三」指其對象性，即天地萬物的對象性活動。這樣「存有的根源」、「存有的彰顯」到「存有的執定」，就是一個從「不可說」到「可說」，從「可說」到「說」及至「說出對象」。所以此存有的展開歷程恰好可以關聯為「道、意、象、構、言」五個層級。

4.儒學所蘊含的意義治療學

作為新一代儒家學者，林安梧認為失去道統支撐的儒學仍能夠治療國民的意義危機，通過教育的方式可以拯救世道人心。在這樣一個商業浪潮席卷全球、世俗文化大行其道的時代，他認為立足儒學的教育可以消解諸多由市場經濟帶來的弊病。他認為，教育不是控制，而是生長，也就是「暢其欲、通其情、達其理、上遂乎道」。在他看來當前的教育是需要反省的，教育應注入儒學精義，傳播和弘揚儒家情懷，必須「反俗歸真」，進而「回真向俗」。傳統儒家所謂「儒教」的「教」指的是教化，其目的既要往上提升——上遂於天而達道，也要向下落實——落在倫常日用之中，而這種教化至關重要，因為它向下必然落在人倫裏、落在社會中、落在家國、落在天下那裏。因此，林安梧提出教育必須涉及三個層次：意義的認定、生活的安頓和生存的需求。他認為，教育不能僅僅傳授人們生存的基本技能，它還需要告訴人們如何恰當而安逸地生活，如何認定生命的意義，怎樣滿足主體的生存需求；而且須以生命意義的認定為核心追求。然而這種追求並非人人均可以達到的，但是如果無法認定生命的意義，僅強調生活的安頓和生存的需求，那麼這種教育就沒有目標和方向。

---

[16] 《儒學革命：從「新儒學」到「後新儒學」》，頁303。

三、落實：以「社會正義」為核心的實踐

依林安梧先生的思路，「後新儒學」對「當代新儒學」的推進主要包含兩大層面：形上層面以「存有三態論」來取代牟宗三先生的「兩層存有論」結構；形下層面則是通過以社會正義與責任倫理為核心的道德哲學來實現具體落實，此即「公民儒學」的建構。所謂「公民儒學」，簡而言之就是在現代公民社會發展新儒家學說，將儒學融入現代公民的日常生活中，並在此融合中展開儒學新的發展向度；其所應對的核心問題則是——「公民社會中的社會正義何以可能」[17]。上文對其形上層面的建構已有論述，接下來就形下道德哲學層面即「公民儒學」的要義略述如下：

（一）「社會正義」優先於「心性修養」

林安梧認為，就「當代新儒學」尤其是牟宗三哲學而言，其以「良知坎陷」的方式所構造出的「三統並建」系統充滿了道德的理想主義色彩，在現實層面無法「開出」新的外王事業，所強調的諸如「智的直覺」、「無限智心」、「自我坎陷」等概念範疇不僅在學理上難以把握，更在現實中無法落實；因此後新儒家有責任將「當代新儒學」的「咒術型境界實踐」[18]拉回到現實生活中，將超越之「心」落實到「氣」這一物質層面上來。在他看來，傳統儒學是以「人格性的道德連結」和「血緣性的自然連結」為背景、以「宰制性的政治連結」為核心而展開的；但隨著現代民主法治時代的來臨以及社會環境所發生的巨大變化，以往之「宰制性政治連結」應當轉變為「委託性政治連結」，並且「血緣性自然連結」也應當轉為「契約性社會連結」；因為現代公民社會並不是經由「血緣性自然連結」的宗族親情所推導出來的，公民自身作為獨立的個體而進入社會，現代社會由此而通過客觀性

---

[17] 林安梧先生認為，「後新儒學」是要完成「第三波儒學革命」，而第三波儒學革命的核心問題在於「公民社會下的社會正義如何可能」，也就是「公民儒學」的革命。（參見林安梧：《儒學革命：從「新儒學」到「後新儒學」》，頁12。）

[18] 《儒學革命論——後新儒家哲學的問題向度》，頁40、41。

法則構成為「契約性社會」；那麼在此「契約性社會」中講社會實踐就需要以「社會正義」而非以往宗族倫理下的心性修養為核心，二者在公民社會必須做出嚴格區分，並且「社會正義」要優先於「心性修養」。

然則，後新儒學所強調的「社會正義」究竟意指為何呢？林安梧認為，「社會正義」是對「社會公共的正義」的簡稱，亦可稱為「社會公義」，意指人們形成一個公共團體，在此團體中有人們共同約定、共同認定的法則，在此團體中每個個體的生命、財產、自由以及大家的理想都能得到恰當的安頓[19]；實際上也就是強調對於客觀法則性即契約性的重視。這樣一來，公民儒學所致力思考的問題就不再是帝王專制時代下的個體心性修養而是如何遵循此客觀法則展開社會實踐。對此，林安梧認為，公民個體不僅要回到自身內在的心性之源，更為重要的還在於必須落實於整個歷史社會總體之道，也就是公民必須參與到經驗的生活世界與歷史社會總體[20]之中，正視自身作為一個具有主體性的個體以何種身份進入社會，以及如何面對具體的制度結構。顯然，這樣的實踐方式已經不同於以往儒學所強調的「心性修養」；而這裏所強調的以「社會正義」為核心的實踐展開方式則是在一個具體的學習過程中形成和發展的，而不是純粹地去實現一個懸空的、構作的理論。

（二）「公民社會」的生成與儒學的參與

對此問題的解答，在林安梧看來，儒學自身的務實性使得其可以為此問題的思考提供更多的理論資源，但是必須經過釐清與轉化才能合理地進行聯結。他認為儒學所強調的「責任」概念也就是「忠」的概念就很值得重視[21]。「忠」的概念在整個儒學傳統中被混淆了，其原先所指的「忠於其事」的「責任倫理」被「帝王專制」扭曲成了「主奴式」的忠君；因此對於現代

19　《儒學轉向：從「新儒學」到「後新儒學」的過渡》，頁115。

20　簡單地說，歷史社會總體指的是生產力、生產關係、生產工具、生產者以及這些要素之間的互動關係。（參見林安梧：《儒學革命論——後新儒家哲學的問題向度》，頁45。）

21　《儒學轉向：從「新儒學」到「後新儒學」的過渡》，頁214。

公民社會的建立而言，必須挖掘和發揮儒學中「忠於其事」的「責任倫理」傳統。因為現代公民社會是以一種「契約理性」所建立起來的社會，在此社會中，公民個體作為一個主體參與其中則是通過一個客觀性法則而連結成的「契約性社會連結」，這樣一來就形成一個「普遍意志」（general will）；但是個體的「自由意志」與團體的「普遍意志」必須有一種理想上的呼應甚至是同一，而只有在這種狀況下才可以談論公民社會中的自由與自律的活動；而在此過程中，「公民儒學」所應重視和處理的即是「責任」與「契約」之間的連結。

　　林安梧認為這樣的轉化和發展並非內部轉化，而是從外在的「互動融通」中尋找到的[22]。個體公民作為獨立的主體是公民展開行動的必然起點，所以個體自身就應該展開行動並且相信在一個制度結構之下可以實現暢其言、達其情、通其欲、上遂於道；就此而言，公民儒學所強調的實踐修行便不再是宗法親情之下的那個「禮」，而是在「社會正義」之下的「正義之禮」[23]；而新型儒學形態基本上也就可以在這樣的過程中被「調適」和發展出來。除此之外，林安梧還強調說：「儒學重點不只在涵養主敬，而必須想辦法將涵養主敬化成一套客觀的制度結構」[24]。他認為個體公民首先作為自然的存在（natural being）進入社會之中而轉為社會的存在（social being），無須思考原先儒家所強調的「道德存在」就可以很自然地展開實踐，並且與其他個體進行互動，進而在此「公義」之下慢慢尋求恰當的制度結構，因為主體自身是由個體出發而成立的。至於那「普遍總體」則是經由個體之間所形成的交談空間一步步上升而得到的，並非是由「我」這個主體跟形上超越的「道體」神秘連結起來的。

　　最後，林安梧認為當我們進行以「社會正義」為核心的儒學思考之時，必須反省心性論和實踐論，但是需要保留的則是「誠懇」也就是「真正的關

22　《儒學轉向：從「新儒學」到「後新儒學」的過渡》，頁 225。
23　《儒學轉向：從「新儒學」到「後新儒學」的過渡》，頁 225。
24　《儒學轉向：從「新儒學」到「後新儒學」的過渡》，頁 226。

懷」[25]。「誠懇」即指《中庸》中的「誠」，而「關懷」即指《論語》中的「仁」，而其他層面的問題都可以此而延伸去說。在此歷程中，不必再去強調主體該自覺如何，而是應強調在一個開放自由的言說論述空間裏個體通過理性思考而彼此之間交換意見形成共識，並經由此共識而展開交談進而尋求恰當的契約性的制度結構，從而在此制度結構中慢慢調適出恰當的實踐方式。這樣一來，公民個體就是自然而然地進到社會中來開展自身實踐，而這樣的倫理學也不再是「高階思考」的倫理學，社會公民也不再是傳統儒學所強調的宗教苦行式的「境界主體」，而是回溯到自身自然存在而說的「自為主體」[26]。因此，也就無須將整個族群都視為聖人，然後再由此聖人之無分別相去尋求如何展開分別相，進而安排民主與科學等問題[27]。

四、結語：作為一種「現代儒學」形態的「後新儒學」

綜上所述，文章從「革命」、「建構」及「落實」三個層面闡述了「後新儒學」理論的構思線索，分別選取其中之「生活世界」、「存有之道」及「社會正義」作為核心要點進行展開。經由此敘述和評介，我們不難發現，作為新儒學形態的「後新儒學」秉承了儒家學術素有之「順天應人」、「革故鼎新」的品格，它的提出一方面揭示出儒學自身所面臨之實存情境的轉換，另一方面也指示著由此轉換所引發的問題意識的轉變。然而，如果我們將以牟宗三先生哲學為代表的「當代新儒學」與「後新儒學」作一比較的話，其實不難看出，二者都是在以儒家的立場積極思考和回應中國社會自身的現代性問題（「後新儒學」有對於現代性問題本身的反思），其所不同的只是各自所選擇的「回應方式」的差別。簡而言之，前者是將「儒學」作為「主導」因素而主張儒學自身可以「開出」（發展出）現代化，而後者則認為現代化過程在中國早已開啟而「儒學」所能做的就是作為一個「參與者」在其

25　《儒學轉向：從「新儒學」到「後新儒學」的過渡》，頁 227。
26　《儒學革命論──後新儒家哲學的問題向度》，頁 40。
27　《儒學轉向：從「新儒學」到「後新儒學」的過渡》，頁 228。

中發揮「調適」的作用。就「後新儒學」的這一「回應方式」，我們從上文關於「社會正義」問題的論述中即可明顯得見，其對於現代公民社會即現代生活方式的思考，以及對於儒學應當如何參與構建公民社會與公民個體如何在此社會中展開實踐等問題的探究，都是在切實地推進儒學的現代化。在此意義上，我們不得不說：林安梧先生所提出並建構的「後新儒學」是「現代儒學」的一種形態，儘管概念層面的「現代儒學」仍存爭議，但作為歷史事實，「後新儒學」應當且必須歸置於尚在展開的「現代儒學」進程中。

由「一心開二門」到「存有三態論」

程志華[*]

摘　要

　　牟宗三借用佛教「一心開二門」之「公共模型」建構了其道德的形上學體系，為儒學的現代發展做出了重要貢獻。但是，這一理論也暴露出一些理論上的限制：其一，忽視生活世界和社會歷史總體；其二，具有主體主義傾向。為了克服牟宗三之理論限制，林安梧提出了「存有三態論」的理論框架：「存有的根源」、「存有的開顯」和「存有的執定」。這樣一種理論在克服牟宗三理論限制的同時，也表徵出儒學之一種新的發展向度：由強調主體性的「良知」向強調整體性的「道」的轉向，由純粹的「實踐的哲學」向兼具「知解的哲學」的「實踐的哲學」的轉向。

關鍵詞：牟宗三　一心開二門　林安梧　存有三態論　理論轉向

---

[*] 河北大學哲學系教授、博士生導師。

「一心開二門」是大乘佛教的一個重要觀念，牟宗三認為這一觀念不僅在佛教內部具有普適性，而且在佛教以外也具有普適性，故可以作為一個「公共模型」來使用。因此，牟宗三借用這一模型建構了一個儒家式的「一心開二門」體系：「良知」為本體，它既可開出本體界，成就了「無執的存有論」；亦可開出現象界，成就了「執的存有論」。顯而易見，這一理論對於傳統儒學來講是一種理論新創，故對於儒學在現代之發展做出了重要貢獻。不過，在林安梧看來，牟宗三的這一理論並不盡善盡美，而是表現出一些明顯的理論上的限制。為了克服這些限制，林安梧提出了「存有三態論」的主張：將「良知」本體轉變為「存有」本體，將「二門」轉變為「存有的根源」、「存有的開顯」和「存有的執定」之「三態」。下面，我們對這些內容進行具體的闡述，並對「存有三態論」進行一個理論定位。

一、「一心開二門」及其理論限制

「一心開二門」是佛教《大乘起信論》的一個重要觀念，其基本含義是指「萬法」由「一心」所統攝，而且「一心」可開出「真如門」和「生滅門」。所謂「真如門」是指對於本體界的說明，所謂「生滅門」是指對於現象界的說明。不過，「一心」和「二門」是一種「雙迴向」的關係：「二門」由「一心」所開出，故由「一心」所統攝；同時，「二門」也是「一心」的豐富和展開，是「一心」之現實「呈現」。歷史地看，這一思想產生於佛教，之前在佛教之外並無義理上的宣揚。然而，牟宗三對此一觀念非常讚賞，認為《大乘起信論》所代表的「真常心」系統是佛教內部必然「逼顯」的產物，因此，其「一心開二門」在佛教內部具有普適性。而且，他認為「一心開二門」在佛教以外也具有普適性，故「一心開二門」實是一種具有普適意義的「公共模型」。在牟宗三，這一「公共模型」的意涵和價值在於：佛教之「一心」所對應的是本體，「真如門」和「生滅門」分別對應的是關於本體界的說明和現象界的說明。即，由本體不僅可以開出本體界，亦可以開出現象界。這樣一種理解不僅適應於佛教，亦可「推廣」適用於儒學。

　　在牟宗三，「一心開二門」之普適性僅僅在於其架構的形式，而非這一形式下所包涵的佛教思想內容。換言之，「一心開二門」之「心」不必是佛教意義上的「如來藏自性清淨心」、「真常心」，此「門」也不必是佛教意義上的「真如門」與「生滅門」。在牟宗三，此「心」應是儒學之「自由無限心」、「良知」。由此「自由無限心」、「良知」所「開出」者，亦應分別是「無執的存有論」和「執的存有論」。所謂「執的存有論」，指的是關於現象界的存有論；所謂「無執的存有論」，指的是關於物自身界的存有論。顯而易見，牟宗三這樣一種理論框架雖在形式上依然是「一心開二門」，但在內容上已發生了實質性的變化——由佛教之內容轉變為了儒學之內容。不僅如此，牟宗三進而認為，儒學之「一心開二門」可以包容佛學之「一心開二門」，因為「自由無限心」、「良知」可以包容「如來藏自性清淨心」；「無執的存有論」與「執的存有論」可以分別包容「真如門」與「生滅門」。質言之，儒學意義下的「一心開二門」具有優位性。

　　在牟宗三，「無執的存有論」和「執的存有論」之間不是孤立的，而是密切聯繫在一起的：「執的存有論」緊緊依賴於「無執的存有論」，因為「良知」本體不僅是「無執的存有論」的依據，也是「執的存有論」的最後依據；依據的同一必然決定著兩層存有論的內在關聯。具體而言，在「無執的存有論」中，本體界由「良知」直接開啟；在「執的存有論」中，「知性」與「現象」由「良知」「曲折」地開啟。在此，所謂「曲折」即是指「自我坎陷」。「自我坎陷」是牟宗三獨創的一個概念，其基本含義指「良知」通過自我否定轉而為「逆其自性」之反對物，這個「反對物」就是「知性」。這樣，「良知」一方面為「知性」與「現象」提供了本體的支援，另一方面也構成了對「知性」與「現象」的限制：在「良知」本體的統攝下，「知性」與「現象」雖然成為「存有」，但並沒有完全獨立的地位。因此，「執的存有論」與「無執的存有論」在「良知」面前的地位並不相同：「無執的存有論」優位於「執的存有論」。這一點對於理解牟宗三的「一心開二門」理論非常重要，因為它體現著牟宗三此一理論的真實動機——凸顯「無執的存有論」，進而凸顯「良知」的本體地位。

　　顯而易見，牟宗三所建構的這樣一個理論屬於理論新創。對此，許多學者有充分的認識，對牟宗三予以很高的評價。傅偉勳說：「牟先生是王陽明以後繼承熊十力理路而足以代表近代到現代的中國哲學真正水準的第一人。中國哲學的未來發展課題也就關涉到如何消化牟先生的論著，如何超越牟先生理論的艱巨任務。」[1]劉述先則認為：「我曾將牟先生在當代中國哲學的地位比之於康德在西方哲學的地位：你可以超過他，卻不可以繞過他。」[2]同樣，林安梧作為牟宗三的入室弟子，對於牟宗三之理論貢獻亦有較高的評價。他說：「難能可貴的是，牟先生將康德三大批判銷融於中國傳統儒道佛之中，經由體系性的建構，成就了規模宏偉的『兩層存有論』。近一百年來的中國哲學發展，無疑的，這是一最為重要的里程碑。」[3]在此意義上，牟宗三之最大貢獻在於完成了儒學之「形而上的保存」[4]，並預取了實踐開啟之可能；儒學之「形而上的保存」的意義在於穩立了道德主體，從而拯救了中國人的心靈危機。不過，林安梧同時認為，儒學在當代之發展的重點並不僅僅在於「形而上的保存」，還在於「下開」民主、科學，從而完成「新外王」之志業。由此來看，牟宗三所建構的以「一心開二門」為骨幹的「道德的形上學」，一方面不可否認其巨大的貢獻，另一方面也必須看到其所面臨的困境。林安梧認為，牟宗三之「一心開二門」理論具有如下幾個方面的理論限制，而這些限制恰恰蘊含著儒學之新的發展向度。

　　其一，「一心開二門」忽視了整個生活世界和社會歷史整體。林安梧認為，牟宗三的學問的確非常高、非常「迴蕩」，這是不能否認的；但是當面對實際問題時卻比較「輕忽」，這也是實際情況。牟宗三強調的是「良

---

[1]　傅偉勳：《從西方哲學到禪佛教》，生活·讀書·新知三聯書店，1989，第 25-26頁。

[2]　劉述先：〈《牟宗三先生全集》出版在今日的意義〉，臺灣《聯合報》2003 年 5 月 3日。

[3]　林安梧：〈「新儒學」、「後新儒學」、「現代」與「後現代」——最近十餘年來的省察與思考之一斑〉，《中國文化研究》2007 年冬之卷，第 21 頁。

[4]　林安梧：〈從「新儒學」到「後新儒學」的發展——環繞臺灣現代化進程的哲學反思〉，《中山大學學報》2006 年第 3 期，第 11 頁。

知」，而「良知」是普遍的、超越的、抽象的，因此它不夠落實，不夠具
體。而且，「一心開二門」的理論講到後來越講越絕對，越講越形式化，有
變成「形式我」和形式主體的傾向。這樣一種理路的結果是導致學術越走越
窄，最終必然完全走向心性之學。具體來講，牟宗三通過援引康德之「智的
直覺」來闡釋「良知」，這雖繼承了陽明學的理路，但這種理路必然多具
「理論性格」與「邏輯性格」，而缺乏歷史社會總體之真存實感。林安梧
說：「牟先生所說之自由無限心則不免失其生活脈絡義，雖數力言其為呈
現，然生活脈絡義既失，故此呈現亦理論脈絡義下所說之呈現，非生活脈絡
義之呈現。」[5]在林安梧看來，研究哲學不能只拿聖賢的教條來講，應該真
正注意到整個生活世界，應該面對歷史社會整體。然而，牟宗三的「一心開
二門」卻「遺漏」了整個生活世界和社會歷史整體。林安梧說：

> 當代新儒學所強調的「良知學」（牟先生用「智的直覺」一語稱之）卻接
> 近於將超越的神聖性以本質化的方式內化於人性之中來處理，並以為
> 此人性之本質即具此超越的神聖性，這便是將人做一抽象而孤離的處
> 理，它使得人性與具體的生活世界無關，即或有關，亦只是空洞而抽
> 象的關聯而已。[6]

其二，「一心開二門」具有明顯的主體主義傾向。牟宗三之「一心開二
門」有一個重要的理論預設：人之心性修養被認為具有實踐的必然性，由此
往上提即具有一種形式意義的絕對必然性。顯而易見，在這樣一種理論當
中，人作為一個無限的神聖者的可能性被強化了，而且這種強化具有非常強
的獨斷色彩，因為牟宗三未對這種「強化」進行有力的論證，他只是對於儒
學傳統的一種「堅守」。林安梧說：「此道德之主體性又不僅限於『心一

---

[5]　林安梧：〈後新儒學未來發展的一個可能向度──以「生活世界」與「意義詮釋」為
　　核心的思考〉，《福建論壇‧人文社會科學版》2004 年第 8 期，第 83 頁。

[6]　林安梧：〈解開「道的錯置」──兼及於「良知的自我坎陷」的一些思考〉，《孔子
　　研究》1999 年第 1 期，第 22 頁。

物』、『人－己』此平鋪之層面，更而上及於『天－人』之層面，仍堅守原先『天道性命』相貫通之路。」[7]眾所周知，牟宗三之「兩層存有論」的建構是在康德關於「本體界」與「現象界」之區分的基礎上進行的。不過，康德強調人只有「感觸直覺」，而沒有「智的直覺」。牟宗三卻以為儒學乃以「智的直覺」作為大宗，人既具有「感觸直覺」，亦有「智的直覺」。而且，「感觸直覺」是由「智的直覺」下開而來，即「知性主體」由「道德主體」下開而來。在林安梧看來，依康德之言，「智的直覺」是只有上帝才有，牟宗三卻把人提到上帝的層次，然後再將其下返到人間「作為菩薩」。因此，牟宗三的理論凸顯了「智的直覺」，卻弱化了「感觸直覺」。與此相應，在「一心開二門」之理論下，「良知」本體的凸顯必然導致主體主義的走向。林安梧說：

> 良知主體當從生命聲息之真實感動處說，實不宜上遂至道體處說也。直以一形式義、普遍義之層次將良知上遂於道體而視之，或直等同之，則易生光景。[8]

可見，牟宗三哲學雖有其巨大的貢獻，但其理論在「新外王」方面亦存在著明顯的困境。因此，林安梧認為，牟宗三以「一心開二門」為骨幹的哲學，一方面可視為一種哲學的完成，另一方面也預示著一種嶄新的「轉折」向度。他說：「這樣的圓善並不就是牟宗三哲學的完成，而是預示著一個嶄新的轉折、迴返、批判與發展。」[9]「牟先生已徹底完成其道德的形而上學之建構。筆者以為牟先生完成的是一『形而上的保存』，接下去要展開的則是

7　林安梧：〈解開「道的錯置」——兼及於「良知的自我坎陷」的一些思考〉，《孔子研究》1999 年第 1 期，第 20 頁。

8　林安梧：〈後新儒學未來發展的一個可能向度——以「生活世界」與「意義詮釋」為核心的思考〉，《福建論壇‧人文社會科學版》2004 年第 8 期，第 83 頁。

9　林安梧：〈從「新儒學」到「後新儒學」的發展——環繞臺灣現代化進程的哲學反思〉，《中山大學學報》2006 年第 3 期，第 11 頁。

『實踐的開啟』。」[10]在林安梧，這種嶄新的「轉折」即是從「形而上的保存」轉向「實踐的開啟」。那麼，如何進行「實踐的開啟」呢？他認為，其基本方向就是「走出」心性儒學，面對整個生活世界和歷史社會整體。因此，應該把牟宗三的哲學「拉」回來，「拉」到生活世界中來，使其既正視世界的整體性，也正視存在的物質性。在此意義上，林安梧認為熊十力哲學是可資借助的資源，因為牟宗三哲學雖是對熊十力哲學的繼承，但熊十力哲學不僅有一個「非主體性」的傾向，而且有回到宇宙生生不息的大化流行的要求。因此，林安梧通過對熊十力哲學的理解和詮釋提出了其「存有三態論」的理論架構，用以克服牟宗三「一心開二門」之理論限制。

二、「存有三態論」之基本內容

「存有三態論」之最基本的概念是「存有」。那麼，何謂「存有」呢？林安梧認為，「存有」並不是作為一切存在物之所以可能的最高的、超越的普遍性概念，而是天、地、人交與參贊所構成的一個總體根源。具體來講，「存有」並不是作為一個被認識的概念，而是活生生的「實存而有」。也就是說，「存有」不是人在「窺視」這個世界的結果，也不是人在認識這個世界的結果，「存有」的基本意思是指人參與其中的這個世界。林安梧進而通過《道德經》對「存有」進行了具體說明。《道德經》曰：「域中有四大，而人居其一焉。人法地，地法天，天法道，道法自然。」[11]他對此解釋說：人居於天地之間，是具體的，是實存的，此乃「人法地」；人生存於天地之間又是朝向一高明而普遍的理想的，此乃「地法天」；這高明而普遍的理想又得回溯到總體本源，此即「天法道」；這總體本源有一自生、自長、自在的調和性生長之機能，此乃「道法自然」。林安梧強調，就這樣一個過程來看，「存有」並不是通過語言文字去掌握的現象，而是人要參與進去、要與

---

10 林安梧：〈解開「道的錯置」——兼及於「良知的自我坎陷」的一些思考〉，《孔子研究》1999 年第 1 期，第 20 頁。

11 《道德經·二十五章》。

之生活、相互融通、「境識不二」狀態下的總體根源。

　　基於上述思考，林安梧主張從牟宗三的「一心開二門」轉進一步，從而開啟出「存有三態論」。那麼，何謂「存有三態」呢？它指的是「存有」的三種狀態，依次分別是「存有的根源」、「存有的開顯」和「存有的執定」。不過，雖為三種狀態，但它們均為「存有」之不同層面的依序展開。因此，「存有」作為萬事萬物之原初的狀態和總體的根源，依然是最根本者。也就是說，萬物必須回到它的本性，必須回到它的總體，並且以其本性和總體根源為尊。在此，所謂「根源」，並不是指認識論意義下的「本體」而是指心靈意識與一切存在完全合一而沒有分別的狀態，這一狀態即老子所說「天下萬物生於有，有生於無」[12]之「無」；「無」在此並不是「空洞」、「沒有」的意思，而是指「沒有分別的總體」。在古代，「無」和「舞」是同一個字，指一種迷離恍惚、合而為一的狀態。因此，林安梧主張，須以一個無分別的方式去釐清「根源」，因為此時天地人我萬物是合而為一的，而不能用既成的東西去認識、去論定。他說：

> 這裡所說的「存有」並不是一敻然絕待、離心自在的東西，而是「天地人我萬有一切交融」的狀態。就此源出狀態而說為「存有的根源」，相當於華夏文化傳統所說的「道」。「道」是「人參贊於天地萬物而成的一個根源性的總體」，它是具有生發功能的總體之根源。[13]

需要注意的是，「存有三態論」之「存有」概念不同於西方哲學之「存有」概念，而是相當於中國哲學的「道」。「道」不是一形而上的實體性概念，而是指天地人我萬物通而為一的、不可分的總體性根源。而且，這樣一個總體性根源具有「生發」一切力量的「功能」。因此，「道」不僅涵蓋宇宙，

---

[12] 《道德經·四十章》。

[13] 林安梧：〈科技、人文與「存有三態」論綱〉，《杭州師範學院學報》2002 年第 4 期，第 16 頁。

也包括人生；關於「道」的理論不僅包括宇宙論，也包括人生論與實踐論。
林安梧認為，對「道」的這樣一種解釋所展現的是一種「存有的連續觀」，
而不是「存有的斷裂觀」。具體來講，在西方哲學，神人、物我、人己是分
而為二的，而在中國哲學，天人、物我、人己是通而為一的。相應地，就西
方哲學來看，自從巴門尼德以來，其所強調的僅是「存在與思維的同一
性」，而不是「存在與價值的同一性」。然而，在中國哲學，它始終所強調
的是「價值與存在的同一性」。例如《易經》曰：「天行健，君子以自強不
息。」[14]「天行健」指的是對大自然的理解，同時其中即含有價值的指向，
所以匯出「君子以自強不息」。顯而易見，這與西方基督教傳統下「神人二
分」具有明顯的不同。這樣，在林安梧，「道」作為「根源」，不僅具有
「生發」的「功能」，而且還表現為一種「存有的連續觀」。

此時需要說明的是，「道」作為總體性根源，其中有一個特別的「元
素」，就是「人」。在林安梧，「人」只是作為一個參贊主體參與其中，而
不是把天地萬物收攝於其中的主體。換言之，整個天地萬物之總體性根源曰
「道」，「道」生養出一切天地萬物，然而「道」就在現實世界中，它並不
是外在的「超越者」。即，「道」是一個「內在」的「總體性根源」，而不
是外在的絕對的「他者」。概言之，「道」是包含內、外兩個方面的「總體
性根源」。所謂「內」，是指「道」即「內在」於現實世界之中；所謂
「外」，是指「外在」於現實世界之外。在此，「外在」是指「道」具有
「根源性」。在林安梧看來，這「根源性」的「道」要「開顯」是因為人的
存在、人的「觸動」。也就是說，因為有了人的存在，有了人的參與，作為
「存有」的「道」才具有了「生發」功能。這樣看來，「道」與人是一個交
與參贊而不可分的總體：人在「道」之中，不能說「道」與人無關。即，人
已經在這個世界裡面，故不能設想人在世界之外來看世界。所謂人「看世
界」，只是指經由主體對象化活動而看世界。在此，林安梧將這種處於感通
與互動、通而為一基礎上的主體性稱為「實存的主體性」。

---

[14] 《易經·乾卦》。

以上述為基礎，林安梧具體展開並論定了其「存有三態論」：首先，「道」是不可說的，是超乎一切話語系統之上的，是一切存在的根源。「道」原初處於「境識俱泯」的狀態，為一空無寂靜的境域，即「無名天地之始」；此是意識前的、「寂然不動」的狀態，是形而上之「道」的狀態。此為「存有三態」的第一層狀態——「存有的根源」。其次，「道」不能永遠處於不可說的狀態，它必經由「可道」而「開顯」。「道」字重在其不可說，然而「道可道」，由不可說而可說，「道」必然「開顯」為「道顯為象」，即為「不生之生」；此「不生之生」為「境識俱起」而未有分別的狀態，即「感而遂通」的狀態。此即「存有三態」之第二層狀態——「存有的開顯」。再次，「道」經由「可道」開啟後當落在「名」上說，否則不足以為說。「名」必經由一「可名」的活動而走向「名以定形」，經由「可名」之彰顯而為「有名」；「有名」即是指經由命名活動即對象化活動使對象成為決定了的「定象」，此為「有名萬物之母」。此即「存有三態」之第三層狀態——「存有的執定」。這樣三個層次便是林安梧之「存有三態論」的基本框架。進而，以此「存有三態論」為基礎，林安梧還提出了其「後新儒學」的主張。

在瞭解了「存有三態論」的基本內容後，此時的問題是：這樣一種理論建構是否能化解牟宗三「一心開二門」的理論限制呢？在林安梧看來，答案是肯定的。

其一，「存有三態論」避免了對整個生活世界和社會歷史整體的忽視。在牟宗三，其所強調者在於具有普遍性與超越性的「良知」本體，現實世界作為「虛幻」的「現象界」，它由「物自身界」所開出和「穩住」。這樣，整個生活世界與社會歷史整體在牟宗三眼中並不具有優位性，具有優位者乃超越的「良知」本體，即「物自身界」。依照這樣一種思路，推極而致會導致一種「無世界論」的出現。林安梧則主張，「道」作為「存有」的根源具有優位性，而「存有」即是天人、物我、人己之整體。在這樣一種意義下，人作為一種主體與世界是一種「參贊」的關係：不僅人「迎向」這個世界，而且這個世界也「迎向」人；在彼此「迎向」的過程中，人與世界構成一個

整體。這個整體就是我們生活於其中的世界，也就是社會歷史整體。很明顯，「人」不再是收攝天地萬物於其中的道德主體，它面對「存有」並不具有優位性，而只是上述之一種「實存的主體性」。相反，具有優位性的是生活世界與社會歷史整體。這樣，林安梧就避免了牟宗三對生活世界與社會歷史整體的忽視。他說：

> 一方面我們承認「天道性命相貫通」的傳統，而另一方面我們則要避免只由天道往下說，或者由自由無限心往外說，而是要正視人之作為一有限的存在，其有限性所隱涵之無限性，面對人為惡及墮落之可能，更而往上一提而見及人性之善和自由之可能。這便不再會出現如何「一心開二門」的問題，而是人具體地在生活世界之中，處在有限無限、惡善、墮落自由之中，如何抉擇與提升之問題。[15]

其二，「存有三態論」克服了主體主義傾向。在牟宗三，其理論傾向是將天地萬物全部收攝到「良知」，即將「事實」與「價值」全部收攝於道德主體，然後再從主體往外說。林安梧則認為，人必須放到整個天地、人我、萬物合一的背景下來說。在他看來，不是人在展開道德實踐之後才產生了天地萬物，道德是在天地、人我、萬物之中發生的；不是在人展開認知後才產生了天地萬物，認知也是在天地、人我、萬物之中發生的。換言之，牟宗三強調道德主體的優位性，他把天地萬物都收攝到主體上，這雖然不是「唯我論」，但推極而致會有這樣的可能。林安梧則不同，他非常注重「天地」、「場域」、「道」的概念，即「存有」這一天地、人我、萬物之總體性根源。在這一背景之下，林安梧將牟宗三的「道德的主體性」轉變為「實存的主體性」。當然，這樣一種主體性並不同於一般的「物」，因為它是作為「存有」的「觸動點」而存在的，即，是由於它的存在才使得整個存有能夠

---

[15] 林安梧：〈解開「道的錯置」——兼及於「良知的自我坎陷」的一些思考〉，《孔子研究》1999 年第 1 期，第 22 頁。

「感通」、「互動」和「開顯」。因此，此主體性是參贊於天地之間的主體性，即，「人」作為一個在世的「存有」，它參贊於天地之間。這樣，就扭轉了牟宗三之主體主義的走向。林安梧說：

> 陽明學躬行實踐頗著成功，而當代新儒學於此則稍缺，原因何在？吾以為此乃因牟先生所說之「自由無限心」、「智的直覺」等語言，於其系統言之，多具理論性格與邏輯性格，而非真存實感於歷史社會總體之語也。此良知主體重在形式義、普遍義、超越義，衡諸人之為一實存有血有肉之人間存在，此良知主體當從生命聲息之真實感動處說。[16]

三、「存有三態論」之理論定位

通常來講，研究對象的不同決定了哲學類型的不同。在休謨看來，哲學的研究對象不外乎兩類：一類是「事實」，一類是「價值」。他說：「在我所遇到的每一個道德學體系中，……我卻大吃一驚地發現，我所遇到的不再是命題中通常的『是』與『不是』等連繫詞，而是沒有一個命題不是由一個『應該』或一個『不應該』聯繫起來的。這個變化雖是不知不覺的，卻是有極其重大的關係的。因為這個應該或不應該……表示一種新的關係或肯定。」[17]原來，人們將哲學的對象籠統地稱為「事實」，是休謨在其中發現了「價值」的獨立意義。休謨的發現具有重要的理論意義，它提供了審視哲學問題的一個新視角。依著休謨關於「事實」與「價值」的二分，我們可以將哲學的類型相應地分為兩類：就前者來講，哲學的任務不在於給出實證知識，而在於追尋超越實證知識的智慧；這類哲學表現為對知識的前提、基礎進行「批判」和反思，即審視和反省知識賴以存在的前提和基礎。若命名

---

[16] 林安梧：〈後新儒學未來發展的一個可能向度——以「生活世界」與「意義詮釋」為核心的思考〉，《福建論壇‧人文社會科學版》2004 年第 8 期，第 83 頁。

[17] 〔英〕休謨：《人性論》，關文運譯，鄭之驤校，商務印書館，1980，第 509 頁。

之，這類哲學可以稱為「知解的哲學」。就後者來講，哲學的任務不在於對具體的價值進行判斷，而在於對人生終極價值進行探討；這類哲學表現為對價值的前提、基礎進行追問和思考。若命名之，這類哲學可以稱為「實踐的哲學」。

具體來講，「知解的哲學」是以探討「事實」為核心的哲學，它起源於對外在世界的好奇、困惑和探尋，它關注的是自然存在，回答的是世界的本質問題。就其內容來講，其核心是「事實本體論」，即以某種「事實」作為本體展開探討。在此意義上，哲學實是一種「最高的知識」。蔡元培說：「哲學者，普通義解謂之原理之學，所以究明事物之原理原則者也。」[18]就哲學史來看，古希臘哲學、經驗論和唯理論、德國古典哲學都屬於「知解的哲學」的典型形態，而黑格爾哲學則是這種哲學之最高形態。「實踐的哲學」則明顯不同，它是以「價值」為核心的哲學，它肇端於對生命存在及其意義的困惑、反思和追問，它關注的是人的存在，回答的是意義之本和價值之源的問題。就其內容來講，其核心是「價值本體論」，即以某種「價值」作為本體展開探討。在此意義上，哲學實是一種「最高的價值」。胡適說：「凡研究人生切要的問題，從根本上著想，要尋一個根本的解決，這種學問，叫做哲學。」[19]因此，在「實踐的哲學」中，「價值」、「意義」、「生命」等成了基本概念。就哲學史來看，儒學、道學以及宗教哲學都屬於「實踐的哲學」的典型形態。方東美說：「中國的哲學從春秋時代便集中在一個以生命為中心的哲學上，是一套生命哲學。」[20]

那麼，「知解的哲學」與「實踐的哲學」是什麼關係呢？要理解這一問題，需要對人類理性進行一個基本的剖析。我們知道，理性表現為「理論理性」和「實踐理性」兩種：「理論理性」探討的是「是什麼」的問題，它是「知解的哲學」得以形成的基礎；「實踐理性」探討的是「應當」的問題，它是「實踐的哲學」得以產生的基礎。不過，雖有「理論理性」與「實踐理

---

[18]　《蔡元培全集》第一卷，浙江教育出版社，1997，第354頁。

[19]　胡適：《中國哲學史大綱》，東方出版社，1996，第1頁。

[20]　《當代新儒學八大家集‧方東美集》，群言出版社，1993，第446頁。

性」之分，但人類理性本身是統一的。也就是說，人類理性只有一個，「理論理性」和「實踐理性」只是人類理性之不同方面的應用。因此，基於理性基礎上的哲學類型也應該是統一的。康德說：「人類理性的立法（哲學）有兩種對象，即自然和自由，因此，它不只含有自然的法則，亦含有道德法則，它把這兩種法則首先呈現於兩個不同系統中，然而最後則呈現之於一個哲學系統之中。」[21]然而，統一的基礎是什麼呢？「理論理性」也追求統一的哲學系統，但其「籌畫」並不成功，因為它只能在知識層面上完成知識系統的統一，而不能完成整個哲學系統的統一。「實踐理性」則不同，它可依著理性的統一性給自己規定目的和相應的手段，從而建立一個完整的哲學體系。這樣，「實踐理性」可以實現對「理論理性」的統攝，進而，「實踐的哲學」也可以實現對「知解的哲學」的統攝，進而形成對所有哲學學說的統攝。即，以「實踐的哲學」為基礎，可以建立一個統一的哲學體系。

那麼，依著上述的論述，「一心開二門」和「存有三態論」分別屬於哪種哲學類型呢？要對此做一判斷，需要分別對其本體概念──「心」即「良知」、「存有」即「道」──作一基本分析：若屬於「事實」本體，則其體系就屬於「知解的哲學」；若屬於「價值」本體，則其體系就屬於「實踐的哲學」。因為，就一個哲學體系來講，本體概念不僅是其體系的核心，也是其體系的基石，它決定著其體系的類型。

首先，關於「良知」。牟宗三是借助康德的「我」來建構其「良知」本體的。康德區分了「我」之三個「面相」：「認知我」、「現象我」和「物自身的我」。牟宗三不贊成康德將「三我」看成同一個「我」之不同的「面相」，他認為「三我」實可劃分為兩個「兩層」：第一個「兩層」指作為「物自身我」的「真我」與作為「現象我」的「假我」。第二個「兩層」指作為「知體明覺」的「真我」與作為「真我」「坎陷」而成的「認知我」。就前一個「兩層」來看，以「智的直覺」看，「真我」為「物自身的我」；

---

[21] Immanuel Kant, *Critique of Pure Reason*, translated by Norman Kemp Smith, China Social Sciences Publishing House, 1999, pp.658-659.

以「感性直覺」看，「真我」則為「現象我」。就後一個「兩層」來看，「認知我」是「真我」經由「自我坎陷」而來，故它只是一個「架構」的「我」。在對「我」的討論中，牟宗三所凸顯的是作為「物自身的我」的「真我」，而此「真我」即是儒家的「良知」。在牟宗三，「良知」之所以為本體，在於它不僅可以創生道德原則，繼而還可以作為天地萬物存在的依據。顯而易見，這樣一個「良知」本體屬於「價值」本體，以此為基礎所建構起來的「一心開二門」亦屬於「實踐的哲學」。牟宗三自己說：

> 康德所說的物自身自應是一個價值意味底概念，而不是一個事實底概念。問題是在他的系統不足以充分而顯明地證成這價值意味的物自身。[22]

其次，關於「道」。林安梧認為，對「道」的理解需要回到中國文化傳統，而不可依著西方哲學文本來詮釋。在他看來，中國哲學經典文本所強調的核心性概念並不是「心」，而是「氣」。不過，此「氣」非指具體的物質氣體，而是指形上、形下通而為一的「生命性原理」。具體來講，「氣」是相對於「心」「物」兩端而成的辯證性概念，而不是純粹的物質性概念。或者說，它既是「心」又是「物」，既非「心」又非「物」。林安梧認為，具有這樣屬性的「氣」即是「道」。依著其關於「存有三態論」的理解，「道」是人參贊天地所形成的不可分的總體性根源，但此總體性根源因為人的「參贊」才有了「存有的開顯」及「存有的執定」。這樣看來，「道」其實是指「流行的存在」和「存在的流行」[23]，它所強調者是萬有一切與人的互動，即「實踐」。因此，歸根結底，「道」乃是一「價值」本體，而非一「事實」本體，只不過它兼具「事實」的一些性質而已。這樣，「存有三態論」亦屬於「實踐的哲學」，只不過它兼具「知解的哲學」的一些性質而

---

[22] 牟宗三：《現象與物自身》，第 14 頁，《牟宗三先生全集》（21），臺北：聯經出版事業股份有限公司，2003。

[23] 唐君毅：《中國哲學原論——原道篇》，中國社會科學出版社，2006，第 22 頁。

已。林安梧將此稱為「本體的唯心論」兼具「唯物論的向度」。他說：

> 當留意一存有發生學的方法來思考問題，儒學不停留在本體的唯心
> 論，更而有其方法的唯物論向度之開啟。[24]

依照上述，無論是牟宗三的「一心開二門」，還是林安梧的「存有三態論」，它們均屬於「實踐的哲學」。既然是「實踐的哲學」，它們都可以「開出」「知解的哲學」，進而實現對「知解的哲學」及所有哲學學說的統攝。由此看來，「存有三態論」並未構成對「一心開二門」的完全否定，也未形成對「一心開二門」在類型上的「顛覆」，即，它們依然是同一種哲學類型。然而，它們畢竟有不相同之處：牟宗三「一心開二門」所強調者在於「良知」主體，因此而忽視了生活世界和社會歷史總體，同時也表現出主體主義的傾向。林安梧「存有三態論」所強調者在於「道」之「存有」，它不僅凸顯了生活世界與社會歷史總體，同時將主體主義傾向限制為「實存主體性」。在此意義上，「存有三態論」是對「一心開二門」的修正和完善，從而表現出一種義理上的轉向。或者可以說，「存有三態論」的這種修正和完善使得現代新儒學在當代的發展表徵出一種新的向度，而這種新的向度或可代表儒學在未來之發展的一個方向。當然，需要說明的是，這種修正和完善是在「實踐的哲學」內部進行的，它並沒有超越「實踐的哲學」的界限。這就是在與「一心開二門」對照下對於「存有三態論」的理論定位。

四、結論

綜上所述，與「一心開二門」相比，「存有三態論」雖然表現出一定的義理轉向，但二者畢竟有諸多相同之處，一仍屬於同一種哲學類型。質言

---

[24] 林安梧：〈解開「道的錯置」——兼及於「良知的自我坎陷」的一些思考〉，《孔子研究》1999 年第 1 期，第 14 頁。

之，「存有三態論」相對於「一心開二門」的義理轉向體現出前者對後者的超越性，而二者的相同之處則體現出它們之間的連續性。由此超越性，可以肯定「存有三態論」是對「一心開二門」的質疑與批判，而且它在「質疑」與「批判」基礎上進行了理論新創；由此連續性，卻不可簡單地說「存有三態論」為「一心開二門」的顛覆與逆轉，因為它們依然屬於同一種哲學類型。基於此，對於二者關係之合理的理解是：「存有三態論」是對「一心開二門」的修正與完善。事實上，由於這種既超越又連續的關聯，林安梧之「存有三態論」具有了雙重的意義：其一，因為化解了「一心開二門」的理論限制，使得牟宗三所代表的現代新儒學在理論上更趨於完善。其二，「存有三態論」或可代表儒學之未來發展的一個新向度——由純粹主體性的「心」向實踐性的「道」的轉向，由純粹「實踐的哲學」向兼具「知解的哲學」屬性的「實踐的哲學」的轉向。正因為如此，如果沿著這樣一種向度進行思考與研究，或可推進儒學在未來的進一步發展。

道論詮釋學的基本構成與理論特徵
——以林安梧先生詮釋學的存在論爲中心

陳治國[*]

摘　要

作爲當代儒學理論建構系統的典範之一，道論詮釋學以「道」爲核心，在創造性地綜合儒道佛的基礎上以「存在三態論」重構了中國哲學的古典存在論，闡明了與這樣一種「道」之存在論密切相關、相互支援並且具有一定方法論特徵的道之「詮釋學」。這種道論詮釋學蘊含著諸多富有獨特意味和創造精神的理論特徵與思想價值：以「詮釋學」這一理論框架重新整合、安置了中國哲學的存在論、價值論和方法論；以「存在三態論」這一思想建構有機地綜合了中國哲學與文化領域儒道佛三大思想系統，釐清了它們之間的互動可能與相應關係；高度重視社會歷史生活總體視域下的意義詮釋與生存實踐活動，具有明確的實踐哲學特徵；適當地提升了語言在中國哲學中的存在論地位。

關鍵詞： 道論詮釋學　存在三態論　意義詮釋　道　言　心

---

[*]　山東大學哲學與社會發展學院教授及博士生導師。

　　儘管當代中國哲學研究紛繁蕪雜，議題眾多，但是，其中不容迴避的一個重要問題乃是，如何立足於我們已然身處其中的生活世界，藉由對潛隱於古典語言中的儒、釋、道等各家義理的重新理解和闡發，並將其不斷引入現代語言，滋潤、調節現代語境中生活個體之思考方式和存在樣態。在這方面，林安梧先生的道論詮釋學[1]可以說用功尤深，所思良多。這種道論詮釋學既涉及綜合儒、道——且兼及佛家——基礎上對中國古典存在論的重構，也著力澄清與「道」之存在論密切相關或相互支援、具有一定方法論特徵的道之「詮釋學」，並由此體現出諸多富有獨特意味和創造精神的理論特徵與思想貢獻。

一、存在三態論：道、象、形

　　道論詮釋學首先起於對當代新儒家牟宗三先生「兩層存在論」[2]的一種深刻反思和檢省。按照林安梧先生，作為先師最重要的理論建構，「兩層存在論」主要是沿襲宋明儒家的心學論傳統，藉由《大乘起信論》中「一心開二門」的基本結構，重新解釋康德哲學所開啟的「現象界」與「物自身界」，以強調我們人類存在者的「一心」可以開掘「執的存在（論）」和「無執的存在（論）」，前者指向「現象界的存在論」——對應於「心生滅門」，後者指向「物自身界的存在論」——對應於「心真如門」。依循道論詮釋學，這樣一種當代儒學詮釋系統，主要是應對 20 世紀中西哲學、中西

---

[1]　「道論詮釋學」這一名稱來自於筆者本人，而非林安梧先生的直接命名。他傾向於使用「中國人文詮釋學」、「中國哲學解釋學」等一些表述方式。在筆者看來，這些表述比較寬泛，而且重要的是，正如我們稍後將會看到的那樣，林先生的當代儒學詮釋系統基本上是以「道」為核心，以儒家為根底，以道家為思路或框架，以佛家為工具箱，強調人的心靈意向活動在道之開顯與運作中的特殊地位，以及「道」、「言」之間往復不止的循環活動。正是在這個意義上，我們傾向於以「道論詮釋學」來命名他的當代儒學理論建構和詮釋活動。

[2]　臺灣學界一般傾向於使用「存有」（being）、「存有論」（ontology），在這裡，按照內地學界主要慣例，統一使用「存在」、「存在論」等概念表述。

文化碰撞和交迭所引發的「生存意義危機」而給出的一種超越性解決方式，是以道德本心為根基、以智性直觀為依託的儒學詮釋系統。這種詮釋系統雖然是當代新儒學奠基者熊十力先生之體用哲學的一種獨特發展，但是，它過度體現了（道德）主體主義的傾向：「兩層存在論」首先強化了人類存在者作為一個無限的神聖者的可能性，乃至必然性，即「通過心性修養功夫就可以去說它的實踐必然性，並通過實踐必然性而往上提，提到一個形式意義下的絕對必然性」[3]。在此過程中，「智性直觀」或「智的直覺」具有格外的重要性，即每一道德主體都可經由完整的智性直觀而成就一種「自由無限心」，進而通過本心良知「自我坎陷」轉化為「知性主體」，以推動「民主」、「科學」諸經驗活動的展開。可是，被賦予了「智性直觀」之特殊能力的人類個體，實際上是擢升到了「上帝的層次，再從上帝下返到人間，就好像已經究竟地證道了，再作為菩薩下凡人間，而開啟現代化的可能性」[4]。

　　面對這種「高狂俊逸」的儒學詮釋系統，林安梧先生認為，我們有必要重新審視熊十力先生的體用哲學，進而回到王夫之「乾坤並建」的哲學脈絡，並通過釐析宋明理學，進一步上溯到《中庸》、《易傳》等先秦經典文獻，從而在綜合儒、道——並兼及佛學——的基礎上，重新探究中國古典哲學的一般存在論。而這種存在論被刻畫為一種「三態存在論」，它涉及「道」之存在或運作的三種基本形態或方式，即存在的根源（道）、存在的彰顯（象）、存在的執定（形）。

　　如所周知，「道」這一哲學概念，就其歷史發展而言，是從「帝之令」、「天之命」、「道之德」等概念陸續演化而來，並在春秋戰國時期得以推行。不過，無論儒家之「道」，還是道家之「道」，按照道論詮釋學，在根本上都指示著「天地人我萬物通而為一的、不可分的總體性根源，或者

---

[3] 林安梧：《儒學革命：從「新儒學」到「後新儒學」》（北京：商務印書館，2011年），頁 294-295。

[4] 林安梧：《儒學革命：從「新儒學」到「後新儒學」》，頁 295。

說這樣一個根源性總體具有生發一切力量的根源」[5]。對於「道」的這般規定，要點有四。其一，它體現了一種「存在的連續觀」，即天地、物我、人己等各個存在體並非相互封閉而分離，而是構成了一個互動、連續的總體，「道」就是對此總體性的一種表述。其二，作為總體性的「道」，同時也蘊含著一切可能性，天地、物我、人己各種存在體要成其為自身，就要因循這一「根源性」總體。換言之，「道」也是一切事物得以生發和成就的最終根基。其三，人在這種根源性的總體之「道」中，具有一個特別的位置，他或她乃是引發道之「起動」或「流行」的關鍵性機緣：「以『道』之為一生命的實存之道而言，此道之不離場域，不離生活世界，且一論場域、生活世界，皆不離人，故道之作為一根源性的總體，或總體的根源，此當解釋為一個天地人交與參贊而成之總體。」[6]其四，人在道之總體中具有特殊位置，不過，就道之為道來說，即就這種總體性、根源性的道來說，它是人的意識活動尚未起興、發用的一個狀態，更明確地說，是「境識俱泯」的一種總體狀態。所謂「境識俱泯」，就是指意識和對象尚未區分開來，渾合為一、交融一體，「這完全渾合為一的狀態，就是生命的、原初的實存狀態，也就是存在的根源狀態。這時候我們就說它是『道』，道不可說，姑且說是『不可名而強字之曰道』」[7]。

存在三態論的第二個層次是「存在的彰顯」，即「象」之層次。按照道論詮釋學，處於「境識俱泯」、「渾合為一」狀態的「道」，不會停止於這種「秘藏」、「無分別」的境遇，而是必然要彰顯出來，即經由「人」與「物」的「當下感通」而進入「象」之層次：「道之所顯，其為象焉！此如《易經傳》所言『見乃謂之象』，『見』（即『現』）者，『明白』『彰顯』之也。道之所『現』而為『象』，即此而為『現象』焉！此『現象』義是如其道體之彰顯而為說，非『表象』義，現象與表象，不可混淆而為說

5　林安梧：《儒學革命：從「新儒學」到「後新儒學」》，頁298。

6　林安梧：《道的錯置：中國政治思想的根本困結》（臺北：臺灣學生書局，2003年），頁3。

7　林安梧：《中國人文詮釋學》（臺北：臺灣學生書局，2009年），頁168。

也。」[8]林安梧先生特別引述了王陽明《傳習錄》中的一段「賞花」記載來闡述「道顯為象」的方式，即，

> 先生游南鎮，一友指岩中花樹問曰「天下無心外之物，如此花樹，在深山中，自開自落，於我心亦何相關？」先生曰：「你未看此花時，此花與汝心同歸於寂：你來看此花時，則此花顏色一時明白起來：便知此花不在你的心外。」[9]

遵循道論詮釋學，在這樣一種王陽明式的賞花過程中，我們恰恰可以領會「道顯為象」的那種存在論領域的事物活動方式。這就是說，就「道」作為存在的總體性根源而言，它是無分別、無畛域、無界限的，故而相當於「無」，但是，當它經由人之觸發和感通活動，「道」就有所彰顯，在此彰顯中，心、物就各自「明白」、「明亮」起來，也就是由「境識俱泯」進展到「境識俱顯」。值得注意的是，雖然「境識俱顯」，但「象」之層次仍然接近於「道」，仍然是「無分別、無畛域、無界限的」；開啟了「象」之生成活動的人之意識固然不是「前意識」的東西，但也不是主客二分形式下的「主體性意識」，而是「純粹的意識活動」，是沒有與「物」完全對峙起來的「交感」關係。[10]所以，「境識俱顯而不分」[11]。

　　存在三態論的第三個層次是「存在的執定」。在「道顯為象」的層面上，「境識俱顯而不分」，這表明，心、物雖然在交感中各個明白，而非秘藏不彰，但是它們仍然具有各自的獨立和自由，而無相互掣肘和阻塞。然而，這種狀態可能是暫時性的，必然進一步過渡到「以識執境」的層次。在此一層次，我們作為意識主體的心靈活動，對於外境的客觀對象，產生了一種對象化的把握和決定，由此規定了呈現於面前的「現（顯）象」，從而使

8　林安梧：《道的錯置：中國政治思想的根本困結》，頁4。
9　〔明〕王陽明：《傳習錄》下卷（臺北：臺灣商務印書館，1974年），頁234。
10　林安梧：《道的錯置：中國政治思想的根本困結》，頁4。
11　林安梧：《中國人文詮釋學》，頁172。

其成為一種「表象」。我們規定或把握現象或顯象的媒介、方式乃是語言或話語系統。正是通過語言或系統性的概念言說，事物以某種具體的、確定的方式得以存在起來，可謂是「名以定形」[12]。

　　在這裡，要指出的是，在存在的三種形態中，作為「存在的彰顯」，「象」不僅是「道」與「形」兩種存在形態的中介環節，而且也是中國哲學中的心性論和宇宙論形而上學之間的樞紐。按照道論詮釋學，以「本源之道」為根據，以「心意之動」為機緣，而後有「彰顯之象」，此象可為「氣象」、「心象」、「意象」，進一步「名以定形」、「以識執境」，遂有「形象」、「器象」、「物象」。由於「形象」、「器象」、「物象」不同程度上都受到「形」、「器」、「物」的拘束和框限，所以從靜態的、現成的存在樣態來看，它們似乎完全附著於既定的「形」、「器」、「物」之上。而對「心象」、「意象」而言，它們雖然也常附著於「形」、「器」、「物」之上而為「象」，可是由於「心」、「意」與「道」、「氣」原本是貫通一體的，所以又可超越現成的、既定的「形」、「器」、「物」的拘束和限制，而「上遂於道」。這樣一來，中國哲學尤其是儒家哲學的「心性論」和「宇宙論」，基本上就合二為一，或者直接說，「存在三態論」既是一種價值秩序的安頓，又是存在方式的揭示。而在其中不可或缺的乃是「彰顯之象」以及「生象之心」[13]。

二、意義詮釋的五個層級：道、意、象、構、言

　　根據存在三態論，從「道」到「象」再到「言」的歷程，實際上就是「道」的不斷彰顯過程，或者說是「器」、「物」的逐漸生成過程。「器」、「物」以其「意義」與我們相遭遇、相照面，我們通過「意義」而與「器」、「物」相周旋、相共處。「意義」作為「道」的具體彰顯和落

---

[12] 林安梧：《中國人文詮釋學》，頁173。

[13] 林安梧：《道的錯置：中國政治思想的根本困結》，頁7。

定，同語言息息相關。

按照道論詮釋學，作為一切存在的根源，道是一種天地、人物、己他相互交融、密切交織、不可分別的一種混沌狀態，因而也是「寂然不動」、「妙不可言」的原初狀態，是一種「不言」或「不可說」之靜默狀態。有如《道德經》所稱，「道可道，非常道；名可名，非常名」[14]。當「靜默之道」轉入「彰顯之象」，由於人之心靈意向活動的展開，「心」、「物」或「己」、「他」就各自有所朗現，亦即各自進入「明白」之狀，這就意味著這些事物都轉入了一種新的「可說」之境。進一步，當要保存、評價、交流這些朗現出來的內容或彰顯出來的存在之際，我們傾向於使用特定的名稱、概念或範疇，使其能夠得以固定、把握和辨識。這就是所謂的「言說」或「說出對象」，即「名以定形」。

不過，要注意的是，當我們在「存在的彰顯」階段，以人之心靈去「觸動」、「激發」渾然無別的靜默之道，實際上總是帶著某種「視點」或「視角」，這導致我們所看到的、所覺知的萬物之「象」可能僅僅是道之整體的某一部分，或根源之道所蘊含的某一種可能性。更重要的是，當進一步使用語言去刻畫、描述和固定這一萬物之「象」，我們必然會有意無意地使這一真實之象在不同程度上發生某種變形或扭曲。因為，語言活動的展開總是伴隨著意識主體或語言主體種種個人性的「染執」、「趨向」、「勢力」、「性好」、「利害」等，這些「業力」很容易左右或干擾我們對真實之「象」的「定形」或「言說」。不過，這種「業力」的進入，也並非完全是隨意的、偶然的，而是深埋於道之開顯的方式本身之中，即「道（根源性）生一（整體性）」、「一生二（對偶性）」、「二生三（定向性）」、「三生萬物（對象性）」的過程，本身就蘊含著諸種「染執性」之可能，只不過是在語言或名言中以明顯的方式體現或實現出來。[15]

簡言之，在道論詮釋學中，一切現實世界的存在物都是通過某種意義

---

[14]　〔魏〕王弼注，樓宇烈校釋：《老子道德經》，第一章（北京：中華書局，2011年），頁2。

[15]　林安梧：《道的錯置：中國政治思想的根本困結》，頁15-16。

——即它的可理解性[16]——而在語言或名言中向我們呈現出來。同時，由於任何語言或名言都伴隨著一定的「業力」，所謂「言業相隨」，由語言或名言呈現、表述出來的意義常常會發生某種「變形」或「變象」，亦即會出現一種「存在論式的扭曲變形」。有鑑於此，對意義的揭示，對形、象的感知，對道的理解和感通，就有一個不斷「詮釋」的必要，並且這種意義的詮釋也不能僅僅限於語言的層面，而是要深入到存在論的層面。對於這一點，林先生講得非常直接而明確：

> 言業相隨、相伴、相絞、相結，言已不能如其形而定其形，言以其深沉之業而控其形、役其形，使形非其形，是所謂扭曲變形是也。此扭曲變形可謂為一「存在論式的扭曲變形」，人多忽於此，而不知深入此存在實處，予以治療之也。人或多泥於語言之效用，以為可能有一理想溝通情境，經由語言之治療而使此變形得回復也。實者，此問題之關鍵點即在「語言」；此須得「存在」始得以治療也。簡言之，是「語言」之異化，得「存在之治療也」；非「存在之異化」，得「語言之治療也」。[17]

言業相隨的名言或語言闡明了存在的（部分）意義，也遮蔽、扭曲了存在的部分意義，因而對語言就有一種再考察、再審視的必要。但是，這種再考察、再審視不能僅僅停留於語言本身，而是要穿透語言上遂於形、器以及道，從存在論的層面上不斷開掘新的存在可能性，激發新的意義生成，由此

---

[16] 林安梧先生寫道：「『意』是意向，是由純粹意向而走向一及於物的意識狀態。『義』是由『意向』之走向一及於物的狀態，因之而產生的意義理解」，「意義是由『境識俱泯』、『境識俱起而未分』下的純粹意向，進而『境識俱起而兩分』，因之而『以識執境』，這一連串不息之歷程而生者。」參見林安梧：〈關於中國哲學統合發展的一個可能向度——以「生活世界」與「意義詮釋」為核心的思考〉，載於林安梧主編：《兩岸哲學對話——廿一世紀中國哲學之未來》（臺北：臺灣學生書局，2003 年），頁 216。

[17] 林安梧：《道的錯置：中國政治思想的根本困結》，頁 18。

來重新激活語言，界定或認知萬物。而這樣一種意義詮釋的過程，涉及五個層次，即言、構、象、意、道。

語言或名言是詮釋活動的第一層級。如上所言，由於「業力」的作用，對語言或名言的認知、使用或理解很容易發生偏差，進而對存在之意義的理解和感知也會隨之發生偏失或走形，所以，詮釋活動的展開首先要適當地祛除各種「業力」的染執。然而，祛除染執並非「不執」，因為「執」有「淨」有「染」，「能去染存淨，如此之執，非但無害，還為有利。蓋人間還為人間，不執不成業，淨執成淨業、善執成善業，『執』是重要的。若不能恰當地注意到這個關鍵點，只說個『去執』，到頭來，『執』是去了，『染』還在，是又奈何！尤可懼者，以虛無縹緲之無執，任其染而為染，怪不得會落入『情識而肆』、『虛玄而蕩』的地步，豈不慎哉！」[18]祛除「染執」需要適當地檢討並剝離諸多外在的「勢力」、「性好」、「利害」等阻礙性或束縛性力量，把目光投向語言、名言所保存或涵攝的基本事物經驗。

「結構」則構成詮釋活動的第二層級。語言是對事物的基本經驗或意義的保存、規定，不過，無論事物本身，還是名言或語言本身，它們都不是以孤立的方式存在，而是可能處於某種內在的關聯之中。這種存在方式上的關聯也許在語言或名言中沒有直接現身，但是作為一種邏輯結構，它們一定是潛藏著的，並且可以透過顯白的言語或言辭去勾勒、去把握。

結構的推導和勾勒需要進一步邁向「象」之體會，或者一種「圖像性」的想像（imagination）。[19]這是詮釋活動的第三層級。事物或語言處身於其中的邏輯結構固然重要，但這種邏輯結構可能是生硬的、單調的或片斷的，亦即，它可能只是「縱貫性存在之流」的一個橫截面——「象以為形」、「言以定形」本身就是一種橫攝性的對象化活動，一種主客兩橛的規定事物方式。而結構之上的「圖像」恰恰是對這種限制性的對象化活動或規定事物方式的超越。也可以說，圖像或象本來就在歷史順序上構成了一切邏輯結構得

---

18 林安梧：《道的錯置：中國政治思想的根本困結》，頁16。
19 林安梧：《中國人文詮釋學》，頁144。

以成立的先在基礎。而對這種圖像或象的切近或覺知，需要一種特殊的想像力。

　　詮釋活動的第四個層級是「意」，即心靈的指向（intention）。在這種層級上，人之心靈基本上是作為一個整體（而非特意地區分為感性、知性或想像力等）而籌劃或開啟某一視野、某一方向，並不局限於某種特定的形、象或其他內容的設置。由「意」而上，則是「道」，即一切詮釋活動的最高層級。在此層級上，詮釋主體不僅抵達一切創造性和可能性的源泉，而且基本上也與道或道體融合為一，進入真正的——儘管十分稀罕——「見道」之境。[20]

　　一個相對完整的詮釋活動，固然包含層層遞進和逐步上升的五個層級，但這主要是一種理論秩序的刻畫。實際上，在具體的詮釋活動中，事情更為複雜。第一，任何意義詮釋都包含著一體兩面或者說連續而非斷裂的兩個進程，即「上溯於道」和「下返於形」。就前者而言，它是指由語言、結構（存在的執定／橫向的統攝）的層級上溯到象、意（存在的彰顯／縱貫的創生）的層級，再回溯至道（存在的根源／整體的包容）的層級。通過這樣一種不斷的回溯，語言和邏輯結構等對既定事物的意義之可能遮蔽和扭曲，才能被有效地滌蕩和清理。按照林先生的說法，「指向對象物而分理之，此是『言以定形』事，而回歸於形上之道，此是『去名以就實』事。『言以定形』須返歸於『無言』，如此之『定形』，才不致走向異化之定形，才得一識解分明之定形，因歸返於『無言』，才得歸返存在自身，如此才得以回返存在之場，而受其治療也」[21]。從語言、結構的層級返回於道固然重要，但「道」並非終點，而是從這一根源之道中要獲取新的可能和洞見，接著「下返於形」，促進事物意義的新生和展現——實際上也就是意義的重新釋放和形成。林先生講道：「我們要問有沒有一個超乎『視點』之上的東西？有的。那東西就是我們所講的『道』。『道』進到『視點』的時候，就是我們剛剛所談的『意』，有不同的『視點』，就生出不同的『圖像』；不同的『圖像』落下

---

[20]　林安梧：《中國人文詮釋學》，頁 147。
[21]　林安梧：《道的錯置：中國政治思想的根本困結》，頁 30。

來，就是不同的『結構』，然後用『語句』把它凸顯出來。」[22]簡而言之，事物之意義的再生或釋放是一個「下返於形」的過程，它與「上溯於道」共同構成了循環不已、連續不斷的意義詮釋或意義開啟活動。

　　第二，意義詮釋活動的循環往復不僅指涉從「言、構」「上溯於道」與從「道」經「意、象」「下返於形」這兩者之間的互逆回環，而且包含著「言」與「構」之間的互動循環，「意」、「象」、「構」之間的互動循環，如此等等。之所以會發生多種層級、多種形式的互動循環，除了存在本身的內在連續性這一重要因素，另外一個值得指出的因素就是人之心靈那些有所區隔但也相互關聯的活動方式。按照道論詮釋學，

> 總體的心靈活動叫「心」；心的指向叫「意」；意往上提，通於道叫作「志」；意往下落，涉著於一個物叫作「念」；而在這個念上起一個貪取佔有叫作「欲」；而當你停在這個念上起一個「了別」的作用，這叫作「識」。[23]

前面曾經講過，人在道之總體中具有特殊位置，人之心靈活動或「心意之動」在存在的諸種轉換和更迭中也是不容或缺。現在，我們又繼續看到，心靈的活動方式實際上也是多種多樣的，並且不同活動樣式實際上也「靶向」或「構成」了不同的存在樣態：心的指向是「意」，一種「心意」必有其方向或視野；「心意」朝上提升，旨通於道，即為「心志」；「心意」往下拖曳，涉著於物，即為「心念」；心意不僅念記於物，而且企圖佔有、索取之，則為「心欲」或「意欲」；心意滯留於某一心念，並對心念所繫之物有所了別和論定，即為「心識」或「意識」。這些不同的心靈活動方式都屬於同一心靈整體，而隸屬於同一心靈整體的不同心靈活動，也使得事物能以不同存在樣式與我們聯繫起來，所以，在意義詮釋活動的展開過程中，也很有

22　林安梧：《中國人文詮釋學》，頁155。
23　林安梧：《中國人文詮釋學》，頁324。

必要積極而自覺地去領會或關注不同詮釋層級之間可能的呼應和複雜的關聯。

三、道論詮釋學的理論特徵與思想貢獻

以道為核心，以「道」、「象」、「形」之「存在三態論」為基本的存在論建構，以「言」、「構」、「象」、「意」、「道」五個層級之間的互動循環為主要的方法論模式，道論詮釋學至少體現了四個方面的獨到之理論特徵和思想貢獻。

第一，道論詮釋學以詮釋學這一理論框架重新整合、安置了中國哲學的存在論、價值論和方法論。首先，就存在三態論而言，即存在的根源（道）、存在的彰顯（象）、存在的執定（形），它們都是「道」在人的意識活動或理解活動中「呈現」出來的樣態或歷程。當然，人的這種意識活動或理解活動也不是完全隨意或任意的：一方面，人本身就棲存於作為根源性整體的「道」這一「場域」或「處所」之中，受到這一場域的「限制」或「庇護」，而不可能跳到道體之外去思考或認知。另一方面，道體內在地具有翕闢開合的原始動力，人的意識或理解活動不過是對本源之道「翕闢開合之動勢」的一種觸發或響應，所謂「參贊之功」。並且，重要的是，具有參贊之功的人類存在者也正是在這種「參贊」中不斷開啟、成就或轉化自身的存在。

其次，由「道」成「象」，自「象」入「形」，這不僅是一種連貫的存在開顯過程，而且這種開顯過程具有一種「結構」脈絡，這種結構脈絡在現實生活世界最終走向一種「價值的論定」，正如「存在的開顯」最終經由「言以定形」而走向「被執定的對象物」一樣。對此，林先生寫道：

> 《老子道德經》所言「道生一、一生二、二生三、三生萬物」，此是就存在之開顯，並走向「存在之執定」而說；《易經傳》所言「太極生兩儀、兩儀生四象、四象生八卦、八卦定吉凶」，此是就存在之開

顯之結構面說，且此結構面乃走向於「價值之論定」⋯⋯「言以定形」，其所定雖為存在面，實者此「存在面」即乃「價值面」也，兩者不可分。[24]

　　再次，就存在之理解或意義詮釋活動的程序而言，道論詮釋學著力追求方法論與存在論的統一，或者說要以存在論上的「上溯於道」來規範和引導一切方法論上的「技藝性」操作，所謂「技進乎道矣」。如前所述，語言是現實世界中事物之意義的承載者和傳遞者，但是也部分地扭曲或遮蔽了事物的其他意義或可能存在形態，而且由於我們對語言的使用和理解還伴隨著不斷累積和轉換著的各種「業力」的影響，對意義的把握就有一個「語言治療」的必要。這樣一來，各種語言層面的治療方法就不可或缺，譬如文字學、語法學、訓詁學等。然而，單純的語言層面的技術和方法是不夠的。因為，語言不過是對更為廣泛而真實的事物經驗的記憶和保存。有鑑於此，要進一步穿透語言而進入真存實感去琢磨那可能更加原始而恰當的意象或意義，所謂「得象忘言」、「得意忘象」。譬如，《莊子・逍遙遊》有曰：「摶扶搖而直上者九萬里。」[25]該句中的「摶」究竟應是「摶」（憑藉）還是「搏」（拍擊）呢？單從考據學、訓詁學的方法路徑來考量，兩種寫法似乎各有依據，難分高下。可是如果我們能夠進一步聯繫到現實生活中的真實經驗和感受，「搏」之寫法可能就要略遜一點，因為振翅拍打風暴而上旋的情況下，它不可能飛舞如此之高。[26]從對經典文本的意象和意義的理解可以進一步上溯到文本作者或聖賢的「心志」，即引領或促發他或他們之深沉思考和言述的那些根本問題、視野或方向。在這裡，心理學的解釋、歷史學的解釋可能就大有助益，所謂「以意逆志」。但是，無論「得象忘言」，還是「以意逆志」，不同的方法運用是以先於方法（邏輯上而非發生順序上）的意

24　林安梧：《道的錯置：中國政治思想的根本困結》，頁13。

25　〔晉〕郭象注，〔唐〕成玄英疏：《莊子注疏》，《逍遙遊》（北京：中華書局，2011年版），頁3。

26　林安梧：《中國人文詮釋學》，頁60。

義形式和意義領域的自身特徵為前提的，而且某一種方法運用的恰當性和有效性，也是在把握意義的過程中通過不斷的比較、批判和重建中才能被予以評估，這實際上就是一種更高層次的「方法論意識」[27]。這種方法論意識要能夠真正地統一和協調不同方法的運用，還要進一步「上溯於道」。在「道」這一最為廣闊的場域和層級上，一切詮釋方法的選擇和運用才獲得其堅實的根基和依據，因為，正是「道」構成了各種意義詮釋的源頭：「『詮釋』是由意義所必然拖帶而開啟之言說、徵符所構成者，如此之構成實乃道之彰顯與釋放。」[28]

道論詮釋學的第二個主要理論特徵及其貢獻可以說是，它以「存在三態論」為基礎創造性地綜合了中國哲學與文化領域儒道佛三大思想系統，釐清了它們之間的互動可能與相應關係。首先，無論是儒家還是道家，它們的源頭都可追溯到中國早期歷史上巫祝、巫史的傳統，這種傳統後來歷經從「帝」到「天」再到「道」的複雜演變過程。而在春秋時期，無論儒家之「道」或「天道」，或道家之「道」，基本上都可理解為一種包容天地、人我和萬物在內的總體性根源之道，並且這種「道」都內在地具有一種生發和化育的力量，而人在道之生發和化育過程中也都具有一種特殊地位。就道家而言，《道德經》第十一章有曰：「道生之，德畜之，物形之，勢成之」[29]，這就是講說，「一個總體根源的生發，經過了內在本性的涵養蓄藏，而落實為一個存在的對象物」[30]。就儒家而言，《論語》常言之「志於道，據於德，依於仁，游於藝」[31]，基本上可以理解為，心靈定向於總體的根源（道），根據蓄藏起來的本性（德），經由人物、己他之間的互動感通

---

[27] 林安梧：《中國人文詮釋學》，頁 60-63。

[28] 林安梧：〈關於中國哲學統合發展的一個可能向度——以「生活世界」與「意義詮釋」為核心的思考〉，載於《兩岸哲學對話——廿一世紀中國哲學之未來》，頁 216。

[29] 〔魏〕王弼注，樓宇烈校釋：《老子道德經》，第五十一章，頁 141。

[30] 林安梧：《中國人文詮釋學》，頁 320。

[31] 程樹德撰，程俊英、蔣見元點校：《論語集釋》，《述而》，第 6 章（北京：中華書局，2013 年），頁 512。

（仁），而生長於、活動於一個繁盛多樣的生活世界（藝）。[32]

其次，儒道兩家傾向於把最高層次上的道之狀態描述為一個「無言」或「不言」之「非語言論定」的「默生」狀態。譬如，老子總是強調「無名天地之始，有名萬物之母」[33]，而孔子也常言「天何言哉？四時行焉，百物生焉。天何言哉？」[34]

再次，儒道之間並非沒有區分，但這種區分也構成了一種互補互濟的可能。譬如，就總體上來看，儒家傾向於道之開顯過程中主體之「人」要有「自覺意識」，要敢於、勇於、善於響應甚至去積極觸動、激發「道」之流行及其化育萬物的功業，而道家對主體之「人」的「仁、義、禮、智」之「失度」或「勉強」都始終保持一種警惕和戒懼，更多地強調人要在「無為而為」中去順成、去感應「道」之自發、自然地流動和轉圜。然而，無論如何，二者既不懷疑「道」之根源性、神聖性特徵，也不完全否認人之契合、響應道之動止、翕辟的可能性和應然性，有如《道德經》第二十五章所言，「人法地，地法天，天法道，道法自然」[35]。至於後出的東傳佛教，雖然不是十分關注萬物在存在論上的起源問題，可基本上仍舊強調人在「淨執去染」中回到意識本身、回到「清淨空無」之超然的自在自存狀態。所以，從根本上看，儒道佛在存在論層次上並無根本的衝突，主要是在「修身見道」的功夫和路徑上各有側重，並且這種「各有側重」在一定程度上亦可相互協調而補益。亦即，如果說儒家側重「承擔的自覺」，道家著重「看開的自然」，佛家推崇「放下的自在」，那麼它們的互補關係不妨可以描述為：「『我挑起』為的是蒼生，回到天地，『看開』一切，終而能『放下』……『我看開』所以能放下，面對蒼生，『放下』執著，這才能『挑起』……『我放下』更而能挑起，如如無礙，『挑起』志業，把世界『看開』。」[36]

---

[32]　林安梧：《中國人文詮釋學》，頁 320。

[33]　〔魏〕王弼注，樓宇烈校釋：《老子道德經》，第一章，頁 2。

[34]　程樹德撰，程俊英、蔣見元點校：《論語集釋》，《陽貨》，第 19 章，頁 1405。

[35]　〔魏〕王弼注，樓宇烈校釋：《老子道德經》，第二十五章，頁 66。

[36]　林安梧：《佛心流泉》（北京：當代中國出版社，2011 年），頁 12-13。

　　第三，道論詮釋學高度重視社會歷史生活總體視域下的意義詮釋與生存實踐活動，具有明確的實踐哲學特徵。如前所述，當代新儒家牟宗三先生的「兩層存在論」，主要是面對 20 世紀上半葉「中國文化傳統如何開出現代化」這一時代議題而展開的理論建構。該理論建構以「良知」或「心真如門」為首出，將這種道德主體層面上的「良知」等同於宇宙之道，進而由此開出民主科學之可能，即「心生滅門」。這種主觀心性論的形而上學建構不僅容易忽視已我一人之「良知」的「獨斷性」和「專制性」趨向，而且忽視了現實社會歷史生活總體的複雜性及其在道體之中的內在根源地位。道論詮釋學則嘗試在「後新儒學」或「批判的儒學」之新的學術視野中，重申社會歷史生活總體的存在論地位，恢復和弘揚儒學或者說中國哲學面對現實生活世界的那種實踐力量。

　　按照道論詮釋學，我們人類存在者總是已經處於一個給定的社會歷史生活總體世界之中，這個總體世界可能包含著血緣親情、興趣偏好、利益爭執、政治統治等複雜事物和活動，而我們對存在物的意義詮釋永遠不可能截然擺脫這些「業力」的種種影響。原因在於，這些「業力」並非單純出於人之主觀心靈的虛構或臆想，而是總體性根源之道「下貫」過程中必然會引發的一些「後果」。所以，真正的意義詮釋活動，必須緊緊聯繫著現實社會歷史生活世界的種種切身內容而展開，而不是一個單純的內在心性修養，不是跳脫或無視這個現實社會歷史世界去構築一個純粹的道德心性主體，然後以之統括或指導現實生活事務的展演。對此，林安梧先生寫道：

> 意義詮釋必指向道德實踐，必指向社會批判，這裡所說的「必」，是因為意義詮釋是「意－義－詮－釋」，是以「場域之空無」、「境識俱泯」、「存在的根源」作為開啟的原初者，此原初者即涵有一不可自己的下貫到生活世界的動力。「意」是淵然而有定向的，道德實踐與社會實踐是純粹之善的意向性所必然開啟者。[37]

---

[37] 林安梧：〈關於中國哲學統合發展的一個可能向度——以「生活世界」與「意義詮釋」

對社會歷史生活總體世界在意義詮釋中的現實地位及其在根源性道體中的存在論基礎的肯定，一定程度上也有助於緩解心性儒學——譬如牟宗三先生的兩層存在論——的「主觀獨斷性」或「政治專制性」傾向。理由在於，聯繫著社會歷史生活世界之負荷而展開意義詮釋，即由「言」、「構」到「象」、「意」再「上溯於道」，可以適當避免主觀自我或心靈自我「唯我論」、「神魅化」傾向，同時也使得自「道」「下返於形」的活動不至於過於「流蕩」和「恣肆」，或簡言之，不至於陷入「道的錯置」[38]之中。

　　第四，相對於較前或同時代的儒學理論建構系統，道論詮釋學明確提升了語言的重要性。[39]按照道論詮釋學，道體的開顯過程乃是由存在的根源到存在的彰顯，再到存在的執定這樣一個生發歷程，而這個歷程也是由「不言」（道）到「可言」（象），再到「執而未言」（形）以至「執而言定」（器、物）這樣一個連續不斷的轉換和演進過程。而就意義的詮釋活動來講，則又體現為一個由「言」、「構」到「象」、「意」再而「上溯於道」的歸返和尋源的歷程。所以，無論是就道體的開顯邏輯來說，還是從意義的詮釋程序來看，語言都始終具有不可或缺的重要地位，所謂「道」與「言」「互藏以為宅」：「相對來說，『道是語言形而上的本源』，這也可說『道』與『言』的關係是『互藏以為宅』，語言有道宅，道有言宅。語言的形而上之家是道，道的人間世的家是語言。人間世的家一定要通過道來檢核，而道也一定要通過人間世的家來實踐，如此，『形而上』、『形而下』通而為一。」[40]

　　當然，我們也注意到，在很多地方，道論詮釋學特別強調語言對於道之充分開顯的束縛或對意義之理解的遮蔽作用，從而在價值論上將「語言」置

　　為核心的思考〉，載於《兩岸哲學對話——廿一世紀中國哲學之未來》，頁224。

[38] 林安梧：《道的錯置：中國政治思想的根本困結》，頁15。

[39] 按照鄧曉芒先生的看法，中國先秦各家哲學內在地具有一種「反語言學」傾向。參見鄧曉芒：〈論中國哲學中的反語言學傾向〉，載於《兩岸哲學對話——廿一世紀中國哲學之未來》，頁99-115。

[40] 林安梧：《中國人文詮釋學》，頁104。

於根源性之道的下方。譬如,在闡釋《莊子‧齊物論》之際,林安梧先生就以相當明確的口吻讚賞說:「語言、話語活動,使得一切外在事物,成為一定向物,而造成一種不能溝通、協調、齊一的狀態,將它瓦解掉,使它回到存在的本源狀態,這可以說是一道通為一的狀態,這是《齊物論》難得的地方。」[41]實際上,如果換取一種思路,我們也可以把語言的解蔽和遮蔽之二重性活動方式追溯到其存在論上的根源。

依循道論詮釋學,「不言」之總體性、根源性的「道」,無論在存在的形態上,還是在詮釋的層級上,都具有源始性、核心性地位。而這樣一種道又內在地具有生發性和創造力。所以,儘管我們可以說它是寂然不動、渾然無別的,可是它畢竟具有區分和創造的「動勢」。就此而言,我們也可以把它稱作「氣」。實際上,林安梧先生在多個地方以「氣」來解讀道論詮釋學中的「道」概念,並自覺將道論詮釋學歸屬於中國哲學的「氣」之傳統。他說,無論存在三態論,還是意義詮釋中由「言語」到「不言」,

> 如此之立場較近於「氣」之感通的傳統,而以為「心即理」的「本心論」與「性即理」的「天理論」皆有可議者。其為可議,皆應消融於「氣的感通」這大傳統中,而解其蔽。[42]

> 中國如果談到本體論、宇宙論的時候,它到底是「理」這個概念作核心呢?還是「心」這個概念作核心呢?還是「氣」這個〔概念〕作核心?我認為,真的是「氣」這個概念在作核心。因為在以話語為中心的中國思想中才會以「理」為核心;在主客對立的兩橛觀底下,強調主體性的,才會以「心」為核心。[43]

---

[41] 林安梧:《中國人文詮釋學》,頁 105。

[42] 林安梧:〈關於中國哲學統合發展的一個可能向度──以「生活世界」與「意義詮釋」為核心的思考〉,載於《兩岸哲學對話──廿一世紀中國哲學之未來》,頁 218。

[43] 林安梧:《中國人文詮釋學》,頁 325。

如果可以這樣理解——「道即氣」，那麼，有鑒於氣分「陰陽」，氣有「翕闢」，我們似乎也可以認為，總體性、根源性之道實際上也內在地包含有兩個區域，即「開啟性／照亮性」區域和「庇藏性／寂隱性」區域——至於「道」之寂然不動、渾然無別，實際上是就這兩種區域或力量尚未展開相互作用和交感而言。這樣一來，由於這兩種區域或力量始終貫穿於「道」的每一彰顯形態和階段，那麼語言在執定、揭示和傳遞存在物之意義的時候，總是不可避免地會帶來某種「遮蔽」和「變形」，也就多少是自然而然的事情了。

從「兩層存有論」到「存有三態論」：
根源性實踐方法論的意義及其可能向度

許育嘉*

摘　要

　　本文認為「存有三態論」並非是「兩層存有論」在方法上的補充，而是另一種關於人的存在本體的思考。「兩層存有論」是康德式的本體詮釋，而「存有三態論」則更接近現象學式的詮釋。兩者差異的關鍵在於對「根源性」這一概念的不同闡釋。本文以現象學的「事情本身」這一概念為參照，比較「存有三態論」中存有的根源、開顯與執定，提出「存有的根源—存有的開顯—存有的執定」不是一個始終自明的實踐主體（存在者）的「行為」，而是「此在」的在「此」存在，所以它是一種向世界的超越，即「在世界中存在」，以至於存有具有了「自身性」（Selbstheit）的「到時」（zeitigt），即不是去尋找現成的存在者，而是在此在的超越性上對存在者的敞開。

關鍵詞：兩層存有論　存有三態論　主體性哲學　處所性哲學　事情本身

---

* 　臺灣大學中國文學系兼任助理教授。

一、從「二元本體論」到「現象學本體論」

　　牟宗三的「道德形而上學」架構在「兩層存有論」的二元論基礎上——無執的存有論和執的存有論，其中無執的存有論是此道德形而上學的核心概念。此外，牟先生融攝康德哲學所發揮的「智的直覺」則是他的道德形而上學從主體性出發的最重要內涵，按照牟先生的觀點「智的直覺」即是指人所擁有的、在道德實踐上「雖有限而可無限」的能力。此一「人雖有限而可無限」的能力即是他經常指出的儒釋道之本心、智心與道心。所以牟宗三時常說，他與康德哲學的差別就在於「承認」人有智的直覺，並通過智的直覺以實現其價值。我們基本上可以這樣來界定牟先生「人雖有限而可無限」的命題：人是因為具有無限性的「心能」才成其為人，而有限性只是偶然的，是「無而能有」、「有而能無」。總之，無限性是本有的、普遍的，有限性是外在的、特殊的。

　　相對於牟宗三的「兩層存有論」，林安梧則以「存有三態論」作為克服道德形而上學中形式主義與主體主義傾向的問題，而此「存有三態論」亦被其稱為「根源性的實踐方法論」。此一「根源性的實踐方法論」是林安梧在研究熊十力哲學而視其為「現象學式的本體學」[1]這一結論中總結出的關於實踐的方法論，其中「根源性」一詞和「存有三態論」有著密切的關係，因此「存有三態論」實際上是對「兩層存有論」的現象學修正，他說：「存有三態論這樣一個提法與兩層存有論最大的不同，就是免除了一個純粹化、形式化的道德之體、良知之體，而回過頭來落實到整個生活世界之中，回到那樣一個社會歷史總體之體。」[2]由此看來，「根源性的實踐方法論」的主要「拱心石」是在「根源性」上。我們要如何理解林安梧此處「根源性」的意義以及他如何轉化牟宗三的兩層存有論呢？

　　「根源性的實踐方法論」的「根源性」乃是指「存有的根源」，根據林

---

[1]　林安梧：《存有、意識與實踐》（臺北：東大圖書公司，1993 年），頁 346。

[2]　林安梧：《儒學轉向：從「新儒學」到「後新儒學的過渡」》（臺北：臺灣學生書局，2006 年），頁 191。

安梧的論述，「存有的根源」不是一般執著性的、對象性的存在序列的探索，而是對上述方式的「越出」，因此，「存有的根源」就不能用言說概念表達。所以，「存有的根源」不是主體或存在者賦予意義或追尋探究的對象，它是自己開顯自己的過程；此外，林安梧也認為，「存有的根源」就其存有自身之開顯其自己而言，隱含了一「無限可能性」，因為它不再是一執著性的、對象化的存有。基於以上的觀點，林安梧把「存有的根源」用「X」表示，以顯示它的無限制性與開放性。同時，這個無限可能性的「X」作為本體又是先在的，而不是後起的。[3]

　　如此一來，我們似乎可以這樣來理解此處「根源性」的含義，根源性是就存有的根源而說，存有的根源並不是指某個「存在者」，而是作為存在本體先於一切的存在者，並且具有對存在的一切開放性，從這個義意上來說，存有根源的本質是無限性。上述觀點若與海德格基礎存在論中此在的形而上學相比較，可以發現一個明顯的差別，但又不是完全不同。首先，海德格從人的有限性出發作為此在的最內在的本質，並且立基於此而涉及超越性問題；林安梧則從存有的根源這個根源性問題做為起點，從本體的無限性論述存有根源的超越意義。乍看之下，兩者一從有限性，一從無限性，似乎在起點上就不相同。但是，我們若能更擴大視野來看，特別是聯繫到海德格前、後期思想轉向的發展，從前期闡明「此在」的本真性與非本真性，到後期以作為命運（Schicksal）或天命（Geschick）的「存在」[4]為出發點的考察，那麼，海德格從此在的形而上學「向內深入」追溯至「存在本身」或「存在整體」的發展，林安梧的「存有的根源」就與其相距不遠。[5]

---

[3]　林安梧：《存有、意識與實踐》，頁 112-114。

[4]　關於海德格前後思想的轉向請參閱洪漢鼎：〈高達美與後期海德格〉，「詮釋學與經典解釋」學術研討會，主辦：世新大學、臺大「東亞經典與文化」研究計畫，2007年。

[5]　海德格對「無限性」問題的討論在前期思想中已有意識，只是當時尚未有答案，他曾問道：「沒有某種『事先建立』的無限性，此在的有限性難道能夠哪怕只作為問題而展示出來嗎？在此在中這種『事先—建立』一般說是何種方式？如此『建立』起來的無限性異味著什麼？」海德格：〈康德和形而上學問題〉，《海德格爾選集》（上）

海德格關於「存在的天命」要從高達美（Hans-Georg Gadamer）哲學詮釋學關於效果歷史那裡得到闡明，而林安梧「存有的根源」則來自王船山的人性史哲學（歷史人性學）。兩者的共同點在於承認「歷史」的先在性與根源性，因此「存有的根源」也是通向現象學所提出來「面向事情本身」。林安梧曾說：

> 這裡所說的存有就再也不是一對象化的、執著性的存有，不是認知主體所執取下的存有，而是指的那人之為人以一「活生生實存而有」的身分進到這個生活世界中而開啟的存有，這樣的存有是以活生生的實存而有作為其存有的根源。[6]

林先生從《中庸》的「參贊化育」思想所提出之「道之作為一根源性的總體，或總體的根源，此當解釋為一天地人交與參贊而成之總體，即此總體之為根源，亦即此根源而為總體也。」所以人作為「存有根源」開顯的啟動者，仍是在一個「場域」、「生活世界」內的境識俱泯的狀態，從而非「主體性哲學」而還在「處所性哲學」的範圍之內。[7]其次，我們也可從海德格「此在」的在「此」（Da）存在來闡釋「存有的根源」，此在不是指一個具體的存在者，而是指「如何」的存在方式，即海德格提出的「存在理解」作為此在有限性的最內在本質。「存在理解」作為理解，當然是指人的理解，海德格所謂的「存在理解」不是一種對象化的理解活動，理解是此在本身的存在方式。所以，如果人只是基於人的此在才是人，那麼人首先就處在被拋，處在有限的狀態之中，他所有的創造性，即他對生活的籌劃也都必須在被拋的有限性下才有可能。因此，人作為「存有根源」開顯的啟動者，永遠只是被拋的籌劃。

（上海：三聯書店，1996 年），頁 133-134。

[6] 林安梧：《存有、意識與實踐》，頁 150。

[7] 林安梧：《道的錯置：中國政治思想的根本困結》（臺北：臺灣學生書局，2003 年），頁 3。

　　林安梧從詮釋熊十力思想而闡發出的「根源性的實踐方法論」——存有的根源，與其說是對實踐方法論的探究，不如說是實踐本體論的探究，因此「存有三態論」就不是「兩層存有論」的補充，而是對本體思想不同的表達，牟先生重視的是「超越的道德本心」，而林先生自己則從詮釋熊十力而來，重在「活生生的實存而有」；前者是康德式的儒學詮釋，後者則屬於現象學式的儒學詮釋。[8]換言之，「存有三態論」不能放在「執的存有論／無執的存有論」的二元結構內來理解與解釋。雖然，牟宗三曾經把海德格現象學的觀點批評為「現象界的存有論」，從而歸入他所建構的「兩層存有論」中的「執的存有論」。[9]但是，如果我們從海德格基礎存在論為形而上學的奠基工作所提出關於此在的超越性問題來看，此在的普遍性就恰恰在於人的被拋性。也就是說，人首先是歷史文化總體的結果，而不是相反，就如同林安梧所強調：「活生生實存而有」。所以一切探究形而上學問題，無論是把最高存在歸之於整體生命、客觀精神，還是良知主體，也就是說歸之為某種最高實體而貶低現象學，都沒有辦法擊中海德格的要害。因為海德格的此在形而上學並非要與一切形而上學爭論最高實體是「什麼」，而是認為形而上學的追問必須就整體來進行，也就是必須把發問者包含在裡面，在發問者此在的本質處境中進行。[10]所以，形而上學的探究不能脫離發問者的此在，那麼這樣的形而上學，無論如何純粹高妙，都與它的發問者一同作為「被拋」而在世界中存在。

　　從上述的觀點來看，當林安梧提出「後新儒學」的建構，必須由道德本心回到生活世界的命題時，我認為已經擺脫了從邏輯上爭論實體是「什麼」又或在本體與現象的二元對立間選邊站的困境。林安梧的「根源性的實踐方法論」其實是接近於海德格包含發問者的「此在」在內的形而上學，即「形而上學就是此在本身」這一命題。所以，「根源性的實踐方法論」按照林安梧所說的：「當現在重新去反省這套轉折發展的時候，不能只是通過一個理

8　林安梧：《存有、意識與實踐》，頁 328。

9　牟宗三：《現象與物自身》（臺北：臺灣學生書局，2004 年），頁 35。

10　海德格：〈形而上學是什麼？〉，《海德格爾選集》（上），頁 136。

論的安排說如何轉折的問題，而必須去面對活生生的生活世界，具體地、點滴地、逐步地、一個挨著一個地、現實地去處理它。」[11]但是，這個生活世界卻也並非是我們的對象，而是「社會歷史的總體」於此就隱含了現象學的一個重要概念：「事情本身」。

二、存有的根源與事情本身

本文認為對「存有的根源」的理解還可以從「事情本身」（Sache selbst）這一現象學的重要的概念入手，此一概念來源於胡塞爾提出的「回到事情本身」（auf die Sachen selbst zurückgehen）的命題，其後由海德格從理解任務這個方向繼承下來，並且在高達美那裡把「事情本身」這一概念發展成「在存在中」和「通過存在」展現自身。根據洪漢鼎先生的研究，胡塞爾「回到事情本身」的內涵乃是指「一個客觀的對象和它原本被給予的相關性」。[12]這句話實際的意思牽涉到「本質直觀」（Wesenserschauung）的問題，所以回到事情本身首先是指在一種精神意義上去觀看事物，這種觀看不是憑我們的眼睛，而是憑精神之眼。客觀對象在胡塞爾看來乃是由精神之眼的觀看而具有「被給予」（Gegebenwerden）的本質，由此，所謂的「事情本身」即是指一種「意向性意識」。

海德格繼承「事情本身」這一概念乃是朝兩條道路走來，其一是拒斥胡塞爾的先驗主體；其二是繼承其「被給予」的概念。[13]高達美曾經把海德格的「事情本身」與詮釋學循環中理解的前結構問題聯繫起來談，他引述《存在與時間》中的一段話說明理解只有從「事情本身」出發才能確保前有

---

[11] 林安梧：《儒學轉向：從「新儒學」到「後新儒學的過渡」》，頁358。

[12] 洪漢鼎：《重新回到現象學的原點》（臺北：世新大學出版中心，2008 年），頁133。

[13] 關於胡塞爾與海德格之間在現象學理論上的繼承與批判關係，可參閱孫冠臣：《海德格爾的康德解釋研究》〈第二章：海德格爾對胡塞爾現象學的改造〉（北京：中國社會科學出版社，2008 年），頁 88-104。

（Vorhabe）、前見（Vorsicht）和前把握（Vorgriff）的科學性。[14]因此，「事情本身」成為理解是否完成的根據。洪漢鼎就曾指出，海德格和胡塞爾對事情本身在廣義上都意指理解的正確基礎。但是，海德格並未使自己停留在這裏而與胡塞爾沒有區別，他懷疑這種事情本身是否能指意向性意識。[15]所以，在海德格看來，現象學首先意味著：「讓人從顯現的東西本身那裏，如它從其本身所顯現的那樣來看它」[16]。因此，海德格的事情本身拒斥了胡塞爾的先驗主體。

　　海德格雖然拒絕「事情本身」和先驗主體的相關性，但是他卻接受了「被給予」這個概念。在胡塞爾那裡，客觀對象是由先驗主體的意向性意識所給予的，海德格取消先驗主體，但客觀對象或存在者仍然是被某種「先在」的東西所給予，同時這個先在的東西不是自我意識以及它的意向體驗，而是自身綻出的敞開性以及視域的敞開性。海德格在〈論根據的本質〉一文中認為，比存在者還要根本或先在的是此在的存在，這也是存在者具有被給予性的關鍵，但是這個此在並非是一個「什麼」，而是「如何」，海德格說：

> 我們以「超越」意指人之此在所特有的東西，而且並非作為一種在其它情形下也可能的、偶爾在實行中被設定的行為方式，而是作為先於一切行為而發生的這個存在者的基本機制。[17]

此在的「超越」即是追問此在的「何所往」（Woraufhin），即此在的存在方

---

[14] 高達美：《真理與方法》第一卷（北京：北京商務印書館，2007 年），德文版頁 270-271。

[15] 洪漢鼎：〈何謂現象學的事情本身？——胡塞爾，海德格爾與伽達默爾對此理解的差別〉，《學術月刊》第 481 期（2009 年 6 月），頁 30-38。

[16] 海德格：《存在與時間》，陳嘉映、王慶節合譯（北京：三聯書店，2000 年），頁 41。

[17] 海德格：〈論根據的本質〉，《海德格爾選集》（上），頁 169。

式為何？對於此在的超越而言，海德格提出不能從主體（我思）來闡明「超越」，因為主體作為「存在者」並不是這種逾越（Überschritt）所要實現的何所往，於是他把此在本身進行超越的何所往稱為「世界」，也就是把「超越」規定為「在世界中存在」。[18]但是，「世界」這個概念有它本來的舊的意義，它是表示一切存在者全體的名稱，海德格認為如果「在世界中存在」這個說法仍舊沿用把「世界」作為一切存在者之「全體」的概念，「超越」無疑地就將指示著任何一個作為現成者的存在者。[19]事實上，「超越」作為「此在」的本質，海德格曾表示過是一個同義反覆，我們或可這樣說，「超越」即是「此在」，「此在」即是「超越」。因此，「此在超越」的何所往，在海德格看來當然就不能是任何的「存在者」。

　　海德格因而以作為何所往的世界必然不能是一個存在者，世界應當歸屬於此在，但是這種關聯不是一個存在者的此在與另一個存在者的世界之間的關係，也就是說，不是兩個存在者的關係。否則，世界就被納入作為主體的此在之中並且將被說明為某種純粹主觀的東西。[20]海德格因而把世界概念從兩個方面來詮釋，一為「世界之籌劃」，一為「被籌劃的世界」，他的目的無非既要突顯世界的先在性又反對把世界當作一個超越於存在者之上，作為一切存在者整體的總名。所以他把世界的籌劃與被籌劃和存在者的關係稱為籠罩（Überwurf），他說：「這種先行的籠罩才使得存在者之為存在者自行敞開出來。此在之存在於其中自行到時的這種籌劃著的籠罩事件，就是『在世界之中存在』。」[21]

　　海德格的「在世界中存在」其實就是「事情本身」的另一種表述。此在向世界的超越不是指有一個現成的存在者被稱為世界，此在從其他存在者中「攀越」到此在之外的世界範圍內。海德格認為「此在超越著」（Das Dasein transzendiert）意味著：「此在在其存在之本質中形成著世界（Weltbildend），

18　海德格：〈論根據的本質〉，《海德格爾選集》（上），頁170-171。
19　同上注，頁172。
20　同上注，頁192。
21　海德格：〈論根據的本質〉，《海德格爾選集》（上），頁192。

而且是在多重意義上形成著，即它讓世界發生，與世界一起表現出某種原始景象，這種景象並沒有特別地被掌握，但恰恰充當著一切可敞開的存在者的模型（Vorbild），而當下此在本身就歸屬於一切可敞開的存在者中。」[22]當我們說海德格的「事情本身」即是「讓人從顯現的東西本身那裏，如它從其本身所顯現的那樣來看它」，那就意味著不是指涉人能把一個存在者當作存在者本身來對待，此處所謂「顯現的東西」是存在本身而不是什麼存在者，並且這個此在以超越作為存在的方式，從而在超越的過程中與世界一起形成。所以，「事情本身」在其自身顯現中產生一種敞開性，當然這種敞開絕非任意的偶發奇想或沒有限制的開放，它必然還是「在世界之中存在」。

　　透過上述對「事情本身」這一概念的釐清，我認為林安梧的「根源性的實踐方法論」也能從這一面向進行比較與闡釋。「存有的根源—存有的開顯—存有的執定」不是一個始終自明的實踐主體（存在者）的「行為」，而是「此在」的在「此」存在，所以它是一種向世界的超越，即「在世界中存在」，以至於存有具有了海德格所謂的「自身性」（Selbstheit）的「到時」（zeitigt），即不是去尋找現成的存在者，而是在此在的超越性上對存在者的敞開。

---

[22] 同上注，頁 192-193。

「眞存實感」與「乾坤並建」
──林安梧先生「存有三態論」學術規模初探

關啓匡*

摘　要

　　本文第一章，提出林安梧先生總體學術規模，以「存有三態論」爲核心，實發揚自青年時代的哲思體系，並說明研究目的。第二章，從林先生「真存實感」的哲學實踐之歷程，初探「存有三態論」建立的意義。本文主張，從牟宗三先生以降，已經奠定了「當代新儒學」批判的傳統，這種傳統相當顯著的表現在諸位唐、牟、徐後學的研究課中。故當年林先生提出「存有三態論」所引起的師門爭論，理應平息。林先生由牟、唐兩先生，回歸到熊十力，再直契王船山的哲思路徑，有承於當代新儒學「返本開新」的哲學傳統。他主張由牟先生過於側重「心性主體」的性格，應該回歸到整個存有的總體場域，以再現新機。由此，作爲林先生權講下，所分判的「批判的新儒學」與「護教的新儒學」，絕非「二元對立」的關係，卻是融通互涵的關係。第三章，本文回到林先生這廿五年大部分的著作中，試圖以「存有三態論」爲核心，再以「文化治療」爲其對應，勾勒林先生「人性─場域」、「哲學─歷史」這種「兩端而一致」、「乾坤並建」式的哲思圖像。依此，得以論證，林先生真存實感、歷久彌新的哲思之一貫性、延展性。最後，經過本文的研討，試圖釐清「當代新儒學」與「後新儒學」之間，即理解的繼承，又批判的互動之推進關係，實爲學派正常的發展進程。

關鍵詞：存有三態論　林安梧　當代新儒學　批判的新儒學　真存實感

---

* 中央大學中文哲學博士，現爲馬來西亞陳嘉庚基金嘉庚學堂第一屆學員。

一、前言

業師林安梧先生係當代新儒家學派重要傳人，具體論之，林先生之學發揚於其早年代表作《王船山人性史哲學之研究》[1]；在他於當代大儒牟宗三先生座下，寫出其博士論文《存有・意識與實踐》[2]以後，便已奠定了其「存有三態論」全部的理論基礎。在牟先生逝世後（1995-），林先生非常誠實的從當代儒學史的角度，提出與其師長輩不同的學術路徑——「後新儒學」。林先生將牟先生之學視為「當代新儒學」的核心，凡以此當代新儒家傳統為典範規模者，且繼承牟先生之哲思體系而有所發皇者，皆謂之「當代新儒學」。早年，在牟先生以「心性主體」為核心的啟發之下，林先生由漸漸步入中、西哲學會通之堂奧的青年時代，乃至其成學階段；他對以「心性主體」為核心的新儒學，一直保持著同情的理解與批判的反思。在林先生於《王船山人性史哲學之研究》的階段，他已確立了船山學「兩端而一致」式的哲思傾向。當寫出博論《存有・意識與實踐》一書後，其對乃師牟先生側重於「心性」的哲思主體之批判的系統，即告完成。

本文旨在初探林安梧先生的學思歷程，以釐清「存有三態論」在林先生總體的學術論域中如何開顯成至今的學術規模。本文結合林先生之論述與筆者親證之點滴，以真存實感之路徑，初探林安梧先生「存有三態論」所開顯的學術規模，就教於同門與方家。

二、「存有三態論」的建立：
從林安梧先生「真存實感」的哲學實踐契入

據林先生親身之見證，當年牟先生在世之時，實清楚其及門弟子林安梧與其學問宗旨不同。在一次讀畢林先生的研討會論文後，雖知曉林君所論與

---

[1] 林安梧：《王船山人性史哲學之研究》（臺北：東大圖書公司，1991 年），頁 191。

[2] 林安梧：《存有・意識與實踐》（臺北：東大圖書公司，1993 年），頁 376。

自己的學問宗旨有異，牟先生非但無責備之意，對於及門弟子林安梧在論文中的創意，還表示了讚賞與鼓勵之情。牟宗三先生何許人也？當代最高狂俊逸[3]之真儒也，性情灑脫，真情盪人，又敢為青白眼！但牟先生對及門弟子都是溫情接引，乃至感人無數，受其激蕩而發願奮學者，不下三千。牟先生當然是嚴格的哲學家，一部《圓善論》，能判天下教；對於自家之學問宗旨，牟先生絕無折扣可打。雖此，牟先生又是溫情的，雖及門弟子宗主有異，亦能肯定其創意處，又能預留討論商榷之情，此亦真儒者也！

　　批判，是當代新儒學最重要的傳統；但，批判又必須建立在「真切的理解」之上[4]。其實「真切的理解」又可因詮釋的語境與思辨的進路之不同而有別。林先生站在當代新儒學史的角度下，將其師友輩中能發皇牟先生之哲思典範者，稱為「護教的新儒家」；與牟先生的典範性相對，而欲尋求典範

---

[3] 說牟先生是「高狂俊逸」是其高弟蔡仁厚先生非常切要之觀察所得，牟先生自述其「不懂事」的性格，在〈熊十力先生追念會講話〉中說：「我當時是很不懂事的，現在的青年都非常懂事。我當時剛從鄉下裡出來，人情世故全不懂，不只那時候不懂，到三四十歲時還是不懂；不要看我好像想了很多，想是想得很多，但對於現實生活，還是不大明白的，我並不懂人情世故，有時候還很任性，很楞」。牟宗三：《時代與感受》（臺北：鵝湖出版社，1995 年），頁 252。

[4] 林先生這一點自覺與奉行至關重要，言即「批判」的合法性是建立於「詮釋」之上的，沒有真切的詮釋構不成批判，而合理的批判，則必然是轉進式、繼承式的批判，很少是推倒式、揚棄式的批判。在《王船山人性史哲學之研究》中，林師就曾指出：「筆者以為唯有理解、詮釋，更進一步才能談理論建構，有了如實的理論建構才可能有所謂的『批評』，若隨意妄立一個理論視點而把古聖先賢批評得體無完膚，這是不當的，是不該的，是筆者所不願為，亦不忍見人如是為的」。林安梧：《王船山人性史哲學之研究》，頁 140。後來，在《存有·意識與實踐》中，林論及本書的方法論時，亦提出「問題—答案」邏輯的進路：「其實，我們更直接了當的指出，若沒有恰當的問題，則無恰當的答案。比如：只陷溺在唯心、唯物的框框中，去問熊十力哲學是唯心的或是唯物的，當然就無恰當的答案，……。須知：單面而錯誤的問題，可能讓人覺得有趣而新鮮，並且充滿所謂的批判性，其實是枝蔓葛藤，處處滯礙，沒有理解，那來批判，今之所謂批判者能免於誤解之病者幾希，其於誤解而批判之，此之謂『知識的強暴』，如此殘民以逞，妄稱批判，以取令名，是所羞也」。林安梧：《存有·意識與實踐》，頁 12。

性之轉移者，林先生自命於此，而稱之「批判的新儒家」。[5]當年，林先生此言一出，曾於師門內部泛起不少波瀾，於今尤存些許蕩漾。不過，明眼人皆能理解，林先生分判「護教的新儒家」與「批判的新儒家」之別，實是學術史類型學的方便建構，此分判是切切實實的「權講」，是「對比」地講，是「當即」地講，是「可以爭議」地講。學問乃千古事，林先生當年之所判，其所針對者都是當世學問彪炳的牟門師友；此判，誠是「當即」地判，此判僅是「權判」，此講只是「權講」。故林先生對自家學派，雖有「護教的新儒家」與「批判的新儒家」之分；但這世上任一教門中人，誠有僅護教而不批判者，抑或僅批判而不護教者？林先生在學問上，是一位「非本質主義者」，連他自己都不相信「護教的新儒家」毫無批判性，「批判的新儒家」毫無護教心。顯然，護教與批判之別，是林先生對當代儒學學術史建構中的「權講」，這裡頭有其急迫處、有其不得已，甚至有其苦衷、痛楚，這個中的無奈，願聞者深體之。

　　實則作為當代新儒家的後學，我們一方面作為林先生的及門弟子，同時又多是諸位師伯、師叔所教導的學生。對於當代新儒學內部批判性的門風，我們都曾身歷其境，而能為之見證。雖然，學生在課堂上對老師某些觀點的質疑，並不能引起典範性的轉移；不過，在諸位當代新儒家的課堂上，批判性的質疑都是被鼓勵且歡迎的。故，先不論學生輩理解與議論的深、淺、厚、薄，哲思中的批判性，在當代新儒家的課堂上是一種常態。諸位當代新儒家平日對學生輩異議的寬容，應是有承於唐、牟兩先生的寬容之風範。我們把這一見證再放到整個當代新儒學的學術史中，林安梧先生可作為牟宗三先生寬容的見證者；牟先生亦表明他願在精神上永遠跟隨其師熊十力，但在學問工夫上，亦有典範性的進步。[6]承上，當代新儒學的內部，由牟先生以

5　此一討論，見林先生〈第十二章　牟宗三先生之後：「護教的新儒家」與「批判的新儒學」〉一文。林安梧：《牟宗三前後：當代新儒家哲學思想史論》（臺北：臺灣學生書局，2011 年），頁 155-164。

6　牟先生在過世前自述其師門情誼，實「情」勝於「理」，可見牟先生對其師在精神與義理上的推崇備至；惟，牟先生亦坦言，自己在哲學知識的「學力」，有進於熊師之

降，早已建立了批判性的學風，門內在論學時的批判性，漸已常態化；當這種批判性達到了足以引起典範性轉移之際，林先生權命之為「批判的新儒家」。

在師門內部的批判尚未成風之時，「新儒家批判性格」之鼻祖——熊十力，在北大寫出《新唯識論》，宗主有背於其師——歐陽竟無大師，於是遭遇逐出師門的命運。這個師徒反目的著名故事，其結局更演成一種無可挽回的遺憾，曾經的師徒亦因陰陽相隔，終生決斷：

> 1943 年 2 月，歐陽竟無先生病重，熊十力深為老師的身體擔憂，想在這位佛學大師彌留之際，見最後一眼，但內學院諸大德，擔心歐陽先生見熊後會激動，不以允許。23 日，歐陽逝世於四川江津，熊十力專程趕往弔唁。[7]

歐陽、熊兩先生之爭議，其學術上之是非或可辨，但其意氣上之對、錯實難理。這裡，我們暫不爭議在中國現代思想史上，這段有名的儒、佛之爭的學問內涵。[8]當我們預取這段故事，以作為一種生命教育的理境，當代新儒家

處，故足以「接著講」，此據王財貴先生的見證，如下：「（牟）先生曰：『侍師亦不簡單，既要有誠意，又不能太矜持。當年我服侍熊先生……那時沒有一個人能服侍他，只有我……他脾氣那麼大，許多學生都怕他，唐（君毅）先生也不敢親近他……其實，我並不聰明伶俐，也不會討巧……』遂哽咽不能言。久之，又云：『熊先生一輩子就想找一個人能傳他的道，我的聰明智慧都不及他甚多，但他知道自己有見識而學力不及。我所知雖只一點點，但要到我這程度也不容易，其他的人更差多了。熊先生知道我可以為他傳……』又哽咽，悲泣，掩面歎息，久之方止。又云：『學問總須用功。既要了解中國，又要了解西洋。要靜下心來，一個一個問題去了解。不要討便宜，不要出花樣，不要慌忙。現在誰肯下工夫呢？』復泣下」。蔡仁厚撰：《牟宗三先生學思年譜》（臺北：臺灣學生書局，1996 年），頁 85-86。

7　顏炳罡：《慧命相續——熊十力》（香港：中華書局，1999 年），頁 55。

8　關於這段「儒佛之爭」，華語世界相關研究頗多。在臺灣方面，林安梧先生在廿年前，便有所關懷與研究。熊十力等撰，林安梧輯：《現代儒佛之爭》（臺北：明文書局，1997 年），頁 507。經過這些年來的論辯與沉潛，林先生近來綜合性的反思與推

的後學，實應肯認哲思語境中「批判」的重要性。在中國前現代的師門風習之下，維護師說，有其倫理道德上的必要，像熊十力這樣「攝佛歸儒」式的大轉進，自然為歐陽大師門風所不容，而遭逢同門群起攻伐的下場。在尖銳的口誅筆伐之間，原本可以理性以對的儒、佛之爭，迅速的衍成更為激烈的意氣之爭。我們用林先生「存有三態論」觀之，所謂「意氣之爭」，即其言語已無法貞定意義的內涵；此時，言語實已陷溺於爭議的「業力」[9]之中，「氣命」中的種種習氣現行且纏繞著主、客雙方，一切遂由氣場之業力所拖累，心中的良知靈明亦渾然遮蔽。我們復按林先生「道的錯置論」所示，內學院與熊十力諸位大德竟會捲入「意氣之爭」，此中的業力習氣恐怕需要追溯到整個中華文化場域中所潛藏的共業，來加以考察。[10]

　　具體言之，華人由師門的「論學之爭」，進而延展到爭鋒相對的「意氣之爭」，這種文化上的共業，與中國由古至今「人倫日用」中權力所引發的道德異化有關。林先生回到整個中華文化歷史的場域中，他將這種因皇帝為核心的「權力」，而引發的道德認知之異化現象，總括之為——「道的錯置」。[11]

進之作，見林安梧撰：〈當代儒佛之爭與《存有三態論——從熊十力《新唯識論》說起》〉，杜保瑞主編：《哲學與文化：當代儒佛之諍專題》革新號第 471 期（臺北：哲學與文化月刊編輯委員會，2013 年），頁 25-48。

9　按：「業力」說，是林師從佛學中借用的概念，以便描述總體的存有世界之現象界永恒的傳承物。依於「業力」說，林師所指涉的此一活生生的存有世界，其一切變動的可能，都是緣於存有現象界之「隱—現」之間的轉變，存有的總體不斷以一種變動不居、周流六虛來展現存有本身，人類亦是其中一種存有物而已。

10　相關的脈絡，請參考林安梧是書〈第五章　三論「道的錯置」：中國政治哲學的根本問題〉、〈第六章　「道德與思想之意圖」的背景理解〉、〈第七章　解開「道的錯置」——兼及於「良知的自我坎陷」的一些思考〉、〈第八章　「心性修養」與「社會公義」之錯置與解消〉和〈第十一章　實踐的異化及其復歸之可能——環繞臺灣當前處境對新儒家實踐問題的理解與檢討〉，林先生在這幾章作了相應之討論。林安梧：《道的錯置：中國政治思想的根本困結》（臺北：臺灣學生書局，2003 年），頁 119-239、頁 279-313。

11　關於「道的錯置論」哲思的問題意識，請參其書之〈序言〉。林安梧：《道的錯置：中國政治思想的根本困結》，頁 I-XV。

我們可以通過「天、地、君、親、師」這五個渾全互涵的倫理場域，來觀照師門內部「道的錯置」之現象。顯然，「師」作為華人文化場域中的一環，在學問之域中，師傅對於徒弟有著一種不可挑戰的權威性。故古語有「師命難違」之說，牟先生亦坦白，他在面對其師熊十力時，是「侍師亦不簡單」的。簡言之，在華人社會中，師門內部的權力結構，很可能由「尊師重道」的倫理需求，衍生為「遵奉師說」的學說要求。若為師者學有專精、和藹可親，則弟子「尊師重道」以報師恩，是人倫中合理之表現；不過，若由此而延伸為對於師說的絕對遵奉，一旦持之不當，則會轉向反智之囿。

　　林安梧先生提倡「後新儒學」即「批判的新儒學」，此一當代新儒學的新路向，可視為相對於「護教的新儒學」的一種嶄新的轉進。林先生強調「批判的轉進」必須建立在「真切的理解」之上，他在處理當代新儒家的學術定位時，蘊含著這兩端對比性的思考。在整個當代新儒學發展的哲思歷程中，林先生強調牟宗三哲學以「心性主體」作為核心而開顯的「護教的新儒學」的思想意義。他認為，牟先生「兩層存有論」、「一心開二門」式的思考，進而強調民主、科學開出說，是對應民國以降全盤西化派的理論挑戰，而給出的理論性、邏輯性回應。[12]如此，林先生實肯定牟宗三哲學在理論邏輯上的時代價值與思想意義。惟隨著時代的進步，除了對應式的回應時代的議題，在「後蔣介石時代」（1975 年～）乃至「後牟宗三時代」（1995 年～），全世界的華人社會已平穩的度過了二戰乃至國共內戰以降整個中華文化危機存亡的時代。在林先生看來，當代新儒家應該由牟宗三所主導的核心哲學議題——「心性主體」的超越性保存，這一哲思典範中轉化出來，這即是「後新儒學」的思辨導向。

　　故林安梧先生的「後新儒學」，強調要從以牟宗三哲學為核心的時代意識中走出來，重新面對整個實存的生活世界。林先生在平日的課堂中，經常以「真存實感」一語來說明面向生活世界的必要。筆者試將「真存實感」一

12　此說，可參考林先生在〈後新儒學的思考：對牟宗三「兩層存有論」的反思與「存有三態論」的確立〉的「六、心性主體被理論化、超越化、形式化、純粹化之限制」。林安梧：《牟宗三前後：當代新儒家哲學思想史論》，頁170。

語，詮釋為：「對真實的存有，那種具實的感受」。依「存有三態論」的進路論之，所謂「面向生活世界」，即是面向此一活生生的存有之場域；故，一切構成此「當即」的真實世界之種種面向，皆必須通過一種恰當而不間斷的「言以定形」[13]，來貞定其意義。

顯然，林先生的「存有三態論」與牟先生的「兩層存有論」，在確立人的存在意義上極為不同。牟先生的「兩層存有論」，是以「智的直覺」來貞定任一活生生的人；言即，在其語境中，是選擇從一個「道德的人」[14]之主體上出發的。依此，「智的直覺」就能作為此一必然道德的人，其道德性格的終極保證；而此必然道德者的「心性主體」必具有「智的直覺」之能力。當然，人通過「智的直覺」便由「執的存有界」（現象界），而透入到「無執的存有界」（物自身界）。[15]既此，牟先生是要通過「兩層存有論」來確立人具有一種潛在的道德必然性，此亦即人普遍內在的「心性主體」；依於這個「心性主體」的道德必然性，「智的直覺」得以照見內在的「物自身界」。[16]

---

[13] 按：人類的意識，就在「言以定形」的實踐歷程中，不斷地參與進來。人之意識，亦是從此一總體的存有世界的場域中，由原先未啟動前的「寂然不動」，在啟動中即「感而遂通」；而這生化化中的所謂前、後不應是時空中的前、後，更應是邏輯上的前、後，因為「寂然不動」、「感而遂通」皆是一體從不間斷的呈現。

[14] 按：所謂「道德的人」是就已覺者上說，至於未覺者，只是其道德性未顯。

[15] 關於這樣的詮解，可參考林先生之說，他一方面肯定牟先生此一「圓善論」所具有的理論典範性：「護教的新儒家強調『圓善』可以視之為一心性修養及其實踐之『圓善』，此當然可以說不是一境界形態之圓善。如牟先生所言，此並非只一『縱者橫講』，以『詭譎的相即』而可彰著之；而是一『縱貫縱講』，必得經由仁體之創生性而建立」。不過，話鋒一轉，林先生亦點出這套理論構造，亦蘊含著一種隔絕於「生活世界」的可能傾向：「問題是：護教的新儒家並沒有如牟先生所談之仁體之創生性而進到『生活世界』之中，展開其理解、詮釋與批判，反而將『生活世界』收攝到『仁體之創生性』之中，渾化於『仁體之創生性』哲理之中。如此一來，生活世界之實在性自為彼等所忽視，歷史社會總體之實在性亦然」。林安梧：《牟宗三前後：當代新儒家哲學思想史論》，頁159。

[16] 對於牟先生「兩層存有論」的詮釋，可參考林先生在〈後新儒學的思考：對牟宗三「兩層存有論」的反思與「存有三態論」的確立〉的「一、牟宗三先生兩層存有論之構造」。林安梧：《牟宗三前後：當代新儒家哲學思想史論》，頁165-166。

換言之，通過牟先生這種「內在超越」式的心性之學，他把「心性主體」完全保全到「無執的存有界」中。[17]顯然，在牟先生「兩層存有論」的理境中，他得以滿足哲學上符合邏輯思辨的論證。不過，他這套講法是先預取了「道德的人」以立說，而不再考慮真實人生中「氣命」的種種局限性。牟先生是要在理論上、邏輯上，論證人普遍的道德必然性；在此前設的基礎上，再通過「自我坎陷」以開出「智性主體」。在邏輯上，前者優先於後者，而「自我坎陷」則成為了「智性主體」足以開出民主、科學的實踐理論。[18]

　　林先生一方面肯定牟先生「兩層存有論」的理論價值，以當代中國哲學史論，貞定其師門的學術價值。不過，他更要走出一條與牟先生哲學典範不同的路子，依林先生自述，此一條以整個「存有場域」為核心的哲思路徑，是與唐君毅先生的哲思理境更為接近的。在整個當代新儒學的哲思系譜中，林先生的學問可以直契其太老師熊十力的理境；熊十力哲學雖雄渾恢弘，因於時代與學力之限制，或有雜而不純之疵，故又須由熊先生而上溯於王船山哲學，方能貞定一圓融之哲思向度。依上，林先生為「後新儒學」的路向，定下了一條學術方法回溯的可能之途，他要由牟、唐兩先生所奠定的哲思典範，回溯到熊十力「體用一如」之學，再回溯到宋明理學中船山哲學「兩端而一致」式的「道論」傳統。[19]林先生這條「牟宗三－唐君毅－熊十力－王

---

[17] 關於此一將「心性主體」通過純粹化、形式化的哲思，以達到「形而上地保存和保證」的目的之思想史意義，可參考〈儒學革命的可能方向：上海復旦大學的講詞〉中的「五、牟宗三先生建立了『道德的形而上學』以克服心靈意識的危機」。林安梧：《儒學轉向：從「新儒學」到「後新儒學」的過渡》（臺北：臺灣學生書局，2006年），頁 183-184。

[18] 對於牟先生這套哲學進路之詮釋，見林師專文中「三、牟宗三先生強調良知學須經由客觀化的歷程於具體生活中展開」、「四、康德是『窮智見德』而牟宗三是『以德攝智』」和「五、『民主科學開出論』的『開出』是『超越的統攝』而非實際的發生」的相關節目。林安梧：《牟宗三前後：當代新儒家哲學思想史論》，頁 167-170。另，相關議題的專業研究，敬請參考許育嘉先生博士論文的成果。許育嘉：《實踐的智慧如何可能——以牟宗三為核心的當代儒學實踐問題研究》（臺北：國立臺灣師範大學博士論文，2011 年），頁 156。

[19] 關於「牟、唐、熊、王（船山）」的回溯之途，其核心論述見〈從「牟宗三」到「熊

船山」的回溯路徑，再一次展現了當代新儒學「返本開新」的旨要。「返本」非守舊，因其能「開新」；「開新」非遺舊，因其能「返本」。這是源於「返本」、「開新」乃道學大生命[20]中的一體之兩面，有此翕、闢之兩端方能成變，此兩端實又歸於一致。

　　依循文本詮釋的路徑，我們檢視林安梧先生早年的兩部代表作：《王船山人性史哲學之研究》和《存有・意識與實踐》，即可知「存有三態論」的根底與規模實發源於「青年林安梧」的時代。林氏在《存有・意識與實踐》〈第一章・前言〉中，即開宗明義的說：

> 作為一「活生生的實存而有」這樣的一個人，他必然的要在歷史社會總體與豐富的生活世界中開顯其自己，他是無所逃於天地之間的。[21]

所謂「活生生的實存而有」是林安梧哲學中的關鍵語，此亦即是「真存實感」之義。這裡須注意者，「真存實感」即是由人普遍的存在經驗出發；就其內在具有一「上遂於道」的意願與潛力，形之於外其「個體之意識」與「通體之境界」之間，亦以種種感性觸覺通貫為一個存在的整體。依宋明理學乃至熊十力哲學的語境言之，即一個通而為一的整「體」，顯現出種種「身心一如」的人類經驗。「真存實感」即是由人普遍的「身心一如」之經歷出發，一切所「未現」謂之「隱」，「隱而能現」；一切「已現」謂之

十力」在上溯「王船山」的哲學可能——後新儒學的思考向度〉一文。林安梧：《牟宗三前後：當代新儒家哲學思想史論》，頁181-201。

20　筆者主張，中華文化的「大生命觀」，足以作為貫通當代新儒學諸家的一個重要的觀念。在牟宗三回顧摯友唐君毅的名著〈哀悼唐君毅先生〉中，將唐先生描述為「文化意識宇宙中之巨人」，牟先生此一中華文化宇宙，是可以上溯到整個宋明理學的大傳統中來構成一種意義價值的共通體。這種講法，與其預取了一個場域性格的「大生命觀」密切相關。這當然亦是由中華文化「一體觀」的傳統衍生出來的觀念。牟宗三：《時代與感受》（臺北：鵝湖出版社，1995年），頁269-275。

21　林安梧：《存有・意識與實踐》，頁2。

「象」，「隱現成象」。[22]由此，此一存在的總體，由種種互為其根、涵混為一的生化現象而體現其自己。所謂「無所逃於天地之間」，即人類種種的齷齪暴行離此而不可能；反之，牟先生所強調的「心性主體」，就算定之為人類道德的必然性，無此亦可不必然。這即是何以，林師一再強調要從牟先生超克的「心性主體」，回歸到熊先生通體的「大化流行」。[23]在林先生看來，堅定「心性主體」雖要，但還要進一步回歸到一個更為根本的存在之源，只有在這一生機活發的存有之場域，才能安置此一「心性主體」。他描述了這種具有美感意味的回歸之途：

> 哲學也者，以其「活生生的實存而有」進到這個世界之中，這個世界迎向你，而你亦迎向這個世界，世界與你合成一個生機洋溢的開顯之場，存有於焉開顯。在存有的開顯、轉折、執定之中，亦因之而有扭曲與異化，經由人們這個「活生生的實存而有」與整個生活世界的互動與調適、創造，克服了異化，除去了扭曲，撥去了存有的遮蔽，開啟了存有的根源之門，終而使得存有自如其如的開顯其自己。[24]

以上的一段話，非常顯著的展現了「存有三態論」式的思考。由林先生這部經典之作，再回溯到其第一部代表作《王船山人性史哲學之研究》，其「存有三態論」式的思考，依然清晰可見。在林先生詮釋船山學「作為人性身分的人」時，曰：

22　此說，與林先生由「存有三態論」所轉出的存有詮釋學相應，見〈註釋的層級：道、意、象、構、言關於哲學解釋學的一些基礎性理解〉一文。林安梧：《人文學方法論：詮釋的存有學探源》，頁 133-161。

23　此說，見林先生〈從「牟宗三」到「熊十力」在上溯「王船山」的哲學可能——後新儒學的思考向度〉中「一、問題的緣起」所言，即可知。林安梧：《牟宗三前後：當代新儒家哲學思想史論》，頁 181-182。

24　林安梧：《存有‧意識與實踐》，頁 3。

> 作為人性身分的人並不是超然的化外之物，而是活生生有血有肉實存
> 於人間世的；正因如此，我們該當尋得人實存於人間世的歷史以為探
> 索之途徑。換言之，我們一方面把人間世的一切歸到它最根本的出
> 發點——人性，但另一方面則認為此最根本的出發點即在人間世之
> 中。[25]

在這段話中，呈現了「存有三態論」更原初的哲學模式——船山學式的「兩
端而一致」之理境。文中，講「人並不是超然的化外之物」即「通體」之
義，講「活生生有血有肉實存於人間世」即「真存實感」之義。人依於其通
體之「性」，真存實感的出發，以迎向歷史的時空場域；此種歷史之認識，
是不離於存有之全體，故人性、歷史實相即而為一。林先生在詮釋船山哲學
時，契入「人性－人間世」、「人性－歷史」這種場域性的思考，是其著重
於存有的總體性哲思之基石。由船山學「人性－歷史」此一「兩端而一致」
式的思考，再延伸到熊十力「體用不二」式的思考，林先生更清楚的發展出
——「存有一體彰顯，而涵三態」的哲思體系。

　　林安梧先生的哲學，正如其自述所言，其總體之規模，基本上在青年時
代經已發展完畢。在林先生投入臺灣大專院校任教的廿五年間，其十幾種著
作之所論，全繫於其碩、博論文中的理論基底。在當世的華文學界、華人哲
學界，像林先生如此深沉而漫長的理論綿延力，是相對罕見的。林先生這種
發展「存有三態論」的風格，與熊、唐、牟等「當代新儒學家」立一家之言
的進路極相似。可以肯定，林安梧「存有三態論」的發展歷程，是很「存有
三態論」式的，他在其哲思中所展現的核心性、對比性、意向性，更重要的
那種「真存實感」的「呈現」風格是極為顯著的。

---

[25] 林安梧：《王船山人性史哲學之研究》，頁 134。

三、「真存實感」之兩端而一致：
「存有三態論」與「文化治療」之對舉

林安梧先生此一「真存實感」契入學問境域的進路，「作為學問」一方面是內在真實感受之顯發，此指向心、指向仁；另一方面，又是學術話語建構所成就的論域，此指向身、指向智。顯然，此一「真存實感」之契入，即已具有兩端回蕩互涵的「意向性」在焉，且又渾然一如。在「真存實感」總體的參與進程中，我們內在常存的真實感受，此一指向全體的「意識主體」，是一切精神性提升的所依；其遭逢遮蔽，又會囿於物，而不能自拔。再者，與內在「意識主體」對揚的，是伴隨之而同時介入到生活世界中的「話語之構造」；在我們一體之展現中，內在的「意識主體」與外顯的「話語世界」，構成一種交相互映、互為涵攝的延續歷程。在任一人的個體經驗中，「意識主體」蘊涵於一「胎生」所成就的血肉之軀中；顯然，任一個體將拋擲到某一存有的時空區塊中，展現其個體的有限性。「意識主體」是在一「身心一如」生命成長中，展現其通向一體世界的向度；「意識主體」同時由「身軀的物質性」與「內在的精神性」所構成。所以，任一「意識主體」是受到血緣性的家族延續所支配的，乃至其遺傳基因（DNA）亦具有一定程度的必然決定性。在人類漫長的祖裔演進的歷程中，此一「身心一如」的血緣家族延續性，又和其所處於的「文明的話語」之構造，構成一種隱匿的互涵性。這兩端亦依於其相即不離的互涵性，構成一種不斷自我染執的可能場域，人類世界中的種種善、惡，皆是緣於此一具有「共業」意味的存有場域所轉化出來的。

於是，在林安梧先生這樣的存有觀之下，當他介入到學術的話語世界時，一方面必須建立一套說明這種存有觀的理論，即「存有三態論」；在另一端，他同時必須涉入到歷史性的文化場域中，去檢討文化現象的具體困境，即「文化治療」。縱觀林先生至今的所有著述，基本上可分成「存有三態論」和「文化治療」這兩大視域。林先生「存有三態論」和「文化治療」這兩種對舉的學問核心，正是源自其早年所構擬的「存有三態論」的哲思路

徑。

作為林先生兩部核心的築基之作，他在《王船山人性史哲學之研究》這部代表作中，釐清了船山學中「人性－歷史」兩端一致而相即不離的哲學模式。由首部代表作的基礎，林先生在博士班的階段，除了修讀哲學研究的專業課程，亦將自己的知識領域，擴展到人類學、社會學等人文社會科學的脈絡中，以益己思。到了撰寫《存有‧意識與實踐》這部經典之作，林先生已建構出擺脫以牟宗三「心性主體」為典範的「當代新儒學」傳統，而回到「當代新儒學」另一更寬廣的「存有之場域」的傳統。許多外人誤以為「後新儒學」是要揚棄與割斷其與「當代新儒學」的延續性。究其實，林先生「後新儒學」依然是來自「當代新儒學」傳統中固有的資源，他可以溯源於唐君毅哲學，直契入熊十力傳統，再回溯到宋明理學的「道論」傳統，其集大成者為王船山，實又可遙契遠在宋代的張載之學。

另外，牟先生在論學方面，雖以「心性主體」為宗主，不過在他整套的學問著述中，依然顯出極強的「真存實感」之氣息。這一點，在牟先生回顧性的自述文章中尤為清晰，如在《五十自述》[26]和〈熊十力先生追念會講話〉[27]，其中的「真存實感」皆可為讀者所體會。雖此，在牟先生哲思核心的文本中，這種「真存實感」的語境，幾乎被收攝到「心性主體」的理境中。當牟先生以「心性本體」為核心的模式，成為了其後學的典範，不經意的就造成了對更原初的「真存實感」之遺忘。林先生提出「後新儒學」的向度，正是要促成一次「當代新儒學」內部的「反本開新」之新契機，而主張「存有三態論」。如首節所示，林先生調適牟宗三哲學的進路，是採取「詮釋－批判」一致的方法[28]。他一方面消解了牟先生過於側重「心性主體」之弊；這非但不是取消掉「心性主體」，而是讓「心性主體」重新放置到一個

---

[26] 牟宗三：《五十自述》（臺北：鵝湖出版社，2014 年），頁 188。

[27] 牟宗三：《時代與感受》（臺北：鵝湖出版社，1995 年），頁 247-268。

[28] 按：故在寫《儒學革命論》之前，林先生於 1996 年已先寫出《當代新儒家哲學史論》，以便詮釋透徹，再展開批判。林安梧：《當代新儒家哲學史論》（臺北：文海基金會，1996 年），頁 226。

通體彰顯的存有之域中來重新詮釋。如此則牟先生與其師友輩的心性之學，
又重新獲得更全面和深刻的意義。倘若此言不錯，則「護教的新儒家」與
「批判的新儒家」之間，不見得是相互排斥的關係；實則這兩端可以相互合
作、融通，以增強整個「當代新儒學」陣營的理論深度。

　　林先生延續著其早年的兩部築基之作，在開顯「存有三態論」的部分，
他通過批判牟宗三哲學與「護教的新儒家」，以指出轉向「後新儒學」、
「批判的新儒家」的必要性。關於這種偏向建構「存有三態論」的後續研
究，出版於 1998 年的《儒學革命論：後新儒家哲學的問題向度》[29]堪稱立
作。這時，當代新儒學陣營已經踏入了「後牟宗三時代」（1995 年～），牟
宗三作為當代新儒家碩果僅存的哲學大師，其逝世即象徵著民國以降「保守
自由派」哲思陣營的全面凋零。在這樣的時代氛圍之下，作為此學派陣營的
少壯派人物，林安梧先生亦擔負起了學術轉化的思想工作。他將此轉進的運
動稱之「儒學革命」，其名謂雖烈，然其內在資源的部分，顯然還是通過再
次的「返本開新」以行其事。對於牟先生以「心性主體」為核心的典範性，
林先生的「儒學革命」無疑是要對之進行全面的瓦解與重構。[30]由於「儒學
革命」具有典範性轉移的實質意義，從該書之所論，亦可看出其議題性的明
顯轉移，林先生所論析的重點，已不再緊守師門學統，在「宋明理學」與
「康德－儒學」等方面的研究強項。在《儒學革命論》一書中，林先生詮釋
的向度，已調整為更側重於社會科學、文化人類學式的探討，而其重點在於
從「橫向」的種種文化個案之探析，收攝到一個「本體方法論」式的反思向
度，來加以檢討。[31]林先生的這場「儒學革命」，絕非驟然發生於牟先生逝
世之後「腥風血雨」式的「兵變」；畢竟這場溫和的「儒學革命」，其思維

---

[29] 林安梧：《儒學革命論：後新儒家哲學的問題向度》（臺北：臺灣學生書局，1998
　　年），頁 320。

[30] 對此，林先生標杆性的文章就是〈牟宗三之後──「護教的新儒家」與「批判的新儒
　　家」〉。林安梧：《儒學革命論：後新儒家哲學的問題向度》，頁 29-38。

[31] 如是書〈第三章〉、〈第四章〉、〈第五章〉、〈第六章〉、〈第八章〉和〈第十
　　章〉論述之基調。林安梧：《儒學革命論：後新儒家哲學的問題向度》，頁 320。

早在「青年林安梧」時代已醞釀多時。

在《儒學革命論》中的另一篇點睛之作，莫過於〈「革命」的孔子——熊十力儒學中的「孔子原型」〉[32]一文。林安梧先生所提倡的「儒學革命」，實是由「當代新儒家」內部的資源，再重新推出一種可能的嶄新向度；再者，他在理論上的內在轉化，在文辭上的溫和婉約，與其說這是一場革命，還不如將之視為積極的理論改革派。林先生「儒學革命」的動能，源自民國時代真正的革命家熊十力的傳統，熊十力「革命的孔子」是轉手於《春秋》公羊學的傳統。顯然，無論唐、牟、徐三氏，相當程度上忽略了熊十力經學上的哲思資源；尤其在牟先生的論著中，其當代的「對治相」太強，以致沒有太重視中華道學，更傳統的經典脈絡——「經學」本身。牟先生的學問確有處理經學的部分[33]，但又顯然不足。故當我們通過熊與唐、牟的比較，就會發現由於牟先生「心性主體」的核心性太強，連帶更為深廣的經學亦不經意的被其所遺忘了。

在《儒學革命論》之後，林安梧先生通過幾年的哲思發展與沉潛反思，於 2000 年由原任清華大學，轉任母系——臺師大國文系教授職之際，講出了《人文學方法論：詮釋的存有學探源》[34]一書。後來，此書在 2009 年於「臺灣學生書局」重新出版，更名為《中國人文詮釋學：「生活世界」與「意義詮釋」》。《中國人文詮釋學》一書的重要性，在於作為「存有三態論」詮釋方法的全面展示；用俗語說，這是林先生「存有三態論」的「武功秘笈」。在「儒學革命」的訴求與「存有三態論」的方法論皆表述清楚之後，林先生對於「當代新儒學」內部的批判體系已臻入完備之境；在後來的十多年內，林安梧先生將其「存有三態論」的典範之作與後續研討編成《儒學轉向：從「新儒學」到「後新儒學」的過渡》一書。至於林先生對當代新

---

[32] 林安梧：《儒學革命論：後新儒家哲學的問題向度》，頁 141-171。

[33] 按：牟先生青年時代著有《周易的自然哲學與道德函數》，後其門生又整理出《周易哲學演講錄》一書。

[34] 林安梧：《人文學方法論：詮釋的存有學探源》（臺北：讀冊文化事業公司，2003年），頁 384。

儒學陣營的「詮釋－批判」系列，則可參考晚近重編的《牟宗三前後：當代新儒家哲學思想史論》一書。

　　在林安梧先生的學術規模中，與其「存有三態論」這一哲思主體對揚的，還有以「文化治療」為核心的關懷面向。林先生是當代新儒學陣營中，極早處理在地化議題的臺灣儒者。在得獎代表作《王船山人性史哲學之研究》出版之後，林先生即寫出一部極具批判性的《臺灣、中國──邁向世界史》[35]。依此可知，林先生在其主張梳理並且迎向「存在歷史性」的船山學之推進下，馬上轉化成關懷「當即」歷史場域的文化議題之動能；這種關懷的延續，在若干年後又衍生出《臺灣‧解咒──克服「土奴意識」、建立「公民社會」》[36]一書。在梳理中國近現代思想史的面向，林先生在《中國近現代思想觀念史論》[37]中作了學理性的消化，為更進一步的批判作了準備。次年，林先生又整理出《契約、自由與歷史性思維》[38]一書，以消化西方哲學家、思想家的養分，並且將所得收攝於自家的哲學關懷之中。

　　林先生對於「文化治療－史論」式的關懷，最具體的表現在《道的錯置：中國政治思想的根本困結》一書中。筆者以為林先生「道的錯置論」是其「儒學革命」最重要的成果。「道的錯置論」是林先生通過「存有三態論」的哲學方法，透入到整個中國政治思想史的脈絡中[39]，來進行一種解構式的批判與重建式的治療。[40]顯然，林先生此一研究的進路，是導源於其

---

[35] 林安梧：《臺灣‧中國邁向世界史》（臺北：唐山出版社，1992 年），頁 138。

[36] 林安梧：《臺灣‧解咒──克服「主奴意識」、建立「公民社會」》（臺北：黎明文化事業股份有限公司，2003 年），頁 325。

[37] 林安梧：《中國近現代思想觀念史論》（臺北：臺灣學生書局，1995 年），頁 258。

[38] 林安梧：《契約、自由與歷史性思維》（臺北：幼獅文化事業公司，1996 年），頁 220。

[39] 關於「如何透入」方法路徑，參看〈導論：「道」的彰顯、遮蔽、錯置與治療之可能：後新儒家哲學之擬構──從「兩層存有論」到「存有三態論」〉。林安梧：《儒學革命論：後新儒家哲學的問題向度》，頁 1-36。

[40] 關於林先生研究此問題之意識，請參考是書〈序言〉所論。林安梧：《儒學革命論：後新儒家哲學的問題向度》，頁 I-VI。

「人性－歷史」兩端而一致的船山學思考。[41]何以「道的錯置論」是林安梧先生「儒學革命」最重要的成果？林先生將以君權為核心，所導生的權力異化，目為整個中華文化最核心而深層的「業力」。[42]此一「業力」異化之力量，已經大到連「道體」的意義亦被皇權所扭曲。[43]在客觀的歷史上，皇權對老百姓的權力宰制，尚有時空限制；惟當此一皇權的異化已經由政統，再深入道統、血統乃至學統之中，其扭曲、異化之毒性將會遺害千秋。故林先生「道的錯置論」所要做的是中華文化的終極治療，其所要「革」的則是一直潛藏在「儒學」，甚至浸潤入「儒學」內部那個「權力異化」的魔咒。

　　從整個中華文化「政治權力」結構的治療，回到林安梧先生「真存實感」由己而發這一端，對通體的「身心一如」之境，亦須說出一套「意義治療學」。我們可說，林先生的「意義治療學」是與其「存有三態論」、「道的錯置論」關聯在一起而長成的。從此一思想資源的溯源觀之，此一「意義治療學」，於近係由留美有成的臺哲傅偉勳先生（1933-1996），引進心理學大師維克多·傅朗克（Viktor Emil Frankl, 1905-1997）的理論而來；林先生與一眾新儒家則通過唐君毅哲學的詮釋進路，亦循得其近代中土的潛在源頭，實亦構成一種中、西比較哲學之潛在向度。[44]依據林先生所述，在當代新儒家

---

[41] 林先生在〈序言〉中自述：「……，在船山學『兩端而一致』淘洗下，逐漸長成了一『本體－發生學的方法論』（the methodology of onto-geneticanalysis）思維，對於船山學中的『人性』與『歷史性』的辯證性思維做了一番釐清」。林安梧：《儒學革命論：後新儒家哲學的問題向度》，頁 V。

[42] 此論以〈三論「道的錯置」：中國政治哲學的根本問題〉為要。林安梧：《儒學革命論：後新儒家哲學的問題向度》，頁 119-155。

[43] 此一異化的可能，據林先生的詮釋，是由「話語的可異化性」造成，在是文「『言業相隨』：業力的衍生」一節中，說：「6.知識、權力伴隨而生，言業相隨、相伴、相絞、相結，言已不再能如其形而定其形，言以其深沉之業而控其形、役其形，使形非其形、是所謂扭曲變形是也。……」。林安梧：《儒學革命論：後新儒家哲學的問題向度》，頁 18。

[44] 關於唐君毅先生與維克多·傅朗克「意義治療學」對比性的思考的進路，請參〈邁向儒家型意義治療學之建立——以唐君毅《人生之體驗續編》為核心的展開〉一文。林安梧：《中國宗教與意義治療》（臺北：文海學術思想研究發展文教基金會，1996

陣營中，以其學長曾昭旭教授和他本人分別指導過與「意義治療學」相關的碩、博士論文，已不下三十篇。略觀林先生全部學問，其「道的錯置論」與「意義治療學」之對舉，實構成一深刻之意趣。

「道的錯置論」是要契入到一個歷史的總體場域中，以全面的釋放出其蘊藏的文化之意義，再觀照通體之業力，試圖辨別個中的是是非非；這時，「意義治療學」的釐清與導入，即是要借助人類古聖先賢的智慧之源，逐步對應通體業力中之糾結，並意圖療癒之。無論「道的錯置論」或「意義治療學」，皆需共同指向此一歷史通體的業力之場；病痛固然在焉，其藥理亦在其中矣，其病其藥實已構連成一體，既是一通體的業力之場。若將「意義治療學」視為一治療之藥理，則此種種藥，並非獨立於歷史之中，而成一「藥之實體」；所謂藥者，用之分量適中，下之時空恰當，自然藥到病除，反之則成加病之毒也。存有通體的業力之場，以周濂溪《愛蓮說》為喻，周子「愛蓮」以其「出於污泥而不染」；但就通體而言，蓮花之淨與污泥之染，實相依而為一蓮花之生命體。究其實，蓮花於眼前的清淨貌，無其蓮藕、種子之染而不能成，清淨、污染實為一體也。若明白此理，則亦能明「道的錯置」之照明力，與「意義治療」之療癒力，實為治療之一體兩面。

承上，林安梧先生早在 1996 年，已將其「意義治療學」的相關研究，集成《中國宗教與意義治療》一書。幾年後，在 1999 年林先生的「治療學」亦轉向在地化的公共場域，寫出《臺灣文化治療——通識教育現象學引論》一書，後來又發展出《臺灣・解咒——克服「主奴意識」、建立「公民社會」》一書。林先生「治療學」又轉出《新道家與治療學——老子的智慧》[45]一書，其「新道家」之理解，是由「儒道同源而互補」的思想史背景而契入的。林先生運用「存有三態論」的進路，以詮釋《道德經》，從中而開顯出一種道家型之治療學。據林先生自述，他在這十幾年來，從以「老子」為核心的道家，得到了很深刻的治療學之體會。這既是何以「儒、道」

年），頁 115-137。

[45] 林安梧：《新道家與治療學——老子的智慧》（臺北：臺灣商務印書館，2006 年），頁 283。

需要「互補」，林先生所在乎的不是思想史上的論證；而是在其「真存實感」的體會中，僅講儒家的進路，不講道家的修為，實難逃存有業力之侵襲。

四、結語

本文與一般的論文寫法有異，蓋以業師林安梧先生「真存實感」式的進路，以「存有三態論」開顯的方式，來述「存有三態論」之學，方能更靠進林先生學問、人格之精神面貌。由青年時代開始，林先生便立志要做好「當代新儒家」的傳人，他一生最感念的，是在中學階段便引領他入門的儒者——蔡仁厚夫婦。鄙人隨林先生念書六年，深知先生未敢一日忘牟宗三先生、蔡仁厚夫婦之恩也。林先生醇厚之性情，遂衍成佈滿天下之桃李；他那些天南地北的學生，皆是受其真情的激盪而來學的。

在哲學的領域中，林先生雖力主「後新儒學」，但其極重「詮釋－批判」一致的進路；故「後新儒學」實為「當代新儒學」連續之一種發展。對此，本文回到林先生最早的兩部代表作——《王船山人性史哲學之研究》和《存有・意識與實踐》，即可見得其「存有三態論」的哲思根源。林先生「後新儒學」的思考，源於其青年時代的哲學基底，至於「道的錯置論」與「意義治療學」都是脫胎於此。林先生「存有三態論」真正與牟先生不同者，在於其哲學的契入點不同。當我們閱讀熊十力、唐君毅、牟宗三諸先生的文章，尤其是回憶性的文章，總是「真存實感」、活潑潑的。不過，在牟先生「兩層存有論」中，可能由於康德學氣息的牽引，而使其學說完全置於一種知識化的理境中。從客觀的論哲學的角度，實有其道理。但在中國哲學的傳統理境中，通體且「真存實感」的契入，是更原初的模式；牟先生先立乎一康德式的心性學，再回來判中國之三教，其氣味便難於相投。林先生的「存有三態論」，將牟先生以「心性主體」為核心的詮釋理路，調整為在一個通體的存有中「真存實感」式的契入，實帶動了「當代新儒學」典範性的轉移。

　　值得注意的是，林安梧先生這種典範式的轉移，並非一種暴力式的植入，他實又是醞釀於新儒家的傳統之中的，這是一「返本開新」的進路。這就是何以，他提出要由牟、唐而回到熊十力，再由熊而回到王船山，王船山實又可追溯到由張載所啟動的整個「道氣合一」的傳統，林先生將這一脈理學稱為「道論派」。另外，若做更深刻的釐清，其實林先生重「存有之場域」的「批判的新儒學」，與重「心性主體」的「護教的新儒學」，並非無協調的餘地。林先生批判「心性主體」，僅是不同意將「生活世界」收攝於「心性主體」之中；但，他並無取消掉「心性主體」。關於如何通過「心性主體」的貞定，而生長出一種道德的人格，實還需有待探討。

　　林安梧先生「真存實感」的契入到整個中華文化的歷史場域之中，一方面通過對王船山「兩端而一致」的詮釋，以及熊十力「體用不二」的詮釋，而轉出「存有三態論」，這裡頭蘊涵著一種本體方法論。林先生通過「存有三態論」的詮釋，契入到中華歷史中的業力之場，以照見「道的錯置」的糾結。另外，在「藥、毒一體」、「病、癒一體」的業力之場中，通過詮釋而尋得一套可能的「意義治療學」。

　　簡言之，林安梧先生由青年時代即構擬一套「存有三態論」式的哲學進路，開展至今已超過廿五年。林先生持論綿延力漫長而理論清晰，其所開展的學術論域亦極深廣，漸受中、西哲學界所重視。今鄙人試為之強作解人，略述林先生「存有三態論」之學術規模，旁及「真存實感」之種種見證，願聞者深諒而共體之。

從「生活世界」到「場域性主體」：
「存有三態論」內涵的現象學思路及其歷史定位

朱志學[*]

摘　要

　　世界，這看似尋常，實則層蘊邃密的概念，在「主體中心論者」眼中，一向只作為意識之對象，或一切對象之總和。然而，在現象學最精微的洞見裡，世界不是放在對象域裡被理解；它根本上就以一種不可界定的先在性構成了意識的存在背境；即此而言，現象學的根本凝視點聚焦於「理論化」與「科學化」之前「被預先給予的既有世界」（the pre-given world）；這世界涵泳著意識、孵育著意識，甚而在難以細察的綿密影響中，形構了意識的每一個理解活動與意義動向。這意味，不是主體決定了世界，而是世界決定了主體。當然，這兩個「世界」各有脈絡：前者是「對象化」思路所決定之「實體世界」；後者則是「現象學」思路所力求回返的「生活世界」。正是在這對比脈絡下，本文拉開了一個相對寬廣的「視域」，以期更相應地把握「存有三態論」在體系建構上有別先輩大師的殊勝理路；而後，就其相通於現象學底蘊的「後現代性」，重估其合理的歷史定位。

關鍵詞：存有三態論　現象學　視域　生活世界　主體中心論　場域性主體

---

[*]　東華大學中文系博士生。

一、前言

　　「存有三態論」是當代臺灣人文學者林安梧先生在 1993 年通過闡發熊十力體用哲學體系提出的理論建構。[1]1995 年，奮一生之力完成中國思想之「哲學化」工程[2]的牟宗三先生飄然謝世，作為他晚歲定論的「兩層存有論」體系，依然以其巨大的籠罩力主導著當代新儒學的根本視域。

　　毋庸諱言，在當代新儒學迂迴推進的歷史過程，兩個系出同源、一脈相承卻又分明在理論基點上各有立足處的哲學體系間，幾無可迴避地形成一種理論對峙的歷史張力；再加以「存有三態論」的提出者，正是長年親炙牟先生的及門弟子兼博士論文指導學生，不難想見，這一秉具強大儒學重構企圖的體系創構，在一向講究論資排輩、學脈傳承的華人學界，將招致多少的爭議與抨擊。然而，這些無關理論體系圓熟與否的學派恩怨，不是本文的論述重點，姑且懸置不論。我感興趣的是：自「存有三態論」正式提出迄今，近四分之一世紀過去了，或許，這段拉開二十餘年的「間隙」，正好為觀察者提供了一個相對而言更不染歷史煙硝味的凝視點，好讓後輩學人能更不帶成見地「回到理論自身」，以直視這在華人學界相對罕見的「範式轉移」過程所未及開抉的深邃意蘊。

二、問題的導出：
「主體中心論」的解構到「場域性主體」的提出

　　《周易‧文言傳》乾卦正文對儒者形象有一意態飽滿的刻畫。這形象具體而微地映照出本文據以展開的基源問題意識：

---

[1]　林安梧先生以為：在熊先生的體用哲學裡，顯然兼含了「縱貫的道德之創生」與「橫面的概念之執定」，是當代新儒學所開啟的基本模型。

[2]　借楊儒賓先生評語；參見楊儒賓、林安梧編：《地藏王手記：蔣年豐紀念集》（嘉義：佛光大學南華管理學院哲學研究所出版，1997 年），頁 83。

　　夫大人者，與天地合其德，與日月合其明，與四時合其序，與鬼神合
　　其吉凶。先天而天弗違，後天而奉天時，天且弗違，而況於人乎！況
　　於鬼神乎！[3]

這描述的不尋常在：它讓我們看見原始儒家嚮往的理想人格，是與「天地」
合其德，與「日月」合其明，與「四時」合其序，與「鬼神」合其吉凶。這
意義下的主體性，不是可以從周遭具體世界抽離之夐然孤絕的純粹意識，而
是渾涵天地、日月、四時、鬼神於一身的飽滿主體。前者是孤調而空乏的，
後者卻是被天地人我、具體時空、可見與不可見的整體形勢給包攏其中的主
體。這就看出某種與主體相即不離的場域性。這場域具有先在性，是場域決
定了主體的精神動向；若無場域先給出具體的存在情境，主體的動向也就杳
渺難尋、追躡無蹤。這宛若疊影般相依相生的連結，一如大海浮漚的意象；
每一道驚濤裂岸的潮浪，都離不開作為其存在根底的海洋本體。

　　顯然，「存有三態論」所標舉的主體性是「反主體中心論」的；而「以
識攝境」、「以心攝界」的「主體中心論」，正是牟先生「兩層存有論」所
凸顯的「一心開二門」體系所難以淡化的「唯心」色彩。在「一心開二門」
的體系裡，不涉「氣命」之心性主體作為超越意識、純粹意識或先驗意識的
性格太突出，這就縮減了圍攏主體的具體存在脈絡而將不可化約的情境性存
在給取消掉了！作為「兩層存有論」理論基礎之「智的直覺」，於此，遂成
了孤調自恃、淪喪血肉形軀、自絕於情境脈絡而與具體形勢支撐產生疏離的
主體。這意義下的主體，孤明獨發，卻不足以渾涵磅礴大氣以自立。與天地
合其德，與日月合其明，與四時合其序，與鬼神合其吉凶的大人氣象，遂去
道益遠，渺不可得。為了重新穩立原始儒家「渾涵大化流行於一身」以至
「上下與天地同流」的大人氣象，「存有三態論」藉著「境」、「識」並
舉，找回了不涉氣命的心性主體所遺落的「生活世界」；而「生活世界」、
以至由「生活世界」衍生出之「在世存有」，正是現象學的根本旨趣所在。

---

[3]　參見《周易‧文言傳》乾卦正文。

這意味，由「生活世界」走向「場域性主體」的精神動向，構成了我們連結「現象學」和「存有三態論」的核心線索，也是我們據以叩問「存有三態論」是否內蘊「現象學思路」的關鍵指標。這就決定了本文據以展開的方法進路：先從胡賽爾與海德格爾關涉現象學的根本洞見確認現象學的根本思路，再據此思路檢視「存有三態論」在相近視域下潛藏的現象學內蘊。為便於底下論述脈絡對「存有三態論」展開的隨文評點與理論檢視，我們先簡要點明「存有三態論」的「起手式」：

> 存有有三態，一是「存有的根源——X」，這是就其歸本於寂的「寂然不動」之體而說的，它具有無限可能性；二是「無執著性、未對象化的存有」，這是就其本體自如其如地開顯其自己而說的，它是一「感而遂通」所成的世界；三是「執著性、對象化的存有」，這是經由人心靈意識之執取作用所成的世界。從「存有的根源——X」自如其如的開顯而成一「無執著性、未對象化的存有」，這意指的是一縱貫的道德之創生；由「無執著性、未對象化的存有」轉而為一「執著性、對象化的存有」，這意指的是一橫面的概念之執定。[4]

三、從胡賽爾與海德格爾文本考察「生活世界」開啓的現象學思路

生活世界，這看似尋常卻意蘊深微的四字，在「存有三態論」的相關語境脈絡，以其出現頻率之高而顯得格外突出。在我理解，這概念在「存有三態論」的形構過程實具有舉足輕重的地位，只因，它是「兩層存有論」到「存有三態論」得以完成其理論過渡的義理支持點。

為確證「存有三態論」潛藏之現象學內蘊，本文的論述策略是：先勾勒「生活世界」在當代現象學思潮裡的原始出處（胡賽爾）及後續的流衍線索

---

[4] 林安梧：《存有、意識與實踐》（臺北：東大圖書公司，1993 年），頁 20。

（海德格爾），而後，自可據以對比「生活世界」在形構「存有三態論」所扮演的關鍵角色。

（一）胡賽爾現象學晚期的「生活世界」理論

生活世界（Lebenswelt），是猶太裔哲學家胡賽爾（Edmund Husserl）在自己學術生涯晚期提出的理論，從後續現象學思潮的流衍，返觀胡賽爾這一原始洞見，不難確認：由胡賽爾首先提出，而由海德格爾（Martin Heidegger）所承繼、推衍、轉化、盛發並在後續現象學運動中形成強大磁吸效應的「生活世界」理論，正是胡賽爾生平學術發展最決定性也最具總結性的成果。它推迫了現象學的轉向，甚而引導了西方思潮來到二十世紀最波瀾壯闊的「範式轉移」（Paradigm Shift）[5]歷程。底下，就讓我們通過胡賽爾的原始論述來把握「生活世界」這涵蘊深微的基本概念。

「生活世界」四字，若只停留在望文生義式的常識性理解，就算原封不動地復述出胡賽爾的定義，依然是無法深刻把握其諦義的。無論如何，胡賽爾既以生活世界（Lebenswelt）理論，總結他一生在哲學上的關懷與探索，這背後必有寄託深遠的寓意，有待後來者虛心叩問。

關於「生活世界」，胡賽爾切入的思考點是：作為科學探問對象的真實世界，無非是經過數據化、符號化、類型化的「抽象世界」。[6]他於此一念警策，透見在「抽象世界」和具體可感的「生活世界」間存在著一道「間隙」，這「間隙」逼顯了「認知」與「實存」之間的差異；這「差異」就凸出了現象學的核心課題：科學建構的「真理世界」所掩蓋的，是否正是被人們所忽略的「生活世界」？胡賽爾據此而進一步敏感意識到：歐洲文明漸趨蹈屬的科學化進程，實則遺患無窮：原來，人，在試圖窮盡科學真理的「實

5　庫恩（Thomas S. Kuhn）認為範式是指「特定的科學共同體從事某一類科學活動所必須遵循的公認的『模式』」，它包括共有的世界觀、基本理論、範例、方法、手段、標準等等。

6　依胡賽爾，「生活世界」具有認識論上的優先性。科學不僅在發生條件上起源於「生活世界」，而且「生活世界」是使科學活動成為可能的認識論的前提條件。

體化」思維中，不經心遺落了生機流溢（lived existence）的「生活世界」。胡賽爾所揭櫫的「生活世界」，正是通過與科學建構之「真理世界」的對比而從存有深淵處被召喚出來；他透過「生活世界」概念的提出，掘發了一個無待對象化、理論化、範疇化、因果化、類型化、課題化、抽象化即已自足於內的生命場域；這場域隱蔽於知識建構之前，卻每被層層相因的繁複知識建構活動所覆蓋並淹沒。不預可知，接任胡賽爾弗萊堡大學教席的後學海德格爾，對乃師思路自不陌生；胡賽爾這深富現象學意味的洞見，毫不意外地啟發了海德格爾日後在《存有與時間》裡對「存有的遺忘」所展開的綿密思考。

胡賽爾著名的現象學命題「回到事物本身」，至此，有了別開生面的意義綿延。這意味，如果要解決科學帶來的文明危機，就必須重新回返到我們原本即可於存在的「直接性」中，通過 lived existence 直下把握到的具體世界。簡言之——「回返到生活世界本身」[7]，並從中抵達「非實體化」的自我理解。

於是，他一手擘立之現象學的目標，悄然萌生了意義深遠的轉向；從早期聚焦於確定本質的研究（比如，知覺的本質、意識的本質），轉為「將本質重新放回存在」。[8]事實上，這充滿哲思火焰的核心洞見也為其弟子海德格爾所承繼並在傳世鉅著《存有與時間》中對老師給出的主旋律做出了燦爛奪目的精彩變奏。通過海德格爾立基同一思路的盛大闡發，生活世界，開啟了一條迥異往昔哲學範式的全新道路。

胡賽爾對「生活世界」的把握，尚不止此。在《笛卡兒的沈思》中，「生活世界」猶只是透過與科學世界的對比而逼出知識建構活動所不能觸及的場域；到了《歐洲科學的危機與先驗現象學》，胡賽爾又從「生活世界」延伸出另一向度的觀察，他靈思勃發地洞見：所有的對象都不只是一個孤離

---

[7]　在胡賽爾看來，以客觀真理自許的科學世界已經遠離了活生生的主觀的生活世界，從而必然陷入一種深沈的危機；而擺脫這種危機的唯一出路就是對「生活世界」進行反思。

[8]　參閱梅洛龐蒂：《知覺現象學》（北京：商務印書館，2001 年），頁 1-2。

於周圍關係的對象，這對象能夠被把握而成其為對象，是因為這對象連結著一個作為「理解平台」的「視域」（horizon）；這意味，一個物象或事件只能在放在一個脈絡性的整體關係中而得到理解並獲致其意義；這將物象或事件包攏其中的「關係」，就是「視域」。所以，所有的物象或事件都必然連結著一個「視域」。切開了「視域」，理解就「扁平化」為科學世界的認知活動；連結了「視域」，理解就進入一種知識建構活動所無法觸及的「深度世界」。這深度世界，就是「生活世界」。它是促使一切深度理解、特別是人文活動的深度詮釋所以可能達成的「理解的平台」。這就是作為「視域」的「生活世界」。它是胡賽爾為「生活世界」闡發的第二重奧蘊。

即此而言，正是「視域」這核心概念的提出，區別了科學家與現象學家的不同眼界。除非我們自甘於活在扁平化的科學世界，否則，一切浸沐於人文活動深蘊的理解，必然是「場域性的理解」，必然連結於一個通極域外而不受實體化知識所窄化的「生活世界」。底下，就讓我們透過胡賽爾的文本，畫龍點睛地勾勒出：「生活世界」如何以一種不可界定的先在性[9]構成了意識的存在背境[10]，並由此開啟了一種有別科學知識建構活動的「現象學理解」：

> There exists a fundamental difference between the way we are conscious of the world and the way we are conscious of the things or objects, though together the two make up an inseparable unity. Things, objects are given as being valid for us in each case but in principle only in such a way that we are conscious of them as things or objects within the world-horizon. Each one is something, "something of the world" of which we are constantly conscious as a horizon.[11]

---

[9]　此指「理論化」與「科學化」之前的「被預先給予的世界」（the pre-given world）。

[10]　此指作為「理解平台」的「視域」（horizon）。

[11]　Edmund Husserl, *The Crisis of European Sciences and Transcendental Phenomenology*, (Evanston: Northwestern University Press, 1970), p.143.

> 我們對「世界」的知覺，以及我們對「物件」或「物體」的知覺。這
> 兩件事之中，有一個根本性的差異。我們對物件或物體的知覺，若是
> 能成為一種有實效的知覺，則必然是在一種「世界之視域」（world-
> horizon）之內被知覺到的。每一個物件，都是「屬於這世界裡」的某
> 物件，由之我們才明白我們的知覺裡經常有此視域。[12]

這洞見顯示：實體化的世界之外，另有世界。亦即，實體，以及隱伏實體底
層而連結此實體的視域。前者是在特定理解模式[13]的介入下被建構的世界；
可是，在理論化介入之前，自有一潛伏於「實體化世界」底層並為其所覆蓋
的「非實體化世界」作為一切理解活動據以展開的「視域」。這「視域」亦
是世界的另一重面向，它作為一種「理解的平台」，於是，所有的理解活
動，所有指向每一個物象的知覺活動，都離不開這「理解的平台」，都離不
開這原初性的「world-horizon」作為一切理解所以可能的基底。不言可喻，
這基底，就是胡賽爾試圖予以揭露的「生活世界」。它蟄伏於「實體化世
界」的底層，而令一切實體得以成其為實體。

　　胡賽爾正是通過「視域」概念的提出，將隱蔽「實體化世界」底層的
「生活世界」給釋放出來。用我的描述來說：他洞見了世界的雙重性。一方
面，世界指涉著人類通過實體化思維所建構的一個「實體世界」，這實體世
界就顯現為人們以強大思維慣性委身其中的「常規世界」；人們對此「常規
世界」黏附如此之深，以致幾乎「遺忘」了在實體化思維介入之前，早已存
在一個「原初性」的既有世界（the pre-given world），作為我們「理解的平
台」，或說，作為一切理解活動所以可能的「視域」。

　　「生活世界」的核心意蘊就定位在這個原初性的「world-horizon」。它
是一切理解的源頭。更準確地說：它不是作為一個被「對象化」的「實體」
而被把握，亦非這「一切實體的總和」，而是作為把握一切現象的理解平台

---

[12] 參閱《環境與藝術期刊》第四期，魏光莒：〈「生活世界」——由「視域」理論到
「場域」理念〉譯文，頁18。

[13] 此如課題化、理論化的科學傳統思路。

或存在背境。這就是胡賽爾學術生涯晚期至關重要的哲學領悟：獨立於「實體化世界」以外的「生活世界」，才是決定我們一切理解活動得以展開的根本「視域」。

論析至此，我個人認為胡賽爾這洞見的絕大原創性就在於：他提出「視域」之概念，將理解活動通極於兩個世界之間。一端是經由對象化或概念化活動所決定的「實體化世界」；一端是「前理論」的「生活世界」。這就讓「世界的雙重性」在「知其所以然」的層次上，獲得了更細膩的把握與論證。

不可諱言，「存有三態論」並未能在「知其所以然」的層次，就「視域」與「生活世界」的內在連結提出相應的說明，可是就理論效應的結果而論，兩端的理論，卻是毫無睽隔的。我們看見胡賽爾擘分的兩重世界，貼切呼應著「存有三態論」從「存有的根源」、「存有的開顯」、一路下貫到「存有的執定」的根本思路。即此而言：那作為「存有三態論」核心底蘊之「生活世界」與胡賽爾現象學晚期開啟的理論線索，實潛在著微妙的深秘連結。

胡賽爾晚期現象學那看似尋常實則含蓄不盡深度的洞察，還具現在底下一段哲思筆記。若能有相應領會，自不難從中探得那綿密穿行於後續現象學思潮的主線脈絡：

> Even if I stop at perception, I still have the full consciousness of the thing, just as I already have it at the first glance.... Thus every perception has, "for consciousness," a horizon belonging to its object (i.e., whatever is meant in the perception).[14]

即使我不再去覺知某物件，我依然會對該物件有著完整的意識，就好

---

[14] Edmund Husserl, *The Crisis of European Sciences and Transcendental Phenomenology*, (Evanston: Northwestern University Press, 1970), p.158.

　　像是當我第一次看見它的時候對它的覺知意識是一樣的。……由此可知，對任何「知覺」而言，都會有某一個特定「視域」相隨於這個物件。[15]

所謂「不再去覺知某物件」，依「存有三態論」是離開「存有的執定」，而回返「境識俱泯」或「境識俱起而未分」的「前理論」狀態。此時，依然會對該物件有著完整的意識，這就是通極於「生活世界」的原初性「視域」。依胡賽爾，這「視域」始終須臾不離地相隨於「物件」。這裡邊隱涵的深意是，胡賽爾以此分判出兩個意識向度：「物象」自身，以及與物象如影相隨、不即不離，始終依繫於這物象的一個特定「視域」。科學研究失之扁平的理解視框（frame），遂藉此內具於「生活世界」的特定視域，讓一切理解活動擘開了兩個進向——

　　往前追索（此則相應佛法的迷相遺空），則趨近科學活動所尋求建構的真理，這意義下的真理觀，在乎的是作為知識對象的物象，這物象卻因遺落「生活世界」，而「化約」為單薄、浮淺、蒼白、扁平的「客觀真理」。

　　往後歸返（此則相應佛法的即色入空），遂找回無始以來遺忘的存有大地，而後即此繫屬於物象的視域（a horizon belonging to its object），召喚出一種自「生活世界」長養孕生的「主觀真理」。

　　以此觀之，現象學家的視角是後返的，是朝向「前理論」之存有根源敞開的，它甚而可以立基於存有根源而迸發出「原初倫理」的實踐動向。所以，扁平化的知識建構活動，不會是現象學家所關注的；對現象學家而言，隱蔽客觀知識背後的「生活世界」，才是「意義場域」之所在。當理解活動展開，現象學家「必須有能力停留在概念形成之前夠久，才能避免被語言蒙蔽」[16]，並自托庇深隱的存有大地[17]朗現一種不受框架[18]制約的直觀性洞

---

[15] 參閱《環境與藝術期刊》第四期，魏光莒：〈「生活世界」——由「視域」理論到「場域」理念〉譯文，頁18-19。

[16] 余德慧：《詮釋現象心理學》1998年版序言（臺北：心靈工坊文化，2001年），頁9。

察：「任何一個物件，在它所屬的『生活世界』裡，在其特定時空脈絡裡，它是如何被人所理解的？」[19]即此而言，「視域」不是人看到內容的 what，而是何以如此思維的 how。這深睿洞見預示了日後西方思潮的巨大轉向。實證主義式的發問：「什麼是真實的？」自此徹底轉化成另個層次的發問：「在什麼狀況條件之下，人們會將事情當作是真的？」

對比「存有三態論」觀之，科學家關心的是「對象」，也就是「存有的執定」下「執著性、對象化的存有」；現象學家關心的是「現象」，也就是「存有的開顯」下「無執著性、未對象化的存有」。

現象學家的根本凝視點所在，不在於通過將客體對象化以建構可類型化、數據化、實證化的客觀真理；他的凝視點回返於生活世界所蘊生的視域，他把握的真理是「非實體化」的主觀真理。主觀真理，與科學家所強調的客觀真理，看是對峙互斥，實則各自座落在不同的界域，未可相提並論。總之，眼界迥出眾流的現象學家獨能在「理論化」與「科學化」之前的「被預先給予的世界」（the pre-given world）看見肌理交疊、皺摺繁複、層蘊豐饒的真理性。這建立在「原初經驗」與「非實體化感知」的 the pre-given world，正是被「常規世界」給層層覆蓋而陷入隱蔽的「生活世界」。於是，我們就不難理解：為何在不同「生活世界」裡，會孕生出不同的理解態度與理解方式。[20]

這就意味，一切的認知主體，都不可能孤離於決定它的「視域」；也不可能自其獨屬的時空脈絡中切割出來。這意義下的主體，必然是歷史性的，也是場域性的。它命定只能孕生於形構它、滋養它的生活世界。析論至此，

---

[17] 案：此則隱喻「生活世界」。

[18] 包括一切限縮於客觀知識的預設、命題、概念、理論、意識型態，都是現象學家要解構的框架。

[19] 案：此提問節引自《環境與藝術期刊》第四期，魏光莒：〈「生活世界」：由「視域」理論到「場域」理念〉，頁19。

[20] 參見 Edmund Husserl, *The Crisis of European Sciences and Transcendental Phenomenology*, (Evanston: Northwestern University Press, 1970), p.145-149.

我們已可充分確認：

要求回到「生活世界」本身，並力圖直探「生活世界」底蘊的現象學，帶著其它哲學流派所難以望其項背的「縱深性格」，開啟了我們對人性深沉維度的進一步理解：

人，是「生活世界」所孕生的。

此則遙契莊子「魚相忘乎江湖，人相忘乎道術」[21]的妙悟。相對「實證主義」眼光下，一切都走向「實體化」的「常規世界」，那看似對科學眼光隱蔽自身卻始終伏流深遠的「生活世界」，卻鼓盪其來自「域外深淵」[22]的力量，導引了主體回溯那自存有根源處形塑自身的「視域」。即此而言，人，命定不是孤調、空頭的主體，只要回返實存的生命現場，他只能是「場域性的存有」。此亦無它，人永遠只能活在他的「生活世界」所賦予他的「理解視域」（horizon of understanding）之中，而且，不可須臾離也。[23]

（二）海德格爾承繼「生活世界」的「在世存有」概念

幾乎在相近的年月，出於同樣邃密入微的靈思，胡賽爾透過叩問「生活世界」所開展的學思脈絡，早為其高徒海德格爾所充分把握。事實上，海德格爾對其老師胡賽爾的現象學論述多所保留，不盡同意，卻獨於其「生活世界」概念看出驚人的美；他從中洞察出豐厚綿密的理論潛力，更在日後自鑄偉辭，經由傳世鉅作《存有與時間》做出盛大的闡發。

海德格爾經由《存有與時間》所提出的核心概念，正是「在世存有」

---

21 參見《莊子‧內篇‧大宗師》。

22 列維納斯 "Otherwise than being" 概念，於此亦形成巧妙的呼應。

23 魏光莒先生對內具於「生活世界」的「主觀真理」，契會獨深，茲轉引其對胡賽爾現象學的精闢結論，以為參照：「這種現象學哲學，可以開啟我們對『人』一種新而深入的理解：原來，我們是『生活世界』的一部分。我們的『視域』，是我們所處的『生活世界』所賦予的。我們無形之中，受到它的導引及被它賦予理解一切事務的『視域』。因此，我們是「屬於」這個『生活世界』的，我們是「屬於」我們所在的『地方』的。原來，人永遠是生存在他的世界所賦予他的『理解視域』（horizon of understanding）之中的。」同註18，頁20。

（Dasein, Being-in-the-world）。他首先確立世界的先在性；認為「世界性」
（Weltlichkeit）是人存有的基本特徵。這意味，在一切理解活動展開之前，世
界作為一種不可剝奪的呈現始終「已經存在」，也因此，現象學的思路就在
於如何重新找回人與世界的自然聯繫，以便最後給予世界一個「哲學地
位」。

　　我們且看海德格爾如何通過「非對象化」之思，從人的「被拋擲性」對
胡賽爾的「生活世界」做出迴環相扣的呼應。他首先洞見：人總是會發現自
身是被拋擲於某種具體的日常情境之中的。這情境，又必然涵攝於某種文化
與歷史的脈絡。以此觀之，海德格爾同樣是透過世界「具體的時空脈絡」去
把握人的存有。[24]

　　不同於笛卡兒以來「理性主義」傳統下的主體觀，這意義下的主體，只
是被從具體存在脈絡中抽離出來的「本質」，而後，依此孤調而空頭的「抽
象本質」作為「人的定義」。這主體顯然遺落了些什麼，人的「存在」，在
這種主體思路下，是不被面對的。何則？那不能被定義的直接性、那圍繞主
體而不能被簡化的發生情境、那在主體週遭構成「具體時空脈絡」的「意義
場域」，通通被抽離掉了。「理性主義」傳統設想的抽象主體，至此，遂無
可避免淪為一種虛擬的思維產物；在它逼近「本質」的努力中，卻渾然不
察：自己遺落的，正是生機盎然的存在性與作為一切理解基底的「生活世
界」。於是，主體孵育自「生活世界」的具體情境脈絡，被「縮減」並「化
約」為只剩純「工具性」或「功能性」的理性操作。可依海德格爾，人被認
為是「被拋擲」於特定時空場域而展開其生命歷程的「在世存有」。這意義
下的主體，是歷程性的，也是場域性的。即此而言，「在世存有」這全然呼
應胡賽爾「生活世界」的概念，徹底挑戰了西方理性主義傳統盤踞久遠的語
境霸權與思維範式。

　　依近代歐陸理性主義傳統，人作為與世界對峙的主體，被認為是與世界
無涉的。可海德格爾卻直指世界作為 the pre-given world 的先在性。依海德

---

[24]　孫周興編譯：《海德格爾選集》（上、下）（上海：三聯書店出版，1997），頁374。

格爾，主體無法獨立於世界之外而自恃能夠操作一種超然客觀的理性思維；事實上，被拋擲於特定時空條件與情境脈絡的主體，命定是「預先奠基於其所置身之世界」[25]的一種存有。這無可取消的世界性，正是本質主義者所迴避的「存在」。這就還原了主體的「場域性」，而凸顯主體必然受其置身場域之意義脈絡與價值動向的深鉅影響。用海德格爾自鑄的詞語說：主體必然是一種「在世存有」（Being-in-the-world）。這就呼應了胡賽爾晚期現象學經由「生活世界」概念展現的根本洞見：人的主體，本身就是一種場域性的存有。它從來就是與「生活世界」須臾不離的一種存有。

　　以此觀之，海德格爾在現象學家的身分外，同時被歸類為存在主義大師，不是沒道理的。我們從其「在世存有」的概念裡，看見人從「虛擬構作」的「絕對意識」或「理性主體」朝向「存在」的回歸，而作為 lived existence 的「存在」，原就內具於人與世界（the pre-given world）不可化約的原初關係裡。

四、存有三態論的現象學底蘊

　　從胡賽爾晚年轉向的「生活世界」到海德格爾寓意深致的「在世存有」，我們可以窺見，一種「場域性」的全新理解維度，如何顛覆西方「理性主義」學統並貫穿了師生二人的精神動向。事實上，也正是在這綿延相續的精神動向上，我們確認了現象學最根本的凝視點：人的所有經驗都內涵於一個通極於「生活世界」的「視域結構」作為存在的背境與一切理解的基底。這就讓西方學統自此埋下了「去主體中心化」的學思轉向。

　　以此觀之，同樣是拒斥夐然超絕的孤調主體；同樣傾向讓一切事物回返生活場域的時空境遇以理解其意義；同樣抗拒將活生生實存的「生命現場脈絡」簡化為特定「概念」，這就讓通過境識交涉之翕闢開闔以把握主體存在

---

[25]　孫周興編譯：《海德格爾選集》（上、下）（上海：三聯書店出版，1997），頁 36-44。

模態的「存有三態論」，在解構「理性主義魔咒」[26]後的中西思想會通上，展現了格外突出的相應性與對比性。對比過程中，互有攻錯，也互有融通，「存有三態論」的現象學底蘊，終不可掩。

當然，這樣的論證，前文雖已通過隨文評點的方式略作勾勒，可是，為達充分的確證，仍有待擷取更多相關「存有三態論」的文本論述，以供佐證。底下，請就《存有、意識與實踐》一書的核心思路，作進一步的理論檢視。

所云「存有三態論」者，簡言之，乃依隨熊十力先生為存在所區分的三個階層而名之曰「存有的三態」：其一是「境識俱泯、主客未分；存有的根源──X[27]」、其二是「境識俱起，主客不分；無執著性、未對象化前的存有」、其三是「境識俱起、主客已分；執著性、對象化了的存有」。這三態的區分，只是權說。三態雖各有所異，都是依於「存有的根源──X」而有的開展。所以，究極言之，從「存有的根源」一氣下貫到「存有的開顯」以至旁通橫攝於「存有的執定」，原是通極為一體的。[28]

這意義下的「存有三態論」，與現象學淵源何在？兩者之間，是否有共契的凝視點？顯然，文本中關涉「現象學」與「生活世界」的相關章句脈絡，會是證成本文論題的關鍵線索。

首先，「存有三態論」確能充分把握：

> 存有的問題始於實存，不是從「存有所以為存有」這樣的發問起點來探索存有，而是經由「活生生的實存而有」的方式，來探索存有。[29]

這種通過回溯本源以把握物相、事件、概念所以形成的「底蘊」，而不受

---

[26] 參閱陳曉林：《學術巨人與理性困境》（臺北：時報文化出版企業股份有限公司，1987 年），第十章〈理性困境與生活世界〉結語，頁 258-277。

[27] X 作為「前理論」的未定域，隱喻存有的根源所含藏的無限可能性。

[28] 林安梧：《存有、意識與實踐》（臺北：東大圖書公司，1993 年），頁 149。

[29] 林安梧：《存有、意識與實踐》（臺北：東大圖書公司，1993 年），頁 32。

「疏離於發生歷程」的扁平化定義所拘役的「非對象化」理解，正是典型的現象學思路。這就看出，兩造思路的特色都不在於追求一種「從存在趨近於本質」的概念化理解，相反地，他們拒絕「取消」在理性傳統裡不被正視的「存在」，事實上，他們理論構造的相應處，正在能跳脫這種「取消存在性」的實體化思維，並傾向讓過度趨於均質化而缺乏皺摺性的抽象「本質」給重新放回到生機流溢的「存在」脈絡。即此而言，兩造思路都共契一種「通過存在以把握現象」、而非「尋求本質而化約存在」的根本洞見。總之，他們默契的重點無非是：如何停留在「概念形成之前」夠久[30]，以豁醒「存有之所以為存有」的實體化思路所遺忘的「生活世界」。

　　其次，我們發現，在《存有、意識與實踐》的導論裡，「存有三態論」不只是作者要證成的命題，它甚至就是構造它自身的方法學。這顯示了「存有三態論」作為一種詮釋學的理論潛力。很有趣的對照是：「存有三態論」做為詮釋學的方法學效應，也呼應了現象學的風格。顯然，這不是偶然的巧合。因為，現象學展示自身的方式，正是通過「現象學」的態度與方法；遑論詮釋學的源頭，本就濫觴於現象學。[31]即此而言，「存有三態論」一如「現象學」，不只是作為被構造的理論，它就是蘊生自身的方法學。此則呼應作者所言：

> 哲學的研究必須建立在客觀的理解之上的，但所謂的客觀的理解並不是一死屍的解剖，並不是對象化的認知，而是全副生命的進入與經過，這是將作品與我人的生活世界渾成一體而作為吾人存在的基底（horizon of existence），此存在的基底同時即是吾人理解的基底（horizon of understanding）。或者，我們亦可以說這是由活生生的實存而有這樣具有主體能動性的人進到一世界中，而開啟了一活生生實存

---

[30]　余德慧：《詮釋現象心理學》1998 年版序言（臺北：心靈工坊文化，2001 年），頁9。

[31]　不論是海德格爾、高達美、呂格爾諸詮釋學大師，在開展其詮釋學論述時，處處俱見現象學的深沈紋跡。

> 而有的生活世界，即此生活世界作為吾人理解的基底。[32]

> 概念間架之所以成立，它是不脫離主體對於研究對象的探問，並不是研究對象具有什麼性質，而是經由你的探問才使得它的意義為之顯現。我們並不是去摹寫研究對象，而是去探問研究對象，這樣的探問必然是以整個生活世界作為其存在的基底，並以此作為其理解的基底，因之而開顯的。[33]

這兩段引言特出的地方在於：作者引用了幾個關鍵詞彙，不論是 horizon of existence、horizon of understanding 或「生活世界」等用語，都明顯是淵源自現象學的概念。箇中透出的理論線索，不言自明；其理論構造的靈感來源，顯然不獨來自自家文化慧命，更有取徑西方現象學之處，以作為熊十力體用哲學的借鏡與參照。

更有進者，作者強調「人是以整個生活世界作為其實存的基底，同時這樣的實存的基底也就是其理解與詮釋的基底。」如是洞見，亦渾然脫胎自現象學「回到生活世界本身」的根本思路。以此觀之，作者構造「存有三態論」體系時，以現象學作為對比性的參照視域，並於概念運用上多有借鏡之處，其跡殆不可掩。

這其中，最舉足輕重，且反覆出現於「存有三態論」語境中的核心概念，當屬「生活世界」一詞。依本文論題[34]之見，這四字，原就是「場域性主體」得以構作的理論前提，而「場域性主體」則是恢復原始儒家「上下與天地同流」之浩然大氣的必要條件。這概念既有如是分量，我們有必要進一步考察作者是在怎樣的意義脈絡下運用這概念的：

> 所謂的「生活世界」的「生活」一詞，更不只是一般所謂的生活而

---

[32] 林安梧：《存有、意識與實踐》（臺北：東大圖書公司，1993 年），頁 9。

[33] 林安梧：《存有、意識與實踐》（臺北：東大圖書公司，1993 年），頁 13。

[34] 案：從「生活世界」到「場域性主體」。

已。……我們在這裡所取的「生活」二字的意義，一方面指的是我們生活周遭所謂的生活，而另方面則是強調它必然通極於道、歸本於體而說的生活。生活世界指的是那有本有源、通極於道體，流行充周於上下四方、古往今來而成者，用司馬遷的話來說，它是「通古今之變，究天人之際」的。換言之，人之作為一個實存者（existence），他之為實存是以當下的生活感知，即此生活感知而上遂於道也，故此感知經驗非一般認識之經驗，而是一上遂於道的本體經驗，就此「活生生的實存」而說的任何一個「有」（存在／being），我們說其為「活生生的實存而有」。我們一旦這樣來理解所謂「活生生的實存而有」，便把人與整個生活世界關聯為一體。[35]

正因作者通過上文所把握的「生活世界」，是通極道體而回溯於存有本源的「前理論」場域，這意義脈絡下的理解，就與「諮知物外」[36]而以「意義性」和「深度感」見長[37]的現象學是不相違的。關鍵就在兩造思路所揭示的「生活世界」，只能是在解構並踰越「實體化」思維的認知框架後，方得有所把握。以此觀之，「存有三態論」所謂「有本有源、通極於道體，流行充周於上下四方、古往今來」的本體經驗，確與建構在「存有執定」的「常規世界」所隱蔽的「前理論」世界（the pre-given world）是相通的。事實上，也正是沿著同一理論脈絡，作者乃能順當地做出底下判教式的斷言：

　　筆者以為熊先生這樣的儒學已邁越了宋明新儒學，而進到所謂「當代

---

[35] 林安梧：《存有、意識與實踐》（臺北：東大圖書公司，1993 年），頁 18。

[36] 現象學的方法，原就是遊心於物「相」之外，並通過「前理論的未定域」以把握「現象」的思路。以其通極域外，而不受實體化思維拘役「一時一地」之的「物相」所框限。「存有三態論」作者，借司馬遷「通古今之變，究天人之際」互為印證，允為諦論。

[37] 蔣年豐：《地藏王手記》有云：「現象學以意義性與深度感見長，但至梅洛龐蒂達其巔峰。」參見楊儒賓、林安梧編：《地藏王手記：蔣年豐紀念集》（嘉義：佛光大學南華管理學院哲學研究所出版，1997 年），頁 59。

> 新儒學」，他真切地注意到了「生活世界」的重要性。……這麼一
> 來，我們可以說熊先生的哲學擺脫了以意識為中心的主體性哲學，而
> 開啟了一嶄新「活生生的實存而有」的存有哲學。[38]

好一句「他真切地注意到了生活世界的重要性。」筆者以為：正是這極具辨
識力的觀察指標，判別了熊、牟師徒二人所各自代表的理論方向。依前文脈
絡，這論斷自然是諦當的，此亦無它，作為「存有三態論」義理基點的「生
活世界」，正是與大化流行相偕而生的「場域性主體」得以確立的理論基
礎。以此觀之，形構「存有三態論」的根本凝視點，就體現在一種通過「生
活世界」來把握的「場域性主體」。這意義下的主體，既擺脫了以意識為中
心的「主體中心論」，也避開了「具體性誤置」的謬誤（fallacy of misplaced
concreteness）[39]，而找回了在概念思維的迷局下，不自覺被「往而不返」的實
體化思路給「化約」掉的「原初性」連結[40]；這深諳「物外」而得不昧於
「物相」的深秘連結所興發的存在感，必然只可能孕生於「非實體化」的世
界。即此而言，「存有三態論」義下的生活世界，就退藏於「非實體化」的
思路；其現象學底蘊，至此又得到進一步確證。

五、「存有三態論」的歷史定位

（一）論述策略與對比系統的確立

　　釐清「存有三態論」的現象學底蘊後，我們終於擁有一更具理論深度、
也更具歷史縱深性的寬廣視域來評估「存有三態論」置身當代漢語哲學語境
的歷史定位。為避免旁枝蔓衍過度，筆者的論述策略有二：

---

[38] 林安梧：《存有、意識與實踐》（臺北：東大圖書公司，1993 年），頁 23-24。

[39] 語出懷德海，意指將自然科學理論所描述「抽象事實」當作「具體的終極真實」。

[40] 按：此喻指那存在於人與「被遺忘的存有根源」（the pre-given world）間的原初性連
結。

　　首先，「存有三態論」出自「新儒家」牟宗三先生的及門弟子，弔詭的是，當「存有三態論」所挑戰的正是授業恩師所創構的理論典範，這及門弟子的身分，遂不免染上諸多無關理論圓熟度的意識形態干擾[41]。所以，師徒倫理、人情世故、學派恩怨、門戶之見，在此一律依現象學的起手式──「放入括弧」、「存而不論」，以杜絕理論標準外的人情因素，對歷史地位衡定所帶來的混淆。

　　其次，若一代大儒牟宗三在近當代漢語哲學語境的歷史地位已確乎其不可拔，那麼，只要筆者能確證「存有三態論」果真能在牟先生「兩層存有論」的理論範式外另闢新局；那麼，別說是大幅邁越，即令只勝個「一招半式」，只因過招對象是歷史定位已朗然不可移的大師級人物，在大師的巨大身影下，猶能提出自己「別開生面」的全新論述範式；依我看，僅憑此全新理解範式對「兩層存有論」所內蘊「主體中心論」傾向的「解構」，以及填補牟先生體系在現象學視域的「缺口」，「存有三態論」在「後牟宗三」時代的歷史地位已足可確立。

　　惟論者或當質疑：在牟先生理論範式的巨大籠罩下，猶精思競出，力圖自立新說的後出名家，何獨「存有三態論」作者？是否也該一併列入本文的參照群組，以強化歷史地位的對比性？此說不為無理。事實上，以筆者平日即多所留心並企圖以系列論文逐一論列評點的當代學界人物，除「存有三態論」理論構造者林安梧先生外，至少還涵賅了──臺灣學人史作檉先生晚期的「哲學人類學」、勞思光先生《中國哲學史》後關於當代哲學的晚期論述、蔣年豐先生的「地藏學派」體系、譚家哲先生的「詩文學」與系列儒學論述、余德慧先生的「宗教療癒學」與「詮釋現象心理學」、陳曉林先生的當代社會哲學論述，以至大陸學人張祥龍先生的「現象學儒學」、張志揚先生的「偶在論」以及關於「中國現代哲學」與「現代中國哲學」的辯證……這些傑出的思想工作者，有幾個共通點──首先，他們多學兼中西；對現象學的核心洞見，亦多能有相應之把握，並援以對勘中國思想；其次，他們都

---

[41]　諸如「背叛師門」等謗議。

有志於在學術上為中國思想找尋出路，甚而建構了各據勝義的論述體系。按理，大可收攝於本文，以求在更豐厚的對比基礎上凸顯「存有三態論」的獨出性與殊勝性。惟以論文結構而論，這原不是單篇「期刊論文」可以荷載並盡予消納的。因此，本文只宜定位為「以現象學問題意識」加以貫串之系列論文的探索起點；相關此問題意識的其他名家論述，只能留待異日，分文處理。

所幸，我並不認為，讓這群哲學名家暫予懸置，會有損本文結構的完整性。無它，「存有三態論」的問題意識，原剋就牟先生「兩層存有論」體系而發；這裡面有理論結構的對應性和問題意識的對應性。無怪乎，「存有三態論」作者所自覺聚焦並力圖有以突破的「對比系統」，不是其他哲學名家的論述，卻正是牟先生的「兩層存有論」體系；這當然是精心「篩選」過的對比對象，事實上，我們正可由此「篩選」看出作者過人的眼界。他不但問出了一個好問題，而且，他挑選了再恰當不過的對比對象，以利於全幅鋪展他所試圖回答的問題，並即此建立自己的理論體系。即此而言，對比系統的擇定與確立，既牽涉問題意識的對應性，筆者若擅作主張，蔓衍過度，反有離題之嫌；甚而不免在表述上，有失論文結構的緊實。所以，為顧及問題意識的對應性，本文的論述策略，正是要「去其支離」，將「存有三態論」的歷史定位，穩固建立在與牟先生「兩層存有論」的對比，而非建立在與當代哲學名家的對比。

至於歷史地位的衡定，原是在對比歷程中凸顯出來的。當對比系統已然確立，本文觀察的指標，乃能順當地輻輳在底下判準——若牟先生歷史地位已確然不可移，但凡在理論範式、概念構造或表述型態上，能有進於牟先生並自成一家之言者，其歷史地位，已自符合論述邏輯的有效性。

（二）從一場擦身而過的歷史對話說起

在中西比較哲學領域，有一場該當發生卻懸而未決的理論對話，竟無聲無息地給錯過了！對話兩端，我意指著：年代相近，且在當代中西哲學頂峰上各具指標性意義的兩個典範人物：海德格爾與牟宗三。在此，海德格爾代

表的不只是海德格爾一人，我藉他代表著當代西方哲學最具範式轉移（Paradigm Shift）意義的現象學傳統；牟宗三代表的亦不只是他個人，我藉他代表著完成中國思想哲學化工程[42]的「當代新儒家」學派。

眾所周知，牟先生在完成中國思想之「哲學化」工程裡，借重了一個極具典範性的理論架構作為對比系統，那就是康德的批判哲學。衡諸中國思想發展史，藉助「異文化」的激揚以重新抉發出自家文化內部積醞待發卻未及深拓的理論創發可能，本就是促成舊有哲學範式轉移的重大推進力量；漢文化之消融佛學以為自家的精神養分，即是一例。晚清民初以來，翻天覆地的歷史巨變中，再度推迫了中西文化全面的交遇與對話。一場千年一遇的歷史性遭逢，就在煙硝瀰漫的戰火與綿延數世代的歷史動亂中，召喚了全新哲學道路的開啟。從中，不難想見範式轉移過程中必然隱涵的文化衝突與個人安身立命的惶惑、撕裂與騷亂。可是，我們也見證了：一代又一代悲願無涯的先輩思想家在大時代裡留下的驚人努力。箇中牟先生融通康德批判哲學並發為磅礴鉅作以完成中國思想「哲學化」工程的學問踐履，在眾多先輩思想家裡，自是格外引人注目的成就。然而，這裡面卻隱涵著一個關鍵問題：

所謂消融康德以會通中西，當作為對比端的西方思想源流，僅通過康德作為參照座標，是否足以窮盡其全貌？這問題之所以需要迫切的正視，只因西方哲學有它自己獨立於其他文化的長遠發展脈絡；到了新說競出的二十世紀，它甚而因應自己過度向理智中心傾斜的實體化路線，特別是啟蒙運動以來，對理性失之樂觀的過度期待所衍生的「理性化」危機，展開了猛銳的自我批判。[43]

重點是，這波瀾壯闊的反省，大抵都是在「康德之後」才展開的，而海

---

[42] 楊儒賓、林安梧編：《地藏王手記》（嘉義：佛光大學南華管理學院哲學研究所出版，1997 年），頁 83。參見蔣年豐臨終遺作《地藏王手記》74 節結語所云：「透過近代幾個儒學大師的努力，儒家思想的哲學化工程已完成了。目前的工作反而是儒家思想的宗教化。哲學化是在與西方哲學的摩盪中完成的……」。

[43] 此如海德格爾在《人文主義書簡》裡批判：現代文明是一種由「人之現代性主體」來操縱一個完全「客體化」了的世界。

德格爾正是箇中「解構理性魔咒」[44]的指標性人物。就「範式轉移」的意義
而言，康德代表某個時代的終結，海德格爾則代表另一個新時代的開啟；繞
過海德格爾，要理解西方哲學史的完整面向，以至現象學興起後當代哲學的
關鍵轉向，注定是不可能的。偏偏，受限時代視域，也受限思想家個人學思
實踐聚焦的問題意識，牟先生恰恰就繞過了海德格爾所代表的現象學思潮。
事實上，倒不是牟先生從來不曾談過海德格爾，而是他顯然沒意願也無足夠
心力消化海德格爾，就如他曾鼓盪數十年之力從容細膩地消化康德一般。這
也是為什麼牟先生相關海德格爾留下的有限論述[45]，顯示他嚴重低估了海德
格爾在當代西洋哲學史現身的重大意義。這就讓他過度倚重康德思路以重構
中國哲學的巨大身影，在中西會通的更深可能性上，同時也留下了巨大的遮
蔽。

　　然而，海德格爾終究是不可繞過的。他代表著晚近西洋哲學史極具轉向
意義的重大指標，一言以蔽之，海德格爾從胡賽爾「純粹意識」離開，回到
「生活世界」中，而後從「生活世界」去探索存有的問題。此則梅洛龐蒂在
《知覺現象學》前言，以其眼界深銳的觀察所指出的洞見：

> 整部《存有與時間》並沒有越出胡賽爾的範圍，歸根結底，僅僅是對
> 「自然的世界」和「生活世界」的一種解釋。這些概念是胡賽爾在晚
> 年給予現象學的第一主題……[46]

更精確地說：海德格爾代表著承繼胡賽爾現象學晚期「生活世界」之洞見而

---

[44] 參閱陳曉林：《學術巨人與理性困境》（臺北：時報文化出版企業股份有限公司，
　　1987 年），第十章〈理性困境與生活世界〉結語，頁 258-277。

[45] 牟先生評論海德格爾有云：「海德格雖力圖建立其基本存有論，對於人這有限的存有
　　詳做存在的分析，然仍屬內在的存有論，雖不是雅里士多德與康德之知識論義的存有
　　論。他力斥『表象的思想』而想後退一步回到『根源的思想』，但終未透出，未達無
　　執的存有論之境，雖時有妙語，然終頭出頭沒，糾纏不已。」參見牟宗三：《圓善
　　論》（臺北：臺灣學生書局，1985 年），頁 339。

[46] 梅洛龐蒂：《知覺現象學》（北京：商務印書館，2001 年），頁 1-2。

全面展開的嶄新存有論思路：一種回返「生活世界」之「視域結構」以作為存在背境並以此展開一切理解活動的「詮釋學式的現象學」。這正是牟先生囿限時代視域所未及正視並有以回應的當代思潮轉向。

即此而言，牟先生與海德格爾擦身而過所留下的空白，成了一道有待填補的歷史遺缺。這意味，牟先生所未及完成的對話，召喚著後起學人予以補位，並在康德之後，完成另一意義脈絡下的中西會通。我以此思及史賓格勒在其《西方的沒落》序言透出的深遠凝視。他寫道：「只要這觀念為人瞭解之後，便無人能夠反對；而要了解這一觀念，我越來越認為，我們不應只著眼於這一個階段，而應放眼於整個思想史，並期待於新生的一代，因為新生的一代，天生就有能力做到這點。」[47]就某個深微的意義而言，牟先生對海德格爾的理解，受限特定歷史條件而留下了某種「視域的缺口」；但缺口不只是缺口，缺口召喚著更深沈的學術創發動力；「存有三態論」的適時出現，正是迎向這深沉召喚的時代迴響。

當然，在這融通、判釋的對比歷程裡頭，海德格爾代表的不只是海德格爾一人，他代表的是整個西方思潮在「解構理性魔咒」的大轉向裡頭，前後相續，蔚然成風的浩大思潮。流風所及，舉其犖犖大者，前承胡賽爾，下開梅洛龐蒂（Maurice Merleau-Ponty）、高達美（Hans-Georg Gadamer）、列維納斯（Emmanuel Lévinas）、呂格爾（Paul Ricoeur）、巴塔耶（Georges Bataille）、巴舍拉（Gaston Bachelard）、傅柯（Michel Foucault）、德勒茲（Gilles Louis René Deleuze）、德希達（Jacques Derrida）、謝勒（Max Schler）、後期維根斯坦（Ludwig Josef Johann Wittgenstein）、法蘭克福學派（Frankfurt School），以至存在主義（Existentialism）、後現代主義（Postmodernism）諸大師，莫不為其直透域外深淵的奇詭思路所籠罩。以之作為對比端，其牽連旁涉之廣，固非一人所能為力。所以，當我肯定「存有三態論」乃繼牟先生通過康德會通中西哲學之後格外豁人眼目的歷史迴響，我並不意味，「存有三態論」果真已致廣大而盡精微地全面消化了自胡賽爾、海德格爾以來的浩蕩現象學思潮的每一

---

[47] 史賓格勒：《西方的沒落》（臺北：遠流出版公司，1986 年），頁 27-28。

個細膩面向，而是恰如其分地論定：「存有三態論」所展現的理論重構企圖，若奠基於某一個決定性的理論靈感的話，這理論靈感有很大可能性正來自胡賽爾現象學晚期所提出而為海德格爾所承繼並盛大闡發的核心洞見：生活世界。即令作者自言「無意去比附當前西方現象學流派的某人或某派」[48]，可「存有三態論」在理論底蘊所決定之根本方向的把握上，卻與西方現象學思路若合符節而不宜輕易看過。

綜上所論，「存有三態論」確能充分把握：熊十力從「本體之顯現為現象」作為思考支點所涵具的現象學理路，而順理將熊十力體用哲學定位為「現象學式的本體學」[49]；更即此「體用顯微只是一機」的「非實體化思路」以及揚棄「主體中心論」的「場域性思路」，作出一項極具哲學史眼光的歷史判斷：

> 在某一個意義下，熊十力的哲學是前現代的，但這個前現代哲學的內容卻有著一個後現代的可能。相對而言，熊氏的高足——牟宗三則是現代的，他所採取的由批判而安立，他通過康德批判哲學的方式為中國哲學的重建立下了一個現代的規模，但這樣的一個規模是以超越的二分說為格局。[50]

正是在這歷史判斷上，作者論斷：

> 熊十力提出了一個極為重要的哲學模型——體用合一論，來作為哲學的原型。這樣一個哲學原型可以參與到當前的哲學舞台之上，成為中西哲學會通的一個要道。[51]

---

[48] 林安梧：《存有、意識與實踐》（臺北：東大圖書公司，1993 年），頁 57。
[49] 林安梧：《存有、意識與實踐》（臺北：東大圖書公司，1993 年），頁 32-33。
[50] 林安梧：《存有、意識與實踐》（臺北：東大圖書公司，1993 年），頁 26。
[51] 林安梧：《存有、意識與實踐》（臺北：東大圖書公司，1993 年），頁 25。

好一個「前現代哲學的內容卻有著一個後現代的可能。」依筆者觀察，若對當代西方哲學史蔚為大流的現象學轉向，缺乏相應理解的話，是給不出如是別出心裁卻又切中肯綮的歷史判斷的。確實，以現象學為濫觴而風起雲湧數十年的後現代思潮，其根本精神動向，確是聚焦於「解構」啟蒙運動以來的「理性化」魔咒[52]。

　　試問：當歷史的進程，推迫西方當代思潮毫不閃躲地正視自身理性傳統的危機，並據此展開波瀾壯闊的現象學與後現代思潮，當代漢語哲學語境，又焉能失語以對而自陷瘖啞？即此而言，「存有三態論」作者秉其敏銳過人的時代感受與歷史意識，既回應了牟先生遺留的理論缺陷（主體中心論），又補足了牟先生對應當代西學的理論缺口（現象學）；這就確立了「存有三態論」未可輕忽的理論貢獻與歷史定位。

六、結論

　　現象學思潮固繁複多端，但「生活世界」的意蘊，不管在名相上幾經變異流轉，就其「回到事物本身」或「回到存有根源」的根本動向而言，卻始終綿延流淌在每一個現象學家最深的默契裡。事實上，正是在扣緊「回到生活世界」並即此「生活世界」重構「場域性主體」的意義脈絡上，我窺見「存有三態論」確實跨越東西學統而相應地把握了通貫現象學思潮的根本凝視點，並即此凝視點完成了主體理論的過渡，亦即，從「主體中心論」轉向「場域性主體」。

　　如前文所言，這「場域性主體」，正是「渾涵大化流行於一身」以至「上下與天地同流」的原始儒家，得以磅礴自立的理論基點。這意味，原始儒家[53]早就蘊含「生活世界」的理論元素，只不過後世儒者，歧出漸多，睽隔日遠，不盡然都可以相應把握此遠古慧命並予以深切闡明罷了！即如牟宗

---

[52]　參閱陳曉林：《學術巨人與理性困境》（臺北：時報文化出版企業股份有限公司，1987年），第十章〈理性困境與生活世界〉結語，頁258-277。

[53]　事實上，原始道家又何嘗不是？

三先生，一代大儒，學貫中西，惟所貫於西學者，止於以胡賽爾、海德格爾前之康德學為結穴。對康德後之現象學思潮，固未及消納於自身體系；對早就內蘊於原始儒家的「生活世界」理論元素，亦未能如其先師熊十力先生給予充分之正視。這就決定了牟先生對原始儒家諦義最細緻處的把握，不免受「主體中心論」制約而有所偏離。即此而言，1996 年底，林安梧先生在第四屆當代新儒學國際會議嘗提出：「從某個『角度』來看，牟先生是當代最大的『別子為宗』。」[54]這語驚四座的判教式論斷，曾在學界惹來喧然大波，實則從「現象學」或「存有三態論」觀之，此論只是「如實」，固無足驚怪。關鍵還在：「我思」先行？還是「我在」先行？「我思」先行，就墮陷於「主體中心論」；「我在」先行，則回返「生活世界」渾涵長養的「場域性主體」而得不落主體相。筆者因據此總結：

就會通「當代儒學」與「原始儒家」而言——「存有三態論」所以能凌越「兩層存有論」而巍然自立者，關鍵惟在「存有三態論」比「兩層存有論」更能上溯[55]原始儒家自始就未嘗逸離的「生活世界」。這意味，就承繼遠古慧命而言，「存有三態論」秉其「去主體中心」的思路而代表了更純正的儒學本色。

就會通「中國哲學」與「西方哲學」而言，「兩層存有論」在中西會通上未盡之遺韻，實潛隱著理論重構的強大召喚；以「後新儒學」自期的「存有三態論」，則是循此召喚「應時而出」的歷史迴響。相較牟先生「理性化」性格猶自高張的「兩層存有論」，徹底揚棄「超越二分說」的「存有三態論」，確能通過其相應現象學底蘊的「場域性思路」，為「後康德」與「後牟宗三」年代，開出了中西哲學會通的另類思考可能[56]，也藉此補足漢

---

[54] 1996 年底，林安梧先生在鵝湖雜誌社所主辦之第四屆當代新儒學國際會議提出：「從某個『角度』來看，牟先生是當代最大的『別子為宗』。」一時，舉座譁然，謗議隨之。

[55] 是上溯，也是回返。

[56] 這思路，一言以蔽之：讓「我在先於我思」的場域性主體，取代「我思先於我在」的主體中心論。

語哲學語境對應現象學思潮的理論缺口。

　　綜上所析，無論是「會通中西」[57]，抑或「會通古今」[58]，「存有三態論」都比「兩層存有論」提供了更具詮釋力、更富深度感[59]、也更見開展性的「理解平台」[60]。「存有三態論」的歷史地位，正宜由此切入，才能予以恰當的把握。

---

[57] 「現象學」若比「康德學」更適宜作為「會通中西」的橋樑，「存有三態論」自遠比「兩層存有論」更適宜作為對接的理解平台。

[58] 依前文，「存有三態論」比「兩層存有論」更能上溯原始儒家的精義，並詮解其內涵。

[59] 蔣年豐《地藏王手記》有云：「現象學以意義性與深度感見長，但至梅洛龐蒂達其巔峰。」參見楊儒賓、林安梧編：《地藏王手記：蔣年豐紀念集》（嘉義：佛光大學南華管理學院哲學研究所出版，1997 年），頁 59。

[60] 依現象學，此則「生活世界」所長養孕生的「視域」。

走向生活世界的儒學
——從林安梧教授《論語》學思想談起

謝淑熙[*]

摘　要

　　林安梧教授是現代新儒家中一位出類拔萃的學者，以「走向生活世界的儒學」來詮釋《論語》一書，並指出《論語》與廿一世紀人類文明息息相關。點出「經典是一個生活世界」，而天地間所成的「生活世界亦正是一部經典」。林教授最喜歡的是《論語》書中，孔子與弟子、時人的「交談」，在從容的天地中，智慧的話語與人生的哲學，猶如源頭活水，反覆研讀之，就好像讓自己沐浴於此源頭活水之中，洗滌自家的身心靈魂，滋養自家的筋骨體魄，讓自己「人之生也直」的長養起來。本文首先簡介林安梧教授的學行述略，其次論述其《論語》學思想的特質，最後歸納其《論語》學思想的學術價值。在取材方面注重背景知識之探討，掌握林安梧教授《論語》學思想開展之歷史背景，蒐集有關《論語》學思想等方面之著作，以強化研究能力。本文引書中「走向生活世界的儒學」為主題，來介紹林教授《論語》學思想與學術價值及貢獻，以檢視一代新儒學大師的學術風範。

關鍵詞：林安梧教授　《論語》　孔子　儒學

[*]　臺北市立大學通識中心、臺灣海洋大學共同教育中心、新生醫專通識中心兼任助理教授。

一、前言

　　孔孟學說是儒家思想的主流,致廣大而盡精微,極高明而道中庸,放之則彌六合,卷之則退藏於密。悠遊涵泳於孔孟博大精深的經典,一則足以成為我們日常生活之典範,提昇人生之境界,淨化人們之心靈;一則足以創造文化生命,成為歷代聖王治理國家之圭臬。受業於林師安梧的門下,拜讀老師所著的《論語——走向生活世界的儒學》一書,所述《論語》是智慧的源頭活水,可以洗滌人的身心靈魂,滋養個人的筋骨體魄[1]。美國哲學家愛默生(Ralph Waldo Emerson, 1803-1882)說:「孔子不但是中國文化的重心,亦為世界民族的光榮,孔子的倫理道德和社會觀念,實為世界大同的象徵。」洵非虛言,孔子猶如一盞明燈,照亮中華文化,樹立了儒家人格世界最高的典範,使中華文化的長河源遠流長。

　　林老師所著《儒學革命論》一書,對《論語》一書有深入之探究,在第八章〈《論語》與廿一世紀人類文明——交談、啟示與文明治療〉中,指出《論語》是「交談的哲學」、「場所的哲學」,重視的是人之做為「活生生的實存而有」這樣的存在。在第九章〈走向生活世界的儒學——儒學、《論語》與交談〉,進一步指出「經典之為一生活世界」乃是「天地人交與為參贊的場域」,而此即是一切存有學、知識學、實踐學的基礎,實乃中國哲學最為重視、最為首出的智慧。[2]強調《論語》書中所闡述的哲理,是文化生命的充實和開顯,對儒家人文精神與全球化的重視,及對中國哲學之未來的交流、互動與展望等建言,精警透闢足以啟人深省。因此本文企盼在資訊科技發達的知識經濟時代裡,藉由林老師《論語》學思想的宣導,以發揮文化傳承的功能,發皇儒家學術思想,作為今後推展人文教育的指針。

---

[1]　參見林師安梧:《儒學革命論‧走向生活世界的儒學》(臺北:臺灣學生書局,1998年11月),頁221。

[2]　參見林師安梧:《儒學革命論》,頁175。

二、學行述略

　　林安梧教授，1957 年生，臺灣省臺中縣人。曾任臺灣師大國文系教授、清華大學通識教育中心教授兼主任、玄奘大學中文系教授暨經典詮釋學中心主任、南華大學哲學研究所所長、《思與言》主編、《鵝湖》月刊社社長。美國傅爾布萊德（Furbrighter）訪美學人、威斯康辛大學歷史系（麥迪遜校區）（Wisconsin University at Madison）訪問學人。曾獲得中央研究院所頒發年輕學者研究著作獎、行政院第一屆重要學術著作獎助、國科會獎項及計畫。現為慈濟大學宗教與文化研究所教授兼所長、臺灣元亨書院開院導師。

　　為何會走上文史哲這條學術道路，林老師追溯這段改變他一生志向的緣由，並且娓娓道來：

> 我之走向哲學研究，當然是因為我有興趣，1972 年我進入台中一中求學，當時的國文老師楊德英女士（也就是蔡仁厚先生的夫人）教授我們國文與中國文化基本教材。高一的國文課，楊老師教《論語》令我格外感動。她散發出文化的氣息，那傳統的深韻總在課堂上流動。她解《論語》，格外地明白。明白並不只是生活化而已，而是通過合適的概念性用語，後來，我才知道這合適的用語是她與蔡仁厚老師一起學習的，而這些用語最主要是來自牟宗三先生。就在這樣的因緣下，牟宗三先生的新儒學開啟了我對中國文化學習的向度。[3]

林老師國立臺灣師大國文系畢業，受到牟宗三先生的啟發，以及長期以來，堅持哲學必須是一種面對生活的存在思考。1982 年年初，林老師在當時的《中國論壇》發表了〈舊內聖的確開不出新外王〉、〈當代新儒家述評〉等文章，這樣的思考路向，使得林老師選擇進入臺大哲學所，深入探賾中國哲

---

[3]　參見謝淑熙：〈乾坤並建，體用一如——從「新儒學」到「後新儒學」的開啟者林安梧教授〉，林師慶彰主編：《當代臺灣經學人物》第一輯（臺北：萬卷樓圖書公司，2015 年 8 月），頁 202。

學與歷史社會的關聯，並在中西當代哲學的激盪下，逐漸陶鑄出一嶄新的哲學方法。

　　林老師學識的陶鑄與養成，除了師大國文系和臺大哲學所外，就是來自新儒家，追溯至大學時期，就參與了《鵝湖》月刊的編輯工作，並且長期親炙牟宗三先生門下。因而融攝了國文系、哲學所以及新儒家的精華，而自闢後新儒學的另一蹊徑。大體說來，師大國文系培育他閱讀古典文獻的能力；臺大哲學所引領他開啟西方哲學的視野，以及方法論的訓練；因此林老師雖出身新儒家，卻未受新儒家的講法所局限，反而產生新的思維，可以繼續向前思考。這方面的成績，初步體現在 1986 年寫定的碩士論文《王船山人性史哲學之研究》一書，該書隨即在 1987 年獲得首屆行政院學術著作獎，與旅加拿大哲學家黃秀璣教授並列，碩士論文而有此成績，殊亦難得極矣！林老師在該書中提出人性史哲學之存有觀與方法論，並以此展開人的存有結構與整個歷史社會總體的現象學式的闡釋。

　　談到學術研究方面，林老師表示會為真理負責，為智慧負責，繼續堅持真理的追求工作。面對青年學子，強調做學問有三種，端看你選擇的是插花、盆栽，或者種樹罷了。花團錦簇固然美麗，枝葉茂盛同樣令人激賞，但是要讓植物生命長久，並且擁有朝氣蓬勃的生產力，就要從觀念上、實踐上下苦功了。林老師這一番對後學懇切叮嚀的話語，值得大家省思。

　　林老師「學而不厭，誨人不倦」的精神，與著作等身的卓越成就，堪稱現代博學鴻儒，常令學生感佩不已。著作有《王船山人性史哲學之研究》、《存有、意識與實踐》、《中國近現代思想觀念史論》、《當代新儒家哲學史論》、《中國宗教與意義治療》、《儒學與中國傳統社會之哲學省察》、《人文學方法論：詮釋的存有學探源》、《道的錯置：中國政治思想的根本困結》、《儒學革命論》、《儒學轉向：從「新儒學」到「後新儒學」之過渡》、《儒家倫理與社會正義》等十餘部，以及專業學術論文 200 餘篇。再者，林老師對於民間書院講學之風，極為重視，曾以普通話及閩南語開講《四書》、《金剛經》、《易經》、《道德經》等，推動民間講學，不遺餘力！2006 年更協助王財貴教授成立全球讀經教育基金會，擔任基金會董

事。2008 年為傳承中華道統文化，創立臺灣元亨書院，推廣獎掖後學不遺餘力。[4]

三、林安梧教授《論語》學思想的特質

《論語》一書，是孔子借由與弟子們的交談、問答，在生命的交感中，在生活的扶持下，彼此的照應。進而經由經典的學習，歸返生命的根源，使學生有自覺有領會，有頓悟有驗證，在以文會友，以友輔仁的切磋琢磨之下，以開啟學生的德慧生命。[5]林老師傳承牟宗三先生的學問，進一步開啟了「後新儒學的思考」，對於《論語》一書以詮釋學思維來闡述「道」與「話語」以及「人」這三端的辯證關係，依序分別為「概括性的思考」、「對比性的思考」、「根源性的思考」「脈絡性的思考」、「貫通性的思考」。茲述林老師《論語》學思想的特質，如下：

（一）生活世界的表徵

林老師指出《論語》一書基本上是強調人與人之間、人與物之間、人與天之間的真存實感。其所只呈現的是非常人間性、非常合理性的生活世界；而這個「人間情理的合理性」是從家庭開始的。[6]茲舉《論語》書中文句為例：

> 有子曰：「……孝弟也者，其為仁之本與？」（〈學而〉）
> 子曰：「弟子入則孝，出則弟，謹而信，汎愛眾，而親仁。」（〈學而〉）

4　同上註，頁 204。
5　參見林師安梧：《論語──走向生活世界的儒學・序言》（臺北：明文書局，1995 年），頁 4。
6　參見林師安梧：《儒學革命論・《論語》與廿一世紀人類文明──交談、啟示與文明治療》，頁 188。

子曰：「主忠信。無友不如己者。過則勿憚改。」（〈學而〉）

曾子曰：「夫子之道，忠恕而已矣。」（〈里仁〉）

子曰：「言忠信，行篤敬，雖蠻貊之邦，行矣。」（〈衛靈公〉）

子曰：「其恕乎！己所不欲，勿施於人。」（〈衛靈公〉）

在《論語》書中，談家庭最重要的倫理就是「孝弟」之道，推而擴充之，在社會中就講「忠信」之道，或者「忠恕」之道。從親我家庭、到人我社會、到天地自然，一層層的舖展，人的整個生命有一個非常恰當的護養、長成過程。[7]所以林老師強調我讀《論語》，《論語》讀我，在世界中讀、在生活中讀，開啟的是身、是心，是自己生命中的感動，是社會人群中的真誠。[8]可見《論語》是生活世界的表徵，意義極為深遠。

（二）彰顯孝道的宗教觀

林老師提出「孝道的宗教觀」，就是對於父母的尊敬、奉侍起，一則溯源、再則推擴，而最後達於天地，也把「天地」當成父母一般。茲說明如下：

> 所謂的「天地」不只是自然現象的天地而已，人的生命是在一個人文的天地裏生活。而人文的天地，是古代的聖賢一代累積一代、一代傳一代，更進一步闡揚、開顯、創造它，而形成一個人文化成的價值天地。……父母是我們血緣生命的根源，而聖賢就是我們文化生命的根源，而天地是整個人活在大自然間的一個自然生命的形上根源；因此中國人談到「孝道」的時候，到最後是要通極於「父母、聖賢、天地」。……在《論語》書中，強調的「孝、弟」重點在家庭倫理；強調的「忠、信」重點在社會倫理。而儒家在終極關懷上可能發展出的

7　同上註，頁189。

8　參見林師安梧：《儒學革命論・走向生活世界的儒學》，頁222。

這個宗教型態，就是「孝道生命觀」體現下的宗教。[9]

林老師彰顯了「孝道的宗教觀」，並指出「孝」乃是對於生命根源的崇敬，「悌」是同此生命根源而落實之人間實踐也。[10]孔子很重視倫理道德，所謂倫理，就是孟子所說的五倫：「父子有親、君臣有義、夫婦有別、長幼有序、朋友有信。」（《孟子‧滕文公上》）和《禮記‧禮運》所說的十義：「父慈、子孝、兄良、弟弟、夫義、婦聽、長惠、幼順、君仁、臣忠。」這五倫和十義，必須憑藉禮教才能做得好，必須合禮才能名如其分，可見禮是調和人類倫理親情及社會道德的重要橋樑。就孝道而言，必須「生，事之以禮。死，葬之以禮，祭之以禮」（《論語‧為政篇》）說明為人子女事奉父母，要冬溫夏清、昏定晨省，使父母衣食無虞，身體健康快樂；對於喪葬、祭祀的事，要不違背禮節，盡到哀戚之情與虔誠之敬意，才算合乎孝道的真諦。

（三）交談性的經典

林老師指出《論語》是一部「交談性的經典」。交談、問答，此看雖簡易，而於孔老夫子之年代言之，此實一大突破也。「交談性的經典」強調的是聆聽者的開放而讓出場域，然後說者得以在此安居而有所開顯。[11]茲舉《論語》書中文句為例：

> 子路、曾晳、冉有、公西華侍坐。子曰：「以吾一日長乎爾，毋吾以也。居則曰：『不吾知也！』如或知爾，則何以哉？」……「點！爾何如？」鼓瑟希，鏗爾，舍瑟而作。對曰：「異乎三子者之撰。」子

9　參見林師安梧：《儒學革命論‧《論語》與廿一世紀人類文明——交談、啟示與文明治療》，頁 191-192。

10　同上註，《儒學革命論‧走向生活世界的儒學》，頁 223。

11　參見林師安梧：《儒學革命論‧《論語》與廿一世紀人類文明——交談、啟示與文明治療》，頁 177-178。

曰：「何傷乎？亦各言其志也。」曰：「莫春者，春服既成。冠者五六人，童子六七人，浴乎沂，風乎舞雩，詠而歸。」夫子喟然歎曰：「吾與點也！」三子者出，曾皙後。曾皙曰：「夫三子者之言何如？」子曰：「亦各言其志也已矣。」（〈先進〉）

孔子在休閒時，喜歡與弟子們閒話家常，傾聽弟子抒發個人的抱負，有一天子路、子貢，公西華侃侃而談自己的志向，當時正在一旁彈琴的曾點，也表明心志，描述出「浴乎沂，風乎舞雩，詠而歸」的情景，暮春三月，春暖花開，五六個成人與六七個童子結伴出遊，到沂水邊洗澡，到舞雩下乘涼，沐浴著溫暖的陽光，欣賞大自然的美景，然後大家一起唱著歌回家，這是一幅多麼吸引人的春遊畫面，顯現出安寧平和的世界，與孔子主張「仁」的道德情境相符合，因此孔子由衷的讚許曾點「澹泊以明志，寧靜以致遠」的人生境界。

在生命的交感中，在生活的扶持下，彼此的照應，進而經由典籍的學習，歸返生命的根源，此根源之所發，喜悅之情，何可言喻。再說，人之能自由往來，有覺有會、有悟有證，志同道合為朋，相輔以仁為友，人間至樂也。生命就在這樣的往來、悠遊中成長，人不再受束縛於原先的社會階層，而開啟了新的德慧生命，這時豈管人之知與不知，只是如其自身而已，縱若不知，亦只是哀憫而已，無有慍怒也。「交談」會讓自己變的清明，會讓自己變的寧靜，讓自己因為清明、寧靜而透露出自己的智慧。林老師詮釋《論語》是一部「交談性的經典」，精警透闢，耐人尋味。

四、林安梧教授《論語》學思想的學術價值

受業於林師安梧的門下，拜讀老師所著的《論語──走向生活世界的儒學》、《儒學革命論‧《論語》與廿一世紀人類文明──交談、啟示與文明治療》等書，序中所述《論語》是智慧的源頭活水，可以洗滌人的身心靈魂，滋養個人的筋骨體魄，令我心有戚戚焉。茲述林老師《論語》學思想的

學術價值，如下：

（一）詮釋方法論的谹顯

　　林老師指出「經典之為一生活世界」乃是一「天地人交與為參贊的場域」，而此即是一切存有學、知識學、實踐學的基礎，實乃中國哲學最為重視、最為首出的智慧，亦是一切「圓教」之可能基礎，根據牟宗三先生的詮釋，圓教除了是一龐大的哲學體系之外，它同時兼負教化的功能，是指導人類的生命與生活的原理，即，是構造一個使人可以得以安頓的生活軌轍，特別是實踐上的貫切與實現圓教的義理。[12]其次，則究「言」、「形」、「象」、「意」、「道」五者逐層，揭示一經典之詮釋方法論，以為此五者有其互動之交談與相會，彼既有平面的互動，復有縱面的昇進，此值得吾人注意。[13]茲舉《論語》一書中所呈顯的「詮釋方法論」的語句，如下：

> 「一言以蔽之」（〈為政篇〉）
>
> 「聞一以知二」、「聞一以知十」（〈公冶長篇〉）
>
> 「舉一隅以三隅反」（〈述而篇〉）
>
> 「吾道一以貫之」（〈里仁篇〉）

林老師指出上列語句隱含著極豐富的詮釋學思維，依序分別為「概括性的思考」、「對比性的思考」、「根源性的思考」、「脈絡性的思考」、「貫通性的思考」。這些詮釋學思維莫不關聯「道」與「話語」以及「人」這三端的辯證關。《論語》是一部走向生活世界的儒學，是為了生命的完成和智慧的彰顯，通過對話的方式，而作的一場交談性的經典，重點在人的內在德性之踐履，且由此盡己而盡人，盡物而知天；而在盡己與盡人的生命交談中，

---

[12] 參見牟宗三先生之《佛性與般若》（臺北：臺灣學生書局，1977 年）、《現象與物自身》（臺北：臺灣學生書局，1975 年）與《圓善論》（臺北：臺灣學生書局，1985 年）等巨著。

[13] 參見林師安梧：《儒學革命論‧儒學、《論語》與交談》，頁 199。

它強調的是聆聽者的開放而讓出場域，彼此互為一體，而產生「人文的智慧」。[14]「可見林老師以哲學觀點，勾勒出《論語》一書詮釋方法論的語句，頗有見地。

（二）走向生活世界的儒學

林老師指出我讀《論語》，《論語》讀我，在世界中讀、在生活中讀，開啟的是身、是心，是自己生命中的感動，是社會人群中的真誠。我只覺得「經典是一個生活世界」，是悠遊，是生活，是對談，而不是論辯，不是議論，不是言語。[15]茲說明如下：

> 「仁是生命的源頭活水」，此當在人間之生活世界開啟，此是具體的、實存的，此具體實存當以最切近之家庭開啟。唯有此家庭方可為「安宅」，亦唯有經此「安宅」而邁向一理想之途，是為「正路」。孟子云「仁者，人之安宅也」、「義者，人之正路也」，「仁」之做為「人之安宅」，「義」之做為「人之正路」，此是就本源而說，而落實言之，則家庭之為安宅也，此家庭之安宅，方為實踐仁之起點，即此起點亦是人之正路。此即所謂「仁之實，事親是也」、「義之實，從兄是也」。事親、從兄，此孝悌之事也。此「孝」乃是對於生命根源的崇敬，「悌」是同此生命根源而落實之人間實踐也。「孝悌乃是倫常日用的生息之所」，即此之謂也。[16]

由上述引文，可知展讀《論語》的篇卷，孔子所敘述的「仁」，包含孝弟、不巧言令色、克己復禮、對人恭敬……等美德，從為人子女孝順父母、友愛兄長做起，孝弟是行仁的根本，勉勵仁者要從根本下功夫；在言談舉止上，不說花言巧語、不以諂媚的態度待人處世；更重要的是沒有仁德之心的人，

---

[14] 同上註：〈《論語》與廿一世紀的人類文明──交談、啟示與文明治療〉，頁178。
[15] 參見林師安梧：《儒學革命論‧走向生活世界的儒學》，頁222。
[16] 同上註，頁223。

即使有高雅純正的禮樂教化，也無法改變他的言行修為，從《論語》中所述，可見仁教的精神義涵，是人與人、人與物、人與天之間，「存在的道德真實感」，經由孔子的開發與穩立而照亮了整個中國族群[17]，使得人間處處有溫情。

（三）建構中國文化的未來

　　中國文化的主流向以儒家思想為中心，要認識儒家思想，必先研讀孔孟學說。孔孟學說「致廣大而盡精微，極高明而道中庸」，是我國學術思想的主流，代表了中華民族最高的人生智慧。尤其是《論語》一書，記載著孔子豐富的人生體驗，孕育著深刻的人生哲學，所以成為垂教萬世的金科玉律及為人處世的典範。在《論語》一書的經典話語中，蘊涵著孔子的禮樂教育思想，傳承著瑰麗的儒家文化。

　　林老師語重心長的期勉大家：「研讀《論語》，孔子的生命就在他跟弟子的交談中呈現出來，悅樂之情亦由是而生。透顯出在生活世界中人跟人之間是真誠的以惻怛之誠相見，師生之間是以真實的情感來互動。孔子所提出這個『仁』來點化人與仁之間的禮文，其最重要的意義就在於它是我們生命的源頭活水，就是我們內在生命中的光明。我們今天重新來面對《論語》，重新來思考人類廿一世紀明未來，這裏應該有一些線索。我們現在去讀聖賢教養的經典並不是對古人的緬懷、也無關保守的復古，它其實是代表著一個由過去、現在而瞻望未來的『連續生命觀』的開啟。」[18]的確「天不生仲尼，萬古如長夜」[19]，至聖先師孔子猶如一顆彗星，照亮中華文化的前程，

17　參見林師安梧：〈儒家思想與成人教育——論孔子「仁教」哲學中的成人教育思想〉，《鵝湖月刊》第十九卷第十期（總號第二二六），頁4。

18　參見林師安梧：《儒學革命論・《論語》與廿一世紀人類文明》，頁196。

19　〔宋〕強幼安：《唐子西文錄》記載蜀道館舍壁間題一聯云：「天不生仲尼，萬古如長夜」，不知何人詩也。《唐子西文錄》一卷，是記錄北宋文學家唐庚論詩文之語錄的一卷書，為同時人強行父記述，《歷代詩話》、《螢雪軒叢書》均收輯。《四庫全書》收於集部詩文評類，書為語錄體。

開啟了我國私人講學的先河，奠定為人師表崇高的地位。中國文化的主流向以儒家思想為中心，要認識儒家思想，必先研讀孔孟學說。

唐君毅先生在〈為中國文化敬告世界人士宣言〉一文中也說：

> 如果中國文化不被了解，中國文化沒有將來，則這四分之一的人之生命與精神，將得不到正當的寄託和安頓；此不僅將來招來全人類在現實上的共同禍害，而且全人類之共同良心的負擔將永遠無法解除。[20]

這一番語重心長的話，猶如當頭棒喝，並且也肯定了中華文化的命脈，有如源頭活水，永不止息，中華文化必經得起考驗，而永放光芒。正說明了要改善庸俗、功利、貪婪等特質，為了挽救文化斷層的危機，就應該以人文精神喚起人的自覺，提昇人類的地位與價值。

五、結論

儒家思想是中華文化的主流，自孔子、孟子建立了完整體系以後，迄今已歷兩千餘年。在世界文化史上，一直居於重要地位。美國現代歷史哲學家杜蘭博士（DR. Will Durant）在他所著《Our Oriental Heritage》一書中說：「中國歷史可以孔子學說影響來撰述。孔子著述，經過歷代流傳，成為學校課本，所有兒童入學之後，即熟讀其書而領會之。此一古代聖哲的正道，幾乎滲透了全民族，使中國文化的強固，歷經外力入侵而巍然不墜；且使入侵者依其自身影響而作改造。即在今日，猶如往昔，欲療治任何民族因唯智教育以致道德墮落，個人及民族衰弱而產生的混亂，其有效之方，殆無過於使

---

[20] 〈文化宣言〉由唐君毅為總主筆，以牟宗三、徐復觀、張君勱、唐君毅四人的排名次序，聯名發表於《民主評論》1958 年元月號。唐君毅特意把自己的名字排在牟、徐、張之後，表現出儒者特有的謙抑。牟宗三、徐復觀、張君勱、唐君毅：〈為中國文化敬告世界人士宣言——我們對中國學術研究及中國文化與世界文化前途之共同認識〉，《民主評論》，卷 9 期 1（1958 年 1 月），頁 13。

全國青年接受孔子學說的薰陶。」這一段深中肯綮的言論，足以發深省，更證明孔孟學說中的倫理道德，的確具有新時代的意義。

　　《禮記‧曲禮篇》上說：「師嚴然後道尊，道尊然後民知教學。」師道的尊嚴，植基於此教師的敬業精神與專業素養。林老師語重心長的說明：「文化教養」須由具體情境的涵化而積漸以成，因此經典的詮釋除了理論的釐清更須要具體情境的豁顯，使人活生生的活在其中而涵化之、積漸之。再說，我所謂經典的詮釋並不祇指狹義的書本而已，其實藝術品及古典文物祇要它們是中國文化的結晶就算得上是經典，凡是經典便須得人們的詮釋。尤其像《論語》及《孟子》以對話方式寫成的言談紀錄，到處凸顯出所謂的具體情境，讓人讀之頗有神會其境，興致淋漓的感覺。[21]展閱歷史的長卷，可知中國數千年的教育思想，實以儒家的倫理道德思想為主流。孔子集三代學術思想的大成，奠定了儒家學說的理論基礎，而孔孟學說更是垂教萬世的金科玉律及為人處世的典範。林老師在大學講授《論語》課程外，並在《國文天地》期刊陸續發表解說《論語》篇章的文章，林老師以以豐富的學養及獨到的見解，剖析《論語》篇卷的文字深入淺出，寓意深遠，嘉惠士林學子，宣揚孔子學說，居功厥偉，有助於提昇儒教的功能。

---

[21] 參見林師安梧：《論語──走向生活世界的儒學》第二部〈對談與議辯〉二〈思想教育、文化教養及經典詮釋──對高級中學《中國文化基本教材》之基礎性反省〉，頁161。

林安梧的後新儒學與
儒學的新馬克思主義向度

賈承恩*

摘　要

　　牟宗三先生重構了心學的本體論及形上學，林安梧教授對後新儒學的構作是連著其對後新道家的研究而來。新的儒學問題不再是良知的自我坎陷開出知性主體，而是如實地面對公民社會及現代化的問題。公民社會中的實踐問題並不是揚棄性善論，而是指出吾人的道德理性能在現實中逐步具體化地參與公共論述。馬克思主義的主旨是如何使人返回本真的人，第一代新馬克思主義哲學家批判了理性化即是工具化，第二代新馬大師哈伯瑪斯運用當代心理學、人類學成果，指出道德發展的階段性及吾人行動標準與社會、文化、可普遍化原則的同一性連結。哈伯瑪斯之研究邏輯地拓深了康德的自律倫理學，指出倫理學之運用需經由吾人對語句的不同主謂分類，揭櫫哲學顯現於世的功能及責任。林安梧指出了當代臺灣現象須以慈悲化解業力，業力之化解需經由公民社會包容多元公開論述檢證，將語言之異化解構再建構，使物自如其如才能上遂於道、開啓天命。

關鍵詞：牟宗三　林安梧　後新儒學　新馬克思主義　哈伯瑪斯　溝通行動理　　　論　道德發展階段　語言反身性

---

*　耕莘健康管理專校全人教育中心兼任講師。

前　言

　　學者對當代新儒學的分期中，自第二期的牟宗三先生提出良知的自我坎陷成就知識系統，由理性的對列之局開出民主科學以來，新儒家在港臺之學者多繼承之，屢論象山、陽明心學的本體即是主體之理路為儒家正宗。然則，人終究是有限的存有者。孟子言「萬物皆備於我，反身而誠，樂莫大焉」，起點是直接對本心價值正面意義的之命題。爾後的象山、陽明，雖對心體、性體提出了形而上的直下設定，卻忽略或化約了實存之人的物質性及歷史性限制在道德實踐中形成的阻礙問題。

　　林安梧教授自研究王船山、熊十力之後，藉由懷德海（Alfred North Whitehead）具體性的誤置（Fallacy of Misplaced Concreteness）之啟發，提出中國政治根本困結在於「道的錯置」（misplaced Tao），並提出儒學分期之新概念理論。林教授並在對儒學與傳統中國社會之省察中，提出由咒術到解咒是二十一世紀後新儒學的理論轉出之路。

　　所謂咒術，指的是秘密的，直接的，不必經由一合理的歷程，只要經由此而觸及到源頭，即則能起一澈底的作用，發生全盤的效果[1]，以不需解釋的原始絕對力量契入無限。（此咒術思想其實源於人不斷超越自身有限性之企求，比如說某人若能遇到「貴人」便可創造新局。然則吾人也不可否認生命中美學的幽黯之力。[2]）牟宗三先生以象山、陽明本心即性的哲學詮釋學，是以逆格義方式由

---

[1]　林安梧：《儒學與中國傳統社會之哲學省察：以「血緣性縱貫軸」為核心的理解與詮釋》（上海：學林出版社，1998年），頁171-172。

[2]　劉滄龍教授之研究中以為莊子的美學是一身氣主體，道家不只是具備新儒家所理解的藝術精神自由的向度而已。劉滄龍引孟柯（Christoph Menke）闡引施萊格爾（Friedrich Schlegel）之理論，論證吾人在「力的美學化過程中」歷經了官能的逆向的反思的轉化。此官能能力來自主體的實踐，將美學中相互杜擷抗的感受回饋給自己。我們體驗美感時，實踐的主體隱涵著內的抵抗，在美學化與力的遊覽戲的施展中，力量才被解捆、被釋放。此一「幽黯之力」是來自於自身中的他者。見劉滄龍：〈自然與自由：莊子的主體與氣〉，《國立政治大學哲學學報》第三十五期（2016年1月），頁1-36。

理解康德（Immanuel Kant），而牟先生對中國哲學做的詮釋學，其內容上是一種費希特式之主觀的唯心論或主觀觀念論。

　　牟先三以象山、陽明的本心即性之論為正宗儒學，在系統理論下，心體即性體，絕對的良知為一切價值之形而上的根源，實踐的動力。其哲學家匠心建構理論的開拓之功實鉅偉。但是，綜觀牟宗三先生詮釋中國哲學的群書，對道體、誠體、仁體、本體幾個關鍵詞彙幾乎不曾作出清澈嚴格之概念界定。[3]因此其道德哲學的實踐動能有餘、針對現實之染污的對治工夫始終不足。

　　牟宗三先生面對二十世紀對中國文化意義價值的質疑，必須提出哲學直指心性價值之源自身的價值。氣質病痛、歷史業力及物質性（material）對實存生命之負面作用，是其理論殊少論述其具體解決之處。

　　林安梧先生認為，程朱、陸王作為知識份子的道統建構可以說是一種咒術，咒術一詞並非負面語彙，反而恰恰是哲學固有的問題，正如費希特（Johann Gottlieb Fichte）哲學的第一原理是德文大寫（德文名詞第一字母均為大寫，外國的研究者強調「大寫，用意在指出費希特的「我」是一普遍性、絕對化之心）的絕對自我（Ich/I），佛教不問生我之前我的意識存在於何處。今天儒學的問題，不能只是繼承傳統的原始儒學，蓋原始儒學生長的土壤乃是宗法社會、小農社會。而二十世紀以來，中國的現代化不但引進了生產方式的變

3　審查人之一對本句論述有不同意見，認為《心體與性體》（一）中的「綜論」已明言道體、誠體、性體、心體、仁體之不同意義。本人在此做二項概要的答覆：（一）牟宗三先生恰恰是巧妙地迴避在牟宗三先生對中國哲學詮釋中，道體是否與性體等同為一的問題。見李哲欣：《牟宗三先生朱子學詮釋系統的省察：以康德學為座標的探索與再議》（臺北：國立臺灣師範大學國文學系碩士論文，2010 年 5 月），頁 117-128。（二）若道體是實現之理，吾人之主觀心體即客觀性體即是即存有即活動之實體。恰恰也無法解釋每一個具道德理性之人都是無限者，在本體界無限者有無限多個的悖論。且本體界每一存有者皆是同一性之如相，恰恰也是吾人理智無法思惟之事。而本論文即是由世界中吾人他者之間的「差異性」做為林安梧與牟宗三理論開端問題的最大相異之處。在此感謝審查人一，審查人指出了原論文題目應改「馬克思主義」為「新馬克思主義」及論文之中、題目名稱中的英譯問題。

革，也引致了人的精神異化（alienation）及受新的技術宰制（domination）或官僚宰制的生命新問題。本論文即以馬克思主義及新馬克思學派的巨擘哈伯瑪斯溝通行動理論為主軸，論述新儒學之道德理性在社會實踐中的對列格局及人類學上的儒學向度。

一、馬克思與新法蘭克福學派論人的自由與解放

　　在林安梧教授《儒學革命論》撰寫的時代，正歷經了 1989 年蘇東波浪潮，共產主義國家除了中國大陸及越南、北韓、古巴……，幾乎全面被民主浪潮席捲而走下政治舞台。當年，資本主義似乎已藉著工會組織了勞工力量、及資方改善了勞工基本權益而證明馬克思的謬誤。在此，筆者僅概述馬克思的主張。而馬克思的辯證唯物論之研究，則是以經驗的觀察與分析，得出一種對人與人之間、人與社會之間異化關係的綜觀。由於馬克思提出，一俟人與其他人開始了相互來往，便已發生了生產關係。在不同的生產力和生產關係之間的中介是貨幣（Geld, money），貨幣作為中介不同物資商品等價物，流通於在資產階級的經濟體制下處於異已的生產者之外，成為獨立的客體世界。[4]資本家掌握住貨物的剩餘價值，勞工薪資只是其總成本中固定支出的一部分，為了創造更大的利潤，資本家需要投資金額在生產機器等非固定支出之上。[5]作為生產第一線的勞工最終須用長時間勞力換取的金錢才能購回他自身勞力活動生產出來的貨物。在資產階級社會中，普羅大眾被貨幣及貨物間新的流通模式異化成了物。馬克思由是針對黑格爾唯心論、提出完全相反的主張，不是人的意識決定人的存在，而是人的存在地位決定了他的意識。

　　林安梧教授認為，馬克思其實是將一神論（monotheism）的理想設置於歷

4　〔德〕馬克思著，劉瀟然譯：《政治經濟學批判大綱（草稿）》第五分冊（北京：人民出版社，1978 年），頁 189-190。

5　楊世雄：《馬克思的經濟哲學：中共的市場經濟》（臺北：五南圖書出版股份有限公司，2004 年），頁 51。

史的終點，用共產主義的人類在歷史未來的解放取代一神論彼岸的上帝，進而又成為另一種不可及的烏托邦彼岸。[6]但他已正視到人必經過不斷地與宰制的現實世界相鬥爭，才能成為真實的人（authentic man）。馬克思到底是否如某些研究者（例如 Roy Bhaskar）所言，與康德、黑格爾等哲學家僅是實踐上的無神論，而不是真實的無神論，不在本論文主題之內。值得注意的是，馬克思將一切價值化約（reduce）成勞動生產的問題，並二分思想型態及生產關係為「上層建築」與「下層建築」。亘古不變的是下層建築的經濟問題。林安梧教授認為，不論研究者如何區分馬克思思想為前、後兩期，自青年馬克思以來都難以避免著作中有獨裁化的傾向，前期的馬克思和後期馬克思的思想其實是一體的。[7]有言云道，凡具偉大之思想者必犯偉大的錯誤。馬克思犯的錯誤在於，天真地認為，社會的結構改變了，人類的解放也就達成，實踐了共產制度下按勞分配制度，人人便能共產社會中各盡其能、各取所需。這同樣是一種樂觀的、化約的唯物主義。馬克思、恩格斯終究是天才、而不是神。

　　筆者認為，馬克思為解決人的異化、物化而提出的計劃經濟的理想，實則是人類學與社會學中人作為人的自身同一性、與他者之間的差異性問題。歸根究柢，新馬克思主義的法蘭克福學派在二十世紀已正視到此問題，在霍克海默（Horkheimer, M）、阿多諾（Adorno, T W）二人共同撰寫《啟蒙的辯證》（*The Dialectic of Enlightenment*）之中，便將符號化視為人的自我否定（self negation）之路，書中藉由神話故事論述，理性從事之符號的命名終將化約一切存在者的差異性與特殊性，在現實世界中能得到勝利者之名稱實則是「No body」，理性在建構世界之時同時也在從事自我毀滅之路。

　　正如韋伯（Max Weber）的研究指出，近代笛卡爾提出「主體中心主義」原則以來，人類理性在對迷信的袪魅化（enchantment）過程在世俗化中反而使人類陷入了另一個鐵籠（iron cage）之中。人類其實被自然神論的科學主義

6　林安梧：《儒學革命論：後新儒家哲學的問題向度》（臺北：臺灣學生書局，1998年），頁126。

7　林安梧：《儒學革命論：後新儒家哲學的問題向度》，頁126。

和技術所宰制。林安梧教授指出，後新儒學的研究，應是讓物自如其如，使吾人在道德實踐歷程中的物質性問題得以概念性清晰地被釐清、重構。

本文將論述哈伯瑪斯的溝通行動理論，其中源於對康德道德哲學的繼承，又有社會、心理學、及認識論的內容為其哲學人類學的佐證，批判理論及溝通行動即為後新儒學所涵蘊的人類學及重建向度。當然，良知學講的實踐動力是在吾人情感的怵惕惻隱處立論。王陽明雖強調「範圍天下而不過」，卻對如何「曲成萬物而不遺」未做具體解決性的論述。天人物我之間氣的道德感通既可自其形而上的根源理據，吾人卻隨處可見，人在經驗之中受到分殊視域的限制而造成各式片面性意識型態、思行業力的累積、仇恨而阻塞真理在宇宙大全中朗現。做為中國哲學研究者的吾人，應如何把握新的現代詞彙，重新就經驗內容理解及或辯證地釐清並建構後新儒學的社會實踐向度呢？

二、透過溝通行動理性建立的公民社會可免除良知學獨白的套套絡基

林安梧教授提出後新儒學的時代由議題應討論外王到內聖的轉出，此構想不為護教派新儒學子弟所理解暨接受，周群振教授甚至批判林教授把心性之學之內聖的超越性理想置於外王之後，是放棄了自律道德的第一原理，絕不可能實現。[8]實則，放棄將一切歸之於第一原則的哲學建構者西方所在多有。周群振教授既誤解了林安梧思惟所面對的臺灣社會問題，又未理解到高達美之詮釋學循環的知識系統中的流傳物視域問題。吾人不妨借鏡於法蘭克福學派第二代的哈伯瑪斯對歷史唯物論的重建，其批判向度與建構向度絲毫不因此而造成理論系統的不完備性。

---

[8] 見周群振：〈與林安梧教授關於內聖外王問題的探討〉，《鵝湖月刊》，總第 355 期（2005 年 1 月），頁 13-19。

（一）哈伯瑪斯對歷史唯物論的重建是將主體哲學之經驗層次予以實現

　　哈伯瑪斯著作豐碩，本論文限於篇幅，暫以《重建歷史唯物主義》（或譯《重建歷史唯物論》）、《道德意識與溝通行動》兩書中的重要理論為與論述中心，以此連結到林安梧由外王到內聖的理論構作。[9]作為法蘭克福派學派的第二代代表，哈伯瑪斯踵繼了第一代霍克海默及阿多諾針對現代化工業社會加諸個人宰制、批判其宰制的批判進路，提出了對馬克思歷史唯物論的重建。哈氏所謂的重建（Rekonstruktion），是「把一種理論拆解（auseinandernehmen），用新的形式加以組構（dass man eine Theorie auseinandernimmt und in neuer Form wieder zusammensetzt），以便更好地達到這種理論所確立的目標」，「這是對待一種在某些地方需要修正、但是鼓舞人心的力量始終沒有枯竭的理論的一種正常態度」。被重建的先前之理論是有價值的，只是由於理論架系統有明顯的闕失，故需予以補充。[10]補充之後的理論能使原先的理論在今日社會脈絡中更加完備。蓋馬克思提出的人類解放主張之中，殊少論及規範之先驗及心靈的層次，他將康德的先驗哲學、黑格爾的觀念論轉為經驗的研究。馬克思對於個人的情感如何與社會中其他人和平地互存共融，則被化約到社會主義制度的實現之中。馬氏以為，在按勞分配的共產大同社會體制之下，人免於被企業主及商品世界所宰制，異化的人性便自動地成為大公無私之人。哈伯瑪斯對馬克思主義的重建，主要是就個體認識的發生及其與歷史社會間發展的知識學習、運用而參引了二十世紀諸語言學、心理學、倫理學大家之研究而匯流出自身理論的。

---

[9]　茲列舉哈伯瑪斯的代表作有：1963 年《理論與實踐》，1968 年《認識與旨趣》、《作為意識型態的技術與科學》，1976 年《關於歷史唯物主義的重建》、《什麼是普遍的言語符號論》，1981 年《溝通行動理論》1984 年《溝通行動理論的預備性研究及補充材料》等等。

[10]　尤爾根‧哈貝瑪斯（今多改譯為「哈伯瑪斯」）著，郭官義譯：〈導論：歷史唯物主義和規範結構的發展〉，《重建歷史唯物主義》（北京：社會科學文獻出版社，2000年 12 月），頁 1。

　　批判理論（Critical Theory）中所謂的批判，則包含有康德式的批判、與黑格爾式的批判二種內容。康德哲學謂之批判哲學，指的是對人類認識能力劃分界限，蓋康德之前的哲學家皆將思惟與存在之物等同而論證神的存在與實體概念。故康德的批判哲學擘分了理論理性與實踐理性在所管轄的領域上之差異。黑格爾哲學雖未以批判為名，但是其哲學發源地《精神現象學》實則是對人類精神史中各種意識型態的片面性、及虛假性做出批判。哈伯瑪斯的批判則是走康德式的進路，但他不滿於康、黑二人的意識哲學，觀念論哲學家僅在思想之中預設了人類理性與世界的和解（reconciliation）、及復歸。馬克思顛倒了黑格爾哲學的辯證觀念論，其辯證唯物論則認為，批判的武器不能代之以武器的批判。（馬克思《黑格爾法哲學導言》）蓋馬克思心中，黑格爾只是「在思想中」與世界達成和解，現實生活中人與人的疏離問題並未獲致改善，故馬氏主張要全世界無產階級聯合起來建立無剝削的共產主義世界。哈伯瑪斯反對馬克思視人類的社會歷史為一直線的、不可逆的發展，其歷史唯物論的重建則是改而將生產力的勞動、語言的溝通二者視為一包含群體與個體交互作用的學習發展結構。此結構是以文化做為發展性的生產力之知識庫，當社會的生產力出現衝突對立問題時，可藉由具學習能力的個體自己身已提昇的能力提出新的解決之道。

　　哈伯瑪斯在〈道德的自我發展和自我同一性〉一文，主要是廣地博閱當時社會學及心理學著作之後，提出吾人的行動中認識與道德的發展連續關係。他大力地贊揚皮亞傑（Jean Piaget）對兒童心理學的研究及柯伯格（Lawrance Kolhberg）的心理發展分期。皮亞傑認為，康德第一批判中的範疇、第二批判中的理性事實，是位於生長為成年人之最後階段才出現之成果。黑格爾、皮亞傑、哈伯瑪斯均認為，個人的認識與實踐能力之發展和群體的發展有同調的發生學結構。

　　個體發生過程上的自我發展概念，可根據認知、言辭、和行動的能力加以分析。認知、言辭、和互動的發展言三個面向得概括在一個統一的自我發展的概念下——自我是在區劃界限的系統中形成的，這種內在自然的主體性在它對可知覺的外在自然之客體性的關係中，在它對社會之規範性的關係

中，以及對語言之互為主體性的關係中，釐清了自己的界限。完成這種區劃界限的工作之後，自我知道它不僅做為主體性，而且總是已經（半先驗地）在認知、言辭、和互動三方面超出了主體性的範圍。[11]吾人的同一性是由出生到成年期在時間之中漸次昇進地開顯的，內在自然的同一性及外在自然的自我同一性基本上是由角色化及符號作為判準的中介系統。

柯伯格對個人由兒童到成人的道德意識發展分為六個階段。六個階段又可概合成三大層次：前傳統層次，傳統層次，後傳統層次。

前傳統層次中，兒童可以對文化準則及好惡做出反應，但是對外在行動做出的解釋如果不是根據後果或利益（懲罰、獎勵、互相幫助），就是根據制定準則者之實際力量。認識的前提是：具體性使用思惟。此層次可分二階段：

第一階段：懲罰與服從取向。其美好的生活觀念是：通過服從獲得最大限度的快樂。

第二階段：工具性的相對主義及享樂主義取向。美好的生活觀念是：通過等價交換獲得最大限度的快樂。

傳統層次中，保存家庭、群體、民族的前程根據個人的權利被認為是有價值的，而不問當下的後果。這種態度不僅是個人與社會秩序一致的態度，而是忠於此秩序的態度。（黑格爾所言之原始的和諧統一）在傳統層次中，所運用的認識前提也是具體性使用思惟。此層次又可分二個階段：

第三階段：好孩子取向。好的行為是採善男信女取向。好的行為就是取悅他人、幫助他人、滿足他人的需求，給他人好的印象。對行為好壞的取捨則是初次根據對方的意圖加以判斷——「他是好意」。一個人要通過成為好人以贏得他人的讚賞。

第四階段：法律與秩序取向。能適應權威、規則和社會秩序的維持。其正當的行動就是履行義務，履行義務就是表達對權威的尊敬，對權威

11　Jürgen Habermas, "Historical materialism and the Develop of Normative Structure", *Communication and Evolution of Society*, (Boston, Beacon Press, 1978), 100.

的尊敬具體表達即維持社會秩序。

後傳統層次，認識的前提是形式用思惟，是自律的，有主見的層次。人在這一層次想確立的是得到公認的道德價值和原則。建立主張道德原則的群體和個人的權威，保證個人對群體的認同。

第五階段：社會契約的律法主義。美好的生活觀是：公民的自由和社會福利。行的正當性是根據一般個人權利及經全社會批判檢驗並加以認可的標準。

第六階段：普遍的倫理原則取向。美好生活觀是：道德的自由。行為的正當性是根據自我選擇的道德原則相一致的良心的決定而得到確定的。這些道德原則是合乎邏輯完整性、具有普遍性和一致性。行動的原則是高度抽象的普遍原則，如：定言令式及倫理學上的金箴。在此階段中，人所判斷為美好生活觀的，是道德上的自由。

哈伯瑪斯又根據皮亞傑及柯伯格現成的心理學研究，將之修正，嘗試性地將自我發展的邏輯分之為四階段。

（一）共生（symbiotic）階段：尚未明確區分出主體、客體之界限。

（二）自我中心（egocentric）階段：主體客體業已分化，但判斷觀點是受到身體關聯限制的（body-bounded）。

（三）社會中心——客觀主義（sociocentric-objectivistic）階段：把環境區劃為物理的（自然的）和社會的，察覺到自己觀點的褊狹性。

（四）普遍主義（universal）階段：祛除了既有的主觀及獨斷態度，自我區劃的系統成為反思的。

由社會心理學的面向來看，自我發展的邏輯進程則是：

（一）自然同一性：依據時間的連續性與兒童的身體特點。自我行動的動力或原則是主觀的，性慾的，內在自然的。

（二）角色同一性：依據互為主體性的相互承認、及人際間穩定的期望。自我行為的原則是取得文化上的解釋為判斷的中心。

（三）自我同一性：依據個人建構生活史及整合其一貫性、解決衝突的能力。前此諸階段的判準即便是訴諸文化的解釋也不再是無庸置疑的了，自我

能對一切他者都能採用普遍主義原則的觀點，自我能超出族群、及個人主觀的利弊好惡之上，用互為主體性的視野去論證自己與他人行動的合理性與否。

自我同一性發展到青年人的最後階段中，道德意識是採取普遍主義觀點，面對需要解決的衝突時，個人能退居於角色之後，對前此各階段的行動所依據的準則已可以將之視之為值得懷疑的、成問題的、有待證成的。哈伯瑪斯雖繼承康德，但不以為實踐的真理是理性自我立法的定言令式而已。不同於康德嚴格的義務論倫理學，哈伯瑪斯認為，正是通過語言的命題分化及反覆論辯，道德命題的互為主體性才獲得能被證成的客觀化，一切行動正當與否的論述才不致於重蹈主體哲學僅在思惟通透地掌握一切知識、在思惟中達到人與世界由破裂、對立而和解的唯心路線。

哈伯瑪斯在〈道德的發展和自我同一性〉一文中，即由柯伯格的研究成果出發，將人類道德不同階段的不同判準、及其在時間性由自然人成長為理性對話者的結構整理，畫出兩張表格。其一是溝通行動的普遍結構暨角色能力的普遍性結構表，其二是道德能力和道德意識階段表。茲將道德能力和道德意識階段表重述如下：[12]

年齡階段	交往水平		相互要求	道德意識的階段	美好生活的觀念	公認的領域	哲學的重建	年齡階段
I	行為和行為後果	普通的興趣及無興趣	不完備的相要要求	1	通過服從來獲取最大的快樂及避免不快樂　　　　　自然環境			

---

12 哈伯瑪斯：〈道德的發展和自我同一性〉，《重建歷史唯物主義》（北京：社會科學文獻出版社，2000 年），頁79。

			完備的相互性	2	通過等價物的交換來獲得最大的快樂及避免不快樂	和社會環境	素樸的享樂主義	IIa
II	角色	用文化解釋的需求（具體的義務）	不完備的相互性	3	主要群體的具體倫理	主要的標準人的群體		
	規範系統			4	次要群體的具體倫理	政治社團的成員	具體的制度思惟	IIb
III	法則	全面的興趣或無興趣	完備的相互性	5	公民的自由和社會福利	所有享有共同權利的人	理性的自然法	
		全面的義務		6	道德自由	所有不參加社會組織的人	形式主義的倫理學	
		需求的解釋		7	道德自由和政治自由	作為假想底世界性底社會的所有成員	全面的語言倫理學（案：即對話倫理學）	III

　　哈伯瑪斯認為，只有到了能以形式性思惟為判準的青年人階段，才能由實踐理性發出可客觀化為普遍法則的定言令式，然而哈伯瑪斯認為康德形式倫理學尚有不足，此由於沒有充分開展人類命題的條件。哈氏強調語言的反身性功能的運用能開展了對話各方面之間的互為主體之結構。

　　哈伯瑪斯認為，語言的功能是：

> 透過語言而建立的互為主體的結構……乃是社會體系和（通過社會化而形成的）人格體系的條件，社會體系可以被作溝通行動的網絡；人格體系則可由言說和行動能力來觀照。如果就其一般待徵著眼，來考量

社會制度化和社會化個人的行動能力，那就會面臨到相同的（通過語言而建立的）互為主體的結構。[13]

　　溝通能力指的是，在溝通中，做為一參與者的言說主體，除了文法能力外，必須具備「言辭和符號的基本資才（qualification）」。這是指由理想化角度觀之，說話者有駕馭、嫻熟於（master）理想溝通情境（ideal speech situation），有能排除溝通的障礙的才能。雖說理想溝通情境只能被預期，而溝通能力的話說話者不一定能現實中建立此情境。此情境是作為吾人考察、批判現實溝通內容的尺度而需設置的。[14]

　　哈伯瑪斯在〈論系統扭曲的溝通一文〉中，便將語言溝通分為兩層次。(一)經驗——指涉的層次（empirical-referential level）。(二)溝通的自我顯示的層次（communicative-self-disclosing level）。(一)在經驗——指涉層次中，語言的分析使用容許吾人將對象同一化，將對象的特殊性給範疇化、將元素（element）分類。(二)在溝通的自我顯示的層次中，語言的反身性使用（reflexive use）使言說主體和社群之間確保了個人與個人間彼此承認的相互關係。而相互理解的互為主體性，也就在語言關係中發展並加以維繫，自我同一性在此得到了保證。

　　所謂的互為主體性，是指「這種存在於我、你、我們之間的關係，只是依據一種分析得來的吊詭（paradox）的成就而建立的：說話者使他們自己同時扮演了兩個不同的對話角色，由此來確保自我同一性及社群同一性，對他人的關係中，自我主張了他與對方絕對非同一性；然而，只要每一方都承認對方是一個自我，也就是說，一個可以把對方指述為『我』的、不可任意替代的個體，那麼，雙方又承認了彼此的同一性。再者，這種聯繫雙方相同性因素（我們），一種集體性，對其他群體時又主張了它自身的個別性。……

---

[13] Jüirgen Habermas, *"Communication and Evolution of Society"*, (Boston, Beacon Press, 1978), 98-99.

[14] 羅曉南：《哈伯瑪斯對歷史唯物論的重建》（臺北：遠流出版事業股份有限公司，1991 年），頁 139。

在個人與個人之間建立的吊詭關係，同樣也互為主體聯繫之集體的這個層次建立起來了。」[15]

　　哈伯瑪斯依奧斯汀（J. L. Austin）的語言學研究，區分語言的使用為意思要素及命題要素二層次。通過意思要素，說話者與聽話者可達到彼此了解；通過以意思要素為基礎的命題要素之中，雙方可傳遞某些訊息。只能使用手勢、符號而無法運用語言的動物如靈長類動物，由於沒有命題分化的言辭能力，即便具有象徵性的相互作用，亦無法獲致語言中其語義邏輯命題的假設語句之運用，故無法以觀察者觀點退居參與者之幕後，更無法實行道德論述語句中互為主體性的反覆論辯。哈伯瑪斯認為，唯有已具溝通的行動理性的人類才能將命題在符號化過程將此社會世界觀中的每個個體給予平等化，使人人在從屬社會中一切行動及衝突的調解之處置被道德化。

　　哈伯瑪斯認為，這種由社會進化發展的普世道德架構及世界觀，不是達爾文進化論能證成的，其生產力的關係也可由人類學的研究加以佐證。他根據當時人類學的研究，指出人類發展到直立的四百萬年間，新石器時代之後在男性狩獵的形成早已適應了物資的再生產。而動物在所屬自然族群的地位是一維的，不是二維的。一個個體只能佔有一個位置。動物的地位往往是由其具有的威攝儡力而決定的，只有人類，不是原始人，在衝破脊椎動物的結構之後，才建立自己獨有的、與其他動物不同的生產力。蓋人類發展到了家庭的異族通婚的親緣制，出外狩獵的男子、與男子出外狩獵時在家採集的女子及青年人相比，男子地位是獨立的。有了新的分工，新的社會一體化的系統問題產生了。只有經由建立在傳宗接代的家庭制，男子的狩獵與女子的採集功能相結合在一起，男子又把自己的社會勞動功能同撫養子女功能相協調起來。成年男子把自身在狩獵中的經濟地位、與男子及女子、其子女的關係做成了社會性的連結。[16]

　　家庭制的結構持續了數百萬年，哈伯瑪斯認為，只有當家庭的結構補充

---

[15]　羅曉南：《哈伯瑪斯對歷史唯物論的重建》，頁 139-141。

[16]　哈貝瑪斯：〈重建歷史唯物主義〉，《重建歷史唯物主義》，頁 144。

了狩獵經濟，才能談到現代所說的生活的再生產。生活的再生產與社會角色之關聯重要性在於，社會角色能根據各種不同的條件，把各方所期待的行為匯集在一起，並使兩種相對立的意向、動機聯繫在一起，從而形成一系統。一個人可以要求另一個人去完成自己期待的事，而另一個人也可以要求這一個人達到自己的期待。在符號系統中，此要求的完成可以不訴諸偶然性。但此系統有三個條件：

(一)參與者不但要接受參與者的看法，而且也要能變成其他參與者的看法。（相互作用不直接就是規範，但規範的前提中必有相互作用。）

(二)如果參與者能具有時代性視野，那麼，他們就超出了當下的、直接的後果、利害。社會角色便可以確立。葬儀儀式表示出，家庭生活成為人類廣泛生活的範疇。

(三)如果社會角色需要監督參加者的動機，懲治機制需和社會角色連結在一起。懲治機制不能是只是道德上聖人典範、也不能只是政治上的權力，懲惡獎善的機制只能在社會公認規範下自相矛盾的解釋中經受公民理性論辯的考驗。[17]

哈伯瑪斯認為，以上所說的三種條件，在語言沒有完全形成之前，是不可能完全具備的。發展是在勞動和語言的結構中完成的，勞動、語言比人類和社會更古老。[18]

（二）溝通行動理性的道德論述及要求發展了康德哲學

哈伯瑪斯認為，言語行為的結構，從生成發生的角度來看，是認識的道德的和表達的三方面關係的一個整合體的結果。[19]哈伯瑪斯高度評價涂爾幹《宗教生活的基本形式》所言：道德發生於依附於不管哪一個群體的一剎那。哈伯瑪斯研究，語言執行著協調行動及使行動社會化的功能。

哈伯瑪斯站在摩爾（G. E. Moore）《倫理學原理》、及圖爾敏（S. E.

---

17 同上，頁 146。

18 哈貝瑪斯：〈重建歷史唯物主義〉，《重建歷史唯物主義》，頁 147。

19 高宣揚：《哈伯瑪斯論》（臺北：遠流出版事業股份有限公司，1991 年），頁 409。

Toulmin）「應該做某事意味有理由做某事」的研究之上，提出進一步的主張，在吾人面對的道德問題時，我們需確認一系列客觀存在、並到處發生預設作用的有效性規則。前此在生活世界的溝通規則是由一種默示的（implict）、已被人們接受的直覺知識在吾人生活中運用。哈伯瑪斯對馬克思主義的重建，內容上是把康德「第二批判」中的理性事實變成公開的、出於理性、能邏輯地推導的一系列道德命題語言。

哈伯瑪斯的主張，在日常生活之中，吾人與他者之間的行動，總是以語言的表達作為中介。除了語言之外，生活世界的人超出了角色扮演，使溝通成為可能的必要條件是三個有效宣稱。這三個宣稱是(一)客觀世界中的命題的真理性（Wahrheit, truth）宣稱。吾人的語句總是對應外在世界的事實，並同適時地告知他人此語句中所述的處境為真。（二)社會世界中的正當性（Richtigkeit, rightness）。語句的使用者在與他人溝通時，要遵守著在社會上已成為共識的社會規範。（三)主觀內在世界的真誠性（Wahrhaftigkeit, sincerity）。除了對話雙方需遵守語句的可理解性、命題為真之宣稱之外，吾人最終還是要用言行一致取信於他人。[20]

所謂的溝通，指的是行動參與者旨在相互協調的合理動機而進行的相互作用（互動）行動。因此，溝通行動中的相互同意而協調，都是參與者之間互為主體性的、對有效性要求的共識的結果。在溝通行動中，為了取得語言方面的相互理解，須先使自己的語句是可理解的，這是可理解性（comprehensibility）的要求。參與者在共同地對某一事贊成、同意、並協調的時候，總是發出共同的有效性要求（exigences of validity）。而考察道德規則時，對人有意義的是，命題的真理性（truth），規範的正當性（rightness），參與者的真誠性（truthfulness）。[21]不同於妥協的戰略性、工具理性的使用，

---

[20] Jürgen Habermas, *The Theory of Communicative Action* (Vol. One), (Beacon Press, Boston, 1983), 99-100.

[21] 由於筆者在論文中僅簡要地數行提到哈伯瑪斯「溝通行動理論」。王慶光教授熱心提供意見，指出「三個重要宣稱」是哈氏溝通行動理論中，使人與他者達成溝通的必要條件，應詳加說明其理論內涵。筆者在此致上謝意，並補上王慶光教授的論述於本註

參與者需以言行的一致之真誠性取信於他人。此四項原則保障了道德的溝通論辯能不被干預地繼續進行。

哈伯瑪斯曾比較以下四個句子：

A　不應該殺人

　A1　奉勸大家莫殺人

B　鐵是有磁性的

　B1　鐵是有磁性是真實的

A 和 A1 都是規範性命題，可以自律地、獨立於語言行為而存在。B 和 B1 都是事實性命題，不能獨立於言語行為而自律地存在。命題的真理性只存在於語言中，而規範性命題的有效性要求則可存在於語言之外。換言之，吾人通過言語中介所處的社會世界，一開始便存在實施著一種與規範有效性有內在關係的聯繫。

哈伯瑪斯的溝通行動理性又是如何在特殊現實事件中進行實際上立於普遍觀點上之論辯與證成呢？[22]

第六行以下。哈氏認為，生活世界中的認識是以文化世界執行知識庫的功能，除了語言為認識上的中介之外，金錢及權力也是生活世界的媒介。故吾人與世界中他者的溝通，在實用語義學上，首要條件是說話者使用的語句是合乎句法的、聆聽之他人可理解的。本論文註十八中所提的「三個重要宣稱」（真理性宣稱，正當性宣稱，真誠性宣稱）作為必要條件，茲引述如下。《溝通行動理論》（卷一）中哈氏所舉的例子。茲引如下：在課堂上，教授跟其中一個學生說：「請給我一杯開水。」面對教授的要求，這位學生可能會採取以下的回應。首先，沒爭議地立刻去取一杯開水。學生認同教授這一句話背後的有效宣稱。我們可以進一步說，這位學生和教授都假設了客觀世界的真理宣稱。其次，他（她）們都可能認同了教授有權要學生給他取開水，這是社會世界裡的正當性宣稱。最後，學生假設教授不是在開玩笑，這句話表達了他內心的需要，這是教授的內在主觀世界，這是內在主觀世界的真誠性宣稱。然而，在另一種情況下，這位學生可能質疑教授這句話的有效性。例如，他認為在附近沒有開水可取，這是質疑該句話的真理宣稱。他亦可質疑教授是否有權要他去取開水，這是質疑其正當性宣稱。最後，他可以認為教授在開玩笑，不是真的要他去取開水，這是質疑其真誠性宣稱。從這一個例子看，這三個有效宣稱是使得溝通成為可能的「必要條件」。

22　高宣揚：《哈伯瑪斯論》（臺北：遠流出版事業股份有限公司，1991 年），頁 432-434。

　　哈伯瑪斯以摩爾《倫理學原理》的研究作為分析，指出，「應該把善或準確等概念，和正確等高一級的謂項（謂語）相比較，而不應該拿來和黃色、白色等屬性的謂項相比較。」

　　哈伯瑪斯分別了道德判斷、描述判斷的區別，並加以聯繫。「在特定的環境下，可以說謊」可以轉成「在特定的環境下，說謊是恰當的（道德意義上是善的）」做為謂項。上一句與「這張桌子是黃的」、「所有天鵝是白色的」相比較，就顯示了明顯的不對稱性。「在特定的環境下，可以說謊」隱含著一系列有效性的要求。哈伯瑪斯認為，我們必須能論證真理性和正當性的特殊方式，解釋「在特定的環境下，可以說謊」此類句子的有效條件。[23]

　　這一類語言溝通的系列有效條件，哈伯瑪斯訴之於亞里士多德的古典邏輯原則，強調一般論證中三種不同的前提。(A)產生的、形成後果的邏輯前提。(B)程序論證過程中的前提。(C)修辭方面的前提。[24]

　　哈伯瑪斯認為，只有在程序上的前提和研究之中，才找到了相互理解的因素。重要的是，所有參加者都可以透過假設性的態度（不考慮實際經驗的束縛），暢所欲言地討論一切值得討論的有效性標準，對之進行探討性的檢證。(B)前提的探討，需要參與溝通者相互協調和合作，但又承認參與討論者各方不同的能力和競爭對商談都付出了貢獻，承認其真誠性的程度，承認此程序中對溝通結果的貢獻。

　　哈伯瑪斯的前提第一項：普遍化原則（Universalization）作為理論之橋樑支柱。[25]來自康德《實踐理性批判》的這一原則可歸結其內在含有三個標準：

　　(一)任何一個人，都有權為自身提出論點和要求，也有權批判他人的論點。

　　(二)隱含的原則。

　　(三)規範限定在承認共同的利益範圍之內。

---

[23] Jürgen Habermas, *Moral consciousness and communicative action*, translated by Christian Lenhardt and Shierry Weber Nicholsen; (Cambridge: Polity Press, 1990), 53-60.

[24] 高宣揚：《哈伯瑪斯論》（臺北：遠流出版事業股份有限公司，1991年），頁438。

[25] Jürgen Habermas, *Moral consciousness and communicative action*, 57.

　　哈伯瑪斯承認，自己的「U 原則」引申出的論證，有可能在經驗中犯下錯誤。同時，哈伯瑪斯還認為，溝通的倫理學不準確接受唯一的至高無上的道德價值做最高標準，相反的，它準備接受多元價值的倫理學溝通商談。[26]

　　面向公民社會的新儒學構想，接受多元的商談之公民社會是在採用了方法論約定主義，也是以語言為中介的，亦即哈氏所研究的，人稱代名詞的使用能予每一個個體平等位置之保障，超出意識哲學，不化約外在世界的他者是另一個我。由於約定主義之使用，吾人可以提出哪些被吾人接受的「隱默之知」在實踐上是正當的，哪些是成問題的。

　　林安梧先生在《人文學方法論：詮釋的存有學探源》論人文學的方法中指出，人文學強調尊重多元並不妨礙一統，多元當然可以一統，如不能一統而上遂於道，則多元只是散亂。[27]商談中，問題如何提出，也預設了答案如何回答的方向。公民社會的後新儒學，是肩負著揭示真理之責任的。哲學必須對生活世界行使監督、批判的功能。

　　先秦的中國是多元而一統，秦漢的中國則是轉一統為統一，世人批判董仲舒進漢武帝獨尊儒術中是「陽儒而陰法」、「一尊定而進化沈滯」（梁啟超），這是把思惟中理想型的儒家與現實存在的帝王犯了概念直接等同的誤置。牟宗三先生以借用康德現象與物自身的區分，在意義危機的時代用方法上本質主義之方式，為中國文化做了形而上的保存。林安梧指出，程朱與陸王之間的論述若採存有論的問題，無法面對歷史文化所成之不同綜合體中不同的時代問題。正如臺灣社會的藍綠問題、統獨問題根本上是歷史業力引生一種利益權力爭奪的假問題，臺灣民主的背後涵帶著工具理性對話語權力的爭奪與宰制，窄化了道德理性的普世向度。二十一世紀中國哲學的問題已不再是心性修養的內聖問題。《易》言「見群龍無首，吉」；海德格曾說，二十世紀世界已是諸神的退隱、價值的解構。而今吾人可知「見群龍無首」未必是吉。自西方三度工業革命科學主義中心造成的宰制，使電腦資訊造成人

---

[26] Jürgen Habermas, *Moral consciousness and communicative action*, 56.

[27] 林安梧：《人文學方法論：詮釋的存有學探源》（臺北：讀冊文化事業公司，2003年），頁 54。

的異化現象已無孔不入地滲透一般人的生活百態之中。科學革命的一統其實是人類另一種物化、被虛無化的物極必反。

馬克思在〈關於費爾巴哈的提綱〉第八條的名言是，以往的哲學家都是在詮釋世界，但重要的問題應是要改變世界。新儒家的心性之學中，重孟子、陽明的巨擘牟宗三理論其實強調了吾人作為智性主體，其自身內在動能即形而上價值之源，牟先生雖然批評馬克思是一思想固著的蠢漢，但中西哲人對人道精神的關懷則殊途而同歸。牟先生較少運用高達美的哲學詮釋學進路去理解傳統儒學，也因此不喜朱熹的漸教工夫。高達美主張，哲學的詮釋總是包含著理解、解釋、與應用。吾人的實踐（「我應該做些什麼」）可以是存有論的問題，但終究是存在者式的，存在者自身永遠在不同場域之中而以識執境，受熏於染污而執於當化之執。海德格（Martin Heidegger）言，吾人作為此有（或譯此在、親在，Dasein）的理解總已是一種籌劃（Entwurf, project），羅爾斯（John Rawls）的「無知之幕」總需逐步揭開，直契造化之源的新儒學才不致在論述中化約他者為同一於另一個我的獨白倫理系統。哲學面向生活世界除同一性的類比論證之外，更需以理性開顯事物差異間諸事之經權與價值序列。事物之如相源於天道生生不已之幾，吾人之生活世界總有其不同時代處境的善與罪惡問題。臺灣當前的問題，不是內聖如何「轉出」外王的問題，而是傳統如何調節現代社會的問題。

林安梧多年來本著追求真理之精神，在公開性的研討會場合中宣稱「舊內聖真的開不出新外王」。[28]林教授所言「由外王到內聖」之構想，並不是否定了儒家存有論上的性善論，而是指出「以善為方向」的儒家系統，其內在理路理當再採納一種蘇格拉底（Socrates）名言中透露出「無知是一種德性」的謙虛態度[29]。公民世界中的實踐者與觀察者必須先承認自身對道德知

---

[28] 林安梧：〈從「外王」到「內聖」：後新儒學的新思考〉，「第二屆臺灣儒學國際學術研討會」（臺南：成功大學中文系，1999 年 12 月 18-19 日）。

[29] 關於蘇格拉底名言「我唯一所知的是我一無所知」命題中透露著「無知即是謙虛美德」之研究，請見苑舉正：〈「無知的理解」：蘇格拉底與盧梭的兩種德行觀〉，《臺灣大學哲學論評》，第 33 期（2007 年 3 月），頁 91-132。

識在新的特殊處境下如何知明處當仍有所不足。吾人作為公民，需要不斷地通過對話更深入地了解這個世界。否則，一般人作為主體，面向生活世界的他者進行道德評價、實踐時，素樸地單二分道德心、與認識心，以理論上先驗的本心為絕對者，現實中自會產生勇往直前的道德勇氣；但其「先立其大」的自信若忽視他者的話語權，反易流於傲慢與專斷的唯我主義，忽略了參贊天地化育之吾人也是宇宙無限洪流歷史文化之中的一有限實存之環節。公共論述的程序要求可以指出吾人的歷史業力與侷限，超越業力，並化解此氣化業力所滯留之怨念，吾人當在生活世界的異化中超越異化，以本真性的存在方式與他者共存共融，理智性地開創未來，在溝通理性獲致交互主體性，此一能揚棄主觀性之超越，才是本真性通極於道。

當代新儒學的朱子學研究：
從牟宗三到林安梧

盧其薇[*]

摘　要

　　本文旨在探討林安梧先生的朱子學研究。首先回溯林安梧先生相關學思起源，以牟宗三先生的哲學為根本，進行一系列的批判與反思。主要針對牟宗三在朱子學研究建構的「靜涵靜攝的橫攝系統」，修正為身心一如的「橫攝歸縱」系統。探究林安梧先生對朱子學的相關研究，本文提出幾個觀點：牟宗三先生的朱子學研究方法為當代新儒學研究的原型；林安梧先生為朱子學提出的新觀點代表當代新儒學到後新儒學的轉向；所有哲學都捐負著時代精神與時代議題，牟宗三的朱子學建構隱含著新儒學面對救亡圖存的時代議題，林安梧對朱子提出「橫攝歸縱」說是在「公民社會」中建構儒學的現代意義之一環。由此延伸，本文試圖耕耘在後新儒學的脈絡，朱子學未來可能的研究向度。

關鍵詞：朱熹　牟宗三　林安梧　新儒學　後新儒學

---

[*]　新竹教育大學兼任助理教授。

一、前言：時代與思想

　　每一時代皆醞釀成各自的時代精神。當活動於場域之中的生存方式發生變化，有識之士不殫心力竭找尋新的生存法則，這些人們共同追尋的成果，將為整個世代綻放獨特的樣貌，成為該時代的基本意識，如魏晉風度、盛唐氣象者，總稱為時代精神。

　　清朝自 1840 年鴉片戰爭爆發以來，學者各憑所學，思忖救亡之道。這個思潮至 1911 年 12 月，隆裕皇太后為溥儀頒布最後一封〈退位詔書〉之後未見休止，體現在學術思想研究，以熊十力、梁漱溟、馬一浮等學者，不只埋首於學問，同時仰觀天下，試圖為整個民族擬出一套新世代的生存之道，是為當代新儒學的先驅。

　　當代新儒學指廿世紀初期到中葉，以熊十力、梁漱溟、馬一浮、張君勱、馮友蘭、錢穆等人為首開啟的一系列研究。它立足於清末民初的時代精神，知識分子尋思救亡圖存的良方。接續的研究，是由唐君毅、牟宗三、徐復觀、方東美等思想家，試圖以西方哲學的詮釋架構，回返自身思想文化，揭示漢文化心靈意識的獨特脈絡，藉以重啟華人的文化價值與自信。為了區別傳統義理學研究，這些將西方新思潮注入傳統儒學、重塑儒學現代意義的學問稱為「新儒學」，其研究者謂之「新儒家」。

　　1958 年，唐君毅、張君勱、徐復觀、牟宗三共同發表〈為中國文化敬告世界人士宣言〉，向世人宣稱儒學的心性之學是中國文化的根本，拯救民心危難，邁向現代化需以文化為基礎。承接唐、牟等哲學家的研究，當代新儒學研究在臺灣益加蓬勃發展，林安梧教授師承牟宗三先生，是新儒學研究自唐、牟、徐諸公以來，首位轉換時代議題，結合臺灣公民社會，提出「後新儒學」，促使新儒學研究與時俱進。

　　新儒家所以命名為「新」儒家，是在反省傳統文化思想中，以宋明理學為思想根源，在世界思潮中創造新的詮釋。若以宋明理學為先秦原始儒學的詮釋與轉化，當代新儒學即宋明理學的哲學再現。

　　新儒家對宋明理學的當代詮釋中，尤以牟宗三對朱熹理學詮釋獨樹一

幟，有別於傳統「程朱／陸王」的簡別，牟宗三提出「三系說」，判別理學集大成者朱熹為「別子為宗」。自此以降，開啟朱熹理學研究的另一扇大門。

救亡圖存的時代精神緩緩落幕，緊接而來的，是中西哲學思潮交流互動的時代，當中國哲學站上世界舞台，研究者紛紛藉由西方哲學家及其理論比對宋明理學；一如一千八百年前，來自印度的佛學進入華夏文明，六家七宗、格義互釋，那樣熱絡。

衡諸〈為中國文化敬告世界人士宣言〉一文，新儒家乃為承接救亡圖存的時代精神而立。假設新儒家是有意識地思考救亡圖存的時代議題，當他們對宋明理學提出創新觀點時，是否也呼應這個時代賦予他們的精神本質？其次，當唐君毅、牟宗三等第二代新儒家紛紛離世，繼起的新儒學研究經過時移世遷，他們在新的時空場域中，是否能意識其所處生活世界的變化，進而在新儒家的宋明理學研究基礎上，提出新的理論，創造新的時代意識及時代精神？本文僅從新儒學的朱子學為基點，探討牟宗三在朱子學研究的創新思維、其理論回應的時代精神，及其紹續者林安梧先生在牟宗三哲學之後對朱子學研究的進一步發展。

二、新儒家朱子學研究的新突破：
牟宗三的「縱貫」與「橫攝」理論

牟宗三以判教的觀念重新梳理宋明理學脈絡。他首先定義宋明理學的本質為「內聖之學」。在「內聖之學」的發展中，「心性之學」是宋明理學的發展主軸。牟宗三發現儒家傳統經典本身存在二種工夫論體系，被列為主要的是《論語》、《孟子》、《中庸》、《易傳》四者，在儒學修養工夫中，屬於當下逆覺體證本心性體的方法。宋明儒自周濂溪、張橫渠、程明道以降，分為由上貫下的「五峰蕺山系」及由下貫上的「象山陽明系」各自代表「逆覺體證」工夫的兩個面向。

在「逆覺體證」路徑之外，牟宗三費盡心力區分程明道與程伊川，並全

面探索朱熹理學，將程伊川與朱熹合併為理學工夫論的第三系。「伊川朱子系」以〈大學〉為中心，其云：

> 此系是以《中庸》、《易傳》與〈大學〉合，而以〈大學〉為主。于《中庸》、《易傳》所講之道體性體只收縮提練而為一本體論的存有，即「只存有而不活動」之理，于孔子之仁亦只視為理，于孟子之本心則轉為實然的心氣之心，因此，于工夫特重後天之涵養（「涵養須用敬」）以及格致之認知的橫攝（「進學則在致知」），總之是「心靜理明」，工夫的落實處全在格物致知，此大體是「順取之路」。……伊川朱子所成者，吾名曰橫攝系統。故終于是兩系。前者是宋明儒之大宗，亦合先秦儒家之古義；後者是旁枝，乃另開一傳統者。此第三系，若自「體」上言，則根本有偏差；順其義而成之，則亦可說是轉向，即轉成本體論的存有之系統。[1]

牟宗三認為，程伊川與朱熹走的不是當下體證本心性體道體的路，而是透過進學格物以達天理道體之知，即傳統謂「道問學」者是。若只是純粹就工夫體證方法區辨三系，顯然，牟宗三以現代詞彙「逆覺／順取」取代傳統「尊德性／道問學」的用語，從字面觀之，「逆覺／順取」二詞，更能清楚對比二者修養工夫之異。然而，牟宗三並不停留在學術上的分野，他更指出，選擇「逆覺體證」的「五峰蕺山系」與「象山陽明系」為宋明儒學的「大宗」，「伊川朱子系」是「旁枝」。主導官學將近一千年的朱子學在牟宗三《心體與性體》一書被判定為「歧出」、「旁枝」，牟宗三在該書有如下的見解：

> 吾人所以不視伊川朱子學為儒家之正宗，為宋明儒之大宗，即因其一、在知識問題與成德問題混雜在一起講，既于道德為不澈，不能顯

---

[1] 牟宗三：《心體與性體・一》（臺北：正中書局，2001 年 3 月），頁 49。

道德之本性，復于知識不得解放，不能顯知識之本性；二、因其將超越之理與後天之心對列對驗，心認知地攝具理，理超越地律導心，則其成德識之教固應是他律道德，亦是漸磨漸習之漸教，而在格物過程中無論是在把握「超越之理」方面或是在經驗知識之取得方面，一是皆成「成德之教」之本質的工夫，皆成他律道德之漸教之決定的因素，而實則經驗知識本是助緣者。就把握超越之理方面說，是根本上的歧出與轉向；就經驗知識之取得方面說，是枝末上的歧出與支離。[2]

伊川、朱子之系統為：主觀地說，是靜涵靜攝系統，客觀地說，是本體論的存有之系統，簡言之，為橫攝系統。依「即存有即活動」說，則先秦舊義以及宋、明儒之大宗皆是本體宇宙體之道德地創生的直貫之系統，簡言之，為縱貫系統。系統既別，含于其中之工夫入路亦異。橫攝系統為順取之路，縱貫系統為逆覺之路，此其大較也。[3]

由上文說明，伊川朱子被排除於宋明理學大宗的根本原因是「格物致知」的工夫，牟宗三視朱熹「格物」等同於現代意義的「知識」，他首先認定以現代意義的「知識」規範道德，是康德所謂的「他律道德」，非「自律道德」。其次，他更懷疑藉由「知識」通往「道德」的可能。牟先生嘗言，由格盡萬事萬物之知識以達德性之貫通，此為迂迴之路，千古以來大概只有朱熹本人完成此路徑。這迂迴之路何以如此滯礙難行，係因經驗知識本來只能是「助緣」，它只能是輔助工夫，不是本質工夫，唯有當下直接收攝本心，察覺本心、性體、道體相貫通，才是儒學修養的本質工夫。

　　回顧〈為中國文化敬告世界人士宣言〉，該〈宣言〉提出，中國歷史所以歷久不衰者，在於中國文化蘊含儒家的「心性之學」，此「心性之學」為中國文化獨有，恰能補西方文化不足。面對西方現代民主與科學，也應以

2　同上註，頁51。
3　同上註，頁59。

「心性之學」為本，才能在中國文化背景中順利發展。回溯牟宗三的時空場域，正值民國初年，內戰外患頻仍之際，在新文化運動的浪潮底下，為了重新建立民族自信心，面對概念清晰、結構完整的西方哲學，牟宗三等積極於經典中尋求一套足堪匹敵的學說，即儒家「心性之學」。經由牟宗三的詮釋，宋明理學的「心性之學」清楚區別西方哲學，它是中國文化最核心的價值，他非關知識，不屬於西方「認識論」的架構，它是一套生命內在本性提升的方法。面對西方強勢，逼使牟宗三必須在傳統儒學中找尋一套最乾淨明晰的實踐哲學方法，在宋明理學諸儒中，唯有當下逆覺體證，是最直接契悟心性本質的方法。伊川朱子透過「格物」進入道德心性的方法，對牟宗三而言，不夠直截了當。甚至，若儒學最根源的心性本體得依靠外在知識認取方能獲致，將難以宣稱是心性道是先天固有的本體。因此，面對源遠流長的朱子道問學，牟宗三既不能全盤否定其價值，只能迂迴地認可，將朱子一路判定為「橫攝系統」的「順取之路」。在《心體與性體》一書，牟宗三順著朱熹學思歷程，全面檢討朱熹理學，包括從朱熹辨析的〈太極圖說〉中，解釋朱熹所謂「太極」即「理」，此理「只存有不活動」[4]。對比於其師李延平的「默坐澄心」是超越的體證，朱熹所謂「涵養須用敬」是「空頭涵養」[5]。甚至，凡朱熹文獻中提及程明道一本思想或與內在體證、心性道渾淪等相關詞彙者，牟宗三都另作解釋，以區別「縱貫系統」[6]。如此辨析毫釐，皆是為了在西風東漸的潮流之下，為傳統文化找尋一座穩如泰山的碁石。

---

[4]　同上註，頁371。

[5]　牟宗三：《心體與心性・三》，頁20。

[6]　此現象屢見於書中，茲舉二例以證。例如《心體與性體・三》第232頁論及程明道言「仁」是「生」道，書中載：「朱子〈仁說〉開頭亦以此義為提綱。仁是生道可說是共誅之義，但理解此生道之義理背景卻不同。……其表面雖著重體會、玩味、優柔厭飫，而其義理背景實不優柔厭飫，亦不具體活潑，亦不親切浹洽。」又，同冊第236頁，朱熹〈仁說〉言：「天地以生物為心」，牟宗三認為：「其（朱熹）所謂天地之心，實是虛說的心，而非實說的心。」諸如此類，不勝枚舉。

三、林安梧先生的朱子學發展

　　林安梧先生自 1984 年開始關注朱子學，發表〈知識與道德之辯證性結構——對朱子學的一些檢討〉[7]，該文檢討牟宗三提出朱熹理學為「靜涵靜攝的橫攝系統」，林安梧援引朱熹語「涵養窮索，二者不可廢一，如車兩輪，鳥兩翼。」倘若知識與道德如牟宗三認定的截然二分的二種向度，朱熹實不必讓二者這麼緊密地關連在一起。最明顯的證明是朱熹〈大學格物補傳〉中，「格物窮理」至「脫然貫通」的路徑。林安梧先生融會黑格爾辯證法及王夫之「二端而一致」的方法學，理解朱熹的「涵養主敬」與「格物窮理」在實踐上為一相互辯證而遞升的過程。換言之，在朱熹哲學實踐中，知識與道德是在反覆辯證中展開，一層一層推至上達。

　　由這篇論文，展開一系列對朱子的新詮釋。自此以後，林安梧教授繼續深耕宋明理學，出版王船山人性史哲學研究、熊十力體用哲學研究，在哲學本體論方面會通儒道，提出「存有三態論」，揭示存有從根源、開顯到執定的過程。反省新儒學的問題意識，在牟宗三之後，提出「後新儒學」的思考向度。另一方面，於旅美之時，反思中國傳統社會，針對儒學的政治及社會向度提出一系列省思，全面檢討父權中心主義的生成與演進。[8]

　　2001 年，林安梧先生發表〈從「以心控身」到「身心一如」：以王夫之哲學為核心兼及於程朱、陸王的討論〉[9]，他用「身／心」關係分析宋明

---

[7]　原載於《思與言》第 22 卷第四期（1984 年 12 月），頁 321-333。後收入：林安梧：《現代儒學論衡》（臺北：業強出版社，1987 年 5 月），頁 145-167。

[8]　相關著作列舉如下：1987 年 9 月，《王船山人性史哲學之研究》，東大圖書公司印行，臺北。1993 年 5 月，《存有、意識與實踐：熊十力體用哲學之研究》，東大圖書公司印行，臺北。1995 年 9 月，《中國近現代思想觀念史論》，臺灣學生書局印行，臺北。1996 年 3 月，《儒學與中國傳統社會之哲學省察》，幼獅出版公司印行，臺北。1997 年 12 月，《儒學革命論：後新儒家哲學的問題向度》，臺灣學生書局印行，臺北。（以上資料截取於慈濟大學宗教與人文研究所網頁。）

[9]　林安梧：〈從「以心控身」到「身心一如」：以王夫之哲學為核心兼及於程朱、陸王的討論〉，《國文學報》第三十期（臺北：國立臺灣師範大學國文學系），2001 年 6

理學。宋明理學的「理／氣」、「道／器」問題轉化為現代話語，即為「身／心」。以此格局較之宋明理學，不論程朱陸王皆屬於「以心控身」的架構。朱陸之別僅在於，朱熹理學呈顯出一套「外控式的以心控身」，其「理」是一「超越的形式性原理」，經由「主敬涵養」、「格物窮理」工夫能通極此理。而陸王屬於「內控式的以心控身」，一切準備歸諸心體良知。

在「以理殺人」的場域，原先「以心控身」的「心」被權威的形式之理篡奪，「心」喪失主導、創造力。文中尖銳地指出：

> 在此自閉之傾向下，儒學原先強調的「社會道德實踐」逐漸轉成以「內在心性之修養」為主導；甚至此「內在心性之修養」為主導之向度再轉而為「心靈境界之追求」，更糟的是，再異化成「精神勝利之自我蒙欺」。這是由自閉、自虐、自殘，並因之而樹立起一虛假的道德莊嚴。俗說「假道學」者，此亦可為一面向也。[10]

透析至此，朱熹每每嚴加防範學者「玩弄光景」、「弄精神」，務必著實「格物窮理」，積累工夫絕不可節略。如此把守，皆在避免學者誤認「理」之本質。若積累不足，很可能只是虛說一套「理」之表象，甚至誤解。更悲哀的是，當政治權力直接凌架於理之上，心的動能與創造力受到專制之「理」的制約，最後只能完全限縮於自我的框架。

經由上述分析，回看朱熹理學，才能體會朱熹「格物窮理」工夫的莊嚴。

回應當代，林安梧透過王船山的「氣論」，試圖調合朱熹「理先氣後」的次序關係，提出「身心一如」的觀點。朱熹著重「理」的絕對、純粹、優先性質，為了守護「理」的優位性，朱熹理學在工夫論上盡力絞除那些隨「氣」而來的種種牽絆，以保存個體中唯一與「超越的形式性原理」（即天

月，頁77-96。

[10] 同上註，頁81。

理）相貫通的「本性」。林安梧看出船山哲學的二個特點，船山人性論的歷史性以及船山氣論的場域性。從存在場域的脈絡出發，凡「理」之存在必彰顯於「氣」，在道德實踐之路，若不能正面回應「氣」作為身體場域載體的必然性真實性，「理」終究流於虛空玄想，難以作用。王船山的「氣論」正以現代「身」的角度出發，以「氣」充盈之「身」為「性」之安宅，宅第可灑掃、保養，卻不可毀棄。為此，船山提出「理氣合一論」；「身」與「心」本來為一整體，二者不分主從。另一方面，人性在身（個體之氣）與世界（宇宙之氣）的交互作用下，不斷地經驗、發展、創造，開啟人性的歷史性，意即，「性」是空間場域與時間脈絡不斷交織的歷程，王船山說「性日生日成」，即是此理。林安梧以王船山的「氣論」調適朱熹的性理學，提出「身心一如」說，可以同時兼顧「理」之純粹與「氣」之真實，二者在歷史與場域的互動中展開。在修養工夫上，「身心互為體用」，若從「身心」發展至「家、國、天下」，則「內聖／外王」亦為一如之互為體用關係。這是針對牟宗三提出「由內聖開出外王」思維的檢討，林安梧先生認為，唯有在「身心一如」「內聖／外王」交藏交發的處境之下，「心性修養」與「社會公義」通而為一，才能造就健全的人的樣貌。

　　2005 年，林安梧先生發表一篇對朱子學的綜合評論，名為〈我對朱子學的一些看法〉[11]，該文綜合以往論述，進一步反思新儒家研究朱子學的方法論依據。他認為，用西方哲學的實在論與客觀唯心論定義朱子的格物工夫、或以康德哲學「自律道德／他律道德」概念區分「陸王／程朱」哲學，是忽略了宋明理學本身處於「總體的根源」脈絡，這個脈絡是儒家哲學特有的思想背景，在儒學的場域中，不論言「道、理、心、性、氣、情、才、質」，若能回溯到原初不可分的總體根源，肯認之、把握之、實踐之，都應被承認為儒學發展的支脈。

　　面對牟宗三評判朱熹理學體系是「橫攝系統」，在儒學發展是「別子為

---

[11]　林安梧：〈我對朱子學的一些看法〉（華梵大學第八屆儒佛會通暨文化哲學學術研討會），2005 年 5 月。

宗」；林安梧提出，朱熹儘管理論有別於陸王，他仍然屬於傳統儒學「體用一源，顯微無間」的基本結構，在根源上，朱熹的理絕非牟宗三所謂「只存有不活動」，也非實在論心態。因為，朱熹除了建構「理」之「超越形式性原理」之外，他更提出一套次第明確的實證方法。林安梧認為，儘管牟宗三辨析朱熹「格物窮理」在理論上劃分為順取的、他律的、實在論的「橫攝系統」，但「橫攝的認知」最後仍回歸到「吾心之全體大用」，即「縱貫的創生」。因為，凡是承認道德為一切總體之根源者，由此而開展出所有實踐理論，都將朝向此一總體根源。緣此，林安梧進一步對比朱、王，說明朱熹理學是「橫攝歸縱」，關於成德的一切外向知識的攝取必然回饋於內在道德，王陽明心學是「縱貫而橫推」。

　　當代新儒學研究者，除了林安梧先生之外，杜保瑞先生也對牟先生的朱子學提出深刻的反省。杜保瑞研究，牟宗三為了回應康德在《實踐理性批判》建構唯有上帝擁有「智的直覺」能力以實踐形上學命題。牟宗三在宋明理學分辨別出儒學的聖人即具備此一能力以實踐形上學原理，因此，他定義儒學的形上學為「實有形態的形上學」，意即，聖人經由實踐以見天道的歷程。在牟先生規範下的形上本體是實有的、動態的、創生的，他認為，朱熹的「理」是一絜淨空闊的型態，不具上述實有、動態、創生意涵，因此判定朱熹理學為歧出。杜保瑞認為，朱熹的「性即理」並不與「動態存有論」、「縱貫創生」等概念相扞格。因為，「性即理」關涉的是存有論，而非實踐動力的問題。此外，牟先生以「本體工夫論」系統為儒學的唯一定義，排斥「本體存有論」的價值，這種單一標準的判定被杜保瑞視為「哲學問題意識的錯置」[12]，這是由於牟先生只重視唯一一種儒學問題（即形而上的保存）所造成的認識偏差。

　　林安梧先生也提出，未來更深而廣的研究要朝向朱子治《春秋學》，探討朱熹「內聖外王」概念，彌補新儒家純粹就西方哲學方法論「理」的偏頗。其次是清代朱子學研究，清代以朱子學為官學，在帝皇專制權威底下釀

---

[12]　杜保瑞：《南宋儒學》（臺北：臺灣商務印書館，2010年9月），頁171。

成「以理殺人」的極端表現。再則，銜接當代中西哲學會通的旨趣，研究者應致力於古典哲學「詮釋」、「會通」、「轉化」的工作，為儒學創造新的論述話語及方法。

2009 年，林安梧先生發表〈朱子哲學當代詮釋方法之反思——從「繼別為宗」到「橫攝歸縱」〉[13]，該文更深入檢討牟宗三的朱子學批判應置於當時整個民族面臨的存在意義危機。牟宗三試圖以學問的方式克服民族心靈意識的危亡，因此推崇直貫心性道體的陸王心學，為之建立一套「縱貫系統」的實踐哲學，相較之下，朱熹「性即理」的脈絡被拋於陸王心學的對立面，劃歸為「橫攝系統」。林安梧指出，這樣的分判本身染上濃厚的宗法色彩，在詮釋過程中，反倒拋棄了朱熹理學做為儒學承體達用之學的根本。從儒學發展史觀之，朱熹的「橫攝歸縱」系統，實是繼承孟子學中道德理智主義一脈；王陽明的「縱貫橫推」系統則繼承孟子學中的道德主意主義。

回應當代哲學，林安梧在《中國人文詮釋學》[14]一書中建構一套存有之道開顯、落實為語言的進程，是一條由「道—意—象—構—言」的發展，吾人透過修養工夫回到道的根源，在朱子學說，是由「識別於物」、「知止於心」進而「明通於道」，肯定從知識進入道德本體根源的可能。

2010 年，《博覽群書》月刊訪談林安梧教授對臺灣地區朱子哲學研究的看法，[15]訪談中，除了重申前述諸觀點之外，將朱熹所建構「超越的形式性原理」與史學思想結合，意即，朱熹的「太極之理」與其「道統論」存在著內在連繫。林安梧先生解釋，朱熹建構「太極之理」的目的是在歷史的權威之上，樹立一道德的、神聖的權威，稱為「道統」。因此，朱熹對「道統」的追求即是在理學上對「超越的形式性原理」的史學呈現。

針對朱熹的學思歷程，林安梧教授也指出，朱熹從受學於李延平學習「默坐澄心」，最後轉向程伊川「涵養須用敬，進學在致知」的修養方法。

---

[13] 林安梧：〈朱子哲學當代詮釋方法之反思——從「繼別為宗」到「橫攝歸縱」〉，《河北學刊》，2009 年第三期，頁 32-38。

[14] 林安梧：《中國人文詮釋學》（臺北：臺灣學生書局，2009 年 10 月）。

[15] 林安梧：〈臺灣地區朱子哲學的研究〉，《博覽群書》，2010 年 12 月。

從朱熹 37 歲「參中和」為分水嶺，是從「未發之中的涵養」，轉向為「已發之和的察識」，標幟著朱熹跳脫神秘主義，走向「格物、涵養」並行的道路。

　　儒學發展到宋明理學，會通釋道二教，開啟龐大的心性修養方法，也使得儒學逐漸走向密契的道路。在這之中，朱熹雖然早年浸潤於佛理，也與道教相往來，常奉祠於武夷山道觀，暮年更著道教煉丹名著《周易參同契考異》。但在自身理學建構中，摒除個人修行的密契色彩，朝向較樸實的在生活中實踐體察的道路。朱熹何以不順應當時流行？他如何從主流中轉出另一條修養之路？除了純粹義理的爬梳之外，也應對照朱熹在生活場域經歷的真實經驗，才能明白朱熹是如何走了一條與眾不同的道路。

　　2011 年，林安梧先生於《鵝湖月刊》發表〈關於《大學》「身」「心」問題之哲學省察──以《大學》經一章為核心的詮釋兼及於程朱與陸王的討論〉[16]。該文提出，〈大學〉是在傳統「身心一如」之學的體系中，揭櫫「修身以正心」的方法。朱熹與王陽明展現〈大學〉詮釋的二個向度，朱熹重在知識與道德的互動關係，王陽明關注的是道德實踐的根源動力。林安梧先生認為，朱熹與王陽明皆以各自的理學心學體系解釋〈大學〉，未能解開〈大學〉的真實面貌。反之，林安梧先生由〈大學〉本文「物有本末，事有終始」為詮釋起點，「終始」指「時間的歷程義」，「本末」指「理論的歷程義」。在「格物、致知、誠意、正心、修身、齊家、治國、平天下」八條目中，隱含這二種次序，「修身─齊家─治國─平天下」是人從修身入門，心靈意識一層層向外推闊的自然發展，是為「時間的歷程義」。就「修身」的內涵而論，可以區分「格物、致知、誠意、正心」四個層次，文中明言：

---

[16] 林安梧：〈關於《大學》「身」「心」問題之哲學省察──以《大學》經一章為核心的詮釋兼及於程朱與陸王的討論〉，該文分（上）（下），分別刊載於《鵝湖月刊》，第 36 卷第 9 期，總號：429 期，頁 4-13。《鵝湖月刊》，第 36 卷第 10 期，總號：430 期，頁 2-10。

就心靈的「感通義」而說其為「正心」，再細微地說心的「指向義」的時候，而說其該為「誠意」，就其指向一個事物對象而說其為「格物」，就其知的分別來說是「致知」。「致知」是一個什麼樣的工夫？那就是指向一個對象而起一個了別的作用、起一個安頓的作用，是這樣一層一層的展開。[17]

「正心」是心之感通的工夫，欲使其「正」，「誠意」是心有一指向，欲使其「誠」，「格物」是心指向一對象事物，需窮究之，「致知」指心在認識過程的辨別，應通於根源。認識「修身」的四個層次之後，朱熹、王陽明、劉蕺山等皆各自從中體會與自身契合的修身方法。劉蕺山提舉「誠意」、王陽明主「致知」、朱熹首重「格物」。由認取的不同，產生各自對這四個概念的解釋迥異。如朱熹強調「格物以致其知」，「格物」是修養工夫的根本，通往根源的唯一道路；王陽明則主張「致知就是格物」，他將格物理解為「正物」，致良知於事物之上，使其歸於正；內在良知是唯一的依歸。

　　若說朱熹、王陽明皆分別以〈大學〉為基礎，建構自身的理論體系，林安梧先生亦然。朱熹著〈大學格物補傳〉，建構一套在「物」中窮究事物之理與德性之理的方法。王陽明著〈大學問〉，確立「良知」知是知非的主體能動性，「格物」是以「良知」為「物」的判準以定其是非。林安梧先生藉由此篇對〈大學〉的詮釋，展開「修身」的四個面向，「感通為心、指向為意、了別為知、對象為物」。吾人應時時觀照自身，省察自我處於哪個層次，或於哪個層次偏差或異化，方能對症。是以，省察工夫，如影隨形。

　　綜合上述林安梧先生的朱子學研究，是從牟宗三先生為朱熹創造的「靜涵靜攝的橫攝系統」出發，一步步檢討此理論結構的盲點。當林安梧先生重新進入朱熹義理精髓，發現牟宗三對朱熹的批判，實則避開了朱熹做為儒學「身心一如」系譜之一宗，抽離此背景探討朱熹，彷彿將朱熹騰空拋至西方

17　林安梧：〈關於《大學》「身」「心」問題之哲學省察——以《大學》經一章為核心的詮釋兼及於程朱與陸王的討論（下）〉，頁4。

哲學，終致喪失安立之所，只能勉強安插為「別子為宗」；曾為理學集大成，主導學術近千年的朱熹，在牟宗三《心體與性體》的擺設中，成為一巨大而突兀的存在。

林安梧先生從「身心一如」（體用一源顯微無間）的立場探討朱熹理學，對牟宗三的「縱貫」與「橫攝」系統提出修正，朱熹理學工夫論是「橫攝歸縱」的結構，王陽明則是「縱貫而橫推」的理論。相關的研究，林安梧先生致力於建構一套存有學方法論，朱熹理學也在此方法論獲得現代性的詮釋。同時，他也關注哲學發展與生活世界的關聯，不論朱熹、王陽明、牟宗三，甚至先生自己，都熱切地擁抱現實世界，在字裡行間閃爍著點點憂思。他們在生活世界激發源源不絕的創造力，在他們自身的哲學中朗現時代精神。

四、結論：後新儒學在朱子學研究的可能方向

後新儒學傳承新儒學思考與批判精神，擺脫新儒學「救亡圖存」的時代議題，迎向「公民社會」。研究林安梧先生的哲學理論，應置於建構公民社會的理論基礎為思考起點。其對朱子學研究的創發，可以視為從新儒學過渡到後新儒學的轉折，這個轉折不只是哲學理論的修正與批判，同時是受時代議題的牽動而生。後新儒學的朱子學研究，也應座落在「公民社會」背景底下生長，才能避免重蹈回頭路。

從「以心控身」的理論及其可能衍生「假道學」的弊端，對較朱熹揭示「格物窮理」的修養工夫論，更能豁顯此工夫的深意。筆者推測，朱熹所以盛言格物，重視格物的積累，貫通就在日復一日的積累中實現。從〈大學格物補傳〉的文句觀之，「至於用力之久，而一旦豁然貫通焉，則眾物之表裏精粗無不到，吾心之全體大用無不明，此謂物格，此謂知之至也。」既言「一旦豁然」，表示此「貫通」非直接苦思、強探力索而致；它是不可預期的，在無意識的狀態下突然朗現。可見，「格物窮理」時，心中並不存在強烈的「悟道」欲求，「格物」時只是「格物」，「理」是在無意識的狀態下形成一股內在覺知，當時機成熟，才全盤浮出。對於意識背後的「理」之覺

知，既不可見，亦不能以「知」的方式直接認取，於此，朱熹選擇沈默。他體會到，「理」之覺知是在「今日格一物，明日格一物」的積累中，一點一滴注入，直至性體開啟，方豁然朗現。

　　林安梧先生建構的朱子學，在理論方面更貼近於當代生活世界及話語，後續的工作是延伸此學，與現代社會及教育議題結合，讓身處當代的我們，從傳統中更認識自身，找到自身的處世之道及修養工夫。

人性善向論
——對先秦儒家人性論的一種讀解

李彥儀[*]

摘　要

　　本文旨在探討林安梧先生在理解儒家人性論時所提出的「人性善向論」。本文首先回顧了林先生提出「人性善向論」的機緣，以及該說與當代人性向善論和人性本善論之間的異同，其次回到《孟子》的文本，闡析人性善向論的立論依據及理論效果，再次回溯作為孟子性善論之理論根源與思想底蘊的思孟學派與儒家宗教向度來看待人性善向論，最後討論人性善向論中的惡的問題，並指出人性善向論視野中孟子性善說與荀子性惡論實為儒家人性論的得以互補的兩端，其一致之處在於使人成為善人。

關鍵詞：孟子　性善說　人性向善　人性善向　先秦儒家

---

[*] 政治大學哲學系暨英國伯明罕大學（University of Birmingham）神學與宗教學系博士，臺中教育大學教育學系助理教授。

一、前言

1992 年 5 月 8 日，花蓮師範學院（今東華大學花師教育學院）主辦了「道德教育國際學術研討會」，會中邀請了傅佩榮教授與林安梧先生就先秦儒家人性論展開對話與論辯。傅佩榮教授立基於人性自由選擇的可能性且善是「人與人之間適當關係的實現」，而主張儒家人性論是「人性向善論」，林安梧先生則認為善是純粹經驗的向度之一而人性之定向為善的立場，認為儒家人性論是「人性善向論」。[1]

傅佩榮教授自陳「人性向善論」是他耕耘數十年的研究心得，罪我知我具在此論[2]，其論點也的確有其影響力，從而使得後來的討論多是針對傅教授的論述而發。儘管對於傅佩榮教授的論述的各種批評或拘限於學派之爭而無從有真正的對話交流，或者就他的理論本身討論其論述的困境，但這一系列的論辯為當代的儒學人性論辯乃至儒家人性論的現代詮釋開啟了新的可能。

自該場論辯之後迄今已近四分之一個世紀，其間仍迭有文章環繞此一爭論而討論理解儒家人性論的恰當取徑，不過，論述的焦點由原先的「人性向善論」與「人性善向論」之辯，全然偏向了「人性向善論」與「人性本善論」之別，且前一論點幾乎是由傅佩榮教授一夫當關[3]，而後一立場的辯護者則為當代新儒學牟宗三先生及其弟子與再傳弟子們，「人性善向論」的讀解方式似乎就淹沒在兩個陣營的論辯之中。

彼時服務於美國賓州愛丁堡大學心理系的李紹昆教授曾為文明白指出傅

---

[1] 兩人觀點，請參考：傅佩榮、林安梧：〈「人性向善論」與「人性善向論」──關於先秦儒家人性論的論辯〉，《哲學雜誌》第五期（1993 年 6 月），頁 78-107。

[2] 傅佩榮：《人性向善：傅佩榮談孟子》（臺北：天下遠見，2007），頁 3。

[3] 就筆者撰寫此文期間，在國內期刊所見到的唯一一篇贊同傅教授的觀點的文章，是由李黑所寫，基本上是重述傅教授的主張，但筆者不知兩者之間是否有師承關係。該文詳見：李黑：〈對於「人性向善論」與「人性善向論」的論辯之回應與看法〉，《哲學雜誌》第三十一期（2000 年 1 月），頁 138-142。

佩榮教授與輔仁大學羅光主教士林哲學之間的淵源，以及林安梧先生與牟宗三先生之間的師承關係。[4]筆者認為這樣的思想底蘊，其實有助於吾人理解兩者理路何以不同，可以將相關的討論放在更為開闊的理論視野中探討，當會更有助於對儒家思想的現代理解與詮釋。筆者更進而以為，儘管傅佩榮教授強調盡量避免以西方哲學名詞來說明任何論點，但他會以自由意志作為理解詮釋儒家人性論的立論基礎之一是可以理解的，畢竟他師承士林哲學，而自由意志是在西方哲學與宗教傳統自聖奧古斯丁（St. Augustine, 354-430 C.E.）以降很重要但相當複雜的議題，實則，他的人性向善論也一直有著西方自由意志論述的影子。比如說，在奧古斯丁看來，人應該根據上帝所賜給意志的本來目的來使用意志來作正當的事情，否則，便要受罰，而行為之為善或惡，是人有意為之的結果。[5]對比之下，傅教授的「向善論」說的雖是自由意志是人與萬物之間的差別所在，也因此人可為善為惡，從而人是一動態開展的存在，但此「向」卻是一傾向與方向，其目的在於「善」，即人與人之間恰當關係的實現。而這樣的論述彷彿是說著自由意志本身就已經帶有某種目的，即善，傅教授與奧古斯丁之間的差別只在於他將此善的擺落在人世間的某種應然秩序的實現，而非遵循上帝的意志而不有所違逆。

　　不過，李教授雖指出林安梧先生與牟宗三先生之間的師承關係，卻似未認識到兩人在人性論理解上的不同，牟先生的人性論的確是「人性本善論」，他說的是善之固有於超越的道德本心，此善為人之本性之實，是一內在本有的為善能力。[6]後來，李明輝教授、楊祖漢教授、劉滄龍教授、賴柯助教授等牟門子弟也是據以批評傅佩榮教授的「人性向善論」。[7]林安梧先

4　李紹崑：〈人之性：向善乎？善向乎？──談傅林二氏論辯之後──〉，《鵝湖月刊》第 19 卷第 6 期（總號 222）（1993 年 12 月），頁 19-20。

5　Burleigh, John H. S. ed., *Augustine: Earlier Writtings* (Ichthus Edition) (Philadelphia: The Westminster Press, 1953), p.135.

6　牟宗三：《圓善論》（臺北：臺灣學生書局，1985），頁 20-24。

7　參見李明輝：《康德倫理學與孟子道德思考之重建》（臺北：中央研究院中國文哲研究所，1994），頁 105-116；楊祖漢：《儒家的心學傳統》（臺北：文津出版社，1992），頁 55-60；劉滄龍：〈「以向說性」之理論困境──傅佩榮先生「人性向善

生說的也是「人性本善論」，但此「本」卻是從「性本其善的動源之所向」[8]，是「此向度本身為善」而說人性本善，是「純粹經驗」中的一個向度。[9] 此說與牟宗三先生的理解顯然有別。

有趣的是，傅教授與牟先生陣營的觀點，恐怕都是在西方自由意志概念下的不同思考。細究之，其間差別或在於傅佩榮教授以「自由意志」作為其「人性向善論」的理論張本，在理論上會有「道德主體」無限後退的問題[10]，而以牟先生一派的人性本善論，則因為在理論上將自由意志詮解成了「自由無限心」，並以之論說人有「智的直覺」，從而其理路雖是源自康德的自由意志之說，實際上卻較為接近費希特（Johann Gottlieb Fichte, 1762-1814）的倫理學思考[11]，從而在理論上避免了道德主體的無限後退的問題，卻仍有將性善當作人的本質從而無法迴避論者對「惡」的起源的質疑。

李紹崑教授在同一篇文章裡提到傅教授與林先生的整個論辯是「傅中有林，林中有傅」[12]，這樣的觀察相當準確，而筆者在仔細閱讀兩者的論述並且參酌傅佩榮教授在諸如《儒家哲學新論》等著作裡的論點[13]之後，認為林先生在辯論之末總結他與傅教授的相同之處在於兩者對「向」字的理解上的交集——即皆談到「向」的「動向」義[14]——可以被視作是對儒家人性論的

論」之商榷〉，《孔孟月刊》第 31 卷第 10 期（1993 年 6 月），頁 22-24；賴柯助：〈論孟子「性善說」——「性本善論」或「性向善說」〉，《鵝湖學誌》第四十二期（2009 年 6 月），頁 141-187。

[8] 傅佩榮、林安梧：〈「人性向善論」與「人性善向論」〉，頁 92。

[9] 傅佩榮、林安梧：〈「人性向善論」與「人性善向論」〉，頁 83。

[10] 學界亦有類似的觀察，請參考：蕭振聲：〈論人性向善論——一個分析哲學的觀點〉，《中央大學人文學報》第 51 期（2012 年 7 月），頁 105-107。

[11] 關於牟宗三先生與費希特思想和理路之間的親緣性與相似性的討論，請參考：彭文本：〈論牟宗三與費希特「智的直覺」之理論〉，載於李明輝、陳瑋芬主編：《當代儒學與西方文化：哲學篇》（臺北：中央研究院中國文哲研究所，2004），頁 131-172。

[12] 李紹崑：〈人之性：向善乎？善向乎？〉，頁 19-20。

[13] 傅佩榮：《儒家哲學新論》（臺北：聯經出版事業公司，2010），第四章至第七章。

[14] 傅佩榮、林安梧：〈「人性向善論」與「人性善向論」〉，頁 107。

一種較為細緻的理解。是故，筆者擬在本文中進一步探討此「向」的意義，進而開展「人性善向論」的理論意涵，並據以討論「惡」的起源，藉以回應傅佩榮教授對「人性善向論」的本質論誤解與質疑。

　　傅佩榮教授的觀點的優劣得失，學界已多有論述，筆者不擬在此重述，筆者措意者是在這場論辯之後受到忽視的人性善向說。然無論是人性善向說、本善說或向善說，其差異皆源自對《孟子》文本中探討人性的段落有著不同的理解，再由此而向上論及孔子的人性觀，往下擴及諸如《荀子》、《中庸》、《易傳》等經典。是故，筆者在此只討論《孟子》書中的幾個與人性論有關的重要段落，並以之作為豁顯由人性善向論所開啟的不同理解的人性論意涵，其次試著將之關聯著儒家思孟學派一系的學說以及儒家的宗教性的脈絡來理解，最後再討論「人性善向論」理論視野中的「惡」的問題。

二、請循其本

　　一般將孟子的「人禽之辨」作為探討孟子人性論的起點，孟子說：

> 人之所以異於禽獸者幾希，庶民去之，君子存之。舜明於庶物，察於人倫；由仁義行，非行仁義也。（〈離婁下〉）[15]

歷來孟子詮釋者也多將這段話當作孟子對其性善說之揭示，蓋人與禽獸之別不在一般生理構造與欲望等氣稟，而在於人能根據內在仁義來行動（「由仁義行」）。此外，能否存養此作為人與禽獸之間的幾希之別的內在仁義，是君子與庶民之間的差別。這樣的主張在以下這個段落展現得更為清楚，孟子說：

---

[15] 阮元校勘：《十三經注疏 8 論語、孝經、爾雅、孟子》，《孟子注疏》（臺北：藝文印書館，2013），頁 145。為求行文之簡潔，以下稱凡提及《孟子》篇章之處，均只標示篇名，微引《十三經注疏》之處，亦只標示《十三經注疏》之卷本及頁碼。

　　乃若其情，則可以為善矣，乃所謂善也。若夫為不善，非才之罪
　　也……惻隱之心，仁也；羞惡之心，義也；恭敬之心，禮也；是非之
　　心，智也。仁義禮智，非由外鑠我也，我固有之也，弗思耳矣。故
　　曰：求則得之，舍則失之。或相倍蓰而無算者，不能盡其才者也。
　　（〈告子上〉）**16**

孟子這段話是為了回應公都子關於當時流行的幾種人性論的提問而說的。在
這個段落之中，仁義同禮智連言，指的是我們若能順著性而有的四種展現
（「乃若其情」），而這些展現可以讓我們進一步去實踐善行，從而是我們看
到並稱述的「善」，若從其根源處說，是我固有之而非外鑠我者也。我們可
以注意到的是，若從這個段落「乃若其情，則可以為善矣，乃所謂善也」的
這一句話來看，孟子說的似乎是我們內在的某種衝動，這樣的衝動是可以使
我們行善的，但是，這樣的衝動並不是我們整個心識意念的全部，從而並沒
有排除其他衝動的可能性。**17**不過，這在孟子看來，卻又是人與禽獸之間的
差異之幾希之所在。孟子對於這樣衝動的表達，在他與告子之間的以水喻性
的論辯之中表現得更為清楚：

　　告子曰：「性猶湍水也，決諸東方則東流，決諸西方則西流。人性之
　　無分於善不善也，猶水之無分於東西也。」

　　孟子曰：「水信無分於東西、無分於上下乎？人性之善也，猶水之就
　　下也。人無有不善，水無有不下。今夫水，搏而躍之，可使過顙；激
　　而行之，可使在山。是豈水之性哉？其勢則然也。人之可使為不善，

16　《十三經注疏8》，《孟子注疏》，頁195。

17　就這點來看，朱子將情理解為「性之動」是有一定的道理的。參見：朱熹：《四書章
　　句集註》（臺北：學海出版社，1991），頁328。

其性亦猶是也。」（〈告子上〉）[18]

我們可以在這個段落之中看到的是，孟子所說的「人性之善也，猶水之就下也」，其中凸顯的是人性的「善」的衝動，就像水之「就下」般的那股趨向，人都有這股衝動，就像水之會有往低處流的那股趨向一樣（「人無有不善，水無有不下」）[19]。但是水的這種趨向會因著外在環境或外力的影響而暫時無法展現，從而改變了水流的方向，人內在的這股衝動也會因故而被淹沒或屏蔽，因而可能有了不善的行為。儘管如此，水的向下的趨向與人性之善仍舊是存在的，而這也是為什麼孟子又在他處以牛山之喻來類比人性的緣故。

　　而孟子對人內在的這股衝動有沒有更清楚而強烈的說明呢？有的！他邀請你我去設想了一種情況，即：

今人乍見孺子將入於井，皆有怵惕惻隱之心；非所以內交於孺子之父母也，非所以要譽於鄉黨朋友也，非惡其聲而然也。（〈公孫丑上〉）[20]

我們「乍見」孺子將入於井，我們的怵惕惻隱之心也在當下「乍見（現）」。而如此「乍見」的怵惕惻隱之心並非是為著現實世界中的種種考量而生者，更且，筆者認為，孟子的高明之處在於這個假想情境中的孺子還只是與我們非親非故的一般孺子，但孺子如此一般，相類似的事例卻就經常發生在你我一般的日常生活當中，一般到了我們還來不及考慮如何反應，我們當下便感受到內在有一股力量要我們去做點什麼。那麼，如此說來，這段

---

[18] 《十三經注疏8》，《孟子注疏》，頁192。

[19] 傅佩榮教授在論辯將 H_2O 當成「水之性」，恐怕是混淆了水的構成元素與由此元素而生的性能與性質。詳見：傅佩榮、林安梧：〈「人性向善論」與「人性善向論」〉，頁86。

[20] 《十三經注疏8》，《孟子注疏》，頁65。

文字裡的「乍見」說的便是那股「如水之就下」般的衝動，也就是同段論辯中孟子緊接著提到的四端之「端」，更是孟子所說的人性之善，從而說此「四端」之「端」為「善端」，則「乃若其情，則可以為善矣」，也的確就成了「人與人之間適當關係的實現」。至此，我們應可以說，孟子是以向為性，且此性為善，故為「人性善向」。然此善向之性之能存養、擴充與否，則成了人是否能夠持續行善或轉墮為惡的關鍵。又此善向之性說的只是人在萬物之間的獨特之處，它並不排除吾人內裡存在其他欲望意念的可能性，也就是說，認可人的欲望並非都是善向的，這點孟子是相當清楚的，他的態度也反映在他的捨生取義之論、大體小體之辨、「欲貴者，人之同心」之議、理義悅心與芻豢悅口之喻……等文字裡。我們會在第四節會針對這個部分加以討論。

　　我們透過以上的梳理可以看到的是，孟子的性善說，說的不是整個人性，而是人性中的一部分，且是異於禽獸者的那個幾希之處。就此而論，性善說指的就不是人的道德本心或良知的呈現，也不是以某種「善」為定向而說的性善，而是如草木之萌蘗之初的生生力道或水之就下之趨向而說的人性善向。

三、從先秦儒家的宗教向度看人性善向論[21]

　　孟子性善說的思想是有其根源的，他基本上是繼承了孔子「天生德於予」以降，經《郭店竹簡》中「性自命出，命自天降」的過渡，而到《中庸》「天命之謂性」的思想[22]，而將性善的源頭推本之於「天」。就此而

---

[21] 本節改寫自筆者的博士學位論文《先秦儒家的宗教性之哲學省察》（臺北：國立政治大學哲學系博士論文，2015，未出版），第六章第貳至肆小節。

[22] 《郭店竹簡》裡〈性自命出〉一文的思想性質及其與思孟學派之間的關係，頗為複雜。筆者目前接受「性自命出」具有孔子以後到孟子與荀子之間的思想發展的過渡性質，但學派歸屬未定的說法。相關討論，請參考：丁四新：《郭店楚墓竹簡思想研究》（北京：東方出版社，2000），〈第四章　《性自命出》的心性論與學派歸

論，則孟子思想裡「天」的內涵或性質，或可被看作是孟子對於作為終極實在的宇宙的感知與理解，而這樣的感知、理解，又可說是立基於對孟子以前神性義或人格義的「天」的轉化而成的，這可見諸孟子引證《詩經・大雅・文王》所說：「永言配命，自求多福」來支持自己「行有不得者，皆反求諸己，其身正而天下歸之」（《孟子・離婁上》）[23]的論斷，而進一步則見諸：「盡其心者，知其性也。知其性，則知天矣。存其心，養其性，所以事天也。殀壽不貳，修身以俟之，所以立命也。」（《孟子・盡心上》）[24]於其中，「永言配命」在《詩經》中的原始文脈即是上帝或天賜命於周人，此一賜命顯示的天就是一神性義或人格義的「天」或「帝」，但在孟子的進一步轉化下，一方面成為吾人性善行德的形上根據，另一方面又成了似乎是象徵著吾人盡心知性乃一無窮無盡的過程，在此脈絡下，「天」遂成了一個擬議之稱。[25]

隨著近年相關考古文獻的出土，學界一般已將〈中庸〉視為是子思、孟子這一學派的作品，甚至認為〈中庸〉就是子思之作。與〈中庸〉有著思想關連性的竹帛〈五行〉篇，更是讓以往學界對於荀子就著思孟「五行」概念的批評裡的指涉內容有了更清楚的認識，解開了「思孟五行」之謎。而我們可透過對「五行」概念的闡析，看到孟子性善說的源頭。荀子在〈非十二子〉裡說：

> 略法先王而不知其統，猶然而材劇志大，聞見雜博。案往舊造說，謂之五行，甚僻違而無類，幽隱而無說，閉約而無解。案飾其辭而祇敬之曰：此真先君子之言也。子思唱之，孟軻和之。世俗之溝猶瞀儒嚾

屬〉：梁濤：《郭店竹簡與思孟學派》（北京：中國人民大學出版社，2008），頁135-157。

23 《十三經注疏8》，《孟子注疏》，頁126。

24 《十三經注疏8》，《孟子注疏》，頁228。

25 此為徐復觀先生語，見氏所著：《中國人性論史——先秦篇》（臺北：臺灣商務印書館，1969），頁181。

> 矍然不知其所非也，遂受而傳之，以為仲尼子〔游〕弓為茲厚於後
> 世：是則子思孟軻之罪也。[26]

學者們根據晚近出土的《馬王堆帛書》以及《郭店竹簡》的〈五行〉篇的材料，判斷〈五行〉若非子思所作，至少也反映了子思的思想，可以從中看到自孔子到孟子與荀子之間的思想過渡與轉變，是孟子提出「仁義內在」之說之前「仁內義外」思想的一種形態。那麼，若根據這些出土文獻來看，則前引荀子批判子思、孟子段落裡所謂的「五行」，指的即是仁、義、禮、智、聖。〈五行〉篇經文第一章云：

> 仁形於內謂之德之行，不形於內謂之行；義形於內謂之德之行，不形
> 於內謂之行；禮形於內謂之德之行，不形於內謂之行；智形於內謂之
> 德之行，不形於內謂之行；聖形於內謂之德之行，不形於內謂之行。
> 德之行五和，謂之德；四行和，謂之善。善，人道也；德，天道也。[27]

論者一般認為，這段文字是整個〈五行〉篇的總綱，也是其餘各章的思想基礎[28]，而在這段文字裡，恰好繼承了自孔子的仁、禮的兩個觀念，反映的是雙重道德律，即作為「形於內而作為德之行」的內在道德律，重視的是道德

---

[26] 梁啟雄：《荀子簡釋》（臺北：華正書局，1980），頁 63-64。

[27] 轉引自梁濤：《郭店竹簡與思孟學派》，頁 185。又，龐樸校注的版本章句為：「仁形於內，謂之德之行；不形於內，謂之行。智（義）形於內，謂之德之行；不形於內，謂之行。義（禮）形於內，謂之德之行；不形於內，謂之行。禮（智）形於內，謂之德之行；不形於內謂之行。聖形於內，謂之德之行，不形於內，謂之｛德之｝行。德之行五和，和謂之德；四行和，謂之善。善，人道也；德，天道也。」文見：龐樸：《竹帛《五行》篇校注及研究》（臺北：萬卷樓圖書有限公司，2000），頁 29。

[28] 黃俊傑：《孟學思想史論》，第一卷（臺北：東大圖書有限公司，1991），頁 502；梁濤：《郭店竹簡與思孟學派》（北京：中國人民大學出版社，2008），頁 185。魏啟鵬：《簡帛文獻《五行》箋證》（北京：中華書局，2005），頁 6。

主體的自覺，以及「不形於內謂之行」的外在道德律，指的是某種客觀規範。[29]而這兩種道德律後來分別為孟子與荀子所繼承，孟子發展了「形於內而作為德之行」的部分而提出了仁義禮智四端根於心的性善之說，荀子則發展了「不形於內謂之行」的面向，從而凸顯了「禮」。若從這樣的分化發展來看，那麼，我們便可以理解荀子在〈非十二子〉篇裡說「五行」由「子思唱之，孟軻和之」，又說「其僻違而無類，幽隱而無說，閉約而無解」的原因。蓋原本為〈五行〉所強調的內外雙重道德律，經過孟子的向內轉化，仁、義、禮、智全部歸於人的內在心理體驗，而這些內在體驗並無法徵驗，有其神秘之處，是以荀子認為「甚僻違而無類，幽隱而無說，閉約而無解」；此外，荀子也認為，子思、孟子的主張，使得後來之人也以為孔子的思想重視的是內在的道德意識，而完全忽略了作為外在規範的禮亦為孔子思想的重要內容，這不能不說是思孟學派的過錯，同時或也是荀子批評他們「不知其統」的原因，而此「統」，不只是禮樂之統，更是荀子所欲彰顯著明的先秦儒家的道統。

孟子繼承了孔子「天生德於予」以降，到子思及其《中庸》「天命之謂性」與〈五行〉「形於內謂之德之行」一脈「天道下貫而為性命」的傳統，而往人的內在道德經驗或情感深化，重視主體的修證與體驗，以作為其學說立論之基礎，以及重建戰國時代國家社會治序與文化價值的起點。[30]而這樣

29　必得一提的是，相較於梁濤以內外雙重道德律來對應孔子的仁與禮，龐樸與魏啟鵬的討論雖然也指向內外之分，但比較緩和，僅說受於天者或被人覺悟者是形於內的德之行，執行或奉令甚至模仿而未能在人心中成形者為「不形於內謂之行」。詳參：龐樸：《竹帛《五行》篇校注及研究》，頁 110-111；魏啟鵬：《簡帛文獻《五行》箋證》（北京：中華書局，2005），頁 4-5。

30　這樣學脈相承，尤為重視儒學傳統中的心性論的當代新儒家諸子所主，其中又以牟宗三先生一系最為著力詮釋倡發。比如作為牟宗三先生的重要弟子之一的蔡仁厚先生，在其《孔孟荀哲學》中，便強調儒家思想乃以「天道性命相貫通」為特質，而孔孟思想的傳承，也反映「天道下貫而為性」的思想趨勢。詳見氏所著：《孔孟荀哲學》（臺北：臺灣學生書局，1984），頁 7-8、頁 227。又，潘小慧教授認為，這並不意味著孟子就不重視「禮」，孟子是轉化了禮而使之具有三個特點：禮成了辭讓之心、禮用以節制或文飾仁義之德，以及禮作為容許「權變」的行為原理原則。詳見：潘小

的深入，也使得在先秦儒家學說中的天，漸漸褪去神性義，而更多是著重在義理義，或者說，在孟子的眼中，作為終極實在的宇宙固是吾人之命與性之根源，但更重要的是其所展現的超越義與無限義，乃至普遍義。

　　孟子善引《詩》、《書》的文字作為支持自己的主張，或者自己對一觀點之詮釋的立論基礎，而這點也表現在他對於在他之前的「天」的概念的吸收與轉化之上。以下所引《孟子》〈梁惠王下〉裡記錄孟子與齊宣王的一段對話，恰恰可以反映孟子對於早期在《詩》、《書》裡「天」之觀念的吸收：

> 齊宣王問曰：「交鄰國有道乎？」孟子對曰：「有。惟仁者為能以大事小，是故湯事葛，文王事昆夷。惟智者為能以小事大，故大王事獯鬻，句踐事吳。以大事小者，樂天者也；以小事大者，畏天者也。樂天者保天下，畏天者保其國。《詩》云：『畏天之威，于時保之。』」王曰：「大哉言矣！寡人有疾，寡人好勇。」對曰：「王請無好小勇。夫撫劍疾視曰：『彼惡敢當我哉！』此匹夫之勇，敵一人者也。王請大之。《詩》云：『王赫斯怒，爰整其旅，以遏徂莒，以篤周祜，以對于天下』，此文王之勇也。文王一怒而安天下之民。《書》曰：『天降下民，作之君，作之師，惟曰其助上帝，寵之四方。有罪無罪惟我在，天下曷敢有越厥志？』一人衡行於天下，武王恥之，此武王之勇也。而武王亦一怒而安天下之民。今王亦一怒而安天下之民，民惟恐王之不好勇也。」[31]

齊宣王問孟子與鄰國交往的原則，孟子先答以仁與智兩種原則，且從孟子的闡述裡看來，即便採取了智的原則，以小國的身分來與大國交往，至少也符合了《詩·周頌·我將》裡「畏天之威，于時保之」的訓示，故而可以保住自己的國家。這裡的「畏天之威」，反映的是一種與人格性且有脾氣會發怒

　　慧：〈禮義、禮情及禮文——荀子禮論哲學的特點〉，《哲學與文化》第卅五卷第十期（2008 年 10 月），頁 46-47。

[31]　《十三經注疏 8》，《孟子注疏》，頁 31-32。

的「天」，或將做為終極實在的宇宙感知為一種人格性的「天」。齊宣王接著答以自己「好勇」，孟子順勢而將齊宣王的好勇關聯著《書》（案：今為《偽古文尚書》〈泰誓〉篇）裡的話，向齊宣王指出其好勇也可如周武王之勇以安定天下百姓，而武王便是用來協助上帝或天來愛護人民的。於其中，孟子所引「天降下民，作之君，作之師，惟曰其助上帝，寵之四方」一句，明顯也是承繼了傳統人格性意味的天，以之作為鋪展論述的基礎。我們在《孟子》的其他篇章裡，亦可看到不少相關的引述和討論（比如：〈萬章上〉「天與賢則與賢，天與子則與子」、同篇其他章也引了〈泰誓〉「天視自我民視，天聽自我民聽」來討論「天與之」），於茲不贅。筆者於此更著重的是凸顯孟子對傳統的「天」的進一步轉化，而這又是與他對人性的來源的理解與論述密切相關者。我們可以在下引《孟子》〈告子上〉的段落中清楚看到這種轉化：

> 孟子曰：「乃若其情，則可以為善矣，乃所謂善也。若夫為不善，非才之罪也。惻隱之心，人皆有之；羞惡之心，人皆有之；恭敬之心，人皆有之；是非之心，人皆有之。惻隱之心，仁也；羞惡之心，義也；恭敬之心，禮也；是非之心，智也。仁義禮智，非由外鑠我也，我固有之也，弗思耳矣。故曰：求則得之，舍則失之。或相倍蓰而無算者，不能盡其才者也。《詩》曰：『天生蒸民，有物有則。民之秉彝，好是懿德。』孔子曰：『為此詩者，其知道乎！故有物必有則，民之秉彝也，故好是懿德。』」[32]

我們可以從中看到的是，孟子的性善說清楚地將人的仁、義、禮、智這些固有的惻隱之心、羞惡之心、是非之心與辭讓之心的根源追溯至「天」，其引《詩‧大雅‧烝民》裡的「天生烝民，有物有則；民之秉彝，好是懿德」一句作為論據，並引孔子的話來支持自己的詮釋的合理性。但在《大雅‧烝民》原來的脈絡裡，「天生烝民」之「天」的人格義甚強，有著濃厚的類似

---

[32] 《十三經注疏8》，《孟子注疏》，頁195。

於西方神學裡的造物主的意味，從而，裡頭所呈現的是一種帶有宗教色彩的經驗。但是，在孟子的詮釋下，「天」的人格義已不是重點，重點反而落在人本有的四端之心，也就是性善說的核心。

「天生烝民，有物有則」，天所造生的萬有皆有其據以生長或運作的規律、原則，這些律則也是萬物能彼此有別的根據，儘管如此，「人之所以異於禽獸者幾希」且「庶民去之，君子存之」（〈離婁下〉），君子所存者何？「君子所以異於人者，以其存心也。君子以仁存心，以禮存心。」（〈離婁下〉）即此「存心」而使得人不僅可與禽獸不同，且可與一般人不同，但這不是說，一般人與有此存心之人真的有所不同，他們之間相同之處是都有那「幾希」之處，不同之處在於「去之」或「存之」。然而，孟子又為何要凸顯人的善端呢？因為在孟子看來，戰國時代國家社會倫理的失序混亂，若能肯定人內在實有一價值能給因之而穩立的善化之源，且人皆有之，只要予以點化、涵養並擴充之，那麼，失序混亂的局面便能有轉變的可能性。我們再回頭看看前引《孟子》透過「孺子將入於井」來讓我們體驗人皆有之的性善之端的段落：

> 孟子曰：「人皆有不忍人之心。先王有不忍人之心，斯有不忍人之政矣。以不忍人之心，行不忍人之政，治天下可運之掌上。所以謂人皆有不忍人之心者，今人乍見孺子將入於井，皆有怵惕惻隱之心；非所以內交於孺子之父母也，非所以要譽於鄉黨朋友也，非惡其聲而然也。由是觀之，無惻隱之心非人也，無羞惡之心非人也，無辭讓之心非人也，無是非之心非人也。惻隱之心，仁之端也；羞惡之心，義之端也；辭讓之心，禮之端也；是非之心，智之端也。人之有是四端也，猶其有四體也。」[33]

孟子是透過可能發生在你我身邊的具體事例，而讓我們反省逆覺到我們內在

---

[33] 《十三經注疏8》，《孟子注疏》，頁 65-66。

確有此不忍人之為善之端，且此「不忍人之心」是如此純粹又隱微。筆者曾將這段文字如此闡釋：

> 「今人乍見孺子將入於井，皆有怵惕惻隱之心」，此「怵惕惻隱之心」乃是就「乍見」「孺子將入於井」而「乍現」的「不忍人之心」，此為人所共有之心，或人皆有之的四善端之心。而此乍現的不忍人之心可說是那最本然純粹的道德意識，此純粹道德意識之純粹意向性乃指向那做為其意識對象之具體事例，即「孺子之將入於井」；當此純粹道德意識乍現之際，它並未意識到經驗世界中個人名聲、人情、利害等考量，所以是純粹的。而依孟子所說，此四端或純粹道德意識仍須擴而充之，即因其面對真實生活中的具體事例之乍現而把握其進一步發展的可能性（或如孟子所說：「存其心，養其性」）；但是人之所以為人，其四端之心或不忍人之心也可能因為雜染了人世經驗界的各種因素而往而不復（或如孟子所說：「其所以陷溺其心者然也」），因而除了擴充四端之心，孟子也說「學問之道無他，求其放心而已矣！」「求其放心」則或可詮解為：試著去除經驗界的染執以求一意識本質的還原，而臻於最純粹的意識狀態的過程。[34]

既已透過具體事例讓你我試著體驗人皆有此善端，或說此善向之性，那麼，由此擴充，則可盡人倫、成聖賢。孟子說：

> 人皆有所不忍，達之於其所忍，仁也；人皆有所不為，達之於其所為，義也。人能充無欲害人之心，而仁不可勝用也。人能充無穿窬之心，而義不可勝用也。（《孟子·盡心下》）[35]

---

[34] 引自筆者的碩士論文：《牟宗三與康德對於「道德情感」之理解》（國立臺灣師範大學教育學系碩士論文，2004，未出版），頁 115-116。

[35] 《十三經注疏8》，《孟子注疏》，頁 260。

其達到的境界則是「君子所性，仁義禮智根於心，其生色也，睟然見於面，盎於背，施於四體，四體不言而喻。」（《孟子·盡心上》）[36]而這樣的理路，又可在這個段落中，看到最為賅要的表述：

> 孟子曰：「盡其心者，知其性也。知其性，則知天矣。存其心，養其性，所以事天也。殀壽不貳，修身以俟之，所以立命也。」（《孟子·盡心上》）[37]

在這段文字裡，盡心即擴充吾人內在之不忍人之心，也就是諸如前引文所謂「充無欲害人之心」、「充無穿窬之心」，由此而體證吾人本有之善端，體證吾人內在之道德性，乃至體證吾人內在本有「如水之就下」的一股不容已的善的傾向性，並進而外顯而成為相應於我們所謂的仁、義、禮、智等的行為，由盡心而知性，或說即心而言性。不僅如此，我們還可藉以在此踐履內在道德性的過程之中體證領會「天」，蓋因吾人之善心善性乃天所賦予我們者，我們因著心善性善而體知天亦為善，在這個理路脈絡中，《詩》、《書》裡那帶有人格性意味的天，經過了一個迴環，在孟子思想諸中，似乎被虛化了，並且轉化成為對於某種狀態的描述，因為盡心知性知天，最具體最為切近者莫過於吾人內在之心性，盡心則知性，至於「天」究竟是什麼，不假外求，不僅不需向外求索，吾人或更可因為道德實踐時所體證的一種因著道德意識之邁越自身而指向他人，並且伴隨而來的道德實踐，而先體驗了「天」的超越義，又因此道德實踐的傾向之源於天而如「源泉滾滾」（〈離婁下〉）般，從而體驗了此根源之天的內在道德性之深不可測，復因此逆顯天之善之深邃不可測，實則天之善之不可測，也就是人心善之不可測，故而「天」反而間接成了指向內在心性的發顯與實踐之內在性、超越性與普遍性的一個指引詞。這樣的詮釋或可徵諸孟子的另一段話：

---

[36]　《十三經注疏8》，《孟子注疏》，頁233。
[37]　《十三經注疏8》，《孟子注疏》，頁228。

　　可欲之謂善，有諸己之謂信，充實之謂美，充實而有光輝之謂大，大
　　而化之之謂聖，聖而不可知之之謂神。（《孟子·盡心下》）[38]

這段文字的原本脈絡是浩生不害問孟子對樂正子的看法，孟子答以「善人
也，信人也」，浩生不害則追問何謂「善」與「信」，孟子遂說出了這幾句
話。「可欲之謂善」，說的是「己之可欲，乃使人欲之，是為善人」。[39]我
們或可順著孟子的思想而將「可欲」看作是不忍人之心，則此不忍人之心是
善。於內在真切反思體驗此一不忍人之心則能有所確立（孟子亦云：「反身而
誠」）。能夠予以恰當的涵養擴充則能使之遍布周身，有諸內而形諸外，是
一晬面盎背的狀態（「其生色也，睟然見於面，盎於背，施於四體」），而這樣的
狀態若能進一步發用落實則可稱之為「大」，發用落實之後能夠轉化他人與
周遭事物之德則可謂「聖」，而這樣的感化之功是不可預測的，故謂之
「神」。其中，「神」說的就是一種狀態，而且是一種超越吾人有限的理智
可以測度、有限的行動可以掌握的狀態。[40]對比之下，盡心知性而知天所知
的「天」，也可以看成是這種狀態。故而「君子所過者化，所存者神，上下
與天地同流」（《孟子·盡心上》）。[41]至於「存其心，養其性，所以事天
也。」說的其實是同一件事，蓋「存其心」即「盡其心」，而「知其性」即
「養其性」，蓋盡心、知性本身就已有實踐工夫，盡心是擴充，「存心」是
「求其放心」，兩者就理上說或可分為兩段，但在實踐上說，恐怕不然。吾
人之能「求其放心」也需在能「擴充」之中體知，能擴充亦是不斷「求其放
心」才得可能，故而知性亦同時養性，養性則須知性，兩者「互藏以為宅，
交相以為用」，從中再推知「知天」則能「事天」，然知此天與事此天，其

38　《十三經注疏8》，《孟子注疏》，頁254。

39　《十三經注疏8》，《孟子注疏》，頁254。

40　「可欲之謂善」的詮釋，有取於唐君毅先生之說，詳見氏所著：《中國哲學原論·原
　　道篇·卷一：中國哲學中之「道」之建立及其發展》（全集校訂版）（臺北：臺灣學
　　生書局，1986），頁243。

41　《十三經注疏8》，《孟子注疏》，頁231。

實就是「盡心」與「存心」。以此為基礎，則人便能無論生命之長短以及外在的境遇，而只在穩立自己的心性之所向中安身立命了。[42]如此一來，孟子一方面使天的神性轉為一種超越義，或間接論證了天的超越義，而與其說是天的超越義，不如說是人的心性本身有此超越的向度。另一方面，就盡心知性之成為了一種無盡的涵養與擴充並且成德成人而說，孟子學說裡的道德經驗與情感，亦反顯了儒家的宗教性。

四、「人性善向」理論視野中的「惡」的問題

　　筆者在本文第二節的末了提到，孟子的性善說指的只是人在萬物之間的獨特之處，它並不排除吾人內裡存在其他欲望意念的可能性，也就是說，認可人的欲望並非都是善向的。正是因為在善向之性之外仍有其他非善向的心識欲念，故而在孟子的思想裡，「不善」乃至「惡」才有討論的空間。而我們在前引「人能充無欲害人之心，而仁不可勝用也。人能充無穿窬之心，而義不可勝用也。」一句中，已可推知「害人之心」、「穿窬之心」也是在孟子對於人性的討論範圍裡的。孟子在〈告子〉篇裡諸多段落裡都有提到兩者之間的對舉或類比，例如：

> 孟子曰：「魚，我所欲也；熊掌，亦我所欲也。二者不可得兼，舍魚而取熊掌者也。生，亦我所欲也；義，亦我所欲也。二者不可得兼，舍生而取義者也。生亦我所欲，所欲有甚於生者，故不為苟得也。死亦我所惡，所惡有甚於死者，故患有所不辟也。如使人之所欲莫甚於生，則凡可以得生者，何不用也？使人之所惡莫甚於死者，則凡可以

---

[42] 一般將「盡心、知性、知天」與「存心、養性、事天」視為先天與後天工夫，或甚至認為兩者有高下之別，但筆者贊同唐君毅先生將兩者視為一事之兩面之說，故而對於「存其心，養其心，所以事天也」的詮釋採納了唐先生之說而又試圖予以闡發。唐君毅先生之說，詳見氏所著：《中國哲學原論・原道篇・卷一：中國哲學中之「道」之建立及其發展》（全集校訂版）（臺北：臺灣學生書局，1986），頁246-247。

辟患者，何不為也？由是則生而有不用也，由是則可以辟患而有不為也。是故所欲有甚於生者，所惡有甚於死者，非獨賢者有是心也，人皆有之，賢者能勿喪耳。」（〈告子上〉）[43]

又比如：

孟子曰：「口之於味也，有同嗜焉；耳之於聲也，有同聽焉；目之於色也，有同美焉。至於心，獨無所同然乎？心之所同然者，何也？謂理也，義也。聖人先得我心之所同然耳。故理義之悅我心，猶芻豢之悅我口。」（〈告子上〉）[44]

這兩段引文反映的都是人性之中理義之欲及感官耳目等生理之欲的同時存在，且兩者彼此交戰對抗，可是，在孟子心中，人之所以為人，可貴之處卻在於那異於禽獸的幾希之處，不過我們通常都忘了反思並存養之。孟子說：

欲貴者，人之同心也。人人有貴於己者，弗思耳矣。人之所貴者，非良貴也。趙孟之所貴，趙孟能賤之。《詩》云：「既醉以酒，既飽以德。」言飽乎仁義也，所以不願人之膏粱之味也。令聞廣譽施於身，所以不願人之文繡也。（〈告子上〉）[45]

那麼，人何以會有不善或惡行呢？環境是一個重要的因素，孟子說：

富歲，子弟多賴；凶歲，子弟多暴，非天之降才爾殊也，其所以陷溺其心者然也。今夫麰麥，播種而耰之，其地同，樹之時又同，浡然而生，至於日至之時，皆熟矣。雖有不同，則地有肥磽，雨露之養，人

---

[43] 《十三經注疏 8》，《孟子注疏》，頁 201-202。

[44] 《十三經注疏 8》，《孟子注疏》，頁 196。

[45] 《十三經注疏 8》，《孟子注疏》，頁 204-205。

> 事之不齊也。故凡同類者，舉相似也，何獨至於人而疑之？（〈告子
> 上〉）[46]

外在的耕助長養會影響人性善之一面的展現，但並不能因為現實中可能看不到這些展現，便否定人性之中善的向度。正是因為環境有其影響力，孟子還有「一傳眾咻」等提醒環境對於人之性善的發用的影響力的寓言。但即便環境在人性的趨向發展上是重要的影響因子，但更關鍵的是吾人如何隨順運用內在的各種心識欲念，我們可在孟子答公都子的大體小體之問的文字中看到他的觀點：

> 公都子問曰：「鈞是人也，或為大人，或為小人，何也？」孟子曰：
> 「從其大體為大人，從其小體為小人。」曰：「鈞是人也，或從其大
> 體，或從其小體，何也？」曰：「耳目之官不思，而蔽於物。物交
> 物，則引之而已矣。心之官則思；思則得之，不思則不得也。此天之
> 所與我者，先立乎其大者，則其小者不能奪也。此為大人而已矣。」
> （〈告子上〉）[47]

關聯著孟子的性善說來看，耳目之官及善向的心之官都是人的一部分，但有人隨順耳目之欲，有人則發揮善向之性，從而有小人與大人之別，或說庶民與君子之別。其中，「物交物，則引之而已矣」一句，若用荀子的話來說，便是「順是」，順著人性之中的好利、疾惡、耳目之欲的趨向卻不加以思索自反，自然會導致各種不善乃至惡行，荀子在〈性惡〉裡說：

> 人之性惡，其善者偽也。
> 今人之性，生而有好利焉，順是，故爭奪生而辭讓亡焉；生而有疾惡

---

[46] 《十三經注疏 8》，《孟子注疏》，頁 196。
[47] 《十三經注疏 8》，《孟子注疏》，頁 204。

焉，順是，故殘賊生而忠信亡焉；生而有耳目之欲，有好聲色焉，順是，故淫亂生而禮義文理亡焉。然則從人之性，順人之情，必出於爭奪，合於犯分亂理，而歸於暴。故必將有師法之化，禮義之道，然後出於辭讓，合於文理，而歸於治。用此觀之，人之性惡明矣，其善者偽也。（〈性惡〉）**48**

從這個段落裡，我們可以讀到的是，荀子說的也是人性的一種傾向或動力，但他以「順此傾向或動力」為「惡」而說人之性惡。若我們以上的理解是恰當的話，那麼，順著兩者在人性論上的交會而過轉，則孟子的性善說與荀子的性惡說之間其實並不是彼此相互衝突、無法對話的兩端，兩造之說看到了人性的不同向度，反而能夠互補而有其一致的趨向。

傅佩榮教授曾經對孟子、荀子的人性論有過類似的判斷，他認為孟子言心善，荀子論欲惡，兩者並不衝突，兩者的潛在觀念都是「人性向善論」**49**，但筆者認為，若就孟子、荀子的人性論皆在使人為善向善，使人成為善人這點而說，傅教授的看法是恰當的，這也合乎我們一般對於儒家人性論的總體理解。但筆者想進一步指出的是，若從內在人性處說，孟子與荀子的人性論，都可置放在人性善向論的視野中來理解。人性內在之善向不排除人性為惡的傾向性，人順著各種欲望為惡的傾向性反顯內在善向的可能性，孟子以心為綰合這兩個向度並從中取捨的關鍵（「心之官則思」），荀子亦以心作為治動耳目鼻口形的五官的天君（「心居中虛，以治五官，夫是之謂天君」**50**），在心的操舍之間，性善與性惡兩端而一致，這才是儒家人性論的全貌。就此而論，人性善向論就不是如傅佩榮教授所認為的本質主義式的論述，孟子性善論說的未必就真的是道德本心的呈顯，它說的毋寧是人性之中之善向驅力，而就此向說人性為善。

---

48 梁啟雄：《荀子簡釋》，頁 327。

49 傅佩榮：《儒家哲學新論》，頁 72。

50 見《荀子》〈天論〉，引自：梁啟雄：《荀子簡釋》，頁 223。

五、結論

　　如同筆者在前言所提到的，源自人性善向與人性向善的儒家人性論的詮釋觀點之辯，後來轉而成為人性向善說與當代新儒家牟宗三先生一系的人性本善論兩大陣營之爭，人性善向說反而被淹沒了。而有趣的是，無論是人性向善說或人性善向說，兩者都反對以本質主義式的思考來看待人性的人性本善論。而本文之作，旨在凸出「人性善向論」之作為讀解儒家人性論時的一種「不同的理解」（Anders verstehen / to understand differently），而非強調它比起「人性本善論」與「人性向善論」是一個「較好的理解」（ein Besserverstehen / to understand better）[51]，儘管如此，筆者認為，它所開啟的對於先秦儒學人性論的詮釋觀點，是特別就著人性之善的一種較為細緻的讀解，這樣的讀解至少可以避免掉「人性向善說」的「向」時而意指方向時而意味傾向所導致的語意模糊的問題；此外，它也順當了理解了「惡」的起源，而這點和荀子性惡說之間又有一融通互補的可能性。

---

[51] 「不同的理解」或「較好的理解」，是詮釋學發展自施萊馬赫（F. Schleiermacher）之後，以至於當代的詮釋學家貝蒂（E. Betti）、赫希（E. D. Hirsch）與高達美等人之間的一個著名爭議。筆者權借這對詞用以表達本文的觀點。相關議題或可參考張鼎國先生（1953-2010）：〈「較好地」還是「不同地」理解？——從詮釋學論爭看經典註疏中的詮釋定位與取向問題〉（刊載於中央研究院中國文哲研究所《中國文哲研究通訊》，第九卷第三期〔1999 年 9 月〕，頁 87-110）一文，該文回顧了這個爭議的發展史。

談林安梧先生之船山易學

林柏宏[*]

摘　要

　　林安梧先生之思想，學通三教，融貫古今，獨具一格，然要之以船山學為根柢，直以氣學為宗。而船山學，實以《易》學為核心，所以林氏之船山《易》學，實有耐人尋味之處。不僅連結儒家經典與歷史、人性之內在關係，更復歸到道論之根源，治療生命異化之問題，體現天地人三才思想之博大精深。

　　有別於本質中心主義，林氏主張約定主義來思考這既動且變的歷程。理解船山《易》，不僅是對經典之理解，亦是從歷史社會文化脈絡中，理解吾人與這世界之互動歷程。透過兩端而一致之思考，理解吾人與天地，吾人與本能，吾人與力量之關係。

　　理解文本的過程，同時就是理解歷史，理解人性的過程。透過詮釋、批判與反省，讓吾人重新貼近經典，並印證實踐之可能。使道統之精神，繼續地傳承下去。

關鍵詞：林安梧　船山　易　氣　兩端而一致

---

[*]　臺灣師範大學國文系博士。

前　言

　　在臺灣，能理解林安梧先生的學者不多，面對於林安梧先生之研究，或以其求名心切而視為異端，或以其為創造性之詮釋認為不夠客觀。始終缺乏關注，甚至視若無睹，沒有理解，更沒有討論，種種無視與沉默形成一道道的封鎖，斷絕了學界同道間相互砥礪求道問學的可能。

　　林安梧先生雖亦自認其學思有著創造性之詮釋，然其所謂的創造性，是哲學詮釋學意義下的創造性，這裡頭並非可以主客兩橛地去分斷孰謂主觀孰謂客觀，而是主客合一、過去與現代相綜合下之視域融合，由此而成的經典詮釋，何嘗脫離文獻，何嘗脫離實踐，又何嘗斷開歷史傳統經典與權威之影響。

　　所以林安梧先生一方面提出新的問題與思考來呼應時代困境，一方面又始終不離經典文化。這些年，無論《論語》、《孟子》、《老子》還是《金剛經》，林安梧先生經典講習與翻譯俱有可觀成果，《周易》同樣也是如此。林安梧先生既講伊川《易》，亦講船山《易》，這不僅構成理學與氣學之間的內部對話，同時也讓《周易》之理，透過不同時代之問題，豁顯出道論之傳承與變化。

一、氣論之思維

　　林安梧先生之船山《易》學，可見於其論著《王船山人性史哲學之研究》[1]與《中國近現代思想觀念史論》。[2]首先，應注意的是船山學的氣論色彩。所謂的氣論，強調的是活動義，可上可下之流動，可貫通古今之造化流行。

　　以氣言道，相對於「以心言道」，與「以理言道」，此中可分疏出氣

---

[1]　林安梧：《王船山人性史哲學之研究》（臺北：東大圖書股份有限公司，1987 年初版，1991 年再版）。

[2]　林安梧：《中國近現代思想觀念史論》（臺北：臺灣學生書局，1995 年出版）。

學、心學與理學。此三學各有強調之處，心是就主體能動性來說，理是就超越面的形式性法則之理來說，而氣既不定於心上，亦不定於法則之理，而是貫通形上形下，使天人物我人己通而為一的感通之學。

有別於心學與理學，氣學顯然複雜了些，因為要清楚定義氣並不容易。林安梧先生認為，氣隱含了精神與物質兩端依倚而相互辯證之概念，這既是對比於心物兩端而成的一個辯證性概念，亦是對比於理氣兩端而成的一個辯證性概念，[3]有需思考文脈語境、歷史情境以及天人物我人己之關係方能把握。而這也是林安梧先生獨特之處，其背後是「約定主義」的思考方式，而非「本質主義」的思考方式。

思考方式有別，看待問題便會有很大不同。近代自五四運動以來，有濃厚的反傳統主義，有人認為舊傳統的問題很大，唯有西化方能使中國現代化；與此相對，應運而生的新儒家哲學，則反應出中國傳統實有可貴之處，應以中體西用之方式，保留中國道德之學，學習西方之科學。此中，無論反傳統立場還是護傳統立場，其實都是「本質主義」的思考，雙方都認為只要方法對了，就能留住有用的東西，問題便能一勞永逸。事實上，這只是人們常有之預期，甚至可說是一廂情願，人間世永無可能出現一勞永逸的萬靈丹。

不過，在面對民族危機國家存亡之際，新儒家所標舉的心學並非毫無意義，在悲慘混亂的年代，心學所強調的主體心靈之貞定，給了人們一個救贖的方向，一個安身立命的可能。所以儘管那個時代飽受苦難，但依舊活得有尊嚴，他們始終相信人有著人之所以為人的價值，而那便是良知。

但我們應當理解，以牟宗三先生為代表的良知學，是在那樣的時空背景下，方有這般解釋，有所見亦有所不見，這也不單牟先生如此，當代大哲多是如此，此為時代限制使然。然而，新儒學發展至今，問題意識始終未脫離過去，未能與現代作出恰當的呼應，其思維方式，仍舊是本質中心取向。一

3　林安梧：《王船山人性史哲學之研究》（臺北：東大圖書股份有限公司，1987 年初版，1991 年再版），頁 101。

方面強調心性修養，強調內聖之學；另一方面，認為人皆有道德之保證，問題在於能否復歸其性。亂世之所由，多歸結於道德淪喪，一旦有了道德，多數問題便能迎刃而解。

　　顯然的，這理論之中充滿預期，而與現實有著距離。世道之所以亂，關乎制度、環境、經濟條件、教育方式以及權力世界的運作關係，世衰道微固然關乎道德風氣，但絕非道德穩立便能天下太平。「無事袖手談心性，臨危一死報君王」便是最切之寫照。明代之殷鑑不遠，新儒學的傳承者們卻始終忽略這個教訓。更何況自許道德標榜道德者，就真的「道德」嗎？很多時候將理念訴諸為一神聖不可侵犯之境地，勢必失去對話與檢驗的可能，如此，最神聖的東西，也可能是最魔鬼的東西。所謂的「以理殺人」，便是如此。且當良知學遭遇到外在困境一籌莫展時，很容易落入自我質疑的道德自虐，認為事情無法解決單純是自己修養不夠。因此，無論是道德的神聖性，還是道德之自虐，都無法正視問題之複雜性。為何如此？因為人本身就是複雜的存在，社會、國家、文化皆是如此，絕非一「本質」思考下之藥方，便能藥到病除。

　　林安梧先生言氣學，是道論之思考，亦是場域之思考。言場域，是就生活世界之展開而言，這可用天地人三才思想來思考，而非以「人本位」為中心來思考，上有天，下有地，人參贊其中，有天則顯普遍、根源與法則，有地則顯現實具體之生長，而人居中其中，參贊其幾，顯現其理。言道論，則是就根源而言，理解萬物之所由，本性之所由來，無非道體之造化，人在道體造化流行之中，是作為一參贊者存在。人由道而來，人有弘道的可能，但是「人」不就等於「道」，「人」生而有稟賦，但亦有其限制，此萬物皆然，人不可能說「超越」便「超越」，說「當下」便真的「永恆」，能永恆的是「道」，不是「人」。以氣言道，一方面警惕人們自身限制性之必然，此根源並非一蹴可及；[4]另一方面則提醒人們所從何來，其生命之安宅處在

----

[4]　個體的道德自覺，是相當主觀的感覺，是否真的自覺，是否真的道德其實很難說。所謂的道德，與其說是追求自慊，毋寧說行有不慊於心才是恰當的心態。何況自慊近乎宗教之冥契，誠屬個體經驗，這對于公眾事務之參與與改革，並無直接助益。這才能

於何方，給予一安身立命之方向。這是對於人自身有限性的一再警惕，亦是對於道體根源持續賦予之敬意與追溯。

在林安梧先生看來，氣是心物不二意義下的氣化流行，氣無形，但能有象，因象而定形。此即《道言論》所言：「道顯為象，象以為形，言以定形，業言相隨，言本無言，業本無業，同歸於道，一本空明」。[5]「道」、「象」、「言」、「形」之關係，即參入《易傳》思想，《周易》之卦象，即透過天地諸象之顯現，來演成義理。林安梧先生認為，道為本源，顯現為象，所謂的象，可為道象、氣象、心象、意象，亦可為形象、器象、物象。形象、器象、物象為形、器、物所拘，而道、氣、心、意之象，則未有此限，然又能附麗於形、器、物之上而為象。心象、意象因而通之，則能上達氣象、道象，為何能通，實則心、意與氣、道本不二之故。所以心象、意象能連結形象、器象、物象，又能上遂於氣象、道象，眾象實有因而通之，通統為一的可能。

觀象而有言，言定則形著。這關乎話語系統的形成，以及對象物的具體生成。如果能道、象、言、形，其根連貫，則能即用顯體，承體達用。如果其根不連，彼此相斷，則為失道，話語系統、形著之物便有異化之危機。由此，便容易業力相隨，而有為惡的可能。

林安梧先生言道，主張儒道同源而互補，所以又透過《老子》之「道生一，一生二，二生三，三生萬物」，提出一套詮釋理論。將道、一、二、三、萬物，勾勒出隱、顯、分、定、執等五種狀態。其言「生」，非創生之義，而是取顯現之義，此即船山思想「同有」之謂「生」（同于一有）。[6]由

理解明末有道德冥契經驗者何其多，最後卻落得「無事袖手談心性，臨危一死報君王」的遺憾。

[5]　林安梧：〈「揭諦」發刊詞——「道」與「言」〉《揭諦學刊》第一期，1997 年 6 月。頁 1-14。

[6]　船山曰：「『生』，謂發其義也。陰陽剛柔互言之，在體曰陰陽，在用曰剛柔，讀《易》之法，隨在而求其指，大率如此。」〔明〕王夫之：《周易內傳》（長沙：岳麓書社，2010 年出版），第二冊，頁 621。又船山于《周易稗疏》曰：「生者，非所生者為子，生之者為父之謂。使然，則有有太極無兩儀，有兩儀無四象，有四象無八

隱至顯，就意謂由無分別相，轉為分別相，於是有善惡之分，而當定、執之狀態與道之根源相斷，則業力相隨，形成人間世苦難之來源。因此，如何復歸於道，便是至為關鍵的事。所以又言：「言本無言，業本無業，同歸於道，一本空明」，指出若能復歸於道，則能起治療之作用，能由分別相，回到無分別相。由此便又是無善無惡境識俱泯之空明。《道言論》雖僅八句，卻已融入《易經》、《老子》、《金剛經》三教思想，形成林安梧先生之道論哲學，以及融通三教之意義治療學。

二、歷史人性學哲學

林安梧先生認為船山的人性學乃是一「歷史的人性學」，而其歷史學則成一「人性史的哲學」。其云：

> 歷史人性學是人性史成立的人性論根據，同時人性史亦是歷史人性學落實的時空之場。[7]

船山談人性，不是本質地去論那是善是惡，而是循著實踐歷程，來檢視人性之發展，一方面檢視生活世界，一方面則是理解歷史。人性是可上可下的，有教化之可能，亦有墮落之可能，而此實踐歷程之紀錄便是歷史，歷史與人性是相即不離的。不過，言及歷史，這並不意謂是追求作者原意的考古工作。船山之歷史人性哲學，是古今一貫之相續，用伽達默爾的話說，就是過去與現在之綜合。

卦之日矣。生者，於上發生也，如人面生耳、目、口、鼻，自然賅具，分而言之，謂之生耳。……要而言之，太極即兩儀，兩儀即四象，四象即八卦，猶人面即耳目口鼻；特於其上所生而固有者分言之，則為兩、為四、為八耳。〔明〕王夫之：《周易內傳》（長沙：岳麓書社，2010 年出版），第二冊，頁 790。

[7]　林安梧：《王船山人性史哲學之研究》（臺北：東大圖書股份有限公司，1987 年初版，1991 年再版），頁 27。

　　船山與伽達默爾有一些相類之處，其都強調著人的有限，而這有限性在當下時空環境未必能被察覺與克服。伽達默爾認為當代之判斷往往並不穩定，經典之事物需透過時間方能有所檢驗與理解。如同梵谷在當時不被賞識，而孔子之所以不遇是一樣的道理，有時身處廬山反不識真面目。同樣地，船山所體會的人性問題也需如此看待。當下有其盲點，所以需要借鑒歷史，然歷史非僅原點之追溯，而是古今相續地探求，由此，歷史與人性之理解便上升到了道論之層次。[8]

　　明末清初之諸儒由於反省王學末流之虛玄而蕩，而普遍有著「實學」之要求。實即真實與實用，有求於歷史文獻之真實，亦有求經世致用之落實，前者關乎歷史意識，後者則可關乎心性修養。心性修養尋得是常理常道，歷史意識則是探索流演變遷，一為常，一為變。林安梧先生認為「常」為貞一之理，「變」為相乘之幾，貞一之理透過相乘之幾而開顯，相乘之幾則透過貞一之理而有其定向，兩者是為互相辯證之關係。

　　解讀歷史，同時也是瞭解政治，理解人性，並透過對歷史的批判與反省，提煉出有助於解決今日困境之藥方。所以歷史不是古董般之鑑賞，而是活化石般，古今相續，活學活用。為何能古今相續？因為吾人有「心」，能洞見過去，習得實踐之智慧來創造未來。人由道所生，為萬物之靈天之最秀，作為天地之心，人有著詮釋道的能力，而道則能由歷史之進程來映現。因此船山主張「道器合一」，可理解為形上形下之相即不斷，能由器顯道，以道運器，器是具體的，歷史亦是具體的，能由歷史顯道之律動，再以道啟歷史之機運。所以船山《易》學是經學，是史學，亦是實踐哲學。

　　林安梧先生認為，船山所言之「道」，並非恆定不變，而是在時間中展其自己，是生生不息變動不居的，而此正是《周易》思想之核心所在。《周易》談得就是變化，以及變化中的律動原則，透過卦德之殊異、時位之推移來理解事物變化，而此變化，實非任意之變，變動中實蘊含著造化根源之律

---

[8]　兩者之區別在於，伽達默爾仍側重於理解如何可能之發生學問題，而王船山則專注於如何理解「道」，藉此尋出安身立命之方向。

動。也別於「以〈乾〉為主」之《易》學主張，船山強調「〈乾〉〈坤〉並建」來詮釋這律動之原理，這裡頭蘊藏著兩端而一致之思想。「道」非形上孤絕之理，而是存於天地時隱時顯。太極生陰陽，太極是一致，純陰為〈坤〉純陽為〈乾〉是為兩端，太極強調的是渾一無分別相，〈乾〉〈坤〉則強調的是事態背後總有兩種力量之互濟與張力，其後而有「十二位陰陽嚮背」，透過隱顯之殊異，體現出不同之功能。

　　不過，理解《易》道不能拘於一端，執於一理，船山遵循〈繫辭〉之旨，以《易》道「變動不居，周流六虛，上下無常，剛柔相易，不可為典要，唯變所適」，[9]以天道無窮，而人能有限，人有理解道的可能，但「人」終究不等於「道」，終有「不測」之處，所以，倘若拘於一端，執於一理，而不知繼續理解與探索，則詮釋與實踐終將出現問題。

　　重視歷史，即重視過往之實踐歷程，透過歷史理解的人之有限與人之可貴，透過實踐歷程，則明白這一切非一蹴可及，船山強調「性日生日成」其用意即在此，不可一味求取利根頓悟當下超越，而忽略人文化成之薰陶，現實事態之磨練。歷史是時間之積累，而歷程是讓人持續追索調整的過程，人在理解歷史的過程，其實也正參與著歷史的傳承，人在實踐的歷程，實亦豁顯天道，接續文化傳承之過程。

　　由此，我們可以回顧到船山《易》學。無論是《周易內傳》還是《周易外傳》，船山在演析卦理的同時，無不連結歷史人物歷史事件相印證。對於卦之內外上下，所顯現上下層社會，君民之互動關係，船山皆以歷史經驗作借鑒。所以船山《易》能屬義理《易》，亦屬史事《易》。然此史事《易》，儼然是一中國式的歷史哲學，道論意義下的歷史哲學，非僅關注歷史描述，更重要在於透過人物之得失，事件之成敗，朝代之盛衰，演析出人性之限制與光輝，汲取出通過時間考驗下天人物我通己為一之精神，讓現今的人們得以為資，足以為鑑，作為安身立命之憑藉。

9　〔明〕王夫之：《周易內傳》（長沙：岳麓書社，2010年出版），第二冊，頁605。

三、兩端而一致

　　兩端而一致，是船山學之精微。欲理解船山學，欲理解氣學，必得領略兩端而一致之思維方式。對於兩端而一致，林安梧先生有清楚之描述。其言：

> （船山）論略任何一事物時一定設定了兩個範疇，而又說此必含彼，彼必含此，然後再展開彼此所含的辯證性，而後達到一辯證之綜合；而且綜合又不是由對反之對立而辯證之綜合，而是正負兩端而成之辯證之綜合。這樣的辯證方式一方面保留了「兩端」之各為「兩端」，一方面則又說明此「兩端」必得經由辯證之綜合而達成「一致」。「一致」即函「兩端」，「兩端」即函「一致」，由「一致」而「兩端」此是「辯證之開展」，由「兩端」而「一致」此是「辯證之綜合」；而這是同時進行的，船山所謂「乾坤並建而截立」即指此而為言。[10]

　　這是理解船山思想之關鍵，如果不能理解兩端而一致，一方面可能片面地理解船山學，一方面則可能誤認船山學內部有著思想矛盾。兩端而一致，有兩端，亦有一致，兩端相連並扣緊一致。所以船山思想，時被看作心學，時又被認作唯物思想。其實兩者各有所見，亦有所不見。在林安梧先生看來，船山既有心，亦有物，本是心物不二氣學意義下的思考，此即蘊含兩端而一致之思考。不過，兩端而一致既意味著是一思維模式，那麼便需注意，在不同課題脈絡下便可能衍生出不同之詮釋成果。所以船山心物不二外，還有著道器合一、理氣合一、理欲合一、理勢合一論等思想內容。這思維方式由何而來呢？林安梧先生認為：

10　林安梧：《王船山人性史哲學之研究》（臺北：東大圖書股份有限公司，1987年初版，1991年再版），頁111。

此思維方式乃是船山經由一種「世界的通觀」而獲取的總結。變化中有一不變之道以為對比，否則亦不能顯示出變化。[11]

可以將天下萬變推而為「常」、「變」兩端，而常變是相依待而成的，常中有變，變中有常，兩端歸為一致，一致即含兩端。……此雖為兩端，但並非截然二分，而是辯證之相涵相攝。[12]

兩端而一致無非就是理解世界的一種方式，船山藉此詮釋道，詮釋人間世，而吾人亦應以此理解船山，理解道，理解人間世。此思維啟發自《周易》，船山強調的〈乾〉〈坤〉並建，實即兩端而一致之思考。〈乾〉是純陽，〈坤〉是純陰，兩者代表了這世界兩種性質之元素，亦代表兩種價值意義，〈乾〉如父，〈坤〉如母，〈乾〉〈坤〉並建而有萬物，如同人之有父母是一樣道理。此兩者，既有合作之互濟，亦有對抗之張力，兩者即相即不離，形成造化之動能，由此而談「變」。《周易》是言「變」之哲學，然此中有常有變，變與常是辯證相攝相涵，由兩端之動而有變，有變則能顯動，此是變之哲學亦是動之哲學，變動之本身，實即天道造化之開展。因為變，所以有很強的適應性，道理能於生活世界彰顯，因為有動，所以有成長的可能，具備復歸大本的方向。所以變化中有律動可循，然而人又不應妄自逞能強解天地之大化。船山常言〈繫辭傳〉之「不可為典要，唯變所適」，強調理解、解釋這世界，不可拘於一理來截然定論，天地本是變動不居生生不息，理解天地自然應應循天地之律動來思考。對此動能與方向，林安梧先生認為：

此本末之關係：「究其委」是「兩端」，而「溯其源」是「一致」，

---

[11] 林安梧：《王船山人性史哲學之研究》（臺北：東大圖書股份有限公司，1987 年初版，1991 年再版），頁 89。

[12] 林安梧：《王船山人性史哲學之研究》（臺北：東大圖書股份有限公司，1987 年初版，1991 年再版），頁 89。

兩端實隱含趨向一致的動力，而一致即隱含開想為兩端的動力。[13]

「兩端而一致」並不只是對於經驗的考察或者事物的詮釋方式，更重要的是它乃是道的開展方式。[14]

正因為道之開顯是兩端而一致的，故人亦得以兩端而一致的方式去揭露道之開顯。……既是道開展的方式，亦是人詮釋道的方式，而人又必得通過道之開展而成的歷史去詮釋道。[15]

林安梧先生表達得相當清楚，兩端而一致是解釋世界之生成運作之方式，亦是人理解、實踐、參與這世界生成運作之方式。並非以二元去詮釋這世界，亦非以一元去詮釋這世界，而是既有二元，又有一元，二元關乎一元，形成辯證之相攝相涵來詮釋這世界。為何既言一元，又言二元，此非故弄玄虛之詭詞，亦非籠統含糊之折衷。這關係到太極生兩儀之詮釋，兩儀為陰陽，純陰為〈坤〉，純陽為〈乾〉，〈乾〉〈坤〉並建，而生萬物。太極可視為整全之一元，〈乾〉〈坤〉可視為兩極之二元，太極生兩儀，其「生」是同有之謂生，是顯現之義，而非創生之義。也就是說太極能顯現為兩儀之象，兩儀能俱隱為太極之象。太極強調的是整全渾一無區分之態，而兩儀則強調兩種元素既相對又互濟之運作關係。〈乾〉可為父，〈坤〉可為母，兩者相生，而成萬物。以人觀之，有父母之別，以道觀之，則無分別。此為道體隱顯之關係，透過隱顯之變化，豁顯不同之功能與價值。也不單太極與兩儀為隱顯之關係，船山在談十二位陰陽嚮背，六十四卦之形成，同樣也是視為隱

---

[13] 林安梧：《王船山人性史哲學之研究》（臺北：東大圖書股份有限公司，1987 年初版，1991 年再版），頁89。

[14] 林安梧：《王船山人性史哲學之研究》（臺北：東大圖書股份有限公司，1987 年初版，1991 年再版），頁89。

[15] 林安梧：《王船山人性史哲學之研究》（臺北：東大圖書股份有限公司，1987 年初版，1991 年再版），頁89。

顯關係下之變化。然強調兩端,其要旨在於能彰顯一對比之張力,透過兩種性質之標舉,體現事物間既具對抗又有合作之關係,兩者有別卻又相即不離,相即不離之下,又有趨向「一致」的可能。

所以理解船山《易》學的難處在於,倘若單以以心學方式,或是理學方式對其定義,都不能準確把握其形上形下貫通周流六虛之氣學思維,所以應懂得把握住《周易》「變動不居,周流六虛,上下無常,剛柔相易,不可為典要,唯變所適」之律動原則;同樣地,以唯心論或唯物論,以一元論或二元論,亦不能整全概括船山主客合一、身心一如、心物不二之辯證思維。如果不能整全概括,便可能片面地理解船山《易》學,甚至誤認船山《易》學有著前後不一之思想矛盾。

不過,既言辯證,然這辯證又與西哲之辯證法不同,船山的辯證的相攝相涵,並非正反合下不斷前進的辯證關係,而是能順推亦能逆反的關係。兩端能趨一致,一致能顯兩端。而此變之律則,動之哲學,萬物中,唯人能詮釋,人心有能,能通「三才」,能通貫「天」、「物」與「人」。天即道,物即道生之自然,人則道所開顯而成的人性史世界,萬物中唯人有靈,能理解、詮釋並參贊大道,豁顯這天人物我人己通而為一的感通之學,然這種豁顯,亦非人任意詮釋任意妄為下的豁顯,而是依道而行的詮釋。所以林安梧先生認為,船山秉持兩端而一致對比辯證思維去理解自然、歷史,與自身,同時也詮釋自然、歷史,詮釋其自身。在船山看來,中國道論思想,其本身就是活的東西,在理解道論思想的同時,也是在理解彼此心靈,理解著整個歷史社會文化血脈的過程。所以理解船山學,理解道論,理解中國哲學,並非單純客體對象物之研究,亦非僅是對過去事物的探索,更非僅是停留於人間世之考察,而是主客合一,古今綜合,天地人三才兼備之融合,如此方能準確理解這動之哲學,活之哲學,使其適應於今,並對現今文明之困境提出恰當的回應。[16]

---

[16] 林安梧先生正是基於太極生陰陽之隱顯關係,兩端而一致辯證的相攝相涵之思考下,提出了「存有三態論」。存有三態論,即「存有之根源」、「存有之彰顯」、「存有之執定」三層,是林安梧先生用以詮釋中國哲學天地人三才之關係,裡頭又可細分為

四、理氣合一、理欲合一與理勢合一

（一）理氣合一

　　兩端而一致之思維大略已明，此節便來兩端而一致思考下的理氣合一、理欲合一與理勢合一說。[17]言及理氣，關乎人與天地之關係，此涉及到自然史之觀點。船山有人性史，又有自然史。所謂的自然史，並非是唯物論思考下之自然，是著重於天地造化萬物的角度而言的自然，言及天地，是道化之流行，而非機械式之定律，亦非物種進化論之思考。林安梧先生言：

> 在天之天道之歷史性開展而為自然史，在人之天道之歷史性開展而為人性史。自然史與人性史是對比而相互依待以存的。[18]

此即天之天，與人之天的分別。自然史與人性史區別在於，一個自天開展，一個自人開展，自天開展純任無為，此自然可同道家之自然來理解；而自人開展，「人」是極其複雜的存在，人有其「限制」，卻又有著諸多「可能」，有墮落之可能，亦有自覺之可能，具備詮釋、參贊、豁顯大道之能力。不過，自然史與人性史雖有區別，然兩者卻又非截然二分互不相涉。所以林安梧先生又言：

　　道、意、象、構、言五種狀態，並以隱、顯、分、定、執來表述其特性。說可見於林安梧：《人文學方法論──詮釋的存有學探源》（臺北：讀冊文化出版社，2003年）、林安梧：《儒學轉向──從「新儒學」到「後新儒學」的過渡》（臺北：臺灣學生書局，2006年出版）。

[17] 對此，林安梧《王船山人性史哲學之研究》有專章探討，說見，林安梧：《王船山人性史哲學之研究》（臺北：東大圖書股份有限公司，1987年初版，1991年再版），頁97-130。

[18] 林安梧：《王船山人性史哲學之研究》（臺北：東大圖書股份有限公司，1987年初版，1991年再版），頁38。

　　自然史的世界，依船山看乃是「在天之天道」所開展的世界，這是一
　　個任天而無為的世界，是由陰陽二氣浮沈昇降，氤氳相盪而引出的世
　　界，此世界乃是氣所充周的世界，不過依船山看來，此氣之世界即是
　　理之世界，氣與理是不分的，氣與理是合一的。[19]

　　對於自然史哲學，船山又將倫理性價值之概念，「誠」用來代替
　　「氣」的地位，而開啟了一套價值意味的自然史哲學或倫理意味的自
　　然史哲學。[20]

自然史世界是氣之世界，亦是理之世界，所以此處言氣，並非氣化宇宙論思
維，船山言氣，有物質性一面，亦有精神性一面，是心物不二下的造化流
行，陰陽二氣氤氳相盪所引出之世界，此中既「動」且「變」，絕非預設這
世界背後有一機械般之定律在運作。這可關聯到《周易》世界觀之詮釋，有
論者以《周易》為一大規律，其運作變化皆有固定次序，吾人應該逐一推算
排序，以把握整個變化之規律。這思考背後儼然是部份與整體之詮釋循環，
預設所有變化的背後有一不變律則，而這不變律則，人們有認識的可能，能
對其預測與把握，然而這並非船山所認同的觀點。
　　在船山看來，本無固定律則在於人之上，簡言之，並不存在與人間夐絕
斷裂之形上實體，亦不存在永恆不變之規則。天地有其律動，此律動聯繫萬
物之根源，是為存有之律動、道化之律動，此動有常有變，而與人間世相即
不離，非人間世亦不得顯此律動。然而，人詮釋道化之律動是有多種可能
的，因為律動本身就是一「變的存在」，人亦是「變的存在」，只是此處言
變並非就意指一切事物便毫無道理可言，而是依理勢而變的。所以船山詮釋
《周易》時一再強調〈繫辭傳〉「變動不居，周流六虛，上下無常，剛柔相

---

[19] 林安梧：《王船山人性史哲學之研究》（臺北：東大圖書股份有限公司，1987 年初
　　版，1991 年再版），頁 98。
[20] 林安梧：《王船山人性史哲學之研究》（臺北：東大圖書股份有限公司，1987 年初
　　版，1991 年再版），頁 102。

易，不可為典要，唯變所適」，[21]如果人自逞其能，強解道化之律動，其所得出的大規律，亦已非道化之大規律了。然而，儘管人有其限制，但依舊有感通的可能，有體道之可能。對此，林安梧先生指出船山以「誠」代「氣」，人可以透過「誠」來感通天地貫通自然，使其成人們主體之誠所潤化而成的世界。自然世界經由人們的價值化、倫理化之後成為人文世界，自然世界與人文世界亦因此而通統為一。

有別於朱子之理先氣後，船山強調理氣合一。船山認為氣不只存於在天地自然，亦存於人間世，既不分主觀客觀，亦不分形上形下。而理亦然，本非孤懸一理於人之上，理亦伴隨存有之律動，透過人之詮釋方彰顯出來。對於船山之理氣合一，林安梧先生云：

> 船山所謂的「氣」是通形而上，形而下的，作為本體之體的氣即辯證的具含著理，氣之流行即依理而分劑之，理既具主宰義又具條理義，氣則是本體之體亦復是個體之體，本體之體的氣與主宰義的理合而為一，個體之體的氣與條理義的理合而為一。就本體論而言，理氣為一；就具體實在而言，理氣亦為一。[22]

林安梧先生不僅界定出理、氣各自具備的兩種性質，亦點出理氣之間兩端而一致之關係。氣通形上，故連結本體根源，氣通形下，故不離生活世界，本體根源與生活世界本一體之兩面，皆一氣之造化流行。而此造化流行，有理存焉。理有主宰義，此理通本體根源，故能有所主，作為事物運作的指導原則；理有條理義，可由個體現象，尋出具體之條理規則。理若無氣，則無所掛搭，隱而不顯，氣若無理，則失去調節事物與貫通本源之可能。所以以本體根源言，理氣為一，具體實在言，理氣亦為一。

我們也可以思考，為何船山會有如此多的合一相。這並非話頭之圓融，

21　王夫之：《周易內傳》（長沙：岳麓書社，2010 年出版），第二冊，頁 605。
22　林安梧：《王船山人性史哲學之研究》（臺北：東大圖書股份有限公司，1987 年初版，1991 年再版），頁 105。

亦非理路之矛盾。吾人需精確分析事物，然亦需清楚，有些事物之所以不能被截然定義，就在於其事情本身即是一互動往來之關係，是一動態的綜合狀態，此狀態實為兩端而一致辯證之思考。所以用兩端而一致來思考，並非含混概括籠統折衷，而是事情本身即是動態之綜合，需本末相即，體用相函，方得有整全認識。這狀態看似模糊，亦關係到語言符號功能之限制。因此，理解理氣，理解兩端而一致，理解這動態之綜合狀態，亦須主體之參贊實踐，方能有深入之領會。

（二）理欲合一

　　言及主體，便涉及到人與本能之關係，此即理欲合一之課題。船山並不反對欲，欲是很自然的需求，該戒慎的事有二，一是「遏欲」，一是「私欲」。前者指當人縱其一欲時，其實同時也遏止其他欲求之滿足；後者則指出，當人徒求一己之私欲，卻罔顧他人權益時，這才為惡人世。「遏欲」是就個體自身而言，一旦被某欲求綁住，其實就限制了其他可能，且過度滿足單一欲求，生命同時已失去自由；「私欲」，是從欲求之視點，由私到公，做一對比性思考。就如孟子並不反對齊宣王之「好貨」、「好色」，而是認為，若能「居者有積倉，行者有裹糧」、「內無怨女，外無曠夫」，能夠與民同之，則「好貨」、「好色」又何妨。[23]所以船山理解「欲」，一方面關乎個體內在之調節，一方面則又扣緊人與人，人與群之間如何恰當分配之問題。調節與分配，「欲」便與「理」緊密連繫起來。「理」關乎自身之省覺，亦關乎眾人之安頓，所以船山言私欲，卻不言公欲，由私到公，由個體拉到群體之關懷時，那已非「欲」可概括，而是公理之設想。

　　船山也不單將理欲關聯起來談，其言「氣」、「性」、「才」、「情」、「理」、「欲」時，亦將諸概念縮合起來來思考，所以理解船山之心性論，應注意這些概念並非透過分析界定就能理解，而應視其脈絡，循其關聯性來理解。林安梧先生云：

---

[23] 朱熹：《四書集注》（臺北：大安出版社，1996 年出版），頁 301。

> 船山並不以一種分析而斬截的方式來論斷以上各層次的不同，他從辯
> 證之相生相函的觀點，將以上各個層面綰合起來，成為一個辯證的連
> 續譜。[24]

這顯然與朱子標榜理為首出，以及陽明標榜心為首出之理路不同，船山並不做這樣的強調。但是，船山學中，心重要，理亦重要，透過一氣之感通，將心、性、情、才、欲、道、理貫通起來。對於彼此之關係，林安梧先生有做一圖示如下：[25]

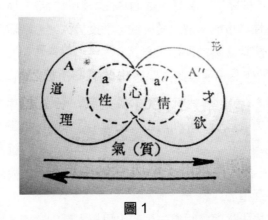

圖1

筆者大致歸納林安梧先生幾個要點，做一小結：

　　1、氣氤氳相盪，搏聚成形，此即是質，氣生質（性氣），質還生氣（才氣）。性氣為太和之氣，普遍而根源，實有生動；才氣則為同異攻取，各從其類，有通塞精粗之別，成於一時升降之氣。氣聚為形，形中之質函氣，氣又函理，人之生，皆有理、性、形、質、氣。性氣全然皆善，才氣則函不善

24 林安梧：《王船山人性史哲學之研究》（臺北：東大圖書股份有限公司，1987 年初版，1991 年再版），頁 109。

25 圖為林安梧先生製。翻攝自：林安梧：《王船山人性史哲學之研究》（臺北：東大圖書股份有限公司，1987 年初版，1991 年再版），頁 117。

因子。**26**

　　2、情為性與欲之中介。「欲」時與「才」通，「才」強調所具之「能」。「欲」強調此「能」發動之「幾」。「性為情之藏」，**27**情與性辯證相函，體用相函，性為情之根源，情為性之擴充與發展。喜怒愛樂的背後，時能與本性相連，所以正確的修行，不是壓抑喜怒哀樂之種種情緒不為所動強作鎮定，而是當喜則喜當怒則怒，喜怒哀樂分明才是恰當的修行。此正合船山《周易外傳》所云：「性情相需者也，始終相成者也，體用相函者也。性以發情，情以充性；始以肇終，終以集始；體以致用，用以備體。」**28**情需性來調節，性需情來顯發，透過真性，方有恰當之情來抒發，透過真情，方有顯露真性之可能。情上受於性，下授於欲。性情辯證之相函，理欲亦辯證之相函，辯證之關鍵則在「心」。**29**

　　3、「心」是作為感通彼此之樞紐而存在。不過，此心又有道心與人心之別。道心能函人心，人心非能函道心。一如性與情之關係，人心是資道心之用，人心又函道心之中。此亦辯證之相函，但又以性為主，以道心為主，故強調人心非函道心。人心統性（人心是情但統性），道心統情（道心是性卻統情）。道心統人心而人心統道心，統有二義，前為主宰義與後為通統義。道心主人心，人心通道心。**30**

　　這也是林安梧先生與曾昭旭先生船山學根本區別之處，曾昭旭先生強調的是「心」之意義，而林安梧先生強調則是「道」之意義。前者心學意義濃厚，認為一切之發用皆不離於吾心，吾心具道德創生之可能；後者則是典型之氣學色彩，認為人心有能，但人終是有限之存在，應對自身之有限持續警

---

26 林安梧：《王船山人性史哲學之研究》（臺北：東大圖書股份有限公司，1987 年初版，1991 年再版），頁 109。

27 王夫之：《詩廣傳》（長沙：岳麓書社，2010 年出版），頁 327。

28 王夫之：《周易外傳》（長沙：岳麓書社，2010 年出版），第二冊，頁 1023。

29 林安梧：《王船山人性史哲學之研究》（臺北：東大圖書股份有限公司，1987 年初版，1991 年再版），頁 110。

30 林安梧：《王船山人性史哲學之研究》（臺北：東大圖書股份有限公司，1987 年初版，1991 年再版），頁 112。

惕，對存有之根源永持敬意。[31]船山學之所以不作理之強調，亦不做心之強調，是基於道論思維下，作一互動關聯之思考。所以理關乎欲，氣關乎形，質關乎才，性關乎情，彼此辯證相函，體用相函，構築為一個整體。倘若忽略這互動聯繫，不僅對人之認識不見整全，對道之認識不見整全，對於中國思想天人物我人己之關聯，亦將無所感應而閉塞不通。

（三）理勢合一

理勢合一，是船山著名論點，同樣也是兩端而一致思考下的成果。不同於理氣、理欲，言人與天地，人與本能之關係，理勢談得是人與力量之關係。

形勢、時勢與趨勢，「勢」是人在面對群體時必然會遇到的問題，此關乎力量，所謂的力量，是透過權力運作、輿論動向、風俗變化，與從眾心理等等影響而成，力量匯集而成勢，勢由人所促成，而勢亦推動著人，究竟是人控制勢，還是人為勢所制，有時也說不清。《老子》亦言勢，其言「道生之，德蓄之，物形之，勢成之」，此勢是作為中性意義之存在，老子認為，道為根源，德為本性，形著其體，造就時勢，便能營造出符合人性的成長環境。值得注意的是，這種勢是與道相繫之勢，倘若與道斷裂，那麼便成「乘權作勢」，「勢」便成了作威作福，扭曲人性毫無道理之力量。這種扭曲之力量，歷史屢見不鮮，船山更是身歷其境刻苦銘心。對此，船山與老子思想一樣，將「勢」與「道」關聯起來，不過船山談得是理勢之合一，不同於老子之「虛靜自然」，船山強調的是「以理導勢」。

鑑於歷史，船山點出歷史的發展過程，有「常」亦有「變」。認為應守「常」應「變」，常即是理，變即是勢。何以常是理，變是勢？因為這是透過時間方得出的智慧，倘若拘於一時一地，人往往看不出勢是變動的，而理是經得起考驗的。昧於一時一地之眼界，順從、屈服於勢，是人之常情，所

---

31 曾昭旭先生之船山易學，可見，曾昭旭：《王船山哲學》（臺北：里仁書局，1983 初版（遠景），2008 年初版（里仁））。

以船山才如此強調歷史的重要，透過時間，總能看見，勢如何再強，終不可久，理雖隱微，但終不可屈。所以船山透過兩端而一致之思考，主張以「理」導「勢」，使理勢得以合一。

對於「常」與「理」，船山言「貞一之理」，對於「變」與「勢」，船山言「相乘之幾」。貞定道化之律動原則，來預測、導引、促成時勢，是船山對自身之期許，亦是對未來之期望。由此，我們或許就能理解，身處顛沛流離國破家亡的年代，船山為何還能如此樂觀。那是印證於經義之過程，亦是印證於歷史社會總體印證於天地的過程。在過去，未始不有此大災大厄，然而這始終不能遮掩人性之光輝，未能阻止道統命脈之傳承。且處於亂世，正當用力之時，船山云：

> 在盛治之世，天之理正，物之氣順，而變有所不著。唯三代之末造，君昏民亂，天之變已極，日月雷風山澤，有怨有伏，人情物理，或逆而成，或順而敗，而後陰陽錯綜不測之化乃盡見於象，《易》之所為備雜掛吉凶之象而無遺。……治世無亂象，而亂世可有治理，故唯衰世而後雜而不越之道乃著。而文王體天盡人之意，見乎〈象〉、〈彖〉者乃全也。[32]

船山認為亂世方顯卦變，由此詮釋〈乾〉〈坤〉並建顯為諸卦的過程。在承平之時，事物各安其位，各得其序，所以事變並不顯著。至三代之末，上昏下亂，事變到了極致，天地亦顯變動諸象，文王領略諸卦之象，而作〈彖辭〉（即卦辭），發明得失吉凶悔吝之理。[33]所以亂世正當用力之時，是理解

---

[32] 王夫之：《周易內傳》（長沙：岳麓書社，2010 年出版），第二冊，頁 600。

[33] 船山有「四聖一揆」說。認為伏羲始畫卦，盡天人之理，而筮氏傳其所畫之象；文王繫之〈彖辭〉（即卦辭），發明卦象吉凶得失之判；周公又即文王之〈象辭〉，通達其變而得〈爻辭〉，以研時位之幾微而精其義；孔子又即文王、周公〈象辭〉〈爻辭〉，贊其所以然之理，而作〈文言傳〉、〈象傳〉與〈彖傳〉，又研其義例之貫通與變動，作〈繫辭傳〉、〈說卦傳〉、〈雜卦傳〉，使占者、學者能得其旨歸以通殊

天地變動之機會，亦是理解人性變化之機會。所以無論時局如何動盪，船山始終埋首于經論著述，探求大道之隱微，因為他相信，時勢終會過去，慧命終會相續，「六經責我開生面，七尺從天乞活埋」。

五、結論

這篇文章寫畢，便覺得把許多東西都放進來談，既言儒，又言佛言道，既言氣，又言理言心，既言林安梧先生思想，又言船山學。看似混淆彼此界線，實則在哲學詮釋學的視角裡，林安梧先生之思想與船山《易》學實難分疏界線，所以筆者不是採船山本義確立後，再去描述林安梧先生船山易學的獨特處。而是一併言之，互為表裡得來談。同理，言氣學與道論，其實也就是在談《易》道，只是儒道同源而互補，談《易》，亦談《老》。所以這似無章法的鋪陳，或許恰能服膺著船山《易》例原則中的「不可為典要」，並凸顯出林安梧先生思考之方式與治學之格局，非學術史可限，亦非史學、哲學可限，而是通統為一地融通兼具。

綜觀船山當時的時代問題，就現今來看，其實仍存著相類的問題。在探索船山《易》的同時，其實也一在思考著自身所處的時代問題。筆者身處之臺灣，與明代有著諸多巧妙相似，有著經濟之提昇，普及之教育，與書籍傳播之發達，不僅學人輩出，民間亦有著強而有力的動能，能自力救濟自我療癒，而未必仰賴中央。而臺灣之困境亦如明末，於外強權環伺，於內黨爭不止，國際關係缺乏戰略策劃，臨陣充斥失敗主義，政治面始終糾結於權力問題的惡性制衡。明代不只是亡於清人，更是亡於自己人之間的內耗。現今臺灣社會，最喜區別孰自己人，卻忘了「泰山不讓土壤，故能成其大；河海不擇細流，故能就其深」。

面對現實問題，林安梧先生深恐歷史教訓會再次重演，更深恐道統之延

用。其說可見〈周易內傳發例〉。王夫之：《周易內傳》（長沙：岳麓書社，2010年出版），第二冊。

續，天命之承擔，將就此斷絕。所以講學至今不遺餘力。對於時政更是激切呼籲。林安梧先生詮釋船山《易》，不僅是顯發天道之精微，更深入了歷史來作借鏡，一切用心無非是為現今社會再盡一分心力。

　　談林安梧先生之思想，並非意謂這就是標準答案，《易》道本身就是生生不息變動不居，怎可能逕自以某先生思想作為定論？這是期待透過理解本文後，開啟某種可能，理解道論之可能，對話與砥礪之可能，以及擴大視域與格局之可能。透過談古論今，相信中國哲學不僅能如切如磋如琢如磨地繼續傳承，對於生命困境，亦能給出一條安身立命的方向。

由「意義治療」到「存有的治療」
——林安梧關於異化問題之嶄新的思考

程志華[*]

摘　要

　　「異化」作為人類文明進程尤其是現代化所造成的一種效應，是指人在外馳、追逐對象化的勢用時離開價值根源的存在樣態。林安梧在弗蘭克「意義治療」思想的啓發下，基於「挖掘」中國哲學儒、釋、道三家的相關思想，在其「存有三態論」的理論框架下，對「異化」的形成及「異化」的治療提出了嶄新的思考。即，「異化」乃是「存有的執定」層面的「語言的異化」，而治療「語言的異化」不能從「語言」本身去求解，而當經由「存有的歸返」過程，從「存有的執定」，回到「存有的根源」去求解。由於回到「存有的根源」，因「語言的異化」所帶來的弊端可得以徹底化解。很顯然，「存有的治療」為優長於「意義的治療」之治療「異化」的途徑。

關鍵詞：異化　意義的治療　語言的異化　存有的治療

---

[*]　河北大學哲學系教授、博士生導師。本文係教育部人文社會科學研究基金專案《臺灣「鵝湖學派」研究》（13YJA720004）和河北省社會科學基金項目《牟門弟子研究》（HB09BZX001）的階段性成果。

「異化」作為人類文明進程尤其是現代化所造成的一種效應，是指「人在外馳、追逐對象化的勢用時，不斷在離開自己的價值根源」而成為的「扭曲」的存在樣態。[1]也就是說，人類的社會生活在本質上是實踐的，但實踐卻產生出背離價值根源的結果。就人類的發展來看，「異化」雖不是人類實踐的初衷，但卻是人類文明進程中的不爭事實。對於「異化」之形成與治療，學界已有諸多探討。本文主要介紹林安梧所提出的一個嶄新向度，即由傳統的「意義治療」轉到「存有的治療」，並對「存有的治療」之意義予以簡要分析。

一、「異化」與「意義治療」

「意義治療」本是一個精神醫學的概念，其基本理念是：動物只追求快樂與征服，不懂生存的意義；人則具有探求意義的意願，即要理解生存的目的與意義。然而，這一欲求若在現實生活中受到阻礙，就會引起人心理上的障礙，從而形成精神疾病。鑒於此，啟發患者去發現生活的意義，是「意義治療」的核心。[2]質言之，「意義治療」的核心是幫助患者瞭解存在的意義，從而喚起其責任感，進而確立正確的生活道路。奧地利心理學家維克多・弗蘭克（Viktor Emil Frankl, 1905-1997 年）說：「『意義治療』的任務，在於協助病人找出他生命中的意義，亦即儘量使他隨著分析的過程理會到存在中隱藏的意義。」[3]受弗蘭克思想的啟發，林安梧認為，醫學意義下的「意義治療」實際上可以具有更廣的適用性。即，「意義治療」不僅僅具有醫學上的意義，其理念可以適用到「社會疾病」的治療上。質言之，它可適用於人類實踐過程中之「異化」的治療上，因為「異化」乃人類文明進程中所出

---

[1]　參見林安梧：《儒學革命：從「新儒學」到「後新儒學」》，北京：商務印書館，2011 年，第 166 頁。

[2]　參見〔德〕維克多・弗蘭克著，趙可式、沈錦惠譯：《活出意義來》，北京：生活・讀書・新知三聯書店，1991 年，第 83-88 頁。

[3]　〔德〕維克多・弗蘭克著，趙可式、沈錦惠譯：《活出意義來》，第 88 頁。

現的「扭曲」的存在樣態，即「疾病」。很顯然，林安梧將弗蘭克的「意義治療」作為了一種「公共模型」，以之為參照來思考「人存在的異化及其複歸之可能」[4]的問題。在此意義下，他認為，所謂「意義治療」，是指經由「意義」探索而產生治療作用，即「經由意識的定立及主體的認取」而進行治療。[5]

　　林安梧雖然是借鑒弗蘭克的理論來思考「異化」問題，但他同時認為中國傳統哲學蘊涵著豐富的「意義治療」資源；這些資源如得到「挖掘」，進而發揚光大，可以貢獻於全人類。他說：「儒、道、佛的心性道德思想蘊涵著豐富的意義治療思想，其諸多詞語概念跟現代西方的文化心理學、完形心理學如何能夠接通，如何能夠對話，我覺得這實在非常艱難，但必須要去做，……」[6]當然，「挖掘」這些資源的現代意義並不是一件易事。對此，林安梧多年來致力於斯，將儒、佛、道三家所具有的「意義治療」思想予以了系統疏解。關於此，他說：

> 筆者十餘年來，日日關切者唯在如何面對人存在之異化狀況，如何深入中國文化傳統，針對此異化狀況作出縱深度的分析，並探求此異化之轉化與再生之能力。[7]

關於儒家，林安梧認為，其所主張人的精神安頓依賴於三個脈絡：一是家庭。在儒家看來，家庭是人最基本的生活「場域」，人與家庭存在著生命和情感的雙重關聯。因此，「孝」、「悌」概念非常重要：「孝」是對生命根源的崇敬，「悌」是順著生命根源而橫向地展開。在這個脈絡之下，由

4　林安梧：《中國宗教與意義治療・序言》，臺北：明文書局股份有限公司，2001年，第 1 頁。

5　參見林安梧：《中國宗教與意義治療》，第 174 頁。

6　林安梧：《儒釋道心性道德思想與意義治療》，《道德與文明》2002 年第 5 期，第49 頁。

7　林安梧：《中國宗教與意義治療・序言》，第 13 頁。

「孝」、「悌」概念出發，便引發了一個究極的概念——「良知」。二是「天道」。儒家認為人與天地造化有一種「冥契」關係，即「天道」與人的「心性」具有同一性。因此，只要人做深刻的內省，就可以企及「天道」。三是「道統」。儒家將宇宙造化根源的價值性與人類歷史連結在一起，從而形成為一整套文化教養系統，即「道統」。總的看，這三個脈絡各有不同側重，亦表現為不同的層次，但又是緊密相連的：「良知」是內在的心靈力量，「道統」是歷史的根源性力量，「天道」是宇宙造化根源的力量；從心靈的力量到歷史「道統」的力量再到宇宙造化根源的力量是貫通的，它們之間其實乃構成為一個共同體。在儒家看來，人的精神安頓須置於在這樣三個脈絡之下，否則就會產生「異化」現象。[8]因此，對於「異化」之治療，也須放在這樣三個脈絡之下來思考。對此，林安梧說：

> 這種思維向度會促使個體在思考問題時更為深思熟慮，人生在世，就要擔當社會責任，如此才能獲得生命的意義。當然，如果沒處理好，也可能會被層層羅網束縛。[9]

在林安梧看來，道家的思路恰與儒家相反：道家認為，是因為「文飾」太過才造成了人類實踐的「異化」，故必須去除「文飾」而回到「自然無為」的狀態，「異化」才能得以治療。即，人不應被語言文字符號系統所形成的文明所「遮蔽」，而應把「遮蔽」打開以回歸於本來的「自然之明」。林安梧說：「道家認為，天地人我萬物所形成的這個場域本身就擁有一個自發和諧的次序，人不應去破壞這個次序，而應該去參與促成這個自發和諧的次序。」[10]因此，人最重要的不是在世間建構什麼偉業，而應該是回歸自然而真實地生活。具體來講，萬物的存在是經由人們的話語系統所形成的存在，即，任何存在都是經由話語系統的「介入」，經由主體的「對象化活動」之

8　參見林安梧：《儒釋道心性道德思想與意義治療》，第 44-45 頁。

9　林安梧：《儒釋道心性道德思想與意義治療》，第 45 頁。

10　林安梧：《儒釋道心性道德思想與意義治療》，第 45 頁。

後，才使得對象成為決定的「定象」。也就是說，人間的「善惡」、「是非」、「美醜」等一切價值判斷，都是人們通過話語系統而「論定」的。此乃道家之「名以定形」[11]、「言以成物」[12]之真正含義。在此之前，「對象」與人們的生命是渾而為一的、「歸本於無」的狀態。因此，若回歸至還沒有「論定」以前，所有價值判斷及由此所造成的弊端便可迎刃而解。很顯然，道家的思想對於「異化」的治療有著積極意義。林安梧說：

> 有道家這樣的一個思考，就能給人以精神慰藉，保存實力，從自己真實的存在狀況出發來處世，才能更好地開啟新生，獲得人生的意義，實現人生的價值。[13]

依著林安梧的理解，佛教的思考與儒家和道家均不同，它乃從「意識分析」入手，認為「任何一個存在之為存在」，「都和心靈意識有密切關係」。或者說，「由於心靈意識的活動」「及於物」，才使得事物能夠成為事物。[14] 具體來講，事物之成為「存在」經過了由「境識俱泯」到「境識俱起」再到「以識執境」的過程。因此，人們可以經由修行的工夫，讓意識活動回溯到本身，即經由「以識執境」回到「境識俱起」再回到「境識俱泯」的狀態；由此「存在」便不再會被欲求、貪婪及煩惱所控制，即「異化」便可被徹底地治療。在佛教，洞察事物存在為「空無」的智慧即「般若智」，或者說，「般若智」就是「能夠觀空的智慧」。[15] 人一旦具有了「般若智」，由於能夠視心、佛、眾生本無差等、通同為一，便會從內心升起一種「同體大悲」的意向；而這種意向自可化解由欲求、貪婪及煩惱所導致的「異化」。很顯

---

[11] 王弼注：《老子道德經（外一種）》，上海：上海書店，1986 年，第 14 頁。

[12] 參見王志銘編：《老子微旨例略、王弼注總輯》，臺北：東升出版事業公司，1980 年，第 5-6 頁。

[13] 林安梧：《儒釋道心性道德思想與意義治療》，第 46 頁。

[14] 參見林安梧：《儒釋道心性道德思想與意義治療》，第 46 頁。

[15] 參見林安梧：《儒釋道心性道德思想與意義治療》，第 47 頁。

然，佛教與儒家、道家一樣，均主張回溯到源頭去思考治療「異化」的途徑；但不同的是，儒家和道家均討論宇宙造化根源問題，而佛教卻迴避了這個問題。依佛教看來，要去瞭解煩惱和思考解開煩惱即「異化」，不必進行形而上的追溯，而是通過修行來證得「涅槃」，即回歸「境識俱泯」的「涅槃寂靜」狀態即可。由此來看，佛教的「意義治療」在本質上乃是一種「意識治療」。對此，林安梧說：

> 佛教這套思想給我們一個很大的啟發，也就是當我們面對任何一個艱難困苦的時候，我們應該好好去瞭解煩惱的特性是什麼，這個特性很可能就是因為我的心靈意識的執著，由我這個執著帶來了我的貪取、佔有、利益等；因此把我團團縛住，故應該把我內在的那個心靈的執著解開。如果把心靈執著解開以後，那才有一個真正復原的可能。[16]

在林安梧看來，儒、釋、道三家之視角是不同的：儒家認為，主體之「我」可以上通於「天道」，從而契及於造化根源；亦可以尚友古人，從而與歷史根源相契結。概言之，儒家強調「主體自覺」的承擔，基本精神是「我，就在這裡」[17]。道家則反對儒家「主體自覺的承擔」的「勉強」，而主張在「場域」中去思考的「自然而然」。它認為，整個「場域」有一個和諧共生的可能，它不應該被破壞，而是應該去順成，此即為「歸返天地」。道家所開啟的是自然天地的奧蘊，點示的是「場域」的和諧，其基本精神是「我，歸返天地」[18]。佛教的著眼點在於深化意識層次分析，主張意識的「透明性」。因此，佛教強調意識回到意識本身，如此方能去掉執著與染汙，從而達到煩惱如其煩惱、智慧如其智慧的「自在」。概括地講，佛教的基本精神是「我，當下空無」[19]。正是由於上述視角之不同，三家之「意義治療」的

16　林安梧：《儒釋道心性道德思想與意義治療》，第47頁。
17　林安梧：《儒釋道心性道德思想與意義治療》，第47頁。
18　林安梧：《儒釋道心性道德思想與意義治療》，第48頁。
19　林安梧：《儒釋道心性道德思想與意義治療》，第48頁。

主張便不相同：儒家強調「承擔」，道家強調「看開」，而佛教強調「放下」。[20]當然，三家之主張並非完全對立，它們其實乃可互補、互融與互長。林安梧說：「『我挑起』為的是蒼生，回到天地，『看開』一切，終而能『放下』。……『我看開』所以能放下，面對蒼生，『放下』執著，這才能『挑起』。……『我放下』更而能挑起，如如無礙，『挑起』志業，把世界『看開』。」[21]總之，儘管儒、釋、道三家思想有所不同，但它們都具有「意義治療」的意義。他說：

> 對儒、道、佛三家所作的概括各有異同，儒家用「意義治療」一詞，道家用「存有治療」一詞，而佛教則用「般若治療」一詞。但總體來說，皆可用「意義治療」來概括。[22]

二、「異化」乃「語言的異化」

　　關於「異化」問題的思考，林安梧是以其「存有三態論」為理論基礎的。也就是說，他是以「存有三態論」為理論前提來思考「異化」問題的。所謂「存有三態論」，是指「『道』開顯之三態，所成之論也」，具體包括「存有的根源」、「存有的開顯」和「存有的執定」之三種形態。[23]具體來講，「存有三態論」的核心概念是「存有」，而此「存有」不同於西方哲學之形而上的實體性概念，而是指天地人我萬物通而為一的、不可分的「總體性根源」。質言之，「存有」乃是指中國哲學所謂之「道」。在林安梧看來，「道」作為「總體性根源」具有「生發」一切的「功能」，故它存在一

20　參見林安梧：《儒釋道心性道德思想與意義治療》，第 48-49 頁。

21　林安梧：《佛心流泉》，北京：當代中國出版社，2011 年，第 13 頁。

22　林安梧：《儒釋道心性道德思想與意義治療》，第 44 頁。

23　參見林安梧：〈關於《老子道德經》中的「道、一、二、三、萬物」問題之探討〉，《湖北社會科學》2009 年第 9 期，第 116 頁。

個經由「縱貫的創生」到「橫面的執定」的發展過程。[24]所謂「縱貫的創生」，是指由「存有的根源」到「存有的開顯」；所謂「橫面的執定」，則是指由「存有的開顯」到「存有的執定」。林安梧說：「存有的根源」和「存有的開顯」「是就那活生生的實存而有的實踐理念來立說，這是就縱貫的、創生性的層次立說；它不同於就那存有的執定來立說，存有的執定是就那概念機能總體的執取與攝受而立說，這樣的立說是就橫面的、執取的層次來立說」[25]。在林安梧看來，「異化」就產生於「存有的根源」到「存有的開顯」再到「存有的執定」的過程當中。對於這樣一個過程，他進行了具體而詳細的疏解。

他認為，就本體論的意義看，「道」是生養天地萬物的總體根源。不過，「道」並不是最高的、普遍的、超絕的「他者」，而是天地萬物總體的「內在根源」。林安梧說：「將『道』表述之以『總體義、根源義』，此即納『超越義』與『內在義』於其中。」[26]這裡，林安梧之所以強調「道」乃天地萬物的「內在根源」，乃是凸顯其中有一個獨特的要素是「人」。也就是說，「道」既然是天地萬物的「內在根源」，故不能說「道」與「人」無關，即不能說「道」乃超絕的「他者」。質言之，「人」即在「道」之中，而不能設想「人」在世界之外看世界。因此，所謂「認知」，是在天地、人我、萬物中發生的，不是在人展開認知後才「發生」了天地萬物。[27]也就是說，所強調者不應是認知主體，而應是作為天地萬物總體根源的「道」。不過，儘管「道」在根源的意義上具有優先性，但「道」之彰顯卻是緣於「人」這個參贊主體的「觸動」。林安梧說：「當我們說『道』的時候，是天地萬物以及人通而為一的，不過人跟萬有所不同的是人具有靈性，具有參

---

[24] 參見林安梧：《儒學革命：從「新儒學」到「後新儒學」》，第 297 頁。

[25] 參見林安梧：《存有・意識與實踐：熊十力體用哲學之詮釋與重建》，臺北：東大圖書公司，1993 年，第 216 頁。

[26] 林安梧：〈關於《老子道德經》中的「道、一、二、三、萬物」問題之探討〉，第 114 頁。

[27] 參見林安梧：《儒學革命：從「新儒學」到「後新儒學」》，第 305 頁。

贊的能力，就人具有參贊的能力，這時候才會有存有的開顯，道的開顯的問
題。」[28]也就是說，因人的「參贊」實踐，才有了「道」之「開顯」的問
題。他還說：

> 「存有」乃「天地人我萬物通而為一的總體根源」，如此根源本為無
> 分別、不可說，是一隱然未顯的狀態；但它不能停留於此，它必得開
> 顯。因為「存有的根源」有「人」參與於其中，故必得開顯之也。[29]

對於「道」的「開顯」，林安梧認為，它乃是一個由「無」到「有」的過
程。對此，他借用《老子》的相關論述說：「吾以為『道』與『物』，當可
有『道生一，一生二，二生三，三生萬物』之展開過程。此為『隱、顯、
分、定、執』的過程，亦為『不可說』、『可說』、『說其可說』、
『說』、『說之為物』的歷程。」[30]不過，依照林安梧對道家思想的理解，
「道」的「開顯」不是知識論意義的，而是本體論和宇宙論意義的，因為
「道」是「如其自如」[31]地自我開顯。質言之，關於「道」的開顯，林安梧
認為「道生一，一生二，二生三，三生萬物」[32]乃是一個理解的重要視角。
具體來講，在本體論和宇宙論的含義下看，就「整體根源義」說，是「道生
一」；而此「根源的整體」涵有「對偶的動勢」即「翕辟」或「陰陽」，這
是「一生二」；而此「對偶的動勢」必往對象之凝成上發展，這是「二生
三」；再由此「對象之凝成」而成為決定了的定象，這是「三生萬物」。換

28　林安梧：《儒學革命：從「新儒學」到「後新儒學」》，第 296 頁。

29　林安梧：〈關於《老子道德經》中的「道、一、二、三、萬物」問題之探討〉，第
　　116 頁。

30　林安梧：〈關於《老子道德經》中的「道、一、二、三、萬物」問題之探討〉，第
　　113 頁。

31　老子說：「以身觀身，以家觀家，以鄉觀鄉，以國觀國，以天下觀天下。吾何以知天
　　下之然？以此。」朱謙之撰：《老子校釋》，北京：中華書局，1984 年，第 216
　　頁。

32　朱謙之撰：《老子校釋》，第 174 頁。

言之，「道」是就根源義說；「一」是就整體義說；「二」是就對偶性說；「三」是就對象性說；「萬物」乃是對象化活動使其成為對象物。[33]對此，林安梧解釋說：

> 太極便是一切辯證開顯的起點，用另一個稱謂叫「道」。「道生一」指的便是此辯證之為總體而根源，其為不可分也。……「一生二」，「二」指的是辯證的兩端，是翕辟成變，陰陽開闔。「二生三」則指的是此翕辟成變、陰陽開闔之兩端又具體化成一個實體之物，……「三生萬物」則指向所有分殊而又帶有對反矛盾之存在。[34]

需要注意的是，林安梧的上述解釋不僅是「本體論」的，亦是「主體論」意義的。在他看來，中國哲學之儒、道幾家均以「存有的連續觀」[35]為特徵，故其對於「存有」與「價值」持「和合性」的觀點。他說：「在天道論上，儒道本為同源，而在修養工夫、道德實踐上則為互補也」[36]；「不論道家或儒家，其『道論』皆不離人之參贊天地化育，其有所別並非『道論』，而是『人生論』（或者說是『修養論』、『實踐論』）。」[37]正是基於這樣一種認識，林安梧在關於「道」的「開顯」與「執定」的思考中，強調了「人」的重要性，故將「存有」與「價值」結合了起來。他說：「『道論』既為『存有論』，亦是『價值論』，亦是『知識論』，亦是『實踐論』，至於其或有宇宙論，亦是以上之前提下所論之宇宙論，而不是一離於人之參贊而說之宇

---

[33] 參見林安梧：〈關於《老子道德經》中的「道、一、二、三、萬物」問題之探討〉，第 113 頁。

[34] 林安梧：《佛心流泉》，第 168 頁。

[35] 參見林安梧：〈「後新儒學」與中國哲學之未來〉，《馬克思主義與現實》2010 年第 3 期，第 189 頁。

[36] 林安梧：〈關於《老子道德經》中的「道、一、二、三、萬物」問題之探討〉，第 114 頁。

[37] 林安梧：〈關於《老子道德經》中的「道、一、二、三、萬物」問題之探討〉，第 114 頁。

宙論。……如此之『道論』既為客觀之實有，亦不離主觀之境界，蓋存有、價值、知識、實踐皆不離於宇宙，通而為一也。」[38]質言之，對於「存有之三態」，不僅可從本體論、宇宙論去理解，亦可從價值論、知識論去解釋。在此意義下，「存有三態論」所成就之哲學不僅為「總體根源之哲學」，亦為「主體參贊之哲學」。林安梧說：

> 道為總體義、根源義，天地則為場域義、處所義，人則重在主體義、參贊義，如此所成之哲學為一總體根源之哲學，為一場域處所之哲學，為一主體參贊之哲學。[39]

在林安梧看來，若從價值論和知識論的角度看，「道」的「開顯」亦是一個從「不可說」而「可說」、從「可說」而「說出了對象」的歷程。他說：「『道生一，一生二，二生三，三生萬物』是本體宇宙論之發展說，……聯繫著語言哲學來說，則是『不可說』而『可說』，『可說』而『說』，『說』而說出了『萬物』。」[40]具體來講，其一，就「存有的根源」說，「道」是渾合為一的、不可分的整體，本為「空無性」的「不可說」；但「道」卻有「不生之生」的顯現可能，此即為「道生一」。其二，就「存有的開顯」說，「道」既顯現為一不可分的整體，且它隱含一對立面的可能；既有對立面，便會有分別；既有分別，便由「不可說」轉為「可說」；如此「不可說」而「可說」，即所謂的「一生二」。其三，就「存有的執定」說，「可說」必然指向於「說」；「可說而說」即是主體的「對象化活動」，故使對象成為決定了的定象，這即是「二生三」。總的看，「道」是「未顯之不可說」，「一」是「已顯之不可說」，「二」是「未執之可

---

[38] 林安梧：〈關於《老子道德經》中的「道、一、二、三、萬物」問題之探討〉，第114頁。

[39] 林安梧：〈關於《老子道德經》中的「道、一、二、三、萬物」問題之探討〉，第115頁。

[40] 林安梧：《佛心流泉》，第169頁。

說」,「三」是「未執之說」,「萬物」即為「已說之執」。[41]關於這個言說過程,林安梧說:

> 「道」之為「不可說」,即此「道」即為「一」,……此「不可說」不停留於秘藏處,必彰顯之,此彰顯即為「可說」,「不可說」而「可說」,此是「一生二」。……此「可說」必指向於「說」,此是由存有之可能性轉而為必然性,……此是「二生三」。「二生三」的三,此乃承於一之整體性、二之對偶性,轉而為三之定向性,此定向性必指向存在,而經由一主體的對象化活動,使得存在的事物成為一決定了的「定象」,此即「三生萬物」之謂也。[42]

依著林安梧的理解,「異化」就產生於「道」的「開顯」和「道」的「執定」過程中,即由「不可說」而「可說」、從「可說」而「說出了對象」的過程中。換言之,所謂「人類文明」本來應是「因文而明」,即人通過一套語言、符號去理解、詮釋和把握世界。但是,一旦形成為一套話語系統,在「因文而明」的同時就會造成一種新的「遮蔽」;此為與「因文而明」所伴生的「因文而蔽」,「因文而弊」即是「異化」。林安梧說:「當語言的表出困難,思想不得流泄而出,將造成存有的異化。」[43]也就是說,「語言」之誕生乃「存有之對象化」的過程,而「存有之對象化」乃是人進入生活世界所激起、挑起的;由於語言之誕生指向「分別」與「執著」,故語言的建構便是導致「異化」的原因。具體來講,所謂「名以定形」、「言以成物」,指任何客觀對象物都不是既有的存在,而是經由言說、話語所「建構」的存在。因此,凡所謂「異化」都非來自於「存在」本身,而是來自於

---

[41] 參見林安梧:〈關於《老子道德經》中的「道、一、二、三、萬物」問題之探討〉,第112-116頁。

[42] 林安梧:〈關於《老子道德經》中的「道、一、二、三、萬物」問題之探討〉,第115頁。

[43] 林安梧:《儒學革命:從「新儒學」到「後新儒學」》,第240頁。

主體之言說與話語的建構。質言之，「異化」不是「存有的異化」，而是「語言的異化」，因為在經由主體的對象化活動使「形」因「名」而定時，人們因使用語言而將自己的意向、利害、權力、興趣等都融了進去，從而使得「名以定形」活動有了「污染」。關於此，林安梧說：

> 「語言」乃是一種表達，而其表達是表達那存有之所彰顯的事物，這樣的表達乃是一種限定，這即如王弼所謂的「名以定形」。這樣的表達由於橫面的執取所相引拖曳而成的定執之物，造成了所謂的「語言的異化」。[44]

三、「異化」的治療應轉為「存有的治療」

依著林安梧的理解，既然「異化」緣於人這個參贊主體所引發的「存有的開顯」，故要克服「異化」，就須重新思考「人」的「參贊」問題。他說：「廿一世紀不是人在窺視這個世界，也不是人在凝視、認識這個世界，是人必須回到人本身參與這個世界，重新去思考人的定位的問題。」[45]也就是說，既然人的「因文而明」伴生了「因文而蔽」，那麼便應返歸人這個參贊主體自身。具體來講，對於「人」的概念，不能帶著啟蒙的樂觀心態，以為人運用理智就能宰控整個世界。歷史證明，這樣一種樂觀心態帶來了許多弊端，「異化」便是其中不容否認的事實。對此，林安梧主張，不能強調「工具理性」意義的主體性即「理性的主體性」，而應該強調的是「實存的主體性」。所謂「實存的主體性」，是指感通與互動、通而為一基礎上的主體性；這樣的主體性是指「參贊」天地之間的真實存在，即《三字經》中的「三才者，天地人」中的「人」。[46]也就是說，人作為一個在世的「存

---

[44] 林安梧：《中國宗教與意義治療》，第 172-173 頁。

[45] 林安梧：〈「存有三態論」與廿一世紀文明之發展〉，《鵝湖》第廿八卷第八期，第 25 頁。

[46] 參見林安梧：《儒學革命：從「新儒學」到「後新儒學」》，第 74 頁。

有」，它「參贊」而不是宰控天地。在此，「參贊」的意思是「人迎向這個世界」，而「這個世界又迎向人」；在彼此互相「迎向」的過程中，人與世界構成一個整體；就這個整體而言，人乃是「實存的主體」。林安梧說：

> 我注重的是那個天地人我萬物為一的根源之道，但落實則必須經過場域、天地來彰顯。換言之，「天地、場域」是人的主體作用在上頭發生的，並不是人的主體作用了以後它才發生的。[47]

在林安梧看來，要克服「異化」，不僅要回到原來的「人」的狀態，還需要回到原來的「物」的狀態和原來的「神」的狀態。質言之，要回到「如其所如」[48]、「物各付物」[49]或「萬物並作，吾以觀復」[50]的本來的「存有」狀態，即「道」。然而，「道」並不是所有事物之所以可能的、最高的、超越性的、普遍性概念，而是天、地、人交相參贊而構成的「總體性根源」。因此，「道」並不是一個被認識的概念，而是「跨過」認識而「覺知」的「活生生的實存而有」。林安梧說：「由於話語系統的纏繞糾葛相繳使得工具理性的高張成了一種奇特的困境，這困境卻因之讓人得去正視真切的存在覺知，這樣的存在覺知宣稱是要跨過原先的話語中心來思考的。」[51]因此，《道德經》說：「人法地，地法天，天法道，道法自然。」[52]林安梧對此的解釋是：人居於天地之間，是具體的、實存的，此乃「人法地」；地之生長朝向一高明而普遍的理想，此乃「地法天」；這高明而普遍的理想得回溯到總體之本源，此即「天法道」；這總體本源有一自生、自長、自發、自在之

---

[47] 參見林安梧：《儒學革命：從「新儒學」到「後新儒學」》，第306頁。

[48] 老子說：「以身觀身，以家觀家，以鄉觀鄉，以國觀國，以天下觀天下。吾何以知天下之然？以此。」朱謙之撰：《老子校釋》，第216頁。

[49] 程顥、程頤著，王孝魚點校：《二程集》，北京：中華書局1981年，第84頁。

[50] 參見朱謙之撰：《老子校釋》，第65頁。

[51] 林安梧：〈「新儒學」、「後新儒學」、「現代」與「後現代」——最近十餘年來的省察與思考之一斑〉，《中國歷史文化研究》2007年冬之卷，第27頁。

[52] 朱謙之撰：《老子校釋》，第103頁。

調和性的生長機能，此乃「道法自然」。[53]對於「道」的這樣一種「存有」狀態，林安梧說：

> 這時的「存有」就不是我要通過語言文字符號去控制的現象，而是我要參與進去，我要與之生活，相互融通，無執無著，境識不二狀態下的「存有」。[54]

對林安梧而言，「道」是與「場域」、「處所」等概念相關聯的。也就是說，當談「存有」的時候，「存有」就「場域化」了；當談「場域」的時候，人的「覺知」則被帶了進去。[55]然而，人作為一個「實存的主體」，「覺知」是最真實的，它遠比知識論意義的概念要重要。在此意義下，客觀的理性思辨是知識之「所產」的「規格化」，它之所以可能在於之前有個「能產」；「能產」不是一般所以為的邏輯，而即是上述之先於邏輯的「覺知」。因此，不能以「意識哲學」為核心來展開思考，而應超脫主客對立來進行思考；即，不能堅持一種傳統的「主體性思維」，而應進入一種全新的「場域式的思考」。所謂「場域式的思考」，是指「體用一如」的哲學思考；它不是「平鋪的相即而如」，而是經由「縱貫的創生」，進而「平鋪的開展」，最終落實為「存有的執定」。[56]質言之，這種「場域式的思考」不僅是「存有三態論」的學理基礎，而且亦是「存有的治療」的理論前提。在這種思考模式之下，不僅人的定位可得到恰當確定，而且整個「存有」即「道」亦得以明確的「覺知」。此即是對「語言的異化」施以「存有的治

---

[53] 參見林安梧：〈關於《老子道德經》中的「道、一、二、三、萬物」問題之探討〉，第 114-115 頁。

[54] 林安梧：《「存有三態論」與廿一世紀文明之發展》，第 25 頁。

[55] 在林安梧，「覺知」是指超越話語中心的思考。參見林安梧：《「新儒學」、「後新儒學」、「現代與後現代」──最近十餘年來的省察與思考之一斑》，第 27 頁。

[56] 參見林安梧：〈從牟宗三到熊十力再上溯王船山的哲學可能──後新儒學的思考向度〉，《玄圃論學續集》，武漢：湖北教育出版社，2003 年，第 272-273 頁。

療」之義。即,對於「語言的異化」不能從「語言」本身去求解,即不能在「存有的執定」層面去對治,而當經由「存有的歸返」過程,回溯到「存有的根源」,因之而使生命「如其自如」地生長。林安梧說:

> 這「異化」如何處理呢?這便需要再回到「道」本身而獲得治療,回到存有本身而獲得治療。此即我所謂的「語言的異化」,因之轉而有「存有的治療」。[57]

具體來講,所謂「存有的治療」,是指在「存有三態論」的理論之下,「破解」「定執之對象」,「拆除」「橫面的執取」,轉為「縱向之展開」,歸於「平鋪的顯現」,最終回歸「活生生的生命之場」。[58]換言之,真切地去面對「存有的執定」及其伴生的利益、權力、欲求等,經由一種「存有的歸返」活動,溯及原先「存有的開顯」,最終回到「存有的根源」;然後,再「如其所如」地依「存有之根源」「開顯」自己,從而在此「場域」中獲得「蘇醒」與「調劑」,此即為「存有的治療」。林安梧說:「『存有的治療』,是由平常我們橫面的執取所論定的定執之對象反省起的,它經由一種否定性的思考,瓦解了這個定執的結構性之對象,而回到原先之縱向的開展,再而歸返到那平鋪的顯現之場。這是經由否定的思考轉而為平鋪的思考。就此來說,顯然的,這樣的存有的治療法是先於意義的,是先於言說的。」[59]這裡,需要注意的是,「『存有的治療』只是要去除『語言的異化』,並不是要去除『語言』;只是要去除『心知的執著之病』,而不是要去除『心知』,心知與語言之橫面的執取、論定仍是必要的」[60]。對於「存有的治療」的意義,林安梧說:

---

[57] 林安梧:《儒學革命:從「新儒學」到「後新儒學」》,第 205 頁。
[58] 參見林安梧:《中國宗教與意義治療》,第 174 頁。
[59] 林安梧:《中國宗教與意義治療》,第 173 頁。
[60] 林安梧:《中國宗教與意義治療》,第 175 頁。

人跟人之間，人跟物之間，人跟天地之間不是一個定準，而是在我認
識清楚的後頭有個更原初的覺知、場域、存在，這樣的一體狀態，這
裡頭會生發出一個確定性的力量。[61]

顯而易見，一旦回到「存有的根源」，由於「生發」出一個「確定性」的力
量，「因文而蔽」所帶來的「異化」便可得到化解。林安梧說：「一切存在
之對象皆可以還歸於根源之道，道亦可以下委於存在之對象。如其存有之道
而言，以『生發』一語為要；如其存在對象而言，以『回歸』一語為要。因
其生發，走向『執定』，走向『異化』；便須經由一回歸、還復，達到『治
療』。」[62]在林安梧看來，「存有的治療」不僅是一種理論論說，還是一種
方法上的指導。這種方法上的指導的意義在於，依照「存有三態論」的理論
格局，許多傳統思想觀念可得到嶄新的解釋。更為重要的是，這種方法上的
指導是具有多種理論面向的，因為「道」作為萬物之總體根源，其「開顯」
和「執定」具有多面的結構與層次。林安梧說：「這個生活世界並不是渾淪
的洪荒世界，而是圓融周浹的世界，其為圓融周浹是因為它有多面的結構與
層次，以自如其如的自發秩序，共融為一個整體。」[63]基於此，「存有的治
療」可在不同的領域而有相同的價值和作用。具體來講，「存有的治療」可
在個體、家庭、國家以及經濟、文化、社會諸方面施以作用。對此，林安梧
說：

「存有的治療」是一統括的稱呼，其實，它針對著不同的定執，而有
不同的破解與回復的方式。對於文化而言，它可以是文化的詮釋與治

---

[61] 林安梧：《「新儒學」、「後新儒學」、「現代」與「後現代」──最近十餘年來的
省察與思考之一斑》，第28頁。

[62] 林安梧：〈關於《老子道德經》中的「道、一、二、三、萬物」問題之探討〉，第
115頁。

[63] 林安梧：《中國宗教與意義治療》，第175頁。

療；對於社會而言，它可以是社會的批判與重建；對於個人的心靈，它可以是個人心靈的治療。[64]

四、「存有的治療」的理論價值

如前所述，林安梧之異化理論是在「存有三態論」的語境下展開的。按照林安梧本人的說法，熊十力的文本中已包含有關於「存有」的三種形態的思想，其「存有三態論」乃是受熊十力的啟發而建構的。他說：「我想免除主體主義及形式主義可能之弊，故多闡發熊十力體用哲學之可能資源，由『存有的根源』（境識俱泯）、『存有的開顯』（境識俱起而未分）、『存有的執定』（以識執境），等諸多連續一體之層次以疏解『生活世界』與『意義詮釋』之論題。」[65]「我認為當代新儒家的奠基者熊十力的體用哲學，其實隱含這樣一套結構。」[66]這裡，林安梧所強調者乃本體不是一形而上的「夐然之體」，而是作為「場域之始源」的即「眾漚」於自身的「大海水」之體。因此，「儘管熊十力仍然極為強調『本心』的重要性，但畢竟他所重視的是『乾元性海』」[67]。基於「乾元性海」之本體，林安梧通過「存有」的「開顯」與「執定」兩個環節，具體解釋了「異化」的形成。具體來講，任何存在都是經由話語系統的「介入」，經由主體的對象化活動，而使對象成為決定的「定象」。因此，所謂「異化」乃是指「語言的異化」，而「語言的異化」不是「法病」，而是「人病」。既然「異化」產生於「存有的開顯」過程，緣於話語系統的「介入」和主體的「對象化」活動，而非「存有的異化」，即只是「人病」而非「法病」，故對「語言的異化」的治療便是可能的。這是林安梧所謂「異化」乃「語言的異化」而非「存有的異化」所

---

[64] 林安梧：《中國宗教與意義治療》，第 175 頁。

[65] 林安梧：《存有・意識與實踐：熊十力體用哲學之詮釋與重建》，第 108 頁。

[66] 林安梧：《儒學革命：從「新儒學」到「後新儒學」》，第 297 頁。

[67] 林安梧：《從牟宗三到熊十力再上溯王船山的哲學可能──後新儒學的思考向度》，第 272 頁。

「暗藏」的一個重要「玄機」，因為若是「存有的異化」，「異化」便是不可治療的。

　　不過，雖然林安梧的異化理論直接受啟發於熊十力，但他的相關思考卻是以整個中國傳統哲學為資源的。因此，林安梧對儒、釋、道三家的「意義治療」思想多有汲取。其一，對「道」的尊崇是對儒家「天道」和道家「道」相關思想的繼承。就儒家來看，它在強調「天道」的同時，認為人與「天道」可以冥契，故人通過內省而可企及「天道」。就道家來看，「道」作為至上本體，乃「夫物云云，各歸其根」[68]所謂萬物之「根源」。基於這樣一些資源，林安梧通過對「場域」、「存有」等概念的詮釋，將「道」賦之以天地萬物「總體性根源」的含義。其二，關於「異化」產生的思想是對道家「名以定形」、「言以成物」思想的繼承。儘管「言說傳統」是基督教文化之傳統，因為《聖經》記載神是通過「言說」創造世界的，但對於人的「異化」的思考卻不能通過上帝的「言說」來解釋，因為神與人是二分的、「斷裂的」。與基督教文化相類，道家亦認為存在是經由話語系統的「介入」，經由主體的「對象化」活動，才得以成為決定的「定象」的。所不同的是，道家認為「可說」與「不可說」、「言」與「默」不是「斷裂的」，而是連續的。恰是這種連續性，為林安梧經由「不可說」而「可說」、從「可說」而「說出了對象」的過程來解釋「異化」提供了啟迪。其三，化解「異化」的途徑是對儒、釋、道三家思想的共同繼承，因為三家均具有明確的「根源意識」，均主張回溯到源頭去思考「異化」的治療。具體來講，儒家的主張是回到作為道德根源的「良知」，佛家的主張是回到「無意識」的「空」，道家的主張則是回到自然而然的「道」。

　　儘管林安梧對於儒、釋、道三家「意義治療」思想多有汲取，但「存有的治療」與「意義的治療」有根本性的差別。總的看，這種根本性差別表現在兩個方面：其一，主體主義與反主體主義之別。如前所述，「意義的治療」是「經由意識的定立及主體的認取」以進行治療。因此，它強調「絕對

---

[68] 參見朱謙之撰：《老子校釋》，第 65 頁。

者」或整體根源所引發的力量，故其側重於主體性，具有主體主義傾向。
「存有的治療」則指「通過回到那整體的根源來作存有的治療」[69]，即通過
回到「無執著性、未對象化」的「存有」施以治療，故它反對主體主義。其
二，「積極性」的治療與「消極性」的治療之別。「意義的治療」表現為
「積極地」通過「意義」的闡釋以消解「異化」，其所重在「意義」；「存
有的治療」表現為「消極地」通過回歸「存有」而化解「異化」，其所重在
「存有」。關於這樣兩個方面，林安梧說：「存有的治療是一消極性的治
療，而意義的治療則是一積極性的治療。意義的治療強調的是人的主體，而
存有的治療則反對這種主體主義的傾向，而傾向於生活世界的豁顯，及存在
境域感的顯發。……意義的治療是經由意識的定立及主體的認取而成的，而
『存有的治療』則要我們回到『意識之前的狀態』，那是一種主客交融，無
分別相的狀態，它只是一氣之流行而已。」[70]正因為如此，「存有的治療」
乃優長於「意義的治療」。他說：

> 就此來說，顯然的，這樣的存有的治療法是先於意義的，是先於言說
> 的。[71]

基於前述，在林安梧看來，關於「異化」之傳統思考乃是將工作「做倒
了」。即，所謂「異化」，並非來自「存有」本身，而是來自於語言的「建
構」。即，所謂「異化」乃是「語言的異化」。因此，以往將「異化」認定
為「存有的異化」，再施以「意義的治療」，便是將工作「做倒」了。既然
如此，對於「語言的異化」施以「存有的治療」，當為克服「異化」之根本
途徑。他說：「『異化』必與語言相關，『治療』必還歸於『存有』，此即

---

[69] 林安梧：《中國宗教與意義治療》，第 174 頁。
[70] 林安梧：《中國宗教與意義治療》，第 173-174 頁。
[71] 林安梧：《中國宗教與意義治療・序言》，第 7-8 頁。

所謂『語言的異化』與『存有的治療』也。」[72]不過，儘管「存有的治療」
乃為根本之途，但「存有的治療」仍然只是一種理論上的抽象可能，重要的
還在於通過實踐以「善遂」這種可能。用林安梧的話來講，只有「形而上的
保存」還不夠，還需要「實踐的開啟」。所謂「形而上的保存」，是指完成
一種學說的「知識化」與「理論化」。所謂「實踐的開啟」，是指一種學說
在實踐上的落實。[73]也就是說，「存有的治療」對於「異化」來講只是一種
「理論上的克服」，它要在生活世界發揮作用還需要「實踐上的克服」。[74]
因此，不能停留於「形而上的保存」，更重要者在於實踐中去「善遂」這種
可能；否則，「異化」會越來越嚴重，人類文明離開價值根源會越來越遠。
對此，林安梧說：

> 更為重要的問題是，我們如何去善遂這個可能，因為吾人如果沒有去
> 善遂這個可能，那麼，他不但只停留在抽象狀態，而且會再異化成另
> 一物，如此物交物引之而已矣！[75]

---

[72] 林安梧：〈關於《老子道德經》中的「道、一、二、三、萬物」問題之探討〉，第
115頁。

[73] 參見林安梧：《當代新儒家哲學史論》，臺北：明文書局，1996年，第222-223頁。

[74] 參見林安梧：《當代新儒家哲學史論》，第223-234頁。

[75] 林安梧：《中國宗教與意義治療》，第260頁。

《新道家與治療學——老子的智慧》的《老子》詮釋析論

楊自平*

摘　要

　　林安梧教授長年致力儒學及道家思想研究，發展出結合存有學及治療學的老子當代詮釋。本文著重在五個方面：一、關於「新道家」，二、牟先生「境界型態形上學」討論，三、「道」的言說問題，四、存有治療學的建立，五、老子思想的現代運用。「當代新道家」的哲學發展既承繼王弼、郭象等魏晉新道家的成果，並藉由新文獻、新思潮及新方法，結合現今時代問題而有所開展。林氏的《老》學，亦是透過對王弼《老》學的掌握，受牟氏《老》學的啓發，並吸收融合海德格存有哲學的觀點，再配合自身對傳統父權社會及現今公民社會的思考，建構出植基於「公民社會」背景下的「存有三態論」的《老子》學，而其特色便在透過「語言的異化」及「存有的治療」，指出老子思想的意義及對現代社會的啓發。在「當代新道家」的發展具有其重要性。

關鍵詞：老子　道家　牟宗三　林安梧　當代新道家

---

*　中央大學中國文學系教授兼系主任、文學院儒學研究中心主任。

一、前言

　　適逢恩師林安梧教授耳順之年壽辰，多年來謹記恩師期勉認真論學，故不揣固陋，敬謹探討林師老子學專著《新道家與治療學──老子的智慧》，以及〈關於老子哲學詮釋典範的一些省察──以王弼《老子注》暨牟宗三《才性與玄理》為對比暨進一步的展開〉一文[1]所引發諸多重要議題探討，以見出林師對當代老學研究的貢獻。

　　首先須說明的是，林師的《老》學，不是《老子》文獻研究，也不是純粹對老子思想的論析，亦非學術史立場的研究，而是承繼牟宗三先生關心時代問題的精神。牟氏提出當代新儒家的使命在「開新外王」，並指出「新外王」的第一義是要求民主政治，此為形式條件；科學是「新外王」的材質條件，科學是與事功的精神相應的理性主義表現。[2]即此提出中國文化的現代意義在「開出對列格局」，強調正視不同的國家及文化，[3]而現代化的道路在於「轉理性的作用表現而為理性的架構表現」，[4]架構表現即民主政治及科學，是由對待關係而成「對列之局」。[5]並提出道德理性自我坎陷，轉出觀解理性的架構表現。[6]

　　林師並未順著牟氏的進路向前發展，而是「轉向」，轉為「如何由外王而調節內聖」。[7]理由是所面對的時代問題已出現變化。林師云：

---

[1] 林安梧：〈關於老子哲學詮釋典範的一些省察──以王弼《老子注》暨牟宗三《才性與玄理》為對比暨進一步的展開〉，《臺北大學中文學報》第 5 期（2008 年 9 月），頁 47-69。

[2] 牟宗三：《政道與治道・新版序》（臺北：臺灣學生書局，1991 年），頁 15。

[3] 牟宗三：《政道與治道・新版序》，頁 19、22-23。

[4] 牟宗三：《政道與治道・新版序》，頁 23。

[5] 牟宗三：《政道與治道》，頁 51、52。

[6] 牟宗三：《政道與治道》，頁 59。

[7] 林安梧：《儒學轉向：從「新儒學」到「後新儒學」的過渡・自序》（臺北：臺灣學生書局，2006 年），頁 3。

我們所處的時代，已不是牟先生所處的那個時代，因為不同的人，不同的觀念所帶來的問題感不同了。牟先生所處的那個時代，努力地呼喚從「前現代」走向「現代」。可是，人類走到今天，不是呼喚現代化，而是在現代化的學習過程中順暢地與傳統交談、對話、融通、結合。考慮的問題是，傳統文化在現代社會中該當如何，而不是牟先生所考慮的傳統文化如何開出現代化。但是，進入二十一世紀之後，從現代社會中所存在的很多弊病中，人類已經清晰地認識到，要同傳統交談與對話，讓傳統起到對現代化「批判」和「療育」的功能。[8]

正因時代已出現變化，自然有不同的因應之道。關於理想的公民社會，林師認為「公」不是指多數人的意志，而是普遍義的公共意志。林師云：

> 我們的「天」就是「公」，公民社會的公。有益於公道人心者，有益於公共事務者，能滿足公共之利益者，則為是；違反公共利益者則為非，就這麼簡單。……公就是普遍之義，理想之義啊！並不只是肯定多數人之義。多數人的意志，乃至幾乎全部人的意志都不能等同公共普遍的意志。[9]

至於理想的公民便是在公民社會的場域具體實踐自我。林師云：「公民也並不是不注重內在自我完善，而是人的自我完善要放在社會場域，放在天地裡面。」[10]

8　林安梧：〈現代社會需要儒學的療育〉，《深圳特區報》，2015 年 4 月。http://www.rmlt.com.cn/2015/0422/383337_2.shtml。

9　林安梧：〈先做公民，再做儒者：關於公民儒學與社會實踐〉，「臺灣公民實踐教育學會」網頁，2012 年 10 月 24 日。http://taiwancitizens.blogspot.tw/2012/10/blog-post_284.html。

10　林安梧：〈先做公民，再做儒者：關於公民儒學與社會實踐〉，「臺灣公民實踐教育學會」網頁，2012 年 10 月 24 日。http://taiwancitizens.blogspot.tw/2012/10/blog-post_284.html。

在這樣的問題意識下，林師將將老子放在公民社會的時空背景下，透過對老子的深入理解，提出面對時代或解決時代問題的「藥方」。[11]

學界對林師《老》學研究關注點向治療學方面，有不少學位論文以此為論題，[12]足見治療學確實為林師《老》學的一大重點。

筆者對老子思想的研究是從學術史角度切入，故嘗試從學術史立場與林師的論點進行對話，擬由以下議題進行討論：一、關於「新道家」，二、牟先生「境界型態形上學」討論，三、「道」的言說問題，四、存有治療學，五、老子思想的現代運用。期透過不同立場的對話，產生新的火花。

二、關於「新道家」的名相義

林師對「新道家」作出獨特界定，言道：

> 現在以前的道家都可歸作「舊道家」，即是從先秦以前乃至更早的古道教傳統，也就是中國原本就有的巫祝傳統。……稷下黃老的道家，至後來張道陵的天師道，一直到魏晉時候的玄學思想，這中間當然道教與道家都一起在發展，我們姑且將這些都籠統稱之為「舊道家」。……但這並非意味著它們都一樣，其實還是不一樣的。……區別「舊道家」與「新道家」最大的不同就是：「新道家」所面臨的是

---

[11] 林師曾以「心靈藥方」作為書名。參見林安梧：《老子道德經新譯暨心靈藥方》（臺北：萬卷樓圖書公司，2014 年）。

[12] 相關研究，如，張瑋儀：《莊子「治療學」義蘊之分析與展開》（臺北：淡江大學中文系碩士論文，2003 年）。陳瓊玫：《老子治療學義蘊之詮釋》（臺北：臺灣師範大學中國文學系研究所，2006 年）。柯瓔娀：《試論老子療癒思想及其現代意義》（嘉義：南華大學哲學系碩士論文，2008 年）。池竣毅：《老子哲學的當代創造性詮釋研究——以袁保新、賴錫三、林安梧為主》（臺中：中興大學中國文學系研究所碩士論文，2013 年）。白安富：《老子思想治療學應用——對戒毒輔導的哲學反思》（嘉義：南華大學哲學與生命教育學系碩士論文，2013 年）等。

一個現代化的公民社會。[13]

　　之所以提出傳統社會與現代社會的區分，實預設一前題，即思想必須關聯時代問題而言，林師云：「（《老子》）它所著重的是在整個生活世界如何地改善，並經由生活世界的改善，人的生命才能得到一恰當的安頓。」[14]又云：「把『公民社會』與『自然無為』對舉在一起，……也就是把道家放在當下的社會來思考。」[15]因此，林師對「新道家」、「舊道家」的區分是基於「致用」的立場，認為「舊道家」是針對傳統社會出現的問題，「新道家」則重在解決現今社會的困境。

　　林師亦指出「若將魏晉玄學視為『新道家』，那這稱呼可能得改為『當代新道家』；不過因『新道家』之稱呼自來不普遍，今暫以此為區分。」[16]足見林師亦注意到魏晉玄學被稱為「新道家」，只因當時學界尚未普遍採這稱法，故不採用。

　　對於林師從致用層面區分「舊道家」、「新道家」，是可以成立的。但從學術思想發展來看，實區分為原始道家、新道家、當代新道家。原始道家指的是先秦老莊思想，至於新道家當指魏晉玄學。岑師溢成曾云：

　　　　魏晉玄學的發展，基本上是道家思想的復興。它發展的過程，大體上
　　　　可分成兩個階段。第一個階段重視的經典是《老子》，玄學的內容建
　　　　立在「無」的基礎上面。第二個階段重視的經典是《莊子》，玄學的
　　　　內容建立在「無」、「有」的融合基礎上面。第一個階段的代表人物
　　　　和思想就是何晏和王弼的「貴無論」，……第二個階段比較長……在
　　　　這個預備階段裡，代表人物和思想是魏晉之際的竹林七賢（尤其是嵇

13　林安梧：《新道家與治療學──老子的智慧》（臺北：臺灣商務印書館，2010
　　年），頁125-126。

14　林安梧：《新道家與治療學──老子的智慧》，頁124。

15　林安梧：《新道家與治療學──老子的智慧》，頁124。

16　林安梧：《新道家與治療學──老子的智慧》，頁127。

康、阮籍和向秀）「越名教而任自然」的主張。……到了西晉郭象的
《莊子注》和裴頠的《崇有論》出現，第二個階段的發展才算完成。[17]

因此，魏晉新道家是以何晏、王弼、嵇康、阮籍、向秀、郭象、裴頠為代
表，之所以稱為「新」，便是在思想內容及方法的創新。岑氏云：

> 魏晉玄學的主要課題有二：一個是「有」和「無」及其「本」「末」
> 關係的存有論問題，一個是名教與自然的問題。本末有無屬於形上學
> 或存有論範圍，名教與自然則屬於倫理學的範圍。在方法上，是
> 「言」和「意」的問題。……但也有些玄學家，如嵇康，卻重視生活
> 的表現多於思辨的闡發，……形成另一種獨特的風格。[18]

在魏晉之後，唐代成玄英（字子實）的《老》、《莊》注疏，[19]明代釋德清
（俗姓蔡，字澄印，號憨山，法號德清，1546-1623）的《觀老莊影響論》、
《老》、《莊》注，[20]清初王夫之（字而農，號薑齋，1619-1692）的《老子
衍》、《莊子通》、《莊子解》，雖然在《老》、《莊》思想的理解與發揮
上有所新意，但多屬零星論著，無法在魏晉新道家後產生新的影響。

直至現今，學界對道家產生高度關注，形成多元豐富的論述。當代新道
家的出現，一來受到西方哲學思想及方法學的啟發，再者，地下文物的出土
提供新的研究材料，主要有《馬王堆漢墓帛書》的《老子》甲、乙本，《郭
店楚墓竹簡》本，及北京大學藏《西漢竹書》本。這兩項有利因素，讓現今

---

[17] 王邦雄等：《中國哲學史》（臺北：空中大學，1995 年），頁 339。

[18] 王邦雄等：《中國哲學史》，頁 313。

[19] 《新唐書・藝文志》記載「成玄英注《老子道德經》二卷，又《（道德經）開題序訣
義疏》七卷，注《莊子》三十卷、疏十二卷。」〔宋〕歐陽修、宋祁：《新唐書》
（臺北：鼎文書局，1992 年），卷 59，頁 1517。

[20] 釋德清：《觀老莊影響論》（臺北：廣文書局，1974 年）。〔明〕釋德清：《老子
道德經憨山註、莊子內篇憨山註》（臺北：新文豐出版公司，1996 年）。

學者得以發展出具新意的研究成果。

關於「當代新道家」一詞，大陸學者多認為是出於科學史家董光璧於 1991 年《當代新道家》，[21]主要是指受道家思想啟發的科學家，如，李約瑟、湯川秀樹。卡普拉等。但董光璧只是意外第一位提出這個名詞，與真正的道家研究實無關涉。他的貢獻在於引發後來的學者朝此方向努力，如賴錫三所說：

> 雖然我並不同意董先生那種帶有過多想像，企圖將道家世界觀和現代科學理論連貫起來的浪漫做法，因為這將減煞道家對科技宰控的批判力道；但是董先生偶發提出的「當代新道家」這一名相，卻從此長留我心。[22]

袁師保新於 2001 年曾將就當時的道家研究歸成三個方向：「1、道家經典的校勘與訓詁，2、道家思想的流衍與發展，3、道家義理性格的歸判與詮釋。」[23]又指出對道家義理性格的認定主要有兩方面：「1、道家之學究竟有沒有形上學的蘊含？2、如果我們原則上承認道家具有形上學的蘊含，那麼，道家形上學的義理性格究竟應該如何歸判？」[24]又指出港、臺學者主要分成「客觀實有型態」與「主觀境界形態」，前者如唐氏、方東美先生、徐復觀先生，後者則為牟氏主之。[25]賴錫三則歸納「後牟宗三時代」老莊的多元詮釋有四類：存有論、美學、神話學、冥契主義。[26]由此可見，「當代新道家」主要指具有當代特色的道家研究，包括觀點或方法，即如袁氏所云在

---

[21] 董光璧：《當代新道家》（北京：華夏出版社，1991 年）。

[22] 賴錫三：〈自序：走向當代新道家〉，《當代新道家——多音複調與視域融合》（臺北：臺大出版中心，2012 年），頁 ix。

[23] 袁保新：《老子哲學之詮釋與重建》，（臺北：文津出版社，1991 年），頁 277。

[24] 袁保新：《老子哲學之詮釋與重建》，頁 279。

[25] 袁保新：《老子哲學之詮釋與重建》，頁 281-282。

[26] 賴錫三：〈自序：走向當代新儒家〉，《當代新道家——多音複調與視域融合》，頁 xv。

解讀道家經典，致力「撐開融合古今中西的意義脈絡，使道家哲學與當代文明接榫，釋放出老、莊智慧診斷，治療當代人各種文明經驗的力量。」[27]「當代新道家」內容是豐富而多元的，且尚在發展中的當代哲學。當然，其具體成就還得有賴後世的評斷，並論斷是否能稱其為「新」。林師以存有論詮釋老子的研究當然可置於「當代新道家」的學術發展加以討論。

三、以「場域的調解與生發」取代「境界型態形上學」

牟氏「境界型態形上學」及唐氏「實有型態形上學」[28]在「當代新道家」的發展有其重要性。袁氏云：

> 誠如我們所知，在當代老學中，對於老子「道」的歧義性以及由此歧義性所可能導出的理結，應以唐君毅先生與牟宗三先生的反省最為深刻，因為無論唐先生所持的「客觀實有」的詮釋系統，或者牟宗三先生所持的「主觀境界」的詮釋系統，都是建立在慎重的方法學的考慮，以及嚴密的論證之上。[29]

對於這兩類理解進路，林師不贊同僅由「境界型態形上學」或「實有型態形上學」來理解道家，主張「實有」與「境界」是分不開的。[30]對於牟氏所以主張「境界型態形上學」，林師認為是因牟氏「從儒道兩家的主體實踐義的不同，做為立論的根據。」[31]這看法大抵是中肯的。吳汝鈞先生亦曾如此評論：

27　袁保新：《老子哲學之詮釋與重建》，頁 276-277。

28　唐氏〈略辨老莊言道之不同〉云：「在莊子、老子同以道為絕對之真實存在，為天地萬物所由生之根源，而含絕對性。……莊子與老子同以道雖先天地生，然而不是超絕於天地萬物之外，而是遍在於天地萬物之中含內在之普遍性。」唐君毅：《哲學論集》（臺北：臺灣學生書局，1990 年），頁 149。

29　袁保新：《老子哲學之詮釋與重建》，頁 43。

30　林安梧：《新道家與治療學——老子的智慧》，頁 2。

31　林安梧：《新道家與治療學——老子的智慧》，頁 3。

牟先生突破了老子的道的客觀性與實體性，把它視為一種主觀的實踐
境界。這樣道便被從外在的方位收進來，而內在化，成為一種工夫所
達致的境界。這其中確有一種哲學智慧在，也增加了道的工夫的涵
義。[32]

但有一點必須說明，雖然牟氏在《中國哲學十九講》就儒道區分而言，指出
「但儒家不只是個境界，它也有實有的意義，道家就只是境界型態。」[33]然
在《才性與玄理》則就老、莊同一體系下，就義理型態指出二者差別，認為
老子所說的「道」相較下屬「實有型態」，或至少具備此姿態。牟氏云：
「老子之道有客觀性、實體性、實現性，至少亦有此姿態。而莊子則對此三
性一起消化而泯之，純成為主觀境界。故老子之道為『實有型態』，或至少
具備『實有型態』之姿態，而莊子則純為『境界型態』。」[34]即此可見，牟
氏雖然從中國哲學具實踐性的立場提出道家為「境界型態的形上學」，甚至
認為此為儒、道、釋三家共同特色，但也注意到老子亦有不同於西方傳統柏
拉圖所說的理型（Idea）或西方哲學家、神學家所說的上帝意義下的形上
學，而具有「實有型態」的姿態。袁氏作出相應的補充：

通過道家修養所證的「境界」，就其繫於主體實踐而言，固然是主觀
的，但是就其與物一體呈現而言，則「道」所照明的存在界，顯然具
有兩重特性：一是每一存在物生育成長的動力，均內在於自己；二是
這一內在動力只有在不禁不塞、萬物各安其位的情況下，才可能實
現。[35]

在此意義下，實與林師所說「實有」與「境界」是分不開的，似乎並非

[32] 吳汝鈞：《老莊哲學的現代析論》（臺北：文津出版社，1998年），頁263-264。

[33] 牟宗三：《中國哲學十九講》，頁103。

[34] 牟宗三：《才性與玄理》（臺北：臺灣學生書局，1989年），頁177。

[35] 袁保新：《老子哲學之詮釋與重建·自序》，頁2。

全然不同。因此，林師的道家詮釋與牟氏同樣強調「實有」與「境界」分不開，但差別在於林師不特別強調道家為「境界型態的形上學」。

　　林師亦見出牟氏強調老子的「無為」，從「無為」來談「無」（「道」），故進一步主張直接談「道體」，曾云：「但我們若從『道體』說下來，則我們可以說實踐工夫雖然有異，但『道通為一』。顯然地，牟先生的重點在『判別三教』，我的重點則在『融通統貫』。」[36]

　　綜觀上述，林師採取異於唐、牟，甚至「當代新道家」多數學者所爭論的「境界型態」或「實有型態」的爭論，著重在談儒道的共通處，以非分別說的方式來談，談儒道皆言及「道體」，言及人面對「道體」的不同態度與方式，指出：「儒家重在『主體的覺醒與參贊』，而道家則重在『場域的調解與生發』。」[37]又云：

> 而道家強調的並不是這消極義的讓開而已，他更著重的是人的主體讓開以後，由那總體的根源、根源的總體之「道」，能在「天地」、「場域」間有一生發與調節的功用，進而由此而得治療、歸復與生長。

這樣的觀點，雖然與「當代新道家」多數學者同樣關注道家所說的「道」，但思考向度明顯不同，不是談「道」的主觀境界義，或從宇宙論談實有創生，而是強調消融主體，回到天地間，強調道家哲學是場域、處所的哲學。[38]這樣的理解方式，充分展現道家對人類文明的反省，將人放在天地大化間，指出人如何活的更自由、更自然。

　　林師所說的「道論」與「存有三態論」相關聯，所謂「存有三態論」是指是從「存有的根源」→「存有的開顯」→「存有的執定」。[39]林師又指出

36　林安梧：《新道家與治療學——老子的智慧》，頁 3。

37　林安梧：《新道家與治療學——老子的智慧》，頁 4。

38　林安梧：《新道家與治療學——老子的智慧》，頁 18-19。

39　林安梧：《儒學轉向：從「新儒學」到「後新儒學」的過渡》，頁 58。

他所說的「道論」即「存有三態論」，言道：「這個『道』就那生命之源說，其實就是『氣』。這樣來看，兩層存有論是以『本心論』無主，而存有三態論是以『氣論』為核心概念。」[40]

關於林師於牟氏兩層存有論另提出「存有三態論」，其用意是在補充中國哲學有重氣傳統，而非如牟氏過於強調心學傳統。關於這點，個人提出三點不同看法：一、中國哲學包含主心、主理與主氣三系，僅言心或僅言氣實有不足。二、牟氏雖認為心學較近孟子，但亦肯定程朱主理思想，在三系說中，程朱佔有一席之地。三、在中國哲學中形而上的「道」、「理」、「氣」，其實都是指萬有的本源，只是以不同稱謂來指稱，表現其作為萬物之依歸、條理、活動性。

林師所以重視道家的場域哲學，與重氣思想有密切關聯，當然老子「道」部分內容確實有場域的概念，若以氣論來說明老子的道論是否相應，以下將進一步探討。

林師對「氣論」下的註腳是：「氣其實無分形而上、形而下，它是對比於形而上、形而下這兩端的一個辯證性概念。你說它是物質，它又不是物質，你說它不是物質，它又是物質，就是這樣的東西。」[41]此說法是強調氣不只是形而下，但事實上，氣通常指陰陽二氣，就陰陽二氣而言，是形而下的，是物質性的。但為何林師稱氣其實無分形而上、形而下，這是就陰陽二氣的流行中有形上根源作用其間。就此而言，個人以為單稱「氣論」以易遭致誤解，故個人常以「氣本論」稱之。此外，與林師看法略有不同處在於，林師使用的是「辯證性概念」，但個人則是從宇宙論來談，「元氣」或「根源之氣」為萬物的本源，即張載所說的「太虛」，此形上的「元氣」或「根源之氣」分化為形下的陰陽二氣，陰陽二氣的流行變化有「元氣」作用其間。

就《老子》一書來看，老子並未屢言氣，僅三處出現「氣」字：第 10

40　林安梧：《儒學轉向：從「新儒學」到「後新儒學」的過渡》，頁 60。

41　林安梧：《儒學轉向：從「新儒學」到「後新儒學」的過渡》，頁 60。

章「專氣致柔」、第 42 章「萬物負陰而抱陽，沖氣以為和」、第 55 章「心使氣曰強」。這三段文句，說明人與萬物皆有氣的作用。

　　至於「道」或萬物之根源，老子藉由比喻或意象化文字說明「道」的特徵，指出「道」無具體形象，以虛空、深遠等語詞提供讀者對「道」的想像，但又強調「道」具無限性，能無盡發用。如，第 5 章「天地之間，其猶橐籥乎？虛而不屈，動而愈出。」以空袋、管樂氣或吹火之竹具來比喻「道」的虛空、無限性，能無限活動。第 4 章「道沖而用之或不盈，淵兮似萬物之宗。」亦說明「道」的虛空、深遠，用之不盡。第 25 章「有物混成，先天地生。寂兮寥兮，獨立不改，周行而不殆，可以為天下母。吾不知其名，字之曰道。」描述「道」混然而成，無聲無形，運行不已。

　　若從宇宙論角度來看，將「道」理解為「元氣」或「根源之氣」似亦解得通，故林師以「氣論」說明道家的「道」是可以成立的解法之一。抑或如徐復觀先生以生生不已的宇宙創生本體來解釋老子所說的「道」亦無不可，[42]畢竟老子亦有「道生一」、「動而愈出」、「周行而不殆」等觀點。抑或從主理說加以解釋，如袁氏所說的「保證存在界生生相續的價值理序」，[43]亦說得通。

　　既明林師以「存有三態論」解釋老子所說的「道」，接下來須面對「道」的言說問題，及如何落實的問題。

---

[42] 徐氏云：「老子所謂的道，指的是創生宇宙萬物的一種基本動力。我不稱之為『原理』而稱為『動力』，因為『原理』是靜態的存在，其本身不能創生；要創生，後面還需要一個指揮發動者，有如神之類。但老子的道本身，即是唯一的創生者。」徐復觀：《中國人性論史》（臺北：臺灣商務印書館，1969 年），頁 325。

[43] 袁氏論老子的「道」云：「既不宜理解做西方形上學上的『實體』『第一因』，也不宜不揀別地視之為『自然律則』，而應當理解做保證存在界生生相續的價值理序。」袁保新：《老子哲學之詮釋與重建・自序》，頁 2。

四、「道」的言說問題

　　既然林師主張直接談「道」，首先必須面對的便是「道」是否能以言說表達的問題。在《新道家與治療學──老子的智慧》中，林師提出幾個觀點：「道家區隔了『道』與『言』，但兩者又是連續的」，「『道』隱含『可言說性』和『不可言說性』」。[44]在〈關於老子哲學詮釋典範的一些省察──以王弼《老子注》暨牟宗三《才性與玄理》為對比暨進一步的展開〉有更深入的說明。透過對「道可道，非常道；名可名，非常名」及王弼的詮釋，提出對「道」與言說的九點說明。[45]內容如下：

　　1.「道」是可言說的，但經由言說彰顯的「道」已非那恆常不變之道。

　　2.「道」本為「不可說」，因為「道」並不是一被指稱的對象，而是做為萬有一切的根源（包括價值、認知）。

　　3.「道」不是被生者，而是造生者，最重要的造生活動是「話語的造生活動」，此即「可道」。因此，我們說「道」雖為「不可說」，但此「不可說」而「可說」。

　　4.「道」必得經由「可說」而展開，亦必得經由「可說」回溯其源來論此「不可說」之道，這已非前所論之「可說」，而是第二序之「可說」。

　　5.凡此言「道」之「不可說」「可說」皆乃「人」之所為，人於天地萬有一切最重要之活動應是「理解」之活動，由此而有詮釋、實踐諸活動。

　　6.此即《老子》所論之「名」，「名可名，非常名」，這是說「名」是可以「名之」的，一旦「名之」了，就不是「常名」。

　　7.「名」做為一切「名之」之源，這「名」不是可以通過「名之」去說定它的，它做為「名之」之源，但它本身是「不可名」的；或者，它一旦開始了「名之」的活動，就走向了「定名」，這定名就不是「常名」。

　　8.《老子》首章說了「道」與「名」的問題，而以下所論即從「無名」

44　林安梧：《新道家與治療學──老子的智慧》，頁80、13。

45　林安梧：〈關於老子哲學詮釋典範的一些省察──以王弼《老子注》暨牟宗三《才性與玄理》為對比暨進一步的展開〉，頁60-61。

與「有名」為論，這是將「道」論集中在「不可說」與「可說」的關鍵性問題上來處理。

9.蓋「道本無名」，「無名」而「有名」，「有名」而「名之」，「名之」而「定名」。「道」本為「不可說」，「不可說」而「可說」，「可說」而「說之」，「說之」而「說定」。

綜觀上述，林師認為「道」本不可言說，但因「道」是創生者，創生了人，也因此創生了話語，使「道」成為可以言說，進一步由「說之」而「說定」。此說法奠基在道體的創生性，說明了人的存在由道體創生，亦賦予了使用話語的能力。但這樣的論點，對於一般名言是可以說的通，但對於一般名言能否用來說明形而上的道，則須進一步說明。

而這點正是魏晉玄學中的言意之辨，即關於名言能否充盡表達，或能否表達形上的性與天道的問題，王弼於《老子注》外，〈老子指略〉亦針對老子思想中關於形上的「道」能否被言說深入討論。岑師認為「道可道，非常道；名可名，非常名」指出一重要問題：

> 「道」為《老子》思想的核心觀念，若「道」不可用言語來談論，《老子》一書是否還有意義呢？這個問題，《老子》本身並沒有正面處理，王弼卻提出「名」和「稱」的區分，嘗試克服這個難題。[46]

岑師指出，因「名號」會將其所表示的性質分限關聯到它施用的對象上，但「道」是沒有特定的性質分限，所以王弼另外提出「稱謂」。[47]又云：

> 「名號」的根據是它所指稱的事物或對象的客觀性質。以客觀的性質為根據，自然可以產生有溝通功能的名稱。「稱謂」並不依據事物或對象的客觀性質，而僅依據說話者主觀的涉求，……則說話者原則上

---

[46] 王邦雄等：《中國哲學史》，頁351。

[47] 王邦雄等：《中國哲學史》，頁354。

是可以選取任何名稱充作任何事物的「稱謂」。王弼和老子都非常強調「道常無名」，在不得已的情況下要用「道」這名稱時，也一再強調「強名之曰道」，以顯示「道」這個並能表現或表示道本身無定限的特性。……「名號」就是名稱的基本使用，而「稱謂」只是名稱的一種特殊的使用，……「稱謂」只是去除了一定性質分限的「名號」，二者並無本質不同。王弼認為老子一方面用「道」作為道本身的名稱，一方面又指出「強名之曰道」，正表示「道」是個「稱謂」不是「名號」。[48]

這段分析相當精闢，明確指出為何王弼要提出「名」、「稱」的區分，說明老子所以能談論「道」的基礎，對牟氏討論王弼第一章作出相當深刻地開展。[49]

除論及「道」的言說議題，林師進一步探討「語言的異化」，並由此提出「存有的治療」，以下將深入分析。

五、存有治療學的建立

林師曾指出《老子》一書的兩大主題：「語言的異化」與「存有的治療」，並指出此二者相通貫，且因面對「周文疲弊」而起。[50]林師又指出：

老子書的成立，是針對著周文疲弊而提出的治療方針，這樣的一套治療方針，當可以稱之為「文化的治療」，它是對周文疲弊的治療。其

---

[48] 王邦雄等：《中國哲學史》，頁 354-355。

[49] 岑師的論點除見於《中國哲學史》第 15 章第 4 節外，亦可參見氏著：〈王弼之「名」「稱」之辨與名稱的兩種使用〉，收入《東西哲學比較論文集（第二集）》（臺北：中國文化大學哲學研究所，1993 年），頁 585-595。

[50] 林安梧：〈語言的異化與存有的治療——以老子《道德經》為核心的理解與詮釋〉，《鵝湖學誌》第 8 期（1992 年 6 月），頁 31。

實，這裡所謂的「文化治療」並不是說通過一種文化的途境，而去達到治療的效果，而是說老子書的用意，在於達到文化治療的效果。[51]

此說法乃承繼牟氏「周文疲弊」的說法[52]進一步開展的。至於為何稱「語言的異化」與「存有的治療」相通貫，乃因「存有的治療」便是去除「語言的異化」。林氏云：

> 我們一再的提到老子所謂的「存有」並不是一定執的對象之一般的存有，而是一活生生的生活世界，即此活生生的生活世界而為一切開顯的依憑，並即此依憑而自如其如的開顯其自己。又說「存有的治療」只是要去除「語言的異化」。[53]

對於「語言的異化」，「語言」不是指名言，而是「機與機為應」。林師解釋道：

> 「心」之投向外而成為一定執的、執著性的、對象化的機竅，使得這樣的機竅與那些天生的機竅（如耳目口鼻等等）成為機竅與機竅相應而成定執於對象物，為此對象物所牽引而離其自身這樣的機竅。[54]

---

[51] 林安梧：〈語言的異化與存有的治療——以老子《道德經》為核心的理解與詮釋〉，《鵝湖學誌》第 8 期（1992 年 6 月），頁 31。該文後收錄於氏著：《中國宗教與意義治療》（臺北：明文書局，2001 年）第六章。

[52] 牟氏云：「這套西周三百年的典章制度，這套禮樂，到春秋的時候就出問題了，所以我叫它做『「周文疲弊」。諸子的思想出現就是為了對付這個問題。這個才是真正的問題所在。」牟宗三：《中國哲學十九講》（臺北：臺灣學生書局，1999 年），頁 60。

[53] 林安梧：〈語言的異化與存有的治療——以老子《道德經》為核心的理解與詮釋〉，頁 53。

[54] 林安梧：〈語言的異化與存有的治療——以老子《道德經》為核心的理解與詮釋〉，頁 36。

　　當然，林師亦曾使用具有名言意義的「語言」概念，如，林師釋發揮《老子》第一章言道：「在老子看來『語言』並不是一不必要的東西，語言是必要的，存有之道的展開便是通過語言而展開的。……由於不切當的展開而造成了所謂的『異化』狀態。」[55]即此可見，林師使用「語言」這術語有兩種用法：一是指「機與機為應」，一是指名言。

　　至於為何提出「語言的異化」而不採取牟氏所說道家在否定虛文，[56]理由是「語言的異化」更能說明異化的產生，指出問題的根源。林師云：

> 這是因為我們若用「生活世界的異化」或者「文化的衰頹與異化」
> 等，只能說是對於亡其宅的「異化」現象做出了表象的詮釋與描寫而
> 已，並未真正指出其為異化的起因與理由。用「語言的異化」一詞，
> 則一方面可以做為異化狀況的描述語，一方面則亦可做為異化狀況之
> 起源，更重要的則是它可以作為異化狀況之根本因由的詮釋與說明。
> 換言之，「語言的異化」一詞，不但足以說出其「病兆」，亦可以說
> 出其「病源」，更可以說出其「病因」。[57]

因此，林師所說的「異化」實包括心知與感官造成的執迷，以及名言產生的限制。林師對「語言的異化」的反省，確實有新意，思考極深刻，但仍有三點值得商榷：一、「機與機為應」與名言所涉及的是不同層面的問題，前者指心知所起的執著，後者探討的是名言能否表達形上義的「道」。二、心知所起的執著似不宜稱為「語言」，三、言意之辨意義下的名言，恐不得稱為「異化」。

55　林安梧：〈語言的異化與存有的治療——以老子《道德經》為核心的理解與詮釋〉，頁37。

56　牟氏云：「所以他把周文看成虛文，看成形式主義。」牟宗三：《中國哲學十九講》，頁64。

57　林安梧：〈語言的異化與存有的治療——以老子《道德經》為核心的理解與詮釋〉，頁37。

　　「語言的異化」不是不能談，而是將「語言」、「異化」結合老子具有價值意義的名言的相關文獻，包括仁、義、美等價值觀及由之而產生的價值名言的反省，這部分在《老子》一書是非常多的，從這部分來談「語言的異化」較易讓人理解。當然，從這點談「語言的異化」的成因，當然就是林師所指出的「機與機為應」，即出於心知的執著，這點確實是老子所關注的時代問題，是否要特別用「語言」這概念來說，實值得商榷，以其易造成與言意之辨的混淆。

　　甚至，對於「存有之道的展開便是通過語言而展開」的詮釋，除了指以名號的特殊使用來指稱「道」外，尚有「無言」的層面。雖然生活世界需要名言才能指稱事物，人與人才能溝通，但生活世界並非只有名言，甚至廣大宇宙更非只有名言。浩瀚的大海，無垠的天際，寬闊的原野，蓊鬱的山林，處處可見存有的開顯，此便是孔子所說「予欲無言」，「四時行焉，百物生焉，天何言哉！」

　　事實上，老子直接討論名言的限制不多，相較下莊子談的較多，尤其是〈齊物論〉，如，「大言炎炎，小言詹詹」，「言者有言，其所言者特未定也。果有言邪？其未嘗有言邪？其以為異於鷇音，亦有辯乎，其無辯乎？」「道惡乎隱而有真偽？言惡乎隱而有是非？道惡乎往而不存？言惡乎存而不可？道隱於小成，言隱於榮華。故有儒、墨之是非，以是其所非，而非其所是。欲是其所非而非其所是，則莫若以明。」「天地與我並生，而萬物與我為一。既已為一矣，且得有言乎？既已謂之一矣，且得無言乎？一與言為二，二與一為三。」「夫道未始有封，言未始有常，為是而有畛也。請言其畛：有左，有右，有倫，有義，有分，有辯，有競，有爭，此之謂八德。六合之外，聖人存而不論；六合之內，聖人論而不議。」「道昭而不道，言辯而不及」「孰知不言之辯，不道之道？」

　　因此，若欲就道家對名言限制的反省，恐就莊子來談可以談得更深入，老子較著重在破除心知的執著，對名言的反省較少觸及。

　　至於「存有的治療」實將牟氏所說「道家思想背後有個基本的洞見（insight），就是自由自在，……他那個自由不是放肆，……它是一種高級

的修養，所以他講逍遙、齊物、無待。」[58]作更深刻的思考與論述。林師云：

> 我們一再的提到老子所謂的「存有」並不是一定執的對象之一般的存有，而是一活生生的生活世界，即此活生生的生活世界而為一切開顯的依憑，並即此依憑而自如其如的開顯其自己。又說「存有的治療」只是要去除「語言的異化」，……換言之，這個生活世界並不是渾淪的洪荒世界，而是圓融周浹的世界，其為圓融周浹是因為它有多面的結構與層次，以自如其如的自發秩序，共融為一個整體。這麼說來，我們可以說「存有的治療」是一統括的稱呼，其實，它針對著不同的定執，而有不同的破解與迴復的方式。對於文化而言，它可以是文化的詮釋與治療；對於社會而言，它可以是社會的批判與重建；對於個人的心靈，它可以是個人心靈的治療。[59]

林師一方面強調「存有的治療」是針對「語言的異化」及種種執迷的去除，另方面亦指出「存有的治療」著重在歸返到存有自身。林師云：

> 所謂「存有的治療」著重的是歸返到存有自身，自如其如的開顯其自己，而這樣的開顯是一「平鋪的開顯」，而不同於儒家之為一「縱貫的創生」。在這平鋪的開顯裡，老子之所重的是生命的開顯之場的概念——即是「天地」這個概念。[60]

林師「存有的治療」的觀點實可分成兩種治療途徑，一是就心知執迷處對

---

[58] 牟宗三：《中國哲學十九講》，頁 64。

[59] 林安梧：〈語言的異化與存有的治療——以老子《道德經》為核心的理解與詮釋〉，頁 53。

[60] 林安梧：〈語言的異化與存有的治療——以老子《道德經》為核心的理解與詮釋〉，頁 45。

治，此屬於漸教的工夫；二是直接證悟存有之道，當下即是，屬於頓教工夫。就工夫面而言印證牟氏所云道家為實踐的存有論，但似乎忽略了老子強調的「無為」，遂顯出儒家性格。因此，談「存有的治療」的落實，恐需結合老子的「無為」、「無為而無不為」方能將道家特色充分展現。

六、老子思想的現代意義及運用

　　前已指出林師「舊道家」、「新道家」的分別是落在傳統社會與公民社會的區分來說的。因此，林師所關注的不是純知識意義或學術史脈絡下的下的老子思想，而是將老子放在公民社會的時空背景下，透過對老子的深入理解，提出面對時代或解決時代問題的解藥。

　　關於道家思想的現代意義，林師的說法可歸結成以下幾點：

　　1、林師主張從生活周遭做起，安排出自發合理的調節性次序，使人在公民社會裡真正自由自在又能思考總體根源。[61]

　　2、道家在新時代所扮演的角色是「無而能有，有而能無」。[62]

　　3、對於當今思潮的啟發，如，「歸根復命」的女性主義。[63]「無管理的管理」的管理概念。[64]

　　4、道家意義下的治療學──「存有治療」。[65]

　　綜合上述，林師的說法，實透過對現今世界、中國文化及臺灣社會的深刻反省，結合道家智慧，藉由對名言限制及人為造作的反省，向道體的回歸，體悟並效法道的調節與生長作用，使人得以自由自在，為現代人找出安

---

[61] 林安梧：《新道家與治療學──老子的智慧》，頁 162-163。

[62] 林安梧：《新道家與治療學──老子的智慧》，頁 200。

[63] 林安梧：《新道家與治療學──老子的智慧》，頁 226。

[64] 林安梧：《新道家與治療學──老子的智慧》，頁 250。

[65] 林師云：「道家開啟了自然天地的奧蘊，並點示了『場域的和諧性』以『我，歸返天地』作為『存有治療』的切入點。」林安梧：《新道家與治療學──老子的智慧》，頁 268。

身立命及解決時代問題的要法。但林師亦強調並非認為道家最好，儒、釋亦有其作用，只是這代表一種方式，提供更多的思考方式。[66]

這些觀點就「當代新道家」有三點意義：一、面對時代課題深入思考反省，二、掘發道家思想的現代意義，三將道家思想與時代議題緊密連結。對於第三點，個人以為林師將道家的自然無為與後現代社會的多元性及強調對話作了很好的連結。現今世界的各種衝突，無論是宗教、人種、性別、文化、國家等等，皆出於本位觀念，表現出排他性。若能藉由老子思想的啟發，反省各種造作偏執，包容更多的差異，人與人間的隔閡便能慢慢化解。

至於林師的說法是否有所限制，關於這點，雖然就致用層面，似乎予人陳義過高之感，但這其實也是道家思想的特色所在，因道家從根源處立說，本非著重技術層面，這也是道家思想在漢代會發展出黃老之學之故。就現今而言，亦不妨效法漢代黃老思想的方式，以道家思想作為底色，融攝中外古今的思想智慧，形成豐富的時代思潮。

七、結論

「當代新道家」的哲學發展既承繼王弼、郭象等魏晉新道家的成果，並藉由新文獻、新思潮及新方法，結合現今時代問題而有所開展。個人相當贊同袁保新先生對於歷代《老》學的一段說明：

> 從韓非〈解老〉、〈喻老〉到當代前輩的義理闡釋，……每個詮釋系統其實都是詮釋者與經典長期對話所發展出的一個互融的理境。雖然表面上詮釋者每一句話，似乎都是扣緊老子的文獻來說，但是這中間早已摻雜了詮釋者自己的問題意識，以及無所逃地背負著他（或者詮釋者所隸屬的時代）所使用的概念語言的框架。[67]

---

[66] 林安梧：《新道家與治療學──老子的智慧》，頁164。

[67] 袁保新：〈再論老子之道的義理定位──兼答劉笑敢教授〈關於老子之道的新解釋與

　　賴錫三以「多音複調與視域融合」描述「當代新道家」的多元面貌相當貼切，在前輩學者努力下已有不錯的發展。

　　林師的《老》學在當代新道家的發展有其獨特性，強調《老》學的當代實踐。林師透過對王弼《老》學的掌握，受牟氏《老》學的啟發，並吸收融合海德格存有哲學的觀點，再配合自身對傳統父權社會及現今公民社會的思考，建構出植基於「公民社會」背景下的「存有三態論」的老子學，而其特色便在透過「語言的異化」及「存有的治療」，指出老子思想的意義及對現代社會的啟發。

　　這樣的研究向度，提醒吾人正視老子思想不是只談心性修養，智慧觀照，而是可將自然無為的自由思想與我們所處的時代環境結合。但我們也必須留意時代的變化，除關注公民社會的社會公平、正義外，尚有許多重要問題必須面對，例如近期國際間恐怖攻擊事件，及各國所面對的氣候變遷、環境汙染的問題，這些宗教及國家間的衝突及環保問題，可透過道家思想得到那些啟發，是當代學者可致力從事的課題，如此方能使當代新道家繼續發展，為人類社會作出貢獻。

新詮釋〉〉，《中國文哲研究通訊》第 7 卷第 2 期（1997 年 6 月），頁 146。該文後收錄於氏著：《從海德格、老子、孟子到當代新儒學》（臺北：臺灣學生書局，2008年），頁 252。

《太上老君說常清靜經》的
白話翻譯與注釋

李宗定*

摘　要

　　道教經典來源多元複雜，依不同道派的起源承傳，有三洞四輔十二類的分類法，內容則可分為教義、戒規、修煉方術與齋醮科儀等。這些道經或因神授，或為密傳，在傳授、誦讀的歷史傳承中，因種種原因造成對經文的隔閡，必須經由對道經的註解與詮釋，才能開展經文的意義。然而，道經藉由宗教的傳播，影響廣泛且深遠，道經不但具有神聖性，註解者亦多半有傳道的目的，因此透過註解所理解的經文意義，就必須考量註者的詮釋角度與註解方法。在諸多道經中，《太上老君說常清靜經》是一部特殊的經典，全文只有三百九十一字，極為精要簡潔，是許多道門日常習誦的功課。本經約出於六朝末期至唐初，在傳誦的過程中，有不少註解出現，唯本經雖短，註解的角度卻多有不同，甚至謂本經受佛教影響，或雜糅儒、釋思想。近代因文字使用之故，習誦者多半必須透過白話翻譯理解經文意義。於是，白話註本不僅須對原文進行傳統註釋，還得有白話翻譯，甚至再加詮釋，坊間有各種不同的白話翻譯與說解本，學界則有蕭登福與林師安梧兩位教授的譯本。本文主要以蕭、林兩位先生的譯本為對象，討論《清靜經》如此簡短的經文，如何透過註、譯與釋的不同方式，闡明經文意義，以及如何判斷不同註本的差異，乃至白話譯文與原文的關係諸問題。

關鍵詞：太上老君說常清靜經　註釋　詮釋　翻譯　白話文

---

*　實踐大學應用中文系副教授兼副教務長。

一

今日道教住觀道士，於每日早晚皆有誦唸功課，此一修持方式約始於明末清初。清代成書的《道藏輯要》收有《清微宏範道門功課》和《太上玄門功課經》兩種，內容大致相同，規範道士必須誦唸的咒語、經文與寶誥，[1]為道士早晚必須修持的功課。收錄於此兩種功課中的經文，都相當重要。這兩門功課的早課內容中，皆有一部《太上老君說常清靜經》。本經為全真派日常持誦功課，並在領受初真戒時習誦。這部道經篇幅極短，不足四百字，但意蘊卻極為豐富。經文發揮「清」、「靜」兩字，宣講清心靜神，遣欲入靜的修煉方法，最終得入清靜之境，達於真常大道。由於本經經文簡短，易於誦讀，文字亦不深奧，似乎淺白易懂，故流傳極廣，影響深遠。自唐末杜光庭為本經作註，其後出現不少註本，除佚失之外，目前收於《道藏》中有八種，[2]《道藏輯要》有三種，《藏外道書》另收四種。這些註本，多將本經視為修煉法門，唯註者取法各不相同，反映出不同道派與修煉方法的差異。

本經傳衍至今，於民間廣為流傳。不論是道士日常持誦，或信眾誦讀，多是白文本。然本經經文雖簡短，但於一般信眾仍難通讀，儘管古註也多印行，卻又涉及內外丹法，復以文言文為註，難為現今大眾閱讀。故坊間以白話說解《清靜經》並出版成書者，隨處可見。這些出版品多屬於講經紀錄，

---

[1] 關於道教功課，可參見任宗權：〈從《玄門日誦早晚功課經》的形成談《重刊道藏輯要‧全真正韻》之演變〉，收於劉紅主編：《天府天籟——成都道教音樂研究》，北京：人民出版社，2009.8。

[2] 《太上老君說常清靜經》在《正統道藏》中，多隨注文而行，只有白文本一種。在《道藏》中的註本有數種，任繼愈主編《道藏提要》計為七種。（《道藏提要》，北京：中國社會科學出版社，1991.7，頁 447）蕭登福認為其中有一未署名之《清靜經註》一卷，與宋‧白玉蟾分章、元‧王元暉註之《太上老君說常清靜經註》是同一書，故計為六種。依《道藏》體例，應分兩種為宜。此七種皆收於《道藏》（上海書店、天津古籍出版社、文物出版社，1988 年影印本）第十七冊，另外，第十九冊尚有一種題為神峰默然子著的《太上老君說常清靜經頌註》一卷，故共計八種。

相當口語化，只是說解往往夾纏三教，隨意引述，首尾不相連貫，亦無嚴謹的論證，一般信眾讀之，以為能藉以理解經文意義，但可能受講解者觀點左右。茲舉數例證之，有一署名「賴先生」講述的《清靜經》，[3]本書為宣講紀錄，宣講者依《清靜經》經文說講，隨意徵引古今中外名言與時事，並以個人的經歷為例。這種宣講似乎顯示講者博學，但徵引未必相應經文，個人的體會又多流於經驗的陳述。書中引水精子註解，唯白話說解時又未必同於水精子，如書中解「常能遣其欲，而心自靜。」在說解時將「遣」釋為「消遣」，但是在「字解」一項中，又說「遣，是格除的意思。」又引水精子原註，「遣者，逐遣也。」[4]「消遣」、「格除」與「逐遣」並不全然相同，作者並未加以解釋區別。作者復於白話說解時出現諸如：「欲，只有經歷過、只有一個深深的理解被需要。」「太上老君會點一下頭同意我說，『欲』像晨曦的薄霧，東方太陽乍昇，薄霧消散。」[5]這些說解不著頭緒，不明就理。本書於註解經文字詞時已把握不清，更遑論其白話說解的文意不明。

　　再以一部白話說解的《老子常清靜經》為例，[6]此書是作者宣講《太上老君說常清靜經》的紀錄，其宣講亦是隨意徵引儒、釋、道三教經典，並以個人的經歷為例。所徵引經典原文幾乎皆未註明出處，或以「古德」，或以「《道經》、《佛經》」代為出處，且徵引疏於校勘，多有訛誤。對於經文的字意乃至詮釋，多是個人體會，且不斷反覆申說「原古之道」。[7]講者雖強調不立門派，融合各教，但講述方式仍不免以其「原古之道」為高。此外，釋經文字詞意義，或有可商榷之處，如釋「常能遣其欲，而心自靜」

3　賴先生講述，蓮花特書院記錄：《清靜經》，臺中：蓮花出版社，2005.1。

4　同上註，頁 162-163。

5　同上註，頁 148、151。

6　洪寬可：《老子常清靜經》，臺北：原古心靈文化，2001.5。

7　作者雖自述不立門派，不講神秘，並非宗師，但自創《原古祖訓》：「以大自然為師，開啟心靈大寶藏，展現人人本有之大智慧。」宣講「原古之道」，成立出版社，出版佛道經典講錄，並發行月刊。

句，其云：「這個『遣』字，我今天特別查了國語字典，它的意思中有一個
叫作排解的意思。另外一個意思是驅使、差使、指示別人做事，驅使他人，
差遣他人的意思。……那什麼叫做『遣』呢？就是要去除、排解、驅使我們
的『欲』。」[8]若欲了解字詞的原義，翻查「國語字典」並無不妥，然而，
是何種「國語字典」？字典中所列舉解釋，何者為經文中之字義？就得辨明
之。一般人不解文字訓詁之法，只得以現代漢語之語意理解。更遑論「去
除」、「排解」與「驅使」之意義與用法並不同，一概混之，解說自然不
明。

　　再舉一例，一貫道張老前人講述《清靜經》，留下《清靜經十三講》一
書。[9]全書整理為十三講，體例為「本經」、「章解」、「演說」、「引
意」與「附註」五個部份。書中〈凡例〉指「章解」為「經文字解及該章白
話釋義」，「演說」為「老前人引述之內容，除闡釋經義外，對個人修心養
性之法要，作更詳細之引證與說明。」至於「引意」則為聽講記錄者的心
得。[10]是以，書中的「演說」方是張老前人的講座紀錄。其演說亦混雜儒、
釋、道三教，以勸善修道，仁慈寬厚、勤儉淡薄為主旨。演說內容多淺近，
舉生活事例敷衍之。如解「常能遣其欲，而心自靜」，云：「既然知道欲念
的產生是人心墮落的主因，所以我們要有所警惕戒慎，常常做清理的工作，
不要讓欲念的種子在心底生根發芽，那麼心靈自然中正平和，而無分別心，
分別心是心性復明的一大障礙，修道就是要摒除一切分別的界線，這要從日
常生活小細節開始做起。例如：茹素後是否仍有偏食的習慣？有的話，應該
改一改。偏食就是分別心的作用。」[11]這個說解將「遣」釋作格除、清掃，
形象式的比喻要掃除欲望種子，以「無分別心」做為掃除欲望的結果。然

8　同前引書，頁 122-123。

9　張老前人：《清靜經十三講》，臺北：基礎道德文教基金會，1991.1。前一貫道總會
　　理事長張培成，道親尊為張老前人，於民國七十年三月，在臺北進德修業研究所的
　　「經學講座」講述《清靜經》，本書即為講座紀錄。

10　同上註引書，〈凡例〉，頁 1。

11　同上註引書，頁 49。

而，文中直接將「欲望」視同「分別心」，為何「欲望」等同「分別心」？
什麼是「分別心」？並無進一步解釋。其後更以「日常生活小細節」做為
「摒除一切分別界線」的開始，亦無論證解釋。所舉「茹素」之例，亦顯不
類，因「茹素」已是一種分別心，已是一種「偏食」；所謂「茹素後偏
食」，亦難以理解。此外，書中常以拆字釋義，如釋「道」字，謂起始兩點
為日月陰陽，橫筆為「道的本來面目（道體）」，「自」是經明師一點得
道，「辶」則是腳踏實地，自修渡人，[12]並謂此為倉頡造字之深意。中文文
字形義的演變有其過程，須有明確字例與甲今文線索，方為嚴謹，今人常以
隸定後的楷書字體說解，多為附會。這種附會拆字的方法，於宣講佛道或民
間宗教常見，蓋為一般信眾不明文字之理，以拆字說解，能滿足講者「求
知」之欲，並突顯說講者的「學問」。是故，解說多附會，隨己意為之，為
坊間許多白話經解的共同現象。

二

　　白話譯經最大的難題，也是最須具備者，當是譯者得掌握經文字詞的意
義，尤其是上下文，以及全經文意，才不致於誤譯或斷章取義。此外，譯者
亦須具備白話文書寫的能力，方得簡潔流暢的白話譯文。由於《太上老君說
常清靜經》以「歌訣體」的文句組成，[13]近乎詩句的結構，多採四言構句，
間或用韻，又多排比句式，往往具備多層文意，因此將之翻譯為白話文，尤
其困難。若直譯之，許多文意未能突顯；若意譯之，又多有溢乎原文之虞。
是故，相較於坊間譯本，學者從事白話翻譯，最大的不同在於理解經文必有
憑據，於文詞表述與字句構成，亦較清楚明白，更重要的是，對於經文的哲

---

[12] 同上註引書，頁 22。

[13] 據朱越利分類，道經文體多樣，常見十六種主要文體，其中「歌訣體」形式豐富，或
　　三言、四言、五言或七言韻語，或韻散夾雜。此類型道經採用歌、訣韻語形式，便於
　　背誦、誦唸，尤以傳授內外丹道的道經多見，《太上老君說常清靜經》即屬於此種形
　　式。（朱越利：《道經總論》，瀋陽：遼寧教育出版社，1991.12，頁 43）

理意義之闡釋，能有所依循，完整觀照，並非隨意說解。

　　當代學界對《太上老君說常清靜經》進行白話釋譯與疏解者，有蕭登福《清靜經今註今譯》[14]，以及林師安梧《太上老君說常清靜經──經解、譯註、白話翻譯、心靈藥方》[15]。兩書皆有白話翻譯、註釋，林師安梧先生尚有詮釋說解。學界疏解經文與民間的詮釋發揮大不相同，以下從白話翻譯與註釋論述之。茲舉《太上老君說常清靜經》中一段經文為例，原文為：

> 夫人神好清，而心擾之。人心好靜，而欲牽之。若能常遣其欲而心自靜，澄其心而神自清。自然六欲不生，三毒消滅。所以不能，為心未澄，欲未遣也。

此段經文，「人神」、「人心」與「人欲」，構成了一個依序影響的連接形式，即「人欲」牽動了「人心」，而「人心」又擾亂了「人神」。這個順序，已有高下之別，「神」在上，「心」次之，「欲」又再次之。故接著兩句以「遣」、「澄」兩個動詞，說明藉由修煉工夫可以依序從「遣欲」、「澄心」達至「神清」的境界，而「神清」的境界是「六欲」、「三毒」皆不生消滅的。其後又再次從反面重覆一次相同的概念，以「未」之否定詞，說明神之不能清，即未能做到「遣欲」、「澄心」的工夫。經文結構並不複雜，傳述訊息亦清楚，但是如何譯成白話文呢？蕭登福的譯文為：

> 人們的魂魄是喜好清靜的，而心靈卻去擾亂它。人們的心靈是喜歡寧靜的，而慾念卻去牽引它。如果能常遣除私慾，那麼心靈自然能寧

14　蕭登福：《清靜經今註今譯》，高雄：九陽道善堂，2004.1。以下引自本書者，僅註明頁數，不另做註解。

15　林師安梧：《太上老君說常清靜經──經解、譯註、白話翻譯、心靈藥方》，宜蘭：道教總廟三清宮。2015.5。以下引自本書者，僅註明頁數，不另做註解。本書主要內容，作者曾以〈《太上老君說常清靜經》的意義治療學〉一文，發表於《鵝湖》（34:9=405，2009.3，頁33-45）可參看之。

靜。能澄澈自己的心靈，那麼魂神自然清和。自然生、死、耳、目、
口、鼻等六方面所產生的慾念，便不會妄生；身內三尸毒害就可消
滅。為何還不能做到呢？因為心靈還未能澄澈，私慾未能遣除。（頁
217）

在這段白話譯文中「神」字在前後兩處分別譯為「魂魄」與「魂神」，這兩
個名詞是否有別？蕭登福於此處註「神」字為：「人之精氣」，並引證《大
戴禮·曾子天圓》：「陽之精氣曰神，陰之精氣曰靈。」然而，「人之精
氣」是否等同經文之「人神」？「精」、「氣」與「神」三個概念，各有複
雜的淵源，在不同時期與所指對象皆不盡相同。蕭登福認為先秦時已形成氣
化萬物的觀念，人體之氣分陰陽，兩者皆為人之精神力，陽氣為「魂」，陰
氣為「魄」，魂盛者死後為神，魄盛者死後為鬼。[16]若依此而言，「魂魄」
指陽、陰兩氣，而「魂神」可視為同一個東西，指陽氣。若然，「魂魄」與
「魂神」並不同。唯原本的經文「神好清」與「神自清」，自上下文觀之，
兩句之「神」應是同一個，於是翻譯時是否得區分為兩個不同名詞，便得斟
酌之，應同譯為「魂魄」或「魂神」。若對比林師安梧先生皆譯為「元

---

[16] 先秦諸子中，儒家不言鬼神，而道家雖有形氣論，但不從生滅論形神。墨子重視鬼
神，以為鬼神能行賞善罰惡，故人需尊天事鬼。墨子之論，同於周人普遍認知。周人
尊鬼好祀，人生而有魂魄，死後魂盛為神，魄盛為鬼。魂魄相當於人的精神，屬後世
「形／神」對舉之「神」，而人死後之魄盛昇天成「神」，則是指祭祀的對象。蕭登
福指出「道家所說的『形』『氣』，即是《左傳》、《禮記》等書所說的『魂』、
『魄』。只是道家認為人既死，精神、骨肉各自離散，因此不復再有『我』的存在；
『我』既不存，鬼神之事便不必論究。但一般人與道家不同，都認為人死後，魂盛者
上升於天為神；魄盛者則留處於地，為鬼為屬。」（蕭登福：《先秦兩漢冥界及神仙
思想探原》，臺北：文津出版社，2001.1 二版，頁 13）唯魂魄的陰陽之說，蒲慕州
認為在文獻與考古資料中，其差別並不明顯，僅能肯定魂魄為人活著的精神主宰，
《禮記·郊特牲》所言：「魂氣歸於天，形魄於地」，似乎是儒者整理古代觀念而予
以系統化。而人死後，魂魄得以升天或入地，甚至無所不在，即顯示人死後還有「存
在」之物，以另一種型態的「生命」延續下去。（蒲慕州：《追尋一己之福——中國
古代的信仰世界》，上海：上海古籍出版社，2007.3，頁 58-76）

神」，避免「魂魄」與「魂神」的區別，似乎更為合理。且「元神」一詞，有原始、基本、源頭之意，更能傳達原經文之「神」的意義。（林譯詳下段引文）

　　然而，同樣是重覆出現的名詞，前後卻也可能有所不同。如本段原文一開始的「神好清」——「心擾之」、「心好靜」——「欲牽之」，前後兩句以「心」構成連結，在經文中都使用「心」，但在白話翻譯時，僅重覆直譯，便會出現文意解的問題。「神」好清，但「心」會擾之，下句立刻接「心好靜」，「心」既然「好靜」，為何又會去「擾」神呢？若要順暢處理這兩句，前後兩個「心」就不該直譯為「心靈」，否則前句剛說心靈會去擾亂「神」，其後又說心靈喜歡寧靜，此「心靈」究竟是否「好靜」？因此，若直譯之，容易產生疑問與誤解。與之對比，可引林師安梧先生譯文，其於這段經文譯之如下：

> 談起人的元神，祂喜歡傾向於純粹起始的「清」；然而世俗的心卻會擾動祂。我們人的本真的心喜歡傾向的是寧靜安止的「靜」；然而世俗的慾望卻會牽動著祂。要是人們能夠依循著真常大道，遣除他那世俗的慾望，而他的心地就回到寧靜安止的「靜」。澄明了他的本心，而他的元神也就會回到自身純粹起始的「清」。這樣一來，自自然然地，「生、死、耳、目、口、鼻」這六種慾望也就不會生起；那喜好華飾、喜好滋味、喜好淫慾的三種毒害，也就消解減除了！人們何以會做不到呢？正因為本心未得澄消，慾望未得遣除的緣故啊！（頁28-29）

在這段白話譯文中，將「心擾之」與「心好靜」的前後之「心」，分別譯為「世俗的心」與「本真的心」，如此一來，「心」分成兩種不同的狀態，在本段譯文中，如實地說明了當「心未澄」時，便是「世俗的心」，是受到慾望牽引的心，此心便會擾亂「神」；而當「心已澄」時，呈現「本真的心」，自然無念無欲，「神」亦隨之清靜。

　　將「心」分成兩種，亦可證本經經文：「眾生所以不得真道者，為有妄心。既有妄心，即驚其神。」經文中以眾生因為有「妄心」，所以無法得真道。「心」只有一個，發心動念，為欲所牽時，所呈現的就是「妄心」。此妄心便會「驚」其「神」，此「驚」即上引文的「擾」，當妄心驚擾其神，就接著下文的「著萬物」、「生貪求」，而煩惱妄想，使身心墮入苦海。至於這句經文的白話翻譯，蕭登福譯為：「眾生為何不能得證真道，是因為有顆虛妄不實的心。」（頁 191）而林師安梧先生譯為：「眾生何以不能契入真常大道，只因為他有著虛妄執著的心念。」（頁 59）比較兩種譯文，看似大致相同，但蕭譯以單位量詞「顆」言「心」，使「心」具體化，易使讀者誤以為人有這麼一個虛妄不實的心。而林譯則以「心念」譯「心」，既是「心念」，則一念之轉，妄心可變為真心。這個細微差別，不僅顯示譯者對經文解讀的不同，亦影響了讀者透過譯文而產生的理解。

　　本段經文中之「若能常遣其欲而心自靜」，「遣」為動詞，「其欲」是做為「遣」的名詞賓語，「遣」應做何解？唐代杜光庭註為「去除」，南宋侯善淵註為「割愛離親，除情去欲，捐念忘機」，亦是作「去除」解。蕭登福從杜註，白話譯為「遣除」，林師安梧先生亦從之。蕭登福直譯「遣其欲」為「遣除私欲」，雖然簡明，但如何「遣除」？所遣除之「私欲」為何？並未明說。林師安梧先生於本句譯為「遣除他那世俗的慾望」，將「欲」譯為「他那世俗的慾望」，除增加「他那世俗的」諸字，似乎與「私欲」未有太多差別。然而，心因物欲而動念，即生「妄心」，須遣除者為此妄心，妄心除，遂復本心。若明於此，所遣除者非「欲」，而是「欲念」。林師安梧先生雖於白話譯為「遣除」，但他特別強調：「本心如其元神，其於欲望必有所落實而有所節制也。如此有節之欲，必可歸返於本心，而如其元神也。」「人之於對象物之認知，而起之執著性而有污染性也。既有污染性，則當遣除之也。此之謂『遣其欲』，遣其欲者，非遣其欲望也，蓋遣其欲望所衍生之污染性也。」（頁 26）在這段說解中，清楚地說明欲望因對象物而生起，而此欲望因執著於物而為物役使，故陷於妄，故為須遣除者。換言之，人行於世，當與物相接，人之感官亦為物所引動，如引動而生貪求，

即是妄念,若引發卻不因而有貪求,即不著於心。如此說解,就不是簡單的「除欲」,而是正視人處於世,感官與物相接的事實。是以,林師安梧先生復強調:「不是要人不要有慾望,而是要人不要被慾望奴役。人不可能沒有慾望,沒有了慾望那就不叫人,重點在『節慾』。宗教上論及『無欲、去人欲』,說的都是要人節慾,並不是要人果真都不要有慾望。」(頁 29)透過這段說解,「遣其欲」便不是簡單的除去欲望,而是正視欲望之所從出,欲望之對象,以及處理欲望的方法。人有感官,世間有物,故遣除之對象並非人的耳目,也不是事間萬物,而是於物有所貪求之念,本經所云之「妄心」,即是必須遣除者。林師安梧先生於白話翻譯時以「他那世俗的慾望」譯「欲」,即是突顯此義。

至於經文「常遣其欲」之「常」字,置於動詞「遣」之前,應為時間副詞。蕭登福直接將「常」用於白話翻譯,但林師安梧先生則譯為「要是人們能夠依循著真常大道」,將「常」譯為「真常大道」,視「常」為名詞,使本句斷為「常,遣其欲」。同樣的,本經尚有「人能常清靜」,林譯為「人們要是能夠返真常大道、回到純粹起始的『清』、寧寂安止的『靜』。」(頁 20)這兩句的白話譯文,都將時間副詞的「常」視為名詞。這個不合文法的白話翻譯,其實於本經經文中有跡可循,經文有「真常應物,真常得性。」「真常之道,悟者自得。」經文清楚指明「真常之道」,故通讀全經文,將「常」字譯為「真常之道」,亦有其理。然而,就白話翻譯言,「若能常遣其欲」之「常」,仍應以時間副詞譯之,除非經文為「若能依常,而遣其欲」,譯成「依循真常大道」,方為恰當。然而,林師安梧先生絕非不明此理,但為何仍如此翻譯,顯然地,為求全經文意的貫通,使其於白話譯文突顯「真常之道」。相較於蕭登福之直譯,兩者於翻譯的差別,見微知彰。

三

白話譯文除了文句通順,譯者對於經文語詞的理解與解釋,亦會影響譯

文。上引《太上老君說常清靜經》經文，有「自然六欲不生，三毒消滅」兩句，此兩句承上文，意為當「神自清」之時，「六欲」與「三毒」自然不生且消滅。原文文意並不複雜，問題是，何為「六欲」、「三毒」？蕭登福註解「六欲」為「人類的六種欲望」，註「三毒」為「三尸誘人行惡，毒害人身；三尸在人身三丹田，或說在頭、腹、足三處；上尸彭琚引人好財貨，中尸彭瓚好美味，下尸彭矯好淫欲。」並白話譯為：

> 自然生、死、耳、目、口、鼻等六方面產生的慾念，便不會妄生；身內三尸毒害就可消滅。[17]

「六欲」與「三毒」兩詞，一般多認為是佛經中的用語，道經藉用之。蕭登福論難此說，認為這兩個字於古漢語本有，並舉《呂氏春秋・貴生》：「夫耳、目、鼻、口，生之役也。……所全生者，六欲皆得其宜也。」東漢高誘注：「六欲：生死耳目口鼻也。」[18]今本《呂氏春秋》之〈貴生〉有「六欲」一詞，然文中並未指明此「六欲」之「六」為何，只有提到「耳、目、口、鼻」四官為身之役，故聖人制此四官之欲。從上下文觀之，這四種感官既是「生之役」，表示人的生命受其影響，但為何不言「四欲」，而以「六欲」名之？高誘注「六欲」，於「耳、目、鼻、口」再加「生、死」，成為六種。「生」尚可理解為人之所欲，但「死」實難釋為「欲」。既然重視「生」，何以將其對立之「死」列為「六欲」之一？或許因〈貴生〉中將人

17　「三尸」之說流傳已久，多謂人體中居有三蟲，此三蟲靠穀氣生存，又於庚申之日上天言人罪狀，故要益壽長生便須辟穀。此說見於許多道經，《雲笈七籤》卷八十一至八十三《庚申部》列有許多除三尸、守庚申之法。（見〔宋〕張君房編，李永晟點校：《雲笈七籤》，北京：中華書局，2003.12，頁 1841-1889）關於「三尸」的由來、作用及影響等問題，可參見樂保群、呂宗力著：《中國民間諸神》，臺北：臺灣學生書局，1991.10；陳櫻寧：《道教與養生》，北京：華文出版社，2000.3；蕭登福：《道教與民俗》第七章〈三尸與守庚申〉，臺北：文津出版社，2002.12，頁258-337。

18　引自《呂氏春秋集釋》，北京：中華書局，2009。

之「生」分為四種,「全生為上,虧生次之,死次之,迫生為下。」「全生」是「六欲皆得其宜」,「虧生」是「六欲分得其宜」,而死是「無有所以知,復其未生」,至於「迫生」則是「六欲莫得其宜」。「迫生」之所以最差,在於生不如死,故高誘依此將「死」列入「六欲」。然而,若從原文觀之,「全生」、「虧生」與「迫生」皆是「六欲」是否安置合宜,「欲」不會再包含解釋的對象——「生」。所以,將「生」、「死」同列,並不恰當。雖然〈貴生〉一文中並未明指「六欲」為何,但「耳、目、鼻、口」應為其中四者。[19]若然,「生」、「死」與此四者並列,亦不相類,因「耳目鼻口」為感官,而「生死」是生命的延續與結束,不論屬性與意義均不同。〈貴生〉中尚提及「名位」與「財富」是世俗人所重,得道之人不由,「名」、「利」是一般人所汲汲追求者,正是感官的延伸。有意思的是,文中以「六欲」若能皆得其宜,則人當「全生」,雖《呂氏春秋》中並未鼓勵人追求名利,但「皆得其宜」顯示一種恰當和諧的養生觀。另外,《呂氏春秋‧情欲》也指出「天生人而使有貪有欲」,人人皆有貪念與欲望,但是「聖人修節以止欲」,故聖人得以長生。是以,《呂氏春秋》代表戰國末年至漢初的養生觀,「修節止欲」上承老子「少私寡欲」,但又有對於「欲」能皆得合宜之說法,「止欲」應非「斷絕」欲望,而是對過度貪求的節止。[20]

由此觀之,此六欲應指四種感官功能與名利,但東漢高誘注此「六欲」

---

[19] 同樣在《呂氏春秋》,〈適音〉云:「欲之者,耳目鼻口也。」說明人的四種感官功能為「欲」。而下文云:「人之情,欲壽而惡夭,欲安而惡危,欲榮而惡辱,欲逸而惡勞。四欲得,四惡除,則心適矣。」這裡出現「四欲」一詞,但此「四欲」指「欲壽」、「欲安」、「欲榮」、「欲逸」,順著前文而來,尚非一專有名詞。

[20] 傳統學界皆視《呂氏春秋》為戰國末期集諸子思想的雜家之學,然其中的養生觀點,同漢初黃老學派,亦啟西漢《淮南子》與道教養生觀。《呂氏春秋》論「欲」為「情」,為人之本能,故應節止,使其得宜。「節欲」,並非「禁欲」,而是適度。〈本生〉云:「今有聲於此,耳聽之必慊,已聽之則使人聾,必弗聽。有色於此,目視之必慊,已視之則使人盲,必弗視。有味於此,口食之必慊,已食之則使人瘖,必弗食。是故聖人之於聲色滋味也,利於性則取之,害於性則舍之,此全性之道也。」此處所言之聖人取舍,依性而為,與〈貴生〉可相參。

為「生死耳目口鼻也」，後世多引高誘註解「六欲」。不論「六欲」所指為
何，至少此一名稱出現甚早，且其意為人類感官對物質的需求。但先秦兩漢
經典中，也只在《呂氏春秋‧貴生》出現一次，其他文獻皆無所見，很難就
此認定在兩漢時，「六欲」已成為一個特定的專有名詞。如果推測「六欲」
在兩漢時，有一個逐漸形成專有名詞的過程，佛教的傳入是一個重要的觀察
點。佛經中於「欲」的說解所在多有，如「六欲」一詞，《釋禪波羅蜜次第
法門》：「六欲者，一者色欲；二形貌欲；三威儀姿態欲；四言語音聲欲；
五細滑欲；六人相欲；此六欲中能生六種著。」[21]此六欲皆指人的各種感官
功能所喜好者。而《大智度論》有「五欲」之說，經云：「五欲者，名為妙
色、聲、香、味、觸；欲求禪定，皆應棄之。」[22]此「五欲」指人的感功能
所欲求的對象。另外，《大方等大集經》則有「四欲」之名，經文云：「有
四種欲：一者、色欲；二者、形欲；三者、天欲；四者、欲欲，是名為
四。」[23]還有，《大般涅槃經》將「形貌欲、姿態欲、細觸欲」稱為「三
欲」。[24]佛教論述「欲」的形態與名相多樣，大致皆指人的感官功能。不論
是「六欲」、「五欲」或其他，「欲」所指稱者，在漢語中皆為感官希望得
到滿足的意念，佛教認為，感官所對應的外在事物皆無自性，若沈迷之，將
墮苦海，故應棄之。反觀《呂氏春秋》之「六欲」一詞，是從「貴生」、
「全生」的角度言六欲合宜，並節止之，也是後來道教養生貴生的修煉方式
源頭，然而從老莊哲學延續的節欲、寡欲觀，仍是道教面對「欲」的主要態
度。至於佛教，則不只棄欲，於身體、生命亦視為空，須解脫之。兩者對於
「欲」的解釋基本相同，但是對待方式卻有出入。如此一來，恰可反思《清

21　《釋禪波羅蜜次第法門》卷第九。本文所引佛經皆錄自《大正新修大藏經》
　　（「CBETA 電子佛典集成」（http://tripitaka.cbeta.org/T），網站紙本來源：大正新
　　修大藏經刊行會編，東京：大藏出版株式會社，Popular Edition in 1988）以下引文出
　　處皆同，僅註明經典卷號，不另註出處。

22　《大智度論》卷第十七，〈釋初品中禪波羅蜜〉第二十八。

23　《大方等大集經》卷第三十二，〈日密分中分別品〉第四。

24　《大般涅槃經》卷第十一，〈聖行品〉第十九之一。

靜經》的經文意義，經中云：「遣欲」、「六欲不生」，為去除欲望，與《呂氏春秋‧貴生》所說的節止欲望，使其合宜，並不相同。《清靜經》對「欲」的態度反而更接近佛教，經文中去除「六欲」的觀點，並非蕭登福所論出於《呂氏春秋》。

　　由於佛教傳入中國後，譯經所用語詞曾有「格義」時期，又有許多襲用古漢語，也有一些延用先秦道家與早期道教術語。佛教在傳教過程中，與道教對立、交流，一些漢譯語詞亦為道經所用。兩者於一些術語使用，孰先孰後，實為複雜，不能因為中國古時已有「六欲」用語，就認為《太上老君說常清靜經》之用語未受佛教影響。像成書於晚唐五代的《太上化道度世仙經》，經文云：

> 六欲者，眼、耳、鼻、舌、心、意。常以舌貪其味，眼觀其色，耳聽其聲，鼻嗅其香，心意繫其事欲。緣情逐物，亂其身心，皆六根之賊者也。（11-404）

經文中的「六欲」為「眼、耳、鼻、舌、心、意。」若要說前四者於《呂氏春秋》中已有，並無疑義，但將「心」、「意」加入，應與佛教有關，尤其是「六根」用語，可謂出自佛教譯經。如《雜阿含經》卷第四十三：

> 諸比丘！汝等今日亦復如是。知魔波旬常伺汝便，冀汝眼著於色、耳聞聲、鼻嗅香、舌嚐味、身覺觸、意念法，欲令出生染著六境。是故，比丘！汝等今日常當執持眼律儀住，執持眼根律儀住，惡魔波旬不得其便，隨出隨緣；耳、鼻、舌、身、意亦復如是。於其六根若出若緣，不得其便，猶如龜蟲，野干不得其便。

經文中將「眼、耳、鼻、舌、身、意」稱為「六根」，此六種感官功能所相應的「色、聲、香、味、觸、法」為「六境」，亦有佛經名「六塵」。此「六根」之前五根屬「色法」，是具體的感官功能，而「意」屬「心法」，

不可見於有對，是無色法。《太上化度仙經》易《雜阿含經》中之「身」為
「心」，亦名「六根」，將「心、意」視為同一類。「六根」的用法，顯然
受佛經的影響。同樣的，唐末道士杜光庭注《太上老君說常清靜經》時，
謂：「六欲者，六根也。六根者，是眼、耳、口、鼻、心、意也。」即是受
佛教的影響，也可見晚唐時有易「身」為「心」的「六根」之說。之後，宋
代侯善淵，元代王玠等道士注本經時，亦以「六根」注「六欲」，又易
「心」為「身」，與《雜阿含經》一致。以佛教「六根」視為「六欲」的理
解，自唐至今，幾無例外。雖然，《太上老君說常清靜經》成書不晚於唐
初，最早可能為南北朝時期，[25]經文不一定受佛教影響，但是蕭登福只舉
《呂氏春秋》為例，以為《呂氏春秋》思想較近道家，故以高誘注為本經
「六欲」所指內容，其論證似顯薄弱，很難僅依此推論《太上老君說常清靜
經》中之「六欲」，與佛教無關，而專屬道教。

　　若再證諸六朝時期道經，可見得「六欲」一詞的使用情形。如《太上洞
玄靈寶業報因緣經》，經文中有「六欲」一詞者，如下：

> 神本清淨，無諸滓穢，但受形之後，六賊、六塵、六欲、六識，分別
> 妄作，弊穢生身，外翳內滋，失其真性。（6-97）[26]

> 道君曰：六根者，一曰眼根，二曰耳根，三曰鼻根，四曰舌根，五曰
> 身根，六曰意根。所以謂之六根，六根者，能生諸業故也。猶如草木
> 生諸華葉子實，展轉相生，故有六情、六欲、六染、六入、六賊、六

25　關於《清靜經》撰成年代，《道藏提要》認為本經出於唐代（頁 447），蕭登福則推
　　論本經初唐已存在，極有可能是六朝至初唐間的作品。（頁 37）勞悅強的看法亦相
　　近，認為本經成書最晚的下限是唐初貞觀年間，出於南北朝末期應是肯定的，故定本
　　經的撰作年代介於五世紀到七世紀初之間。（勞悅強：〈說經注我——從無名氏《太
　　上老君說常清靜經註》看道教講經〉，收於《文內文外——中國思想史中的經典詮
　　釋》，臺北：臺大出版中心，2010.6，頁 179-181）

26　本文所引道經，均引自《道藏》（全 36 冊），上海書店、天津古籍出版社、文物出
　　版社，1988 年影印本。引文不另註出處，僅標明冊數與頁碼。

塵、六識等也。（6-127）

這兩段經文，宣說人體成形之後，因感官功能與外在事物接觸，因而產生各種欲望。不僅有「六欲」一詞，亦見「六根」、「六塵」諸語詞。《道藏提要》稱「本經宗旨在宣揚『生死輪迴』（卷十，頁二），因緣果報之說，無論內容、形式均汲取佛經。」[27]這是一個早期道經中，明顯受佛教影響的例證。此外，如《太上老君戒經》，經文中亦有「六欲」，經云：

> 六情者，六欲也。眼欲滛色，耳欲滛聲，鼻欲芬芳，舌欲脂味，身欲桑滑，意欲放泆。如此六事，皆成乎心，故為之情也。（18-201）

「六欲」為「六情」，且明指為「眼、耳、鼻、舌、身、意」，與上引《太上洞玄靈寶業報因緣經》相同。還可再舉《太上老君內觀經》為例，經文云：

> 老君曰：人所以流浪惡道，沉淪滓穢，緣六情起妄，而生六識。六識分別，繫縛憎愛，去來取捨，染著煩惱，與道長隔。所以內觀六識，因起六欲。識從何起？識自慾起。慾從何起？慾自識起。妄想顛倒，而生有識。（11-397）

本段經文以「六識」起「六欲」，亦是佛教的說法。以上所引道經，約成書於六朝至唐，與《太上老君說常清靜經》成書與流傳時期相當，既然彼時道經所用「六欲」皆與佛教有關，就無法單獨排除《清靜經》。故註解與《清靜經》之「六欲」一詞，應解為「眼、耳、鼻、舌、身、意」，於本經較為適切。

　　林師安梧先生的註解從蕭登福，但白話翻譯略有不同，其云：

---

[27] 任繼愈主編：《道藏提要》，北京：中國社會科學出版社，1991.7，頁255。

這樣一來，自自然然地，「生、死、耳、目、口、鼻」這六種慾望也就不會生起；那喜好華飾、喜好滋味、喜好淫慾的三種毒害，也就消解滅除了！（頁28-29）

此白話譯文的「六欲」與蕭登福相同，但於「三毒」一詞，不似蕭登福直接以「三尸」譯之，而改使用唐代杜光庭註文，避免將「三毒」白話譯為「三尸」。究竟「三毒」一詞，如蕭登福所云，是中國道教的「三尸」？還是佛教用語？事實上，六朝以前中國傳統文獻皆沒有「三毒」，卻於漢譯佛經中多見。佛教以「貪、嗔、痴」為煩惱所生，是一切惡業之根，修行者必戒斷之。《大般涅槃經》甚至有「毒中之毒，不過三毒」之說。[28]「三毒」為漢譯佛典時，引入並影響漢文語詞，應無疑義。故杜光庭註「三毒」，有兩種解釋，其云：

> 三毒者，三塗之根，三業之祖也。三者，身、心、口也。人有身時，身有妄動之業，心有妄思之業，口有妄語之業。此三業，又為三毒。又云：三毒者，乃三尸也。彭琚、彭瓚、彭矯；上尸好華飾，中尸好滋味，下尸好淫欲。人若能斷其華飾，遠其好滋味，絕其淫欲，去此三事，謂之曰「三毒消滅」。

杜光庭對「三毒」的解釋，第一種為佛教之說，以「身、語、意」為諸業之起，杜光庭改稱「身、心、口」，其意相同。第二種解釋，則以早期道經中之「三尸」解「三毒」。這兩種解釋，基本上都說明「三毒」於生命有害，故《太上老君說常清靜經》經文明指如能修得清靜，「自然六欲不生，三毒消滅」。換言之，是否以佛教「貪、嗔、痴」或道教「三尸」釋「三毒」，看似不妨礙對上下文的理解，都可說是必得去除者。但是，這其中仍有可辨之處。其一，「三毒」一詞始自佛教，本經中云「三毒消滅」而非「三尸消

28　《大般涅槃經》卷第二十九，〈師子吼菩薩品〉第十一之三。

滅」。其二，早期道經中多有「三尸」之名，「三尸」始自民間傳說，道經中多指修煉時必須去除的東西，於內外丹法中常見，但道經中並沒有將「三尸」說為「三毒」之用法。是以，採用杜光庭的第二種說法，而不用第一種，理由似不充份。

還可再從本經上下文觀之，前一句言「六欲」，是指身體的感官功能所興起對物質的追求，但若將「三毒」釋為「三尸」，則是住在身體的三種害蟲，引誘人好財貨、思淫慾等。外來的「三尸」與自身的「六欲」，並沒有直接的關聯。反倒是將「三毒」解為「貪、嗔、痴」，則扣緊上文「六欲」，因感官欲求，故生各種不當念頭，此三毒來自身、口、意的妄作。因此修養的工夫，是針對己身，非去除外來者。再證本經經文，經云：「眾生所以不得真道者，為有妄心。既有妄心，即驚其神。既驚其神，即著萬物。既著萬物，即生貪求。」感官有對象，故起心動念，而生貪求，此與「六欲」、「三毒」一致。故以「三尸」釋「三毒」，雖是道教之說，但於本經義理的解釋，似乎回到「三毒」此一名詞的佛教用法，應較為恰當。

前人註解，是我們進入古典文獻的重要依據，但不盡然得全依古註詮解經文。歷代《太上老君說常清靜經》註解的角度，或有內外丹法，或有三教合一，也有從儒學理學解經，這些註釋除了是註經者個人的詮釋角度，也代表經典傳承中一種詮釋觀點的延續。這些不同觀點的註解，是註解者的立場，後人對這些古註進行閱讀理解，最終仍得以原經文為據。如同「六欲」、「三毒」兩個語詞，唐代杜光庭雖在「三毒」註語有兩種說法，但在「六欲」一詞，便用佛教之說。其後宋代侯善淵，元代王玠，都以佛教說法註解這個語詞。然而，綜觀杜光庭註解，上承六朝上清派「守一」、存思」之法，並以性命雙修的內丹功法解讀本經，並不因註「六欲」、「三毒」以佛教之說，便謂其註非道教功法。同樣的，侯善淵以內丹修煉解本經，王玠亦然。故這幾位高道註「六欲」、「三毒」取佛教用法，恰可證明這兩個語詞應為佛教專門術語，道經藉用之，而道經的借用，其實更豐富了道教修煉的內容。

四

　　文意通達，文句優美的白話翻譯，並非易事，且受限於原經文的樣式，白話翻譯不得過於意譯，否則即成為解說文字。然而，許多道經文句簡潔，又有一些術語，若僅止於白話翻譯，對於讀者而言，不見得能夠理解。於是補白話翻譯之不足，就必須另外對經文進行註釋與詮釋。蕭登福之《清靜經今註今譯》，於譯註與翻譯前有一篇〈導讀〉，針對本經與佛的關係、成書年代與歷代註本進行說明，主要為證明《清靜經》的思想內容承先秦道家，與佛教關係不大，甚至認為佛教傳入後大量雜取道家理論。就〈導論〉的性質言，對於本經的成書年代與歷代註本進行分析說明，的確能讓讀者在進入經文閱讀前，先累積一定的背景知識，有助於對經文的解讀。至於在經文的註譯上，有「校」與「註」，「校」為不同版本的文字比較，而「註」則兼有字詞註釋、白話譯文，以及羅列古注，有時並有「案語」，說解經文。這樣的編排方式，有些混雜，但依經文而注，尚稱可讀。唯注文中承〈導論〉觀點，宣說本經係闡揚道教義理，符合先秦老莊哲學原義的修身法門。這樣的解說，是註釋者的詮釋。從詮釋學的角度觀之，註釋者本有自己對經文的理解，說解也必得採取一個觀點，且詮釋者基本上遵循一貫的詮釋方向，並且經過一定的論證，這樣的詮釋是可以成立的。讀者在閱讀時，能明辨於此即可。

　　至於林師安梧先生的作品，對《太上老君說常清靜經》進行「經解」、「譯註」、「白話翻譯」與「心靈藥方」四種解讀。據作者〈序言〉，此書「依原經典而有『經解』，據此『經解』而有『譯註』，再依此『譯註』仔細參詳，留其文脈、句勢、語法，而作為『白話翻譯』，最後再依自己之體會玩味，作為『心靈藥方』。……順經典之所說，參酌前賢註解著作，體之於身心，上契於性命天道，下落實於生活世界，如其理而翻譯之、詮解之、轉化之、融通之、重建之。」依作者所言，這部白話譯本，顯然不僅止於白話翻譯，還有林師安梧對本經的理解、體會與詮釋。就詮釋的過程而言，任何註解都是註者對原文的理解與把握，在此基礎上再進一步發揮原文的「言

外之意」。前者，為「我注六經」；後者，即「六經注我」。[29]這兩種詮釋方式，不一定是斷然二分的，常是相互影響，而且通常先歷經「我注六經」，方得以「六經注我」。是以，林師安梧的「經解」與「白話翻譯」，基本上依經典原文，參酌前註，可謂「我注六經」；至於「譯註」與「心靈藥方」，則是對經義的解說，甚至與現代生活連結，發揮心靈治療的效果。

　　就順序而言，本書作者的安排是先「經解」，後「譯註」，再「白話翻譯」，最後有「心靈藥方」。「經解」依順原文，解釋經文字詞，復又整合前後文而明段落大義。「白話譯文」亦依經文，逐句翻譯為白話文。這兩種類型，基本上都是疏理原經文，說明字詞、文句意思，故為「我注六經」。而「譯註」，林師安梧先生以其「存有三態論」詮釋本經，依「存有的根源」說「道」，「道」有所「說」，有清、濁，為「存有的開顯」，此開顯將使事物成形，故落實為「存有的執定」。而就工夫言，從「存有的執定」上溯於「存有的開顯」，再上契於「存有的根源」。[30]在各個經文段落，也依「存有三態論」說解，如前引之「人神好清」一段，「譯註」解說片段如下：

---

[29]　「六經注我，我注六經。」是南宋陸九淵答弟子「何不著書」之問。（《陸九淵集》卷三十四）陸九淵之說有其時代背景，是宋明理學中「理學」與「心學」的對比。然而，這兩句話更顯示出中國哲學詮釋的兩種方式，「我注六經」力求客觀地呈現經典原意；「六經注我」則是藉經典闡釋個人思想。前者似乎依經解經，如實客觀，然而，任何註解都是詮釋者的理解，必有其「成見」，「客觀」的文本原意，只能是文本自己說。至於後者，似乎具有濃厚的個人主觀意識，偏離經典原意，然而，許多經典的「言外之意」，唯有經詮釋者的釋放，才得以呈現，而且，藉由如此詮釋，經典將獲得更多意義與生命。不論「我注六經」還是「六經注我」，都得依循文本，這兩種取向也不必然二分，亦可視為詮釋過程。關於這兩種詮釋方式，近年劉笑敢多有討論，見其：《詮釋與定向──中國哲學詮釋方法之探究》，北京：商務印書館，2009.3。

[30]　「存有三態論」是林師安梧先生於中國哲學形上學的理論建構，為回應並補足牟宗三先生的「兩層存有論」。相關論述可參考林師安梧：《儒學轉向：從新儒學到後新儒學的過渡》，臺北：臺灣學生書局，2006.2；《人文學方法論：詮釋的存有學探源》，臺北：讀冊文化事業公司，2003.07；《儒學革命論：後新儒家哲學的問題向度》，臺北：臺灣學生書局，1997.12。

「神」、「心」、「欲」此三層，依序而為「存有之根源」、「存有
之開顯」、「存有之執定」也。天下事物，莫不如其「存有之根源」
進而有「存有之開顯」，再進一步而有「存有之執定」也。……節其
欲而遣之，如其心而靜之，復其元，如其神，此是存有的歸復之道
也。依其元神，如其本心，而落實為天地間之事物，如此之事物其為
清靜之事物也；此是存有的開顯落實之道也。（頁26-27）

本段譯註以「存有三態論」解釋「神」、「心」、「欲」三者的關係，復論
「遣欲」、「澄心」的工夫，將原經文予「創造性詮釋」，[31]此為「六經注
我」。原經文中的「神」、「心」、「欲」有一層次，且有修養工夫的順
序，雖不見得「人神」一定得以「存有的根源」說之，但置入「存有三態
論」的架構下，經文具有不同以往的深意，且首尾一貫，如此詮釋，正是
「創造性詮釋」，而非隨意附會。

　　「譯註」之後才是「白話翻譯」，有意讓讀者在進入其「譯註」的詮釋之
後，再讀白話翻譯，使其翻譯有一論述模型支撐，這是本書特別的地方。至於
最後的「心靈藥方」，欲藉經文的詮解，與現代社會接軌。由於環境的變遷，
現代人的精神壓力與疾病普遍，林師安梧先生倡導「意義治療」，[32]從中國
傳統哲學中，提煉可治療現代文明病的方式。本書的「心靈藥方」即是此治
療學的方式，如本段言遣欲、澄心，林師安梧便開出幾帖藥，舉其一為例：

---

[31] 傅偉勳提出「創造詮釋學」（creative hermeneutics），從西方現象學、詮釋學的理
論，回返佛教本體詮釋的傳統，提出五個詮釋層次。（傅偉勳：《從創造的詮釋學到
大乘佛學》，臺北：東大圖書公司，1990）林師安梧先生於本書〈序言〉提及以「存
有三態論」來理解詮釋《清靜經》，即是傅偉勳先生所說，「做的是一創造性詮釋的
工作，當然這必須得依據文獻，求其融通統貫而後可；它絕不可落到穿鑿附會的田
地」。林師安梧這番話，說明其以「創造性詮釋」譯註《清靜經》，「存有三態」雖
非本經所說，但依經文脈絡，以「存有三態」的架構解說，能使經文一貫，意義相
連。如此說解，便非穿鑿附會，任隨己意為之。

[32] 參見林師安梧：《中國宗教與意義治療》，臺北：明文書局，1996.3；《新道家與治
療學：老子的生命智慧》，臺北：臺灣商務印書館，2006.8。

> 什麼是具體落實，拖拖地、整理家務，心就靜了；什麼是休養生息，
> 篩篩花、養養草，神就安了。這道理很深奧，做來很簡單。（頁30）

這帖藥方，指點了使心靜、神安的方法，是經文的具體落實。以內丹修煉解《太上老君說常清靜經》，是歷代註者多採用的方式，但林師安梧先生以解決現代人的心靈問題為導向，開出「心靈藥方」，使讀者從閱讀本經獲得治療，同時有具體指引得以實踐。

再從結構看林師安梧先生譯《太上老君說常清靜經》一書，將經文分成八段，各予標題，並與附題，再加以釋經名一段，共八章。依序題為「解經題：《太上老君說常清靜經》經題之解」、「詮根源：『大道』的根源」、「明開顯：存有之道開顯的動力」、「論修養：存有之道落實的心性工夫」、「用工夫：實踐工夫的三要點」、「深契入：根源之契入與存在真實之對應」、「傳聖道：化載眾生與道業傳承」、「歸清靜：修行之退墮與一念之歸根」、「總結語：如常用功、清靜悟道、契入本源」。這些章目的標定與分段，一方面顯示出經文的層次與順序，另一方面也藉此闡發「存有三態論」。可說是「我注六經」與「六經注我」的融合應用。林師安梧此書篇幅雖不長，但無論譯文，註釋與詮解，不僅可讀，亦有哲學深度。

蕭登福的白話譯註，以所謂傳統道教義理角度解經，於《清靜經》是否受佛教影響的爭議，有其判準。書前詳細考證論述《清靜經》版本，註者以及各種詮釋角度，是進入本經重要導讀。至於白話譯文則較近直譯，依循經文字句，通順流暢。林師安梧先生的註釋，基本上與蕭登福一致，採道教立場。但是在詮釋引申上，將本經置於其「存有三態論」的架構，梳理明晰，強化經文的理論深度。白話譯文較近意譯，但不偏離經文，具有文學美感。兩書各勝擅場，但都能基於學術論證精神，申述己見，此為學界註解翻譯經典之所長。

境界與場域
——牟宗三與林安梧對《老子》「自然」概念的不同理解

廖崇斐*

摘　要

　　「自然」的概念關聯著道、天、地、人，可以説是通天接地。既抽象又具體，既普遍又個別。故王弼贊曰：「自然者，無稱之言，窮極之辭」。從牟宗三與林安梧兩位先生對《老子》「自然」概念的詮釋，更可以對比出他們對道家核心思想理解的不同。本文針對《老子》「道法自然」一段文字，對比兩先生的「境界」與「場域」兩種概念，指出牟先生在「主觀境界型態」理解下，「道法自然」轉變為重在説明「道是自然」，而「自然」是通過修行所達到一個極高的精神境界。林先生從「場域」的概念來理解自然，自然是在此場域中，一種能夠讓萬物生生不息的「自發、和諧與調節性的力量及秩序」。本文認為，此種詮釋下的「道法自然」，在現代社會中，將蘊含更多可開發的實踐方向。

關鍵詞：自然　境界　場域　牟宗三　林安梧

---

* 　逢甲大學中國文學系助理教授兼系主任、元亨書院執行長。

一、問題的緣起

　　牟宗三先生對老子的詮釋立場，是以「主觀境界」為核心。此種詮釋乃是對比於西方由思辨進路開啟的實有形態的形而上學（Metaphysics of Being-form），強調東方從實踐的存有論（practical ontology）之觀點，[1]依實踐所達至的心靈狀態，而引發觀看或知見開啟一對價值世界的觀照。[2]這顯示出東西方文化精神的不同面貌，相較於西方哲學家表現出理智思辯的興趣、客觀分析的精神，華人更重視「生命的學問」，也就是說從生命為出發點來觀照天地萬物，因而強調人的主體性，由此突顯出東方實踐型態的形上學的優位。賴錫三亦推許牟先生的老子詮釋為「新典範」。[3]然而，也有不少學者認為牟先生的解釋存在一些問題。袁保新曾經對當代老學的各家詮釋加以分析，相較於以「客觀實有」的形態來詮釋老子的道，他認為「主觀心境」的詮釋形態仍然較有說服力。即便如此，他卻也不得不承認，將道收攝在主觀心境之中，「往往會令人誤解老子乃一封閉的『主觀主義者』」。[4]

　　林安梧先生認為，無論從「主觀境界」或「客觀實有」的立場來理解老子的道，難免都落入了接受西洋哲學過程中產生的「逆格義」的窠臼。此外，也不認同牟先生從實踐上的觀念及表現，將儒家跟道家的形上學，分別

---

[1]　牟宗三：《中國哲學十九講》第五講〈道家玄理之性格〉（臺北市：臺灣學生書局，1999 年 1 月），頁 93-94。

[2]　袁保新：《老子哲學之詮釋與重建》第三章〈當代老學詮釋系統的分化〉（臺北市：文津出版社，1991 年 9 月），頁 50-51。

[3]　賴錫三：〈當代學者對《老子》形上學詮釋的評論與重塑──朝向存有論、美學、神話學、冥契主義的四重道路〉，《清華學報》第 38 卷第 1 期，2008 年 3 月，頁 35-83。

[4]　袁保新：《老子哲學之詮釋與重建》第五章〈老子思想中「道」之形上性格底商權〉，頁 137、141。對此高柏園雖持不同看法，認為牟先生其實已自覺而有效的避免了「落為主觀主義」的危險。其實仍是限定在聖人的自由無限心所親證的精神境界上來說。參考氏著：〈論牟宗三先生對老子形上思想之定位〉，《鵝湖學誌》第二十九期，2002 年 12 月，頁 21。

判為「道德實踐的形而上學」與「境界形態的形而上學」。[5]於是兩者歸趨，似有天壤之別。林安梧先生則是從「道」論的角度，提出儒道同源而互補的觀念，認為兩者所理解的道，並沒有本質上的差異，只是實踐的重點不同：一個重點在「自覺」，一個重點在「自然」，但是同樣可以調適而上遂於道。兩者實為一體之兩面。[6]對比之下，林先生認為牟先生以實踐工夫論決定道體論的方式，將老子的「道」理解為「主觀修證」所證實的「沖虛之境界」，「以自己主體之虛明而虛明一切」。[7]如此強調主體性，不僅消解了客觀實有，亦恐將過於偏重「心靈修養」，而忽略了當下的存在實境。

　　牟先生與林先生持論各有其脈絡，非本文篇幅所能處理。本文所關心者，為其觸發之實踐旨趣。擬嘗試藉由「自然」這個既豐富，又深具道家實踐特色的概念，對比兩位先生如何理解，特別針對第二十五章「道法自然」一段的解釋，除了分辨兩先生理論之差異外，亦期能針對道家的「自然」觀念如何運用於當代社會，提出一可能的思考方向。

二、牟宗三對「自然」概念的理解

　　依據王弼注本《老子》，直接提到「自然」一詞共出現五處。第十七章：「功成事遂，百姓皆謂：我自然。」第二十三章：「希言自然。」第二十五章：「道法自然。」第五十一章：「道之尊，德之貴，夫莫之命而常自然。」第六十四章：「以輔萬物之自然而不敢為。」第十七章之自然，指涉「百姓」。第二十三章之自然對應著「希言」。「希言」指涉「為政之道」。第五十一章及六十四章之自然，則指涉「萬物」之自化自成。此中第

5　牟宗三：《中國哲學十九講》第五講〈道家之玄理性格〉，頁103。

6　林安梧：《儒學轉向：從「新儒學」到「後新儒學」的過渡》第二章〈後新儒學的思考：對「兩層存有論」的批判與「存有三態論」的確立〉（臺北市：臺灣學生書局，2006年2月），頁62。

7　牟宗三：《才性與玄理》第五章〈王弼之老學〉（臺北市：臺灣學生書局，1997年8月），頁141。

二十五章，則直接對應著「道」與「自然」的關係，「人法地，地法天，天法道，道法自然。」四句，歷來也是引發最多爭議之處。[8]唐君毅先生稱王弼注解此處最詳。[9]牟先生也認為此四句「是了解道家義理的最重要的句子」[10]，其理解《老子》亦是以王弼注為標準。[11]故以下仍當以王弼注為討論起點。

> 《老子》：人法地，地法天，天法道，道法自然。
>
> 王弼注曰：法，謂法則也。人不違地，乃得全安，法地也。地不違天，乃得全載，法天也。天不違道，乃得全覆，法道也。道不違自然，乃得其性，法自然也。法自然者，在方而法方，在圓而法圓，於自然無所違也。自然者，無稱之言，窮極之辭也。用智不及無知，而形魄不及精象，精象不及無形，有儀不及無儀，故轉相法也。道法自然，天故資焉。天法於道，地故則焉。地法於天，人故象焉。王所以為主，其主之者一也。[12]

老子原文，分顯四層。此四層關係為何，似不可不談。王弼注指出人、地、天、道、自然，輾轉互法。法字，王弼解釋為法則，積極來說是取法，消極來說是不違背的意思。此中各有取義，各有所得。其中，似又有層層升進的

8　鄭志明：〈老子「人法地、地法天、天法道、道法自然」的義理疏證〉，《鵝湖月刊》137 期，1986 年 11 月，頁 45-49。

9　唐君毅：《中國哲學原論》原道篇卷一（臺北：臺灣學生書局，2004 年 10 月），頁296。

10　牟宗三：〈老子《道德經》演講錄（五）〉，《鵝湖月刊》第 29 卷第 2 期總號第338，2003 年 8 月，頁 12。

11　牟宗三：〈老子《道德經》演講錄（一）〉，《鵝湖月刊》第 28 卷第 10 期總號第334，2003 年 4 月，頁 2。林安梧先生亦指出，主觀境界型態的形而上學，「是牟先生從老子的理解與詮釋裡，特別有取於王弼的注釋而展開的創造。」氏著：〈關於老子哲學詮釋典範的一些省察——以王弼《老子注》暨牟宗三《才性與玄理》為對比暨進一步的展開〉《臺北大學中文學報》第 5 期，2008 年 9 月，頁 59。

12　魏・王弼等著：《老子四種》（臺北市：大安出版社，1999 年 2 月），頁 21-22。

歷程關係。唐君毅先生認為，此四層面，皆可統名為「人之法道」之事。而法地，法天，法道，皆有實義可取則，唯獨「自然」無實義可取。[13]故唐先生又以「法自然」，兼攝此四層。並且詳細闡發其實踐歷程。[14]王弼注對此處的解釋最詳，並稱之為「無稱之言，窮極之辭也」。牟先生稱：「此王弼注老最精之語也。」[15]此處又涉及到對「自然」之概念如何理解。以下將針對此四層級的劃分是否有實踐意義，以及如何理解「自然」的概念，探討牟先生對此段義理的理解。

　　牟先生認為《老子》此章，基本上「可謂對於道之『本體論的體悟』」。而「道法自然」四句，則是在「說明道之『自然』義」。[16]其重點不在關心「人法地，地法天，天法道」之實有層級的劃分：

> 這種一層一層的說法是順著語文的習慣，方便地如此說。所謂方便說，也就不是如實說。……這個方便怎麼來的呢？是順著我們中華民族的中文的自然語言的習慣，人是處在天覆地載之中，所以，天地總比人廣大嘛。這是圖畫式的語言、自然的語言。[17]

牟先生將此四個層級，視為老子特殊的語言表達方式。也就是說，其無意解釋「人法地，地法天，天法道」的層次關係。牟先生認為：「一層層推到最後就是法道，『人』、『地』、『天』皆法道。」[18]此所謂「推到最後」，並非實踐歷程的推進，而是老子獨特的語文表述方式。其主要在強調「人、

[13] 王中江對此有不同看法，認為「自然」仍是實義，並且是老子發明並首先使用的概念。氏著：〈道與事物的自然：老子「道法自然」實義考論〉，《哲學研究》2010年第8期，頁39、41。

[14] 唐君毅即採取此立場。以此為人法道之四層面。唐君毅：《中國哲學原論》原道篇卷一，頁296-298。

[15] 牟宗三：《才性與玄理》第五章〈王弼之老學〉，頁155。

[16] 牟宗三：《才性與玄理》第五章〈王弼之老學〉，頁155。

[17] 牟宗三：〈老子《道德經》演講錄（五）〉，頁13。

[18] 牟宗三：〈老子《道德經》演講錄（五）〉，頁14。

地、天」皆必須法道。實踐歷程的關係，顯然不是牟先生關心的問題。這跟唐君毅先生解釋此段原文的方式有很明顯的差異。唐先生強調人作為實踐的主體，一步步法地、天、道，次第升進，最後證得「自然之境」。[19]牟先生則不由此實踐之歷程上來說，而是直接就道統攝著人、地、天來說。牟先生特別強調「道法自然」一句，與前三句《老子》原文的不同。他從所法之內容上來區隔，認為前三句合起來與「道法自然」不一樣：「因為前三句都有實的東西可法，而『自然』是抒義字，『道法自然』並無實的東西可法。」[20]相對於「地、天、道」之有實，牟先生以為「自然」乃是「虛字」，是「抒義字」。這是要強調道「法」自然，乃「無實的東西可法」。如此說，道法自然之意義，便與前三者區隔開來。

但是牟先生也提到：「依道家看，『人』、『地』、『天』這些具體的東西都要跟著道走，道是最高的。」似乎「人與法」、「地法天」、「天法道」，又可以跟「道法自然」關聯起來理解。這裡究竟當如何看待它們的關係呢？事實上，這裡可以視為是兩種層級的關係。下層是「人法地、地法天、天法道」；上層是「道法自然」。而下層是以上層為標準。然而，牟先生無意以「道法自然」總攝法地、法天、法道，來談修證的工夫。他的重點，仍是要用「自然」來說明「道的特性」。

或許將「道法自然」，斷句為「道，法自然」。更貼近於牟先生的理解。牟先生指出：「『道法自然』，沒有一個具體的東西叫做『自然』，『自然』是一個抒義字。所以，說『道法自然』，也就是說：道是自然。」[21]道「法」自然，在解釋上一轉而成了在說明——道「是」自然。何以如

---

19 唐君毅：「老子之言人法道，確有法地、法天、法道、法自然之四層面，而此四層面之間，亦原有可由最下之法地一層，轉至法天；由法天轉至法道；由法道轉至法自然之最上之一層之義。」氏著：《中國哲學原論》原道篇卷一，頁 334。

20 牟宗三：〈老子《道德經》演講錄（五）〉，頁 14。牟先生又用「抒意語」一詞，見氏著：《才性與玄理》第五章〈王弼之老學〉，頁 144。案，牟先生是以「抒意語」來區別於一般有所指之「指事語」。

21 牟宗三：〈老子《道德經》演講錄（五）〉，頁 14。

此？牟先生是從王弼「道不違自然」的觀念來推論：「既然是『道法自然』，就是『於自然無所違。』道與自然一樣。照道家的形態講，道就是自然。」[22]於是《老子》這一句的義理重點，便從「道法自然」變成了「道是自然」。

　　基本上，牟先生講「道法自然」，不是要講「如何去學習效法自然」的實踐工夫，而是要去說明「道是什麼」的問題。「道法自然」，顯然是要用「自然」的概念，來說明什麼叫做「道」。然而牟先生又提到「自然」乃是「虛字」，是「抒義字」。我們又當如此理解其「義」？或許我們可以換一個方向思考，從牟先生極力說明的老子之「道」的意義，來理解何謂「自然」。

　　在牟先生的《才性與玄理》中提到：

> 此解「道法自然」，言道之「自然」義也。「道法自然」，以自然為性，然道並不是一實有其物之獨立概念，即並不是一「存有形態」之實物而以自然為其屬性。道是一沖虛之玄德，一虛無明通之妙用。吾人須通過沖虛妙用之觀念了解之，不可以存有形態之「實物」（enity）觀念了解之。此吾人所首先應注意之大界限。其次，若移向客觀方面而說道為萬物之宗主，萬物由之以生以成，其為宗主，其為由之以生以成之本，亦須通過沖虛之心境而觀照其為如此者。以沖虛之止起觀，「不塞其源，不禁其性」，而暢通萬物自生、自長、自相治理之源，此即其為主為本之意。故亦不是存有形態之實物而為主為本者。道不是一獨立之實物，而是一沖虛之玄德，故其本身實只是一大自然，大自在。然猶懼人將此自然，自在，單提而孤懸之也，故言其「法自然」，以自然為性，即就於萬物之不執而顯示之。故云：「法自然者，在方而法方，在圓而法圓，於自然無所違也」。「在方而法方」者，即，在方即如其為方而任之。亦即於物而無所主焉。如

22　牟宗三：〈老子《道德經》演講錄（五）〉，頁16。

此，則沖虛之德顯矣。此即「自然」也。此即自然，則即「於自然無
所違也」。不是著於「方之為物」之自然，乃是「在方而無所主，如
其為方而任之」之自然，此是浮上來之自然。若用專門術語言之，則
是超越之自然。不是著於物之自然，不是經驗意義之自然。[23]

牟先生指出「道」：「不是一『存有形態』之實物」，而是一「通過沖虛之
心境而觀照」下的「虛無明通之妙用」。牟先生強調這是應先注意的「大界
限」。既然「道」是非實有形態的，作為「道的屬性」的「自然」，也是在
此「沖虛妙用之觀念」下所說的「自然」。牟先生將王弼的「法自然」，解
釋為「以自然為性」，也就是說，「自然」只是道的屬「性」。此屬性之特
色為何？牟先生言「就於萬物之不執而顯示之」，也就是說是通過接觸萬物
的過程中，顯現出來的無執著性，就此無執著性而說其為自然。此自然非自
然世界之自然，乃「不著於物」、「非經驗意義」的「超越之自然」。牟先
生曰：「道家講的自然就是自由自在、自己如此，就是無所依靠、精神獨
立。精神獨立才能算自然，所以是很超越的境界。」[24]顯然這樣的自然，即
便必須在接觸萬物的過程中彰顯，使得「道」不「孤懸」，仍畢竟是精神境
界意義下的自然。牟先生曰：「直就天地萬物平視一切而任之，此即為自
然、為道。此顯是聖證法執之化境。而非別有一物或『客觀實有』曰道、曰
自然。」[25]故而在牟先生系統下，自然乃是精神上的觀念，是「通過修行達
到一個最高的如如的境界。」[26]

三、林安梧對「自然」概念的理解

有別於牟先生以「主觀境界型態的形而上學」為核心，將《老子》「自

---

[23] 牟宗三：《才性與玄理》第五章〈王弼之老學〉，頁154。

[24] 牟宗三：《中國哲學十九講》第五章〈道家玄理之性格〉，頁90。

[25] 牟宗三：《才性與玄理》第七章〈魏晉名理正名〉，頁270。

[26] 牟宗三：〈老子《道德經》演講錄（五）〉，頁16。

然」理解為「超越的精神境界」。林安梧先生則是從「場域」的概念展開具
體的說明。茲以對「天地萬物」之理解為例：

> 牟先生以為：「天地」是萬物之總稱，「萬物」一是天地之散說。天
> 地與萬物，其義一也。只隨文異說耳。我以為此說仍有詮釋的空間，
> 因老子所述之「天地」有「場域」之義，而「萬物」則在此「天地」
> 中生發者也。《易經》亦有「範圍天地之化而不過，曲成萬物而不
> 遺」之說，《老子》亦有「人法地，地法天，天法道，道法自然」之
> 說。牟先生曰：「『天地』與『萬物』，其義一也。」此確有可商榷
> 者。彼之做如此說，與其一切還繫於「主體」而論頗有關係。以老子
> 論之，彼之所重實非主體，亦非主體之修證，或有言修證者，皆欲放
> 懷於天地自然之間也。[27]

　　林先生將「天地」視為「場域」，而「萬物」則居此「天地」之中，生
生不息。人類為天地萬物之一員，亦居於此間，參與天地萬物之生生不息。
如此思考方式，重視的不是證成超越的本體，也不是要強調個人內在的涵養
與修證，更不是以主體為中心的思考，而是將人放到天地之間，在處所、場
域中參與、實踐的思考。林先生強調：「道家顯然地並不是一『主體主義
者』，它的重點不在『自覺』，而是『自然』，是回到整個『處所』與『場
域』中來理解、詮釋及開展。」[28]人之所以能「放懷於天地自然之間」，是
因為道家強調天地間有一種自發的和諧秩序：

> 道家強調有一個「自發的秩序」，隱含在一個總體裡面，所以道家並
> 不是徹徹底底的不假安排，而是恰當的安排，這個安排使得人生活在

---

[27] 林安梧：〈關於老子哲學詮釋典範的一些省察──以王弼《老子注》暨牟宗三《才性
　　與玄理》為對比暨進一步的展開〉，《臺北大學中文學報》第 5 期，頁 53。

[28] 林安梧：《新道家與治療學──老子的智慧》第七章〈邁向新道家之「管理哲學」的
　　一個可能〉（臺北市：臺灣商務印書館，2010 年 6 月），頁 236。

那個天地裡面，無須造作、無須執著、無須時時警惕自己。[29]

此種「自發的秩序」，源於天地萬物通而為一的根源性的總體當中，而作用於天地萬物。包含人類，亦可順其安排而得其自在。此種力量，就是「自然」：「『自然』是來自總體根源所源出的場域，這場域本身就有的自發、和諧與調節性的力量及秩序。」[30]如此說之「自然」，不離於天地萬物，亦無待於主觀意識之造作與安排，而是人必須要進入到天地的場域當中，應當遵從並且學習的力量。林先生針對《老子》「道法自然」一段有如此解釋：

「域中有四大，而人（王）居其一」，「人法地，地法天，天法道，道法自然」，這說的是：人學習地的博厚，具體的生長，進而學習「天」的高明，朝向普遍的理想，進而學習「道」的整全，回向總體根源，最後則要學習「自然」，在那自發的和諧下調節絪縕。這是一從「具體的生長」而「普遍的理想」，進而「總體的根源」，最後則達到「自發的和諧」的境域。[31]

另外還有一段文字，將人、地、天、道、自然等關係串連起來：

人居於天地之間，是具體的，是實存的（人法地），這生長是朝向一高明而普遍的理想（地法天），這高明而普遍的理想又得回溯到總體之本源（天法道），而這總體之本源有一自生、自長、自發、自在之

---

[29] 林安梧：《新道家與治療學——老子的智慧》第五章〈「新時代的道家思想」：「心靈意識」與「存在情境」〉，頁205。

[30] 林安梧：《新道家與治療學——老子的智慧》第一章〈新道家哲學：「場域處所」與「話語介入」〉，頁20。

[31] 林安梧：〈關於中國哲學研究方向與方法的一些省察　從「後新儒學」的觀點而來的省思〉，《元亨學刊》創刊號，2010年9月，頁4。

調和性的生長自然機能（道法自然）。[32]

地是具體實存的；天是普遍而高明的理想；道是總體之本源；自然則是調和性的生長自然機能。每一層級都有其特性。人要學習地的博厚，學習天的高明，學習道的本源創生，學習自然的絪縕和諧。顯然這裡強調的是人應該透過學習、實踐，逐漸由具體、普遍，進而回溯存有造化之根源，參與到那自生、自長、自在的和諧秩序當中。這不是強調主體性的思考，其目的也不在證成偉大的道德理想。而是讓人的生命回到寬廣的天地中，得到適當的生長。在寬廣的天地當中，則對比出「人的有限性」：

> 道家的可貴處即是正視個人的有限，正視個人的很渺小，就不會容不下天地、容不下別人、因為你不會用你的方式、話語系統、權力、理想，強壓在別人身上，而認為應該自我撤開，當撤開的時候，反而有無限可能，道家的獨特即在這裡。[33]

人不能勝天，只是活在天地當中。但是這樣的有限性，不是要人消極性的逃避世間，而是讓人撤出空間來，將主體性，包含權力、理想甚至話語言說的執取，通通消融在整個天地之間，讓所有的生命，擁有更多生長的可能。也就是說，消融了主體，讓整體自然的顯現出來。我們可以發現，在以天地為「場域」的理解下，不僅重視整體，也讓個體都能夠各得其所，各遂其生。萬物在天地之場中開顯其自己，這裡便隱含著一「自發的調節機制」，就林安梧先生的理解來說，可名之為「自然」，或名之為「常」。[34]

---

[32] 林安梧：《儒學轉向：從「新儒學」到「後新儒學」的過渡》第十一章〈「存有三態論」與廿一世紀文明之發展〉（臺北市：臺灣學生書局，2006 年 2 月），頁 391。

[33] 林安梧：《新道家與治療學──老子的智慧》第二章〈新道家哲學：「根源的回歸」與「存有的照亮」〉，頁 73。

[34] 林安梧：《中國宗教與意義治療》（臺北市：文海學術思想研究發展基金會，1996 年 4 月），頁 162。

我們可以發現，林安梧先生其實很強調一種「氣化流行」的觀念：

> 當我們談到「道」這個字眼的時候，一定得有人的參與。本無所謂
> 道，這樣所形成的一個場域，構成一個總體，這裡頭有一個根源性的
> 力量在這裡流動。這個流動在以前的道家、道教的思想裡頭大概就用
> 「氣」這個字眼。氣其實就是一種感受，一種流動。這種感受，這種
> 流動是看不見的，摸不著的，但是你可以體會到。這種體會，它有一
> 種意味在那個地方，它有一種氣蘊在那裡。[35]

由此可見，「場域」不是一個具體有形的空間概念，它其實代表著一種生長
的可能性。通過人類的參與，進到了天地間，與萬物聯繫互動而產生的「存
在的呼應」，這便是「氣蘊」，此「氣蘊」通於形而上、形而下，就此「氣
蘊」而體會到天地萬物隱含著一「自發的調節機制」，可名之為「自然」。
它並非由人的主觀心靈意識的投射，而是在天地人我聲息互動、融通的過程
中體會到的「氣蘊生動」。這裡其實關聯到林先生對華人文化特質的一種重
要理解。有別於當代新儒家強調心性之學的傳統，林先生更強調華人文化中
的「巫祝傳統」：

> 我認為中國文化傳統裏的巫祝傳統是我們無法去擺脫的，而且也不必
> 擺脫，因為它是個很重要的生命孕育之所。我想，這一點是我和許多
> 新儒學的師友，特別是我的老師──牟宗三先生，最大的不同。……
> 道家仍然是擺脫不了巫祝的傳統，而且也不必擺脫。因為文化的發
> 展，在我們這個傳統很獨特，我們的文化傳統有一文化層級累積的現
> 象，這個現象並非了揚棄了某部份，而特別顯揚了某部份，所以它並
> 沒有一個徹徹底底主導性的主流概念。在我們的文化傳統中，並不像

---

[35] 林安梧：《新道家與治療學──老子的智慧》第五章〈「新時代的道家思想」：「心
靈意識」與「存在情境」〉，頁181。

西方一般，有一特別的主流概念出現，……它是把道德的實踐、精神氣息的感通，以及對於世界的理智思考等等，全部總括成一個總體，它好像文化土壤一般，一直在生長，而且是物各付物的，每一個都回到它本位一起在生長。[36]

　　顯然道家思想中所隱含的這種氣化流行的思考方式，是源自古老的「巫祝傳統」。它強調一種「天人物我通而為一」的連續型的理性，這是儒道共同的文化土壤。[37]將「自然」理解為「自發的調節性機制」，其實是在一種以天人、物我、人己通而為一的「連續型的理性觀」的格局來思考的。林先生指出此種理性觀，將原本的巫祝傳統的咒術思維消融於其中，形成主客交融的思維方式，強調一種回到總體根源的思考。[38]這構成了我們很重要的文化基底。這也正是林先生之所以主張「儒道同源」的一種很重要的基礎：

　　道家的思想，它是以原來的巫祝傳統作為底層，經過一連串的理性化過程之後，而強調自然，強調氣之感通，而形成的一套系統。儒家也是一樣，它是在整個社會的發展、分化的理性化過程，對於原先最初強調的天地人通而為一，通統於道，而做一個理性化的過程，經過反省而強調自覺、人的感通，而它最初的背景是一樣的，就是巫祝的傳統。[39]

　　林先生以「巫祝傳統」作為文化底層，運用「連續型的理性觀」來解釋

[36] 林安梧：《新道家與治療學──老子的智慧》第四章〈「新道家」時代的來臨：「公民社會」與「自然無為」〉，頁129-130。

[37] 林安梧：《中國宗教與意義治療》第一章〈「絕地天之通」與「巴別塔」──中西宗教的一個對比切入點之展開〉，頁14-18。

[38] 林安梧：《道的錯置──中國政治思想的根本困結》第八章〈「心性修養」與「社會公義」之錯置與解消〉（臺北市：臺灣學生書局，2003年8月），頁228。

[39] 林安梧：《新道家與治療學──老子的智慧》第四章〈「新道家」時代的來臨：「公民社會」與「自然無為」〉，頁133。

華人「天地人通而為一,通統於道」的文化特質,這也跟牟先生及當代新儒學偏重從「心性之學」的角度來理解華人文化特質,有顯著的不同。[40]儒道同源而互補,正好可以提醒我們,面對現代社會的情境,儒家的自覺與道家的自然,其實同樣都具有重要的實踐意義。

四、境界型態與場域觀念理解下的自然義

牟先生解釋《老子》「道法自然」,重在說明道之「自然」義。他將原本的「道法自然」,轉變成了表述道的境界型態義的「道是自然」,更加突顯出道家特別的實踐工夫。關於「主觀境界型態」的實踐工夫,牟先生曰:「把境、界連在一起成『境界』一詞,這是從主觀方面的心境上講。主觀上的心境修養到什麼程度,所看到的一切東西都往上昇,就達到什麼程度,這就是境界,這個境界就成為主觀的意義。」[41]其實踐工夫,是著重在「心境修養」上。從「心境修養」來理解道的自然義,工夫著落處,不是一般從自然現象來理解的「自然」:

> 如果存在上一切皆他然之自然為指物者,為第一序者,則境界上之自然即為非指物者,乃第二序上之「非存在的」自然。存在的,有時間性與空間性。非存在的,則無時間性,亦無空間性,故只是一冲虛之意也。[42]

一般現象義的「自然」是他然,是有時空限制下,經驗意義的自然。而

---

[40] 牟宗三、徐復觀、張君勱、唐君毅合撰:〈為中國文化敬告世界人士宣言〉:「此心性之學,乃通於人之生活之內與外及人與天之樞紐所在,亦即通貫社會之倫理禮法、內心修養、宗教精神,及形上學等而一之者。」收入林安梧:《牟宗三前後:當代新儒家哲學思想史論》附錄(臺北市:臺灣學生書局,2011年9月),頁376。

[41] 牟宗三:《中國哲學十九講》第七講〈道之「作用的表象」〉,頁130。

[42] 牟宗三:《才性與玄理》第五章〈王弼之老學〉,頁144。

「境界上之自然」，則只是一「沖虛之意」。又曰：

> 什麼叫做「自然」？他從修行上，從人的修養境界，精神境界能夠與
> 自然無所違這樣一種超然凌虛的如此如此的境界說這就是道。並不是
> 有一個 logos，不是有一個「天命不已」。這個道就是「自然」。
> 「道法自然」就是禪宗所說「平常心就是道」。[43]

「自然」既不是通過思辨而追求形上學的本體，也不強調體契道德創生的意
義。面對「萬物」只是平平放下，不執著於現實世界之現象，而對顯出一超
然凌虛、獨立自由的精神境界。從平平放下中，見其無執著的智慧：

> 境界上之自然既不著於物而指物，則自亦無物上之他然，而卻真正是
> 自然。正是遮撥一切意計造作而顯之「洒脫自在」是自然，此即是冲
> 虛而無所適、無所生之朗然自在。[44]

無物上之他然，亦無意計造作之執著，如此而顯之「洒脫自在」，乃是極通
透之生命境界，亦呈現出一種生命之美感。然其中亦難免顯露出空蕩、寂寥
之感。當人面對天地萬物，不免表現消極之感。如此恐將道家之自然義，完
全收攝於主觀的心境當中。則自然，非天地萬物之自然，乃一己心靈意識創
造之自然。

　　林安梧先生不贊同將道家理解成一「主觀境界型態的形而上學」，他認
為就中國哲學的根本義來說，「實有」與「境界」本是交融為一的整體，因
此並不適合拿「實有」與「境界」做對比。並主張「由天、地、人、我、萬
物通而為一的總體根源」開顯為世界萬有，是儒道共許的道理。如果要分判
儒、道，也當就此「道通為一」的基礎上來說。而不是從其主體實踐義的不

---

[43] 牟宗三：〈老子《道德經》演講錄（五）〉，頁 16-17。
[44] 牟宗三：《才性與玄理》第五章〈王弼之老學〉，頁 144。

同，論其開啟出不同的形而上學。林先生主張從天地人我通而為一的「道體」說下來，「牟先生重在繫屬於『一心』，我則重在『通極於道』」，而「道體不能等同於心體」。[45]如此可避免「心體」過度膨脹，甚至吞沒了道體。如果說牟先生是從實踐主體──心，來往上推說「道體」為何，則林先生可以說是從道體往下說，人應該如何。

林先生強調，儒、道皆重視回歸「道體」，兩家其實都肯定人參贊於天地之間，只是重點不同：「儒家著重在於『人──自覺』這一面，道家著重在於『天地──自然』。儒家的重點在於『內在的道德主體性』，而道家注重的是『場域的自發和諧的絪縕（蘊蓄）的調節性力量。』」[46]儒家的自覺，通過一己之承擔，從主體通向於道體。道家講自然，則是讓人回到存在的場域當中，去領會由此生發的「自發的和諧秩序」。從「場域」概念來理解，「道法自然」一句，充分地表現出道家的實踐旨趣。它提醒我們，其實天地萬物皆可回到自然常態中安頓自己。[47]處於現代競爭激烈的社會中，人常常活得不由自己。「道法自然」的思想，顯然深具意義：

> 新道家思想強調人不能勝天，人只能生活在天地之間，這便符合所謂的「人法地，地法天，天法道，道法自然」。人要真正體會到這個地的生機，地是那麼博厚的，地之能有如此博厚，人要進一步了解到生命有一種理想「心向高明」。所謂「心向高明」是什麼呢？就是回到生命的理想根源、整體的根源，那叫「道」。而這整體的根源就是回

---

[45] 此段敘述，請參考林安梧：《新道家與治療學──老子的智慧》序言，頁 2-3。

[46] 林安梧：《新道家與治療學──老子的智慧》第三章〈新道家哲學：「無名以就實」與「尊道而貴德」〉，頁 78。

[47] 林安梧先生在這裡也提出了「存有的治療學」的觀點，認為將人放懷於自然天地當中，依靠此調節性的力量，可以讓人異化的生命得到「意義的治療」。請參考氏著：《新道家與治療學──老子的智慧》第二章〈新道家哲學：「根源的回歸」與「存有的照亮」〉，頁 42-43。

到那事物的本身，人還其為人也！[48]

　　人活在天地之間，便是正視具體實存的場域。在此場域中，有一源自於總體之根源的自發和諧秩序。人當正視此實存的場域，並參與此自發的和諧秩序。毋庸高揚一己之主體性，如此一來，事物如其為事物，人還其為人。如此便是「自然」。自然也就是要回到如其本來的樣子。讓事物能夠如其本來的樣子，重點不是只落在主觀心體的涵養上，更要能夠面對真實「存在的情境」。

　　　　老子哲學著重的是「身心一體」，它基本上不是一個「以心控身」的系統。相反地，我們可以把它理解成是一「健身以安心」的系統。這麼一說，就把「存在的情境」與「心靈的意識」密切結合起來了。如果我們恰當地安頓、安排這「存在的情境」，我們「心靈的意識」就有一恰當的生長，這是整個道家很重要的一個觀念。[49]

「存在情境」具體而真切，其理則亦有跡可循。境理則身安，身安則心定。心之所以能定，緣於能夠體會而參與到那「自發的和諧秩序」當中。一己之心之所以能做主，是因為有一生命的理想根源來做主，是以「道」來做主。而「道」彰顯在天地之間，必須要有合理的安排。林先生強調，整部《老子道德經》的重點，就在於講「天地有道」而「人間有德」：「整個生活世界就是『道』，『德』的是整個生活世界有生長之可能性；而作為一個存在的人，他才有一定的能力蓄養這個由『道』所彰顯出的『德』。」[50]因此，當

---

[48]　林安梧：《新道家與治療學——老子的智慧》第四章〈「新道家」時代的來臨：「公民社會」與「自然無為」〉，頁149-150。

[49]　林安梧：《新道家與治療學——老子的智慧》第四章〈「新道家」時代的來臨：「公民社會」與「自然無為」〉，頁124。

[50]　林安梧：《新道家與治療學——老子的智慧》第四章〈「新道家」時代的來臨：「公民社會」與「自然無為」〉，頁124-125。

下存在的情境，便是實踐價值理想的起點。而體會「道法自然」，其實也隱含一種人性追求理想價值的渴望。如此詮釋道家的實踐哲學，顯示出對生活世界的重視，有別於從消極立場來理解的道家哲學。然而，正視「存在場域」，是否也同時隱含了一種「自覺承當」的思考，儒家強調「自覺」的意義，是否也在此滲透進道家的「自然」觀念中了？其實頗耐人尋味。

五、結語

　　「自然」的概念關聯著道、天、地、人，可以說是通天接地。既抽象又具體，既普遍又個別。故王弼贊曰：「自然者，無稱之言，窮極之辭」。從牟宗三與林安梧兩位先生對《老子》「道法自然」的詮釋，除了可以看出他們對道家核心思想理解的不同外，也提供了現代人對於道家思想將如何實踐，有不同的啟發。

　　牟先生從實踐的型態，分判道家之本體為「境界型態的形上學」。此意義下理解的「自然」，非客觀存在的自然，而是精神上的觀念，是「通過修行達到一個最高的如如的境界。」其工夫著力點在修養此心，「主觀上的心境修養到什麼程度，所看到的一切東西都往上昇，就達到什麼程度。」是以「自然」實為「沖虛無執之無外之心境」所觀照下之最高境界。其實踐的重點落在觀照。其解釋「道法自然」的意義，重點在強調「道是自然」。其效驗乃使得吾人得以一「如如」之境為理想，不易執著於物勢之紛擾，終能保持追求自由自在之嚮往。

　　在「巫祝傳統」所形式的「存有的連續觀」的理解下，林先生認為「道」是全華人民族共有的觀念。而「自然」，則是道家實踐的重要特色。[51]因此如何理解「道法自然」的概念，也就深具意義。基本上，林先生相當強調「場域」的觀念，而「自然」則是在此場域中，一種能夠讓萬物生生不

---

[51] 林安梧：《新道家與治療學——老子的智慧》第四章〈「新道家」時代的來臨：「公民社會」與「自然無為」〉，132-133。

息的「自發、和諧與調節性的力量及秩序」。它並非是從人的主觀心靈意識投射而來，而是在天地人我聲息互動、融通的過程中體會到的氣蘊生動。其作用，乃使得萬物得以如其自己的生長。因此，人當正視其所居處的「存在的情境」，並且努力調理好生活世界，讓「道」得以彰顯在天地之間。它一方面正視了人「存在的有限性」，一方面也強調人有「心向高明」的本能。同時也隱約透露出了，人類能否讓存在情境處於「有道」的狀態，能否真正彰顯出「自然」。似乎在肯定「道」，肯定「自然」的背後，其中也蘊含了某種人所必須承擔的責任。

　　總而言之，相較於牟先生強調「主觀心境」的作用，林先生認為應當把「存在的情境」與「心靈的意識」密切結合起來，更進一步來說，與其強調「境界的真實」，不如努力成就存在的真實。這也解開了主體性的執著，為追求「身心安頓」，提供了最具體可能的道路。如此說的道家「自然」思想，頗能著力於現代人的生活情境當中，扮演著積極的意義。

　　　　（本文已刊載於《臺北大學中文學報》第 19 期，105 年 3 月，頁 89-104。）

道家的歷史意識詮釋
——兼言林安梧、賴錫三的「新道家」思考

王慧茹[*]

摘　要

　　「當代新道家」一詞的出現，是近廿、卅年間的事。本文試圖經由道家關於歷史意識的討論，衡諸林安梧、賴錫三教授對「新道家」的理解詮釋，另提出「當代新道家」的歷史詮釋視域，除參與並回應二位先生論述外，並試圖指出，道家以「無感其名」的方式，呈示出歷史意識的曲成型態，此歷史意識的形塑及實踐，從哲學詮釋學觀點來看，便是一個具備「效果歷史」的「效果歷史事件」。

　　由此看待「新道家」的歷史詮釋，便可發現，道家強調個人面對結構錯雜的總體社會，因強調回返生命自身的觀照，而能同遊於人間、世俗，及無何有之鄉；並以其參與歷史社會及天地自然的場域覺察，或對現實以批判、治療，盼能復歸於場域，以自生、自在、自化，使生命生長。如此，人便不只是文化、社會、歷史、政治或自然的「產物」，而是還其為一個真正的「全人」。以道家的歷史意識為詮釋進路，正可提供現代人對歷史的發展與回歸、啟源與圓融，一個得以安適存在之我的新可能、新發展。

關鍵詞：新道家　歷史意識　詮釋學　效果歷史　林安梧　賴錫三

---

[*]　輔仁大學中文系兼任助理教授。

一、問題的提出

華人文化長期以來，一直有儒、釋、道三家交涉並匯[1]的現象，宗教文化思想的會通，亦形成華人文化的多姿風采。「會通」一詞，最早出於《易・繫辭傳》云：「聖人有以見天下之動，而觀其會通。」觀諸三教會通理論之建構，自唐代圭峰宗密（780-841）啟其端緒，其相關論述對後代的影響，實無出其右者。[2]傳統經典帶給後人啟益思考，不斷吸引學人深入探研，其中很重要的便是經典不斷被詮釋、討論、以加深加廣其內涵的過程。在資本主義熾盛，講求全球化發展的現代社會，關於道家的重新理解與詮釋，更有啟於今日惶惶追逐物欲的人們。

學界關於道家的研究可謂犖犖大蠹，但「當代新道家」一詞的出現，卻是近廿、卅年間的事。「當代新道家」一詞，曾為大陸科學史學者董光璧先生所選用，他在專著《當代新道家》中，特意勾連道家的世界觀和現代科學理論，將李約瑟、湯川秀樹、卡普拉等，推稱他們「發現了道家思想現代性和世界意義，並發展出它的現代形式」[3]，故可名之為「當代新道家」。近

---

[1] 三教關係之研究較早而系統性的專著，有久保田量遠：《中國儒道佛三教史論》（東京：國書刊行會，1931 年），其第十七章即為〈唐宗密「儒佛二教類同說」・白居易「兩教歸一說」〉。

[2] 宗密對後代思想的影響，中外學者多有論述，如：鎌田茂雄：《宗密教學：思想史的研究》（東京：東京大學東洋文化研究所，1975 年）；洪志明：〈宗密及其原人論研究〉第五章，（高雄：高雄師範學院國文研究所碩士論文），1987 年；冉雲華：《宗密》第六章（臺北：東大圖書公司，1988 年）；Peter N. Gregory, *Tsung-mi and the Sinification of Buddhism*, Princeton: Princeton University Press, 1991, Chapter Eleven, p.295~；黃連忠：《宗密禪教一致與和會儒道思想之研究》第九章（臺北：淡江大學中國文學研究所碩士論文），1994 年等。期刊論文亦頗有論及，不一一詳舉。王開府先生更指出，宗密係建立三教會通理論體系的第一人。有關宗密建構三教會通之述評，可另參王開府：〈宗密「原人論」三教會通平議〉（臺大：《佛學研究中心學報》第 7 期，2002.07），頁 147-183。

[3] 1991 年，董光璧發表〈當代新道家興起的時代背景〉，《自然辯證法通訊》1991 年第二期，同年並出版專書。參董光璧：《當代新道家》（北京：華夏出版社，

期則有學者林安梧《新道家與治療學：老子的智慧》、《老子道德經新譯暨心靈藥方》[4]及賴錫三《當代新道家——多音複調與視域融合》、《道家型知識分子論——《莊子》的權力批判與文化更新》[5]，分別出版專書討論所謂「新道家」、「當代新道家」所輻輳出的各項問題。二位先生所論，皆由多年專文累積彙整而來，除有建構個人對當代新道家內涵的思考外，亦皆偏重於哲學範疇的專一討論，如：形上學、美學、語言、宗教等，對道家於歷史發展的觀察，及與社會文化的歷史聯繫，所言均有未足；為恐論述觀點旁溢太多，本文所論之範疇，將以林、賴二先生所論述之「新道家」、「當代新道家」為主，檢視老、莊所論之歷史意識，與伽達默爾所論之「效果歷史意識」，不論其闡釋向度及問題意識上均有若合符節之處，故以下所論，亦將採就此一視角併同討論。

　　本文盼能經由道家所言關於歷史意識的討論，衡諸前二先生對「新道家」的理解詮釋，另提出「當代新道家」的歷史詮釋視域，藉以參與並回應二先生的討論，並試圖提出於後牟宗三時代談「道家存有論」（超主客）詮

1991），此書復於 1996 年再版。

4　林安梧：《新道家與治療學：老子的智慧》（臺北：臺灣商務印書館，2010.06 初版二刷）、《老子道德經新譯暨心靈藥方》（臺北：萬卷樓圖書公司，2014.08 初版一刷）。前書以《老子》為核心，言道家具有一「存有的治療學」向度，此間包含當今女性主義、多元化視野的思考，皆可在《老子》原典中，尋得養分。林先生並以為，由老子以來的道家「存有治療學」譜系，可與儒家的「意義治療」，佛教的「般若治療」鼎足。關於此處的詳細論述，尚可參氏著：《中國宗教與意義治療》（臺北：明文書局，1996 初版）。後者為林先生對《老子》原典的翻譯及個人的語錄新詮，抒感性質高，非屬學術作品，但因仍可得見學人之思，故暫列於此。

5　賴錫三：《當代新道家——多音複調與視域融合》（臺北：臺大出版中心，2011.08 初版）。賴先生重講道家自然與倫理的古典新義，指出「當代新道家」可對比於「當代新儒家」另啟一論述視域，具有文化治療活力及公共關懷力道，當代新道家所閃現的思維，和西方後結構主義的法式思潮多有互涉，可視為一種「跨文化批判」的思想活動。至於《道家型知識分子論——《莊子》的權力批判與文化更新》（臺北：臺大出版中心，2013.10 初版），則是賴先生立足於當代觀點，從《莊子》思想中擷取可與當代政治論述相對話處，言當代的公民意識、知識分子的社會參與等，某些部分來看，亦可視為是對余英時先生於傳統「士」的討論的回應與對話。

釋進路的一種可能。

二、道家的歷史意識及關注

　　歷史意識是由英文 historical consciousness 和德文 Geschichtsbewusstsein
翻譯而來，簡單來說，是指人類對自然及其自身，在時空變化過程中，針對
變化現象與本質的認識。在史學界裡，這個名詞常常和歷史思維（historical
thinking）、歷史心態（historical mindedness）或歷史方法（historical method）交相
替用，甚至偶而也被視為是歷史主義（historicism）的同義詞。站在哲學的角
度觀察，歷史意識以時間之流為核心，包含人類對外部世界、人存在現象和
本質的觀看方式，那麼每個變遷階段的偏重特徵，自然深值討論。周樑楷就
指出：「歷史意識是種思維方式。」[6]時間既是不斷往前流動的，那麼人們
對過去、現在和未來變遷的看待方式，不僅牽涉個人對所處當下時空現實如
何自處的問題，也牽涉到自家生命未來歸趨的問題。或者可以說，「歷史意
識」一詞之所以容易被濫用或不易釐清，正和它跨涉了太多領域有關，因為
舉凡個人的認知取向、政治社會立場、宇宙觀、世界觀，人的主體性、生命
意識等，都牽涉到個人對歷史的表述，亦即關於個人的史觀、歷史意識的形
成過程與價值內容。

　　正因如此，所謂「歷史意識」便不應只是以時空座標為核心，討論個人
在現象世界中的種種人事之為；更應是人和天地自然、和總體世界交光互網
的所思所成，既存於歷史之中，而可以超乎歷史之外的深刻反思；但如此思

6　周樑楷認為：「歷史意識是種自覺，從生命主體出發，形成一種思維的方法。」他引
　　用撰寫《自由史》（*History of Liberty*）英國艾克頓（Lord Acton, 1834-1902）的說
　　法：「在效用上，歷史思維（historical thinking）駕於歷史知識（historical
　　knowledge）之上」，指出「歷史思維比歷史知識更重要」，以回應臺灣目前社會關
　　於歷史教材、歷史教育及社會意識的喧騰輿論，試圖經由釐清「歷史意識」內涵，使
　　歷史意識不流於一種人云亦云的語言現象，而能幫助社會中的每個人，在歷史意識、
　　社會意識、生命意識上得以不斷錘鍊與昇揚。參氏著：〈歷史意識是種思維的方
　　法〉，《思想》第 2 期（1996.06），頁 125-162。

考的布列呈現，是否可以「完全不受」歷史條件制約？或者說，舉凡受到歷史時空因素影響的哲學思考，便不具備真理的性質或條件？透過老、莊對「歷史意識」的曲折表述，正可得見老、莊並非採取一種反歷史或忽略歷史的觀點，釐清其歷史意識的表述方式，予以闡釋分析其層次，實亦具備真理向度的一個側面。

（一）《老子》的歷史關注

孔子「子在川上」之嘆，很明顯的看出他對時間遷逝的體會，夫子用感受式的語句，出以感知覺察的分享，由川流之恆往，言自然、生命現象物，在永恆觀照下的價值堅持，是生命的勇於承擔，亦是個人落在歷史長河中的不懈奮鬥。夫子之感，是儒者的價值挺立，亦是對應現象世界的精神超拔。對應於《老子》來看，《老子》對時間意識的直接表述是「天長地久」章，有趣的是，二者雖都從自然物事出發，但《老子》卻更直接標舉「永恆」，而不由現象面的變動轉進。

《老子》中有：

> 天長地久。天地所以能長且久者，以其不自生，故能長生。是以聖人後其身而身先；外其身而身存。非以其無私邪，故能成其私。

> 知人者智，自知者明。勝人者有力，自勝者強。知足者富。強行者有志。不失其所者久。死而不亡者壽。[7]

這兩條是《老子》對自然宇宙時間綿延狀態的最直接說明。第一條言天地之所以長久，是由於「不自生」，天地秉持其「生生之厚」，「後其身」、「不存其身」、「外其身」、「無為於身」，得以成全萬物，萬物在

7　語見《老子·7 章》、〈33 章〉。參王弼注·樓宇烈校釋：《老子道德經注校釋》（北京：中華書局，2010.03 重印五刷），頁 19、84-85。

時間不斷更往的過程中，賡續生命、得以生長，此間，都來自一種「不干預」任其自然的順成態度。《老子》所講的時間感、歷史意識，並不純粹以「人類」為中心思考，人是自然世界的參與者，人的背後尚有一個無形的追求。落在形器上說，「善攝生者」是以「無生為生」，故在看待歷史變動、變化的同時，便在這綿綿若存的天地中，以其不形見其存，以其似亡言其生；所以第二條中說：「死而不亡者壽」，以身歿道存言其生，以道之不亡言得全其壽。此處所說的永恆，既是一種時空現象之內的恆常延續，但又是一種超越時空意義的價值之常，而此一價值之常，便是《老子》意義下「常道」、自然之道。

相對於儒家重視人在歷史地位的不朽價值來說，《老子》採取抽高一層的方式來看待，人參贊在歷史恆流中，重點不在人真正「建構」了甚麼，而在「明察」了甚麼，所以談個人生活世界的「自知、自勝、知足、有志」。從「不失其所」，觀察存有的場域，在適得其所的場域中，量力而行，其所實踐而得以完成者，便是個人之我存於歷史現場中之可成者；擴及萬物來看，萬物亦能各得其所，各逞其才；聖人（統治者）因無私、無言、不為、無功，故使場域、天地得以不斷運行延續。道家所實踐的價值，不是儒家那種強調人文化成的不朽，而是由天地自然育成的無朽，不執定於「朽」或「不朽」的單一論述，除去定名、多言之蔽，回歸大道、常道的根源。

《老子·16章》中另有：

> 致虛極，守靜篤。萬物並作，吾以觀復。夫物芸芸，各復歸其根。歸根曰靜，是曰復命。復命曰常，知常曰明。不知常，妄作凶。知常容，容乃公，公乃王，王乃天，天乃道，道乃久，沒身不殆。[8]

這段文字和前面所說的大抵近似，但更凸出對道體恆定性的說明。從現象變化的角度來看，時間改變是一切物事改變的起點，《老子》指出，看待變化

---

8 語見王弼注·樓宇烈校釋：《老子道德經注校釋》，頁 35-39。

的最好方式是「觀復」，以「歸根復命」的態度，靜觀所有現象的變動，在時間、空間的現象變異下，致虛守靜，不躁進、不妄作，便能包通萬物，無所不容。王弼說：「無所不包通，則乃至於蕩然公平也。蕩然公平，則乃至於無所不周普也。」[9]就是這個意思。在等待歸復的時間之流中，森羅萬象的變異，不過是總體宇宙變化的一小部分而已，換言之，從現象上看，看似綿延或更迭事物的呈示，不過都是歷史上的小星點；宏觀上來說，得道之常則，便能在這無垠永恆的歷史發展中，周普同天，與天合一。或者可以說，從時間改變的一面來看，所謂永恆之常，是從不執、無執上言其恆定，由變化、歸復言其常則；就個人自身所處的場域環境或形軀來說，所謂歷史意識，便是人在面對自身性命和自然萬物間的「知明、知常」，能致虛守靜者，便能善處變動之境，歸根復命。

　　《老子》這種強調萬物回歸自身的看法，施之於個人和政治社會，便是「以身觀身，以家觀家，以鄉觀鄉，以國觀國，以天下觀天下」[10]，而其理想的生活狀貌，是「其政悶悶，其民淳淳」[11]，是尊重每一個獨立個體、尊重自然萬物的自然之治，是「非控制」的歸復治理，因功成不居而得以全其功。[12]

（二）《莊子》的歷史關注

　　對比於儒家，道家採取不同的進路關懷世界，《老》、《莊》都不講一

9　參見王弼注・樓宇烈校釋：《老子道德經注校釋》，頁36。

10　語見《老子・第54章》。

11　語見《老子・第58章》。

12　老子並不是講一個「退化、退步」的歷史發展，若言「退」，也是「讓開、退下」，「讓開、退下」是表象，目的仍是為了「得全」。因「身後」而能「身先」，並不是不要那個「先」，而是因為不居先、不居功，且能因其「不爭」、「保全」其功。組織、社會、國家當然有管理者，只不過只不過這名管理者，是用一種「無管理的管理」，以其「場域的條理」，以不控制、「非控制」、「無管理」的方式來管理，所以百姓皆曰「我自然」。有關此處的闡釋，可另參拙作：〈道家型的管理哲學〉，《國文天地》237期（臺北：《國文天地》雜誌社，2005.02），頁46-52。

個純粹的隱居生活，而是要人在人間世中，尋一個穩立自家生命的方法，而個人如何在現實中生存、生活，當然和他的社會意識、歷史意識相關。

《莊子‧人間世》篇中記載了顏回將赴衛國從政，行前問於夫子的故事。夫子擔心顏淵此去不免「往刑」，必將「死於暴人之前矣」，文本中，用披上道家色彩虛構的夫子，勸顏淵不必往赴。顏淵提出將用「端虛勉一」、「內直外曲」、「成而上比」三種方法，以矯治並對應「輕用其國」、「輕用民死」的衛君，但夫子認為，如此僅可得自身無罪，尚不足以「感化」衛君，顏淵不過是個自以為善的「師心者」罷了。接下來，孔子以「心齋」開啟顏回說：

> 若一志，無聽之以耳而聽之以心，無聽之以心而聽之以氣。耳止於聽，心止於符。氣也者，虛而待物者也。唯道集虛。虛者，心齋也。……若能入遊其樊而無感其名，入則鳴，不入則止。無門無毒，一宅而寓於不得已，則幾矣。
>
> 絕迹易，無行地難。為人使易以偽，為天使難以偽。聞以有翼飛者矣，未聞以无翼飛者也；聞以有知知者矣，未聞以無知知者也。瞻彼闋者，虛室生白，吉祥止止。夫且不止，是之謂坐馳。夫徇耳目內通而外於心知，鬼神將來舍，而況人乎！是萬物之化也，禹舜之所紐也，伏羲几蘧之所行終，而況散焉者乎！[13]

夫子盼望顏回能心志專一，不要用形器的一面感應萬物，而能直接用「虛」的靈明心境容納萬物，能「入遊其樊而無感其名」、「一宅而寓於不得已」，對比於世俗意義下的「口體之齋」，以「心齋」應世，方能真正使其困滯消解。人間各種紛擾，都起於求名用智，主政者專斷獨行，導致屍滿遍野、多如蕉草，若能去除求名鬥智的心念，就能做到「心齋」的空明之境。

---

[13] 語見《莊子‧人間世》。參王先謙：《莊子集解》（臺北：華正書局，1985.06 初版）。

表面上說，〈人間世〉全篇皆藉由描述人際關係上的紛爭，以闡明與人相處及自處之道，人遊於世，應「入遊其樊而無感其名，入則鳴，不入則止」。但實際看來，大凡人與人的相處往來，其所表現出來的言行模式，行為背後的意圖、動機，都和個人所形成的歷史意識、當世的社會文化場域有關。

這個故事中的顏回，他的思維模式，正代表儒者意欲承擔責任的思考，而孔子，反倒是穿戴了道家的面具。衛君無道，顏回欲往救治，夫子卻說「古之至人，先存諸己而後存諸人」，要顏淵再思細思。此處夫子所說的「至人」，不僅是一種理想的人格典型，還代表經過長期文化歷史脈絡中，人類總體的根源性關懷。「古之至人」很明顯是用來和「今之眾人」做對比的，不論顏回或衛君，都是「眾人」之一，衛君固為暴行、為暴人，但顏回又何嘗不是另一種型態的「蓄人」呢？至於文中被引來勸誡顏回的歷史事例，如：桀、紂、堯、禹等，看似皆以徵驗實證式的論據，說明在時君暴殘無道的情況下，所有正面的舉措，亦不過固陋之想，哪能真正實踐呢？何況顏淵所欲用來勸諫衛君的方法，亦是「成而上比，與古為徒」之古道，自然不易成功，如此方才轉出「心齋」的工夫修養，欲以「心齋」對治人間現象之紛紛。

特別須注意的是，《莊子》在本則之末提到「萬物之化也，禹舜之所紐也，伏羲几蘧之所行終」，此處不僅寫出一名知識分子的治世之道，必須先在心上做工夫，更重要的是，他還勾勒出一條歷史更變下，理想的統治者典型：亦即如「伏羲、几蘧、禹舜」之類者，並以此作為個人入遊現世藩籬，既參與其中而「無感其名」的修養典範，這樣的思考，無疑兼具個人存有、自身如何自處、及對當下現實的觀照。故事中，被錯位換置的顏淵、仲尼，都是被假託來為《莊子》思想服務的，本段中，《莊子》著眼於當下生命的自克及安頓，在時間變遷的過程中，人如何經由過去的生活經驗，使認知主體和當下的現象世界合理相適，這無疑是來自歷史意識和社會意識下的自我覺察和調融，《莊子》更重視經察識後的實踐，若從這段文字來檢視，便是「一宅而寓於不得已」，「瞻彼闋者」，便能「虛室生白，吉祥止止」。

此處《莊子》所論，是否是一種基於現實無奈的避世之聲呢？顯然是有

待考慮的。首先，由〈人間世〉、〈應帝王〉的篇目安排來看，《莊子》實盼望提供一種不同於儒家的治世可能，故此處為莊子服務的顏回、孔子，自然成了闡釋《莊》說的工具；其次，「心齋」的工夫論述，亦非一種純粹境界型態的人生修養論，「心齋」用來和世俗世界的「飲食之齋」對比，無疑具有高度的批判意識。《莊子》意在指出，一個良善的治道，應當「入遊其樊而無感其名」，並且努力地「入則鳴」；但若不得位、不得鳴時，與其揣想於「成而上比，與古為徒」，還不如努力於「心齋」、「一宅而寓於不得已」；因其修養而能安之若命，暫時以隨順的態度「放下」執著，是「放下」，而不是「放棄」、「放空」，此不僅代表莊子面對歷史錯綜現象的對應之方，亦是他有別於儒家以正面積極態度迎戰紛亂，因為君臣關係，是「無適而非君，無所逃於天地之間」的，故消解困滯，以「心齋」應世，自亦是立足於現實，參與歷史變動的方法。此由《莊子》內七篇的最末題為〈應帝王〉，亦可一併得到檢證。

三、當代「新道家」的詮釋向度

（一）林安梧：「存有三態論」

　　林安梧先生從存有的狀態，對道家的工夫進路做了新的詮釋，他提出「存有三態說」，以「存有的根源、存有的彰顯、存有的執定」三個層次，說明並回應人處於現象世界的「異化」（alienation）問題。人為何會「異化」？便是人在場域處所中，隨著時間之逝，現象之變，貪求、慾望、權力、利害相伴而生，而使人漸漸隨著現象事物下墮滑轉，甚至扭曲變形，導致異化。

　　林先生針對這種「亡其宅」（not at home）的現象，提出「新道家的治療學」以對治之。[14]「道」做為總體的根源，必往下展開，所謂「道生之，德

---

[14] 參林安梧：〈「新道家」、「意義治療學」及其對現代性的反省〉，《宗教哲學》42期（南投：中華民國宗教哲學研究社，2007.12），頁49-58。

畜之，物形之，勢成之。是以萬物莫不尊道而貴德」、「道生一，一生二，二生三，三生萬物」[15]。道向下展開，落實於人間世的居宅，使被異化的「物」，經由一「歸根復命」的過程，讓天地如其為天地，讓萬物如其為萬物。經由「存有之道的回歸」，讓「存有之道的光亮」照拂，開啟一個包容之善，一方面療癒個體的異化，同時也去除意識形態的糾葛，正視人間世的真實，使「心靈意識」與「存在情境」起著批判與治療的作用，進而體會常道，當下明白。

　　林先生意義下的「新道家」，強調人做為一名參贊者，以天地自然為場域，與天地萬物自然，共同生存、生活、生長。這個生長的可能，自然而然且指向了一種存在，進而走向一個存在事物的必然性。其中，由「存在的可能性」走向「存在的必然性」，還有一個解消的過程，亦即「有」是從「無」所生，而這個「無」是生長的可能性，由「無」而「有」。一旦落為「有」，就變成存在的必然，但它必須且必然還要有一個自我瓦解或自我解消的力量，如果沒能自我瓦解，那麼，外在也會有一股力量來解消它。[16]這個「自無而能有，有而能無」的過程，同時也隨時保持著彰顯道之根源的可能性，所謂存有的實況在此。此存有的狀態是「無」，但它有一個可以彰顯、繼而生長的可能，因其蓄養而成為一個具體的事物，此具體實存的事物又會往下趨、向下墮，甚至扭曲毀棄，但因其本身具有自我瓦解或受外力瓦解的向度，故又可以回復現狀，存在的事物便得以因此而周流不息。

　　如果用圖例來表示，便是一種「場域的條理」：[17]

15　語見《老子‧51 章》、〈42 章〉。

16　參林安梧：《新道家與治療學：老子的智慧》，頁 184-187。

17　有關此處的詳細展開，可另參林安梧：〈中國宗教哲學的「生命實踐」與「意義治療」〉，《宗教哲學》季刊第 70 期（南投：中華民國宗教哲學研究社，2014.12），頁 1-25。

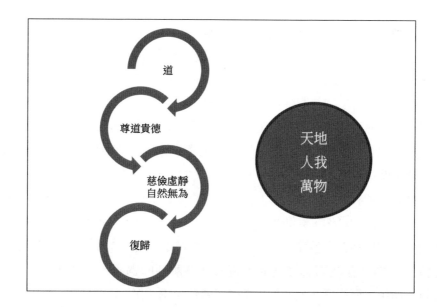

　　道家以自然天地的奧蘊，點示場域的和諧性，我和自然萬物同在，人是場域中的參贊者之一，在自然天地裡，自有一個常道常理，整個場域和諧共生，道家式的承擔，便是退開，「為而不有、長而不恃」，一切復歸於道。從時間改變更替的角度看，時間雖是不斷流動消逝的，但卻也是「天長地久」、永恆的，現象之變的根源處即是「道」，從森羅萬象之物上溯「道」的根源，這便是「存有的歸復」。從道的一面向下展開來說，正因現象物事紛紛萬端，故一旦干犯「存有執定」之時，其「執著性的有」，便可在「存有的光亮」下，因其瓦解而復歸，回到存有的根源；如此週復往返，生生不息。

　　換言之，林先生談「新道家」之所以可能，是將《老子》的智慧，重新換置於現代社會，談《老子》可展開的治療學意義，站在「存有的治療學」角度，對現代人生活上的病痛提出反省，兼具哲學、心理學和解釋學的討論[18]，所以說，經典詮釋的目的，不在於對傳統經典意義的復歸，而在其新展

---

[18]　參林安梧：《中國宗教與意義治療》第六章〈語言的異化與存有的治療〉，頁 159-167。

開的向度,「無為自然」不是不去做為,而是用「回溯根源」的方法,以「復歸於道」的方法作為;講求「場域的條理」,以「無為」去作為。這不是循一個如何的客觀邏輯法則,因為凡是講到法則,就不免干犯了話語執定的毛病,走向異化;所以客觀法則還需加上「實存的驗證」,追溯及於宇宙總體的根源,以內在的天真本性為貴。[19]

　　站在人類的立場或角度來看,人既活在歷史的過程中,重點不在於解釋個人自身「歷史意識」的內容如何,對當下的「歷史現象」如何看待,而是此「歷史意識」的形成過程,也有一個孕生、執定、解消、瓦解、再構、重啟,不斷循環的過程,在解消執定後重新參與樹立,不斷疊加,使之形塑當下之我。當下之我的存在是「有」,由其「有」之生,而指向萬物,指向世界,這便是前文所說「道生一,一生二,二生三,三生萬物」的展開,由此展開而靜觀其開展,虛心參與其中,批判之、對治之,這是《老子》的要求,也是《老子》的智慧。

(二)賴錫三:「道家型」知識分子

　　賴錫三從《莊子》的「不住渾沌」,就其分別、無分別,差異、同異的綜合結構處,談道家對當代社會的更新反省。特別是針對資本主義、文化工業的繁華破碎年代,欲以道家式的「即隱即用」、「即破壞即創造」、「即治療即更新」,試圖賦予古「隱」以新意的政治批判及文化關懷。他借用當代巴勒斯坦思想家薩依德(Edward Wadie Said, 1935-2003)的「游牧者」說[20],

---

[19] 參林安梧:《新道家與治療學:老子的智慧》,頁 83-87。

[20] 薩依德(Edward Wadie Said, 1935-2003)重新界定心目中的知識分子,他認為:當代的知識分子不但不是參與體制者、科層官僚者、專業提供者這一類屬「內部性」的參與分享者,而是能反思己身所處的語言、傳統、歷史、國族等情境,並保持「自覺性」、「外部性」的游牧者,是流亡者和邊緣人(exile and marginal),亦即採取一種帶有間距、格格不入的遊牧性格去參與公共事務,對權勢說真話,不被收編的批判異議型態行事,如此才有可能保持知識分子的批判距離,以進行反思。參〔巴勒斯坦/美〕薩依德(Edward Wadie Said)著,單德興譯:《知識分子論(增訂版)》(Representations Of the Intellectual)(臺北:麥田出版公司,2004 二版)。薩依德

提出對知識分子的不同觀察,並以「道家型的知識分子」,重新界定知識分子的性格、內涵,期使道家更具基礎性和當代性。

　　賴錫三意義下的「新道家」之所以可能,是建立在中西學術語言、方法合流及不同觀看視域下所展開的。賴錫三以牟宗三先生對《老子》的形上學詮釋和判定為核心,將之區分為「前牟宗三時代」、「牟宗三時代」、「後牟宗三時代」三期,並指出「後牟宗三時代」的《老子》的形上學詮釋進路,有四條進路特別值得關注:一是海德格的存有論進路,此係一種哲學的詮釋取向,但亦同時保有生命學問的體驗意義在。二是冥契(神秘)主義的詮釋進路,此係宗教詮釋的取向,可通過「冥契存有論」,溝通哲學的存有論詮釋和宗教的冥契主義詮釋。三是原始神話宗教的詮釋進路,此係採取神話式的詮釋取向,一方面可復甦過度使用抽象概念的哲學詮釋困境,透過創世神話的象徵隱喻語言,和《老子》形上哲學的對話,亦可避免形上語言被概念實體化之危險。四是美學的詮釋進路,此係一種「形上美學」的詮釋,強調以直觀與物之存有的同體朗現,即是道通為一、主客不分、一氣流通的恍兮惚兮狀態。[21]他企圖以此「四重詮釋交響曲」[22],由基礎性開始,進入系統性的建立,再全面性展開當代語境的新詮和當代課題的回應。[23]

　　或者可以說,對《老》、《莊》思想內涵的重新釐定,多面向的和西方哲學思潮展開對話,正是他談論「新道家」的核心意圖所在。當然,以《莊子》為核心,借用海德格爾、安樂哲對「道」的理解,談道家的宇宙論,最後是否會落入一種「存有的遺忘」、「道的遺忘」狀態?或是,仍將《莊子》「卮言」定位為二分型態,是「沉默(不可說)與語言(可說)」二者,

---

　　重新界定了一種破壞型、批判型、游牧型、獨立型的另類知識分子的可能,期許知識分子從語言、傳統、歷史情境的壓力中,尋求個人自身相當程度的獨立。

[21] 參賴錫三:《當代新道家──多音複調與視域融合》第一章,頁1-105。

[22] 賴錫三指出,這四種不同詮釋進路的研究,正不啻是「牟宗三之後」多元多音的豐富現象,彼此間亦是相通互滲的四條通往《老子》形上學的道路。參氏著:《當代新道家──多音複調與視域融合》,頁101-102。

[23] 參賴錫三:《當代新道家──多音複調與視域融合》自序,頁ix-xxv。

將語言的隱喻遊戲，直接等同於卮言？均仍有可討論之處，但從各種不同面向，以現代語言分析道家內涵，仍亦不啻是代表「當代新道家」研究的新聲新啟之一，有助於對道家思想、「當代新道家」之路的進一步開闢。

　　若從賴錫三的觀點看待，道家所論的歷史意識，其實是個人對當下生活現場的反思，不採取時間變化的正面立場討論，係因道家重視一氣的流動，這氣的流動雖必伴隨著身心的改變，且此改變亦同時具備著時間的推移，但對時間意識的體會，必須包含著身體（形）和精氣（神）並觀，且「形－氣－神」作為一連續的整體，因其敞開自身而與天、道等參贊為一，「遊乎一氣」的精微生命證成，顯已超越現象世界的一切，故在面對歷史、權力、符號時，可以避實就虛、以「吾喪我」的態度應之。這不是一種策略性的消融史觀、泯除歷史意識的建構，而是一種更細微的省察和通變能力，道家盼望，在人間世裡做一棵「櫟社樹」，既能保全己身而免受砍伐，也能繼續為時代作見證；在危險處保持旁觀姿態，「入遊其樊而無感其名」，既參與「萬物之化」，又能提供人們以庇蔭之所。

四、「哲學詮釋學」的觀點
——效果歷史意識及詮釋學經驗

　　以上不論林安梧先生或賴錫三於《老》、《莊》原典的闡釋，似乎仍聚焦於哲學意識，而未直接論及歷史意識的考察。然而細繹其間之條理，便可發現，不論道家原典或二先生之所論，道家意義下的「歷史意識」形構，並不是從人類這種特有的認識能力，或經由這種認識能力，逐步發展為繼承歷史、創造歷史的能力，而是採取另外一種水平式的思考方式，談由「知」到「明」[24]，談人與歷史、人與政治社會、與天地自然，在啟蒙中覺察、覺

---

[24] 林安梧將中國哲學的知識論，分為「執、識、知、明」四個層級，將「知」釋為定止於心，是主體對客體的清楚了別，以回溯到主體的確立。「明」是通達於道，乃主體對客體之確立，轉而為主體際之融通與照亮，再與主體際之渾合為一。「明」是如其道體之本然而彰顯者，如《道德經》所說之「知常曰明」、「自知者明」，《莊子》

醒，由現象世界、歷史意識、哲學意識的發展過程，重點不在意義的繼承或承擔，而在參贊、交談對話和開啟。

（一）歷史意識的曲成

道家不從歷史知識如何形成的譜系上論述判斷，而採取另一種迂曲的角度談歷史意識的完就。對比於儒家的「人文化成」來說，道家強調的是「自然順成」，道家的重點不在繼承道統，賡續「堯、舜、禹、湯、文、武、周公」的聖道譜系，而是人本來就活在歷史的時間之流中，與天地大化、與社會總體同在，對現象世界的觀察、感受、體會，同樣也在歷史洪流中得到發展。傳統經典之所以不是獨立的活在過去，而是做為一種流傳物，被傳承下來，向我們訴說意義，其價值不在建立議題的客觀性意義上，而在詮釋者說出一個與他處境相關的意義或真理，聆聽流傳物的聲音，並在自身的存在處境引發生命力，這就是歷史意識。換言之，道家所談的歷史意識，不是預設了一個以在其自身的客觀標準，冷漠地放在我們面前的判準，而是回到自身、與自身合一，活潑潑的影響我們的事件呈現。不是一個歷史知識和事件的對立，而是所理解的歷史，必然已包含了一定的傳統、前見，歷史意識必然根植於現在處境，且受到傳統影響，但卻不在提供一個正確或完整的意義說明，而在開顯一個完整真理的可能。

採取「哲學詮釋學」的角度來看待歷史，看待經典詮釋，可以發現一個有趣的現象，道家這種歷史意識的曲成，似乎和伽達默爾（Hans-Georg

---

所說「虛室生白」之「白」（明白），任由道之光照也。參氏著：〈論中國哲學知識論與心性論的四個層級：「明、知、執」——以《存有三態論》為核心的展開〉，收入賴賢三編：《中孚大有集——黃慶萱教授八秩嵩壽論文集》（臺北：里仁書局，2011.03 初版），頁 161-171。筆者此處僅藉其中「知」與「明」之說，對比言儒道所言歷史意識之偏重，儒家更強調「知」之分判、次第及進路，道家則更重「明」之復歸；但兩家所論亦非割裂而言，而僅是偏重之不同。其他旁涉處，因於本文溢出太多，不再說明。而不論重了別或重覺察者，進路或有偏重，但筆者更盼指出，正是由於人類這種特有的歷史意識，使人類能不斷地由低級向高級發展、由曖曖愚昧步向文明進步，人類社會之所以能夠脫離野蠻，亦正肇因於這種歷史意識的萌芽演進。

Gadamer, 1900-2002）所言，對歷史的關注，頗有異曲同工之妙。伽達默爾借用黑格爾在《精神現象學》中「一種更高的方式」表示，在過去和現在的綜合中看到了真理性，把歷史的表象態度，變成對過去的思維態度。[25]

他表示：

> 按照黑格爾的看法，只要精神看到了自身在歷史中以一種更高的方式表現出來，那麼面對歷史也包含面對藝術史的思維著的精神的真正使命，就不會是一種外在的活動。……這裡黑格爾說出了一個具有決定性意義的真理，因為歷史精神的本質並不在於對過去事物的恢復，而是在於與現時生命的思維性溝通。[26]

傳統的歷史思維強調一種歷史的實在，歷史意識即隸屬並服從於這種歷史的實在。但詮釋學上所講的歷史意識，是指詮釋時，將意識到自己的那些指導理解的前見，以致傳承物作為另一種意見，被分離出來並發揮作用，且若假定這種前見不受注意或不起作用，亦必失之於歷史客觀主義的天真。談歷史的素樸性，就在於沒有對此進行反思，一種真正的歷史意識，必須同時想到他自己的他在性，如此才能學會在歷史對象中認識自己和他者，並因而認識自己和他者的統一體，或一種關係。

伽達默爾認為，歷史意識本身，只是類似於某種對某個持續發生作用的傳統，進行疊加的過程，詮釋學活動，就是籌劃一種不同於現在視域的歷史視域。[27]他引用黑格爾對歷史精神本質的看法，同樣亦是為了說明，詮釋學意義下的歷史意識，不在於對過去史實的恢復或說明，而在對現存生命及境遇的溝通，雖然詮釋學並不反對歷史的實在，但這種歷史實證主義的討論，

25　參洪漢鼎：《當代哲學詮釋學導論》（臺北：五南圖書出版公司，2008.09 初版一刷），頁 59-63。

26　參〔德〕漢斯‧格奧爾格‧伽達默爾（Hans-Georg Gadamer）著，洪漢鼎譯：《真理與方法》（修訂譯本）I（北京：商務印書館，2007.04 一版一刷），頁 236-237。

27　參漢斯‧格奧爾格‧伽達默爾著，洪漢鼎譯：《真理與方法》，頁 417。

並非詮釋學的關注所在，更不是詮釋學談歷史意識的重點。

　　從這個角度看待道家所講的歷史意識，便可以發現，《老》、《莊》所言亦有類似的思考。道家所呈示的理想世界，有許多漫畫式的圖像勾勒，是混沌恍惚、姑射窅然之境；至於具體可見的人間世，則是「國為虛厲」、「身為刑戮」的，既然現實人事不可期待，故轉以求個人形上精神的超脫、形軀之安頓，歷史中曾有的聖人形象，遂亦成了神話或真人典型。但不論古往今來，時空變換，人始終是和天地自然同在的，故就此當下生活的提問探詢，顯然比回溯過往歷史來得重要。用林安梧先生的話來說，便是解開「存有的執定」，回返「存有的根源」；同時，由於人是存在於歷史當中而不是歷史之外，「存有的根源」必再向下展開一「存有的彰顯」，故由「存有的根源」→「存有的彰顯」→產生定執→解開執定→逆溯及回返「存有的根源」。此間看似一路直貫，其實是曲承及曲成，因為道家不是將過去的歷史現象，做一個對立面的認取，講分辨了別，而是重在「不生之生」的不斷長養；在「存有的彰顯」中逆溯回返，歸復於「存有的根源」再重新展開，以「道」作為萬物總體的根源，指向萬物之「有」，並以其光照曲成萬物。

　　伽達默爾指出，一種名符其實的詮釋學，必須在理解本身中顯示歷史的實在及歷史理解的實在，他將此稱之為「效果歷史」。「理解按其本性，乃是一種效果歷史事件」。[28]因為「效果歷史」概念，一方面可用來指歷史過程中，獲得並被歷史所規定的意識，即任何理解都具有歷史的條件性；另一方面，它又用來指對這種獲得和規定本身的意識，即解釋者自覺地知道他自己的意識狀態，本身是效果歷史意識。[29]效果歷史意識具有開放性的邏輯結構，開放性意味著問題性，只有取得某個問題視域，才能理解文本意義，而這個問題視域本身，亦必包含對問題的可能回答。文本向我提問，我向文本回答；我向文本提問，文本向我回答；將經典作為傳承物的理解，「總是已經包含現代與傳承物的歷史自我中介的任務」[30]。

---

[28]　參漢斯・格奧爾格・伽達默爾著，洪漢鼎譯：《真理與方法》，頁 407-408。

[29]　參洪漢鼎：《當代哲學詮釋學導論》，頁 70-71。

[30]　參漢斯・格奧爾格・伽達默爾著，洪漢鼎譯：《真理與方法》，頁 507。

我們今日談道家的歷史意識，從「存有三態」觀其曲承、曲成型態的歷史意識，其所形成的樣貌，便不是直線式、從邏輯發生次序來看待，所謂由「存有的根源」、「存有的彰顯」而「存有的執定」一路往下，而是以當下的存有狀態出發，分別向上曲承，而擺下執定、去蔽、解執而有彰顯的可能，此雖亦包含了歷史的實在，卻不限於歷史的科學性特徵，因為如此便失之於僅重視史料徵驗的困限，淪為歷史主義式的探究，詮釋者更應試圖經由傳承物，為當下實存的處境提出解答，為生命境遇的安頓及溝通找到一條路徑，此一思索，不僅隱含著「哲學詮釋學」中「效果歷史意識」向度，同時也是對傳統的保存、持有和彰顯。換言之，若從林安梧先生「新道家」論述中之「存有三態論」來考察，其間實隱含有詮釋學中的「效果歷史意識」，對比於道家型態的歷史意識來說，便可得見個人參贊生活世界，以其存有之我，以曲承、曲成、擺下執定的歷史意識呈現。

（二）歷史意識的提問與實踐

另從詮釋學的實踐意識來看，因為「對某物可問性的理解，其實總已經是在提問」[31]，故理解不是一種主體對對象物的單向認知行動，而是一種此在自身的發展，對傳統的保存、持有本身，就是一種理解的積極行動。自然科學重視普遍有效性，故經驗必須在不被新經驗所反駁時，才是有效的，這是經驗的一般本質特徵，包括我們日常生活中所談的經驗，也是如此。但詮釋學經驗講的是「一次性的經驗」，是「期待的落空」，並且由於這種落空，經驗才被獲得。[32]經驗總是在個別觀察裡才實際存在，普遍性既由個別觀察而來，所謂獲得「新經驗」，便不能只從舊經驗的總體重覆產生，而必需是「一次性」的、與預期有別、有異於過去的地方考察。

詮釋學概念下的經驗強調「經驗的完滿性」，「經驗」不在獲得封閉的知識，而在整個經驗的運動、經驗的開放性過程，並且這種包含性質上嶄新

---

31 參洪漢鼎：《當代哲學詮釋學導論》，頁 72。

32 參漢斯・格奧爾格・伽達默爾著，洪漢鼎譯：《真理與方法》，頁 483。

要素的經驗，必然是開放性的、一次性的。人類的歷史存在，包含一種根本的否定性作為本質要素，而這種否定性，同時在經驗的本質關係中，被顯露出來。正因經驗其實包含了各種各樣期待的落空，並且由於這種落空，經驗才被獲得，故可以說，真正的經驗是對我們自身歷史性的經驗，歷史經驗如何形成，雖並不排除科學性的證成，但卻具有更多非科學的「詮釋學經驗」特徵。「效果歷史意識」作為一種真正的經驗形式，雖反映了經驗的普遍結構，但亦同時在「我－你」關係的辯證法中，與「你」的經驗相對應，所以說，試圖理解傳統的歷史意識，無須依賴於方法上是批判的、或者是否接觸原始資料，而是必須考慮自己的歷史性。亦即，「效果歷史意識」具有對傳統的開放性，所以「效果歷史意識」與對「你」的經驗，具有一種真正符合的關係。[33]

　　從哲學詮釋學中「經驗」的三項特徵：「對人類有限性的、一次性的經驗；否定性的經驗、期望的落空；問答辯證、歷史性的」來看，我們和傳承物的關係既是交往的夥伴關係，也是一種對自身的有限性認識。「歷史意識在過去的他物中，並不找尋某種普遍規律性的事件，而是找尋某種歷史一度性的東西」[34]，立足於傳統中，並不因此限制了認識的自由，反而使得這種自由得以可能，因為它讓自身經驗傳統，並讓傳統所具備的真理，要求保持開放，故一方面，同意傳統要求的有效性，這不僅是單純承認過去的他在性的意義，而且也是在傳統必定有什麼要對我說的方式上。若只是採取歷史主義式的看法，「歷史地」讀它的文本，它總已經先行地和基本地弄平了傳統，以致我們自身認識的標準，從未被傳統提出問題。

　　賴錫三從薩伊德「游牧型的知識分子」概念中，得到啟發，講「道家型知識分子」的證成，亦可說是一種「道家型歷史意識」的實踐。他說：

　　　　〈人間世〉記載顏回義正詞嚴地欲往救衛，行前往見孔子。而《莊

---

[33]　參漢斯・格奧爾格・伽達默爾著，洪漢鼎譯：《真理與方法》，頁 485-490。
[34]　參漢斯・格奧爾格・伽達默爾著，洪漢鼎譯：《真理與方法》，頁 489。

子》虛擬孔子之口所說的內容，無疑對顏回心中所想、口中所說的「理想正義」打了很大折扣，這亦可視為《莊子》對儒家外王實踐的「理想正義」之脫冕……是要對自以為純粹理想卻不通人心人氣的儒者型知識分子，進行絕對正義的脫冕……對冷靜觀照人心、善加觀察時勢的加冕。……一脫冕、一加冕之間，儒道對話又重新設定了新模式。[35]

對比於儒家知識分子，重視時間縱貫的道統繼承來說，道家講的是場域條理、氣化流行，是一種橫攝式的展開，而不是縱貫的延續。道家型態的知識分子，其公共性思考及實踐，可從前文〈人間世〉中顏淵欲輔佐政道得見一斑。賴錫三將此比喻為「脫冕和加冕」的對比，當顏淵認真考慮並要求自己，以「端虛勉一」、「內直外曲」、「成而上比」三種方法規箴衛君時，《莊子》戲仿的孔子，卻覆以「心齋」的工夫論啟示，盼望以「虛心」、「聽氣」，以找回「虛室生白，吉祥止止」之心。冷靜察視以觀其外，虛靜明覺以照其內，便是他所謂的「加冕」，用以對比儒家講理想正義型態的「脫冕」，此無疑是試圖在混亂的世局中，鬆脫二元對立，構造出另一種政治路向的新轉模式。

　　顯然，《莊子》這種解決衛國紛亂的方法，是一種盼望人人回到最素樸狀態的思考，由個人之內聖通向外王，但並非離越人世，而是「應之以

---

[35] 賴錫三藉巴赫金（或譯巴赫汀、巴克定）對「雅（中心）／俗（邊緣）」語言的顛覆及其對《聖經》教條的狂歡畫脫冕，以言《莊子》書中也充滿了類似的戲仿遊戲。比如：黃帝、堯、舜、禹、湯、文、武、周公、孔子、顏回等等重要的典範人物，在《莊子》這種帶有狂歡性質的文本世界裡，不再以儒家聖王與聖者的正典形象出現，反而或轉為嘲諷的對象。此舉亦表現出：脫冕儒家／加冕道家的帽子戲法，以便重新打開儒／道文化論述的新式對話空間。參氏著：《道家型知識分子論──《莊子》的權力批判與文化更新》，頁 299-302。又，有關〔俄〕巴赫金（Mikhail Mikhailovich Bakhtin, 1895-1975）的論述，可參巴赫金著，李兆林、夏忠憲譯：《拉伯雷研究》（*Rabelais and His World*）（石家莊：河北教育出版社，1998 一版）。及劉康：《對話的喧囂──巴赫汀文化理論述評》（臺北：麥田出版公司，1998 初版）。

虛」，以每個人的主體之我、個體之我，與整體的生活世界相通、相往，此不僅是藉言對當下生活世界的反思，是對現象物事的「退實應虛」，亦是「矯治」政治風暴，重新「條理」場域的開啟。就生活面向來說，由個人之心齋可通向智慧之明照；而從政治場域來說，進退出處亦能各有所持，有其善應、善處之道。而此一進退出處之道之所以可能，便在作為一名知識分子既參與人間，又游離於人世，內外一通，形氣神一體。唯有鬆開名言、符號、禮教綑綁，通過身心一如的轉化，批判式地重新建構「無所逃於天地之間」的倫理綱常，才能真正落實逍遙。《莊子》將政治與悟道連在一起說，將公共領域中，家國社會的改善、全社會的逍遙，化消在「心齋」的遊心靜觀上。〈天道〉篇中，更提出「君無為而尊，臣有為而累」、「五變而形名可舉」之新體制，盼望透過使「天下之名正」、「天下之官治」的安排，在「體制」上更確定了權力範圍後，使人民的身家性命、統治者的暴行（「其行天殺」）有其救濟保障落實的可能。萬物既與我並生同在，個人之我和社群、家國的互動，便不只是隨從於傳統的上下隸屬關係，而有價值釐定重估的開啟，《莊子》之所以不斷對周文提出問難質疑，原因亦皆在此。

　　通過「否定性」的詮釋學經驗，人類由此可產生某種自我認識的洞見，而正是此如洞見，最終恰恰構成了人類存在本身某種對世界的規定。史觀之形構，雖必由名言、話語及符號系統而來，卻可以有其他的可能，透過主體對生活現象的參與對話，對君主權力、利勢、禮文的批判反省，由「一」走向「多」，「一多相即」，因批判質疑後予以轉化肯定，或瓦解銷融、或重構再生，從根本上看，其重視的是參與歷史建構的過程，既具當代性特徵，同時也在自然的互應過程中，得以應付權力分配，克服暴力衝突問題，這不僅是一種使價值體系真正得以深刻保障的方法，也是批判活化傳統，以文化更新、治療文化的當代藥方。

　　或者可以說，從道家的歷史意識向度來觀察，所謂當代新道家的意義，不僅是從傳統經典掘發出如何的解釋，而是作為一名現代公民，道家經典可提供我們哪些省思開啟，在和傳統經典對話的同時，道家所呈現的史觀，正是打破名言系統的無有可說，但又可從其看似不言、無言的表現，提供一種

曲成的歷史意識，提供當代知識分子，以個體和主體，個人和社群，專一和多元的交輝共融。形桔僵化的政治專屬式領導，如果已然難獲得共鳴，那麼，新時代的地球公民或知識分子，除了採取置身官僚系統，勇於任事、經綸世務、拯濟民瘼外，還可以有哪些可能？

賴錫三指出：

> 《莊子》游觀政治、倫理與文化，經常有某種意義的「距離感」，但這種保有間距的超然靜觀，卻具有深刻的反思洞察，直指政治暴力、文化意識形態的內核病癥。……《莊子》對道體、文化、語言等任何本質主義進行解構與重塑，既開發了氣論與存有、倫理，批判之共構內涵，也造就其差異流變、混雜交換的文學、文化觀，從而不斷對公共世界與文化現象，發出透澈的省思和睿智的批判。[36]

賴教授的這段概括，相當程度說明了《莊子》對其所處的現實生活，及其於當代意識的回應。若集中在歷史意識的叩問及實踐上說，《莊子》筆下的君王形象既非儒家意義的聖君明哲，而是不論其賢與不肖皆提及的堯、舜、禹、湯，或齊桓、衛靈，他們不再是居處權力核心位置的領袖，非但不具有尊崇地位，有時更成了受嘲諷的對象。正因這種對權力位置的解消式論述，使得他們必須虛心去向有道者請教，這當然是一種對權力的批判和轉治策略。對應於前文中，虛擬的孔子對顏回的阻進和提示來看，《莊子》採取的策略是迂迴導引的政治走向，在「自我保全」的前提下，細微地與政治權力進行戰鬥，既是庖丁解牛式的合於「桑林之舞」，「恢恢乎游刃有餘地」，「命物之化而守其宗」[37]，能「託於不得已、入遊其藩」，卻可以乘物以遊心養中、且能自事其心而安之若命。

這種細察政治場域、面對話語權力、暴力的君臣關係，便是道家所欲重

36　參賴錫三：《道家型知識分子論──《莊子》的權力批判與文化更新》，頁 301-302。

37　語見《莊子》〈養生主〉、〈德充符〉。

新條理調整之處，道家並非排斥領導統御，而是君臣需有相對、合適的互動往來，臣子當需盡忠，但是用一種「無傷吾行」的方式盡之，否則不但無法撼動政治權力，還可能致刑自傷，白白犧牲。道家在強調「己、功、名」所帶來的綑縛糾纏，目的都是為了提醒知識分子，面對總體環境紛擾時，必須有一種可入可出的察識智慧，不是採取退避隱居的隔絕逃離，而是同在政治現場的實踐，採取郤曲之行，既可以無傷，又可以在微伏錯綜的變化中，合適地導引政治權力走向，使通於「一」、通往道。這是道家面對當卜所處世界的生活實踐，也是對歷史繼承傳遞的消極、平淡回應，解民倒懸各有其方，道家所採取的策略是「懸解」，安時處順，解其當解，救其當救，以「不入則止」為救，以疏離為德全之救，以功成無名以全其功。

五、結語

（一）無感其名的歷史意識

對比於儒家的人文德化來說，道家重視自然道化，但並不是說道家不重視「德」、反對「人文」，道家所反對的是，人為矯作、虛假僵固的「人文」教條；其所欲對治的，同樣也是落下一層的「下德」，至於「上德」，雖未及於「道」，但若能以「不德其德，以無執無用，有德而無德名」[38]，也還是可稱許的。道家追求的是「玄德」，玄德深矣，遠矣，以此玄德去智，無治治國，則治大國若烹小鮮矣。

從歷史發展上觀察，道家追求另一種有別於禮文、世俗的典範，由個人精神上的絕對自由出發，獨與天地精神相往來，然後才講個人在社群、人與萬物及與世界的共生連結中，如何擔任一個鏈條上的角色和責任，其重點不在傳承道統典範，發揚聖人光輝，而在創造和傳遞真知，追求自我豐富、逍遙自在的可能。因為講歷史、歷史意識，猶不免落於有限，道家雖重視存在的覺知、強調永恆廣大的世界，但反對名言概念的建構，反對工具性的認知

---

[38]　參王弼注・樓宇烈校釋：《老子道德經注校釋》，頁 93。

理解，問題出在，對於存在、永恆，畢竟仍需通過「話語系統」以言，故需以「言其非言」、語默的方式來看待。永恆不是時間，但可以透過時間來理解，因為永恆不是時間可以丈量的，而是超越時間、超過空間的無垠；存有是生命本真的召喚，對世界以生命動能的本真相與，回返人之為人的本來面貌，取消人己、物我的封限疆界，回歸於道，無己、無功、無名，便得逍遙。

　　從詮釋學的角度來看，文本作為一個傳承物，文本自身即是一個效果歷史，詮釋者理解詮解文本，同時也在進行應用，因詮釋者總是自覺地與文本、作者溝通對話，這個理解詮釋的過程，即是具有效果歷史意識的活動。當我們力圖對歷史現象或文本進行探究時，我們總是已經受到效果歷史的種種影響，因為歷史現象和作品的這種他者，是透過我們自身而呈現出來的，以致於不再有像自我和他者的問題。因此，「伽達默爾強調的效果歷史，是一種研究者和和研究對象的統一關係」[39]，亦即前文所言，必須在理解本身的過程中，既顯現出歷史的實在，也顯現出歷史理解的實在。正是由於效果歷史意識，讓我們的理解和解釋進入真理的領域，也正因為如此，得以再次證明伽達默爾所強調的詮釋學原理：如果我們一般有所理解，那麼「我們總是以不同的方式在理解」，那就夠了。[40]因為理解所關注的不是作者的意見、歷史的真實究竟如何？而是對作品的真理要求，對自身存有的真實探究。

　　傳統經典之所以不斷被開發理解，不僅是經典本身煥發的光彩歷久彌新，富生命躍動，重點還在它被詮釋時，對效果歷史意識的探究，讓作品或傳承物的真正意義，擺脫介於傳說和歷史間的模糊朦朧地帶，得以明晰彰顯開來。因為對歷史現象或文本的探究，也包含對自身歷史性的探究，故看待或觀察歷史現象（文本），便不是一個獲得知識、熟悉歷史或發展歷史感的

---

[39]　參洪漢鼎：《詮釋學與中國經典注釋》（北京：北京燕山出版社，2015.05 一版一刷），頁 183。

[40]　參漢斯・格奧爾格・伽達默爾著，洪漢鼎譯：《真理與方法》，頁 403。及洪漢鼎：《詮釋學與中國經典注釋》，頁 185-186。

問題，而是一個塑定己身，使自身呈現，對自身歷史性定位安放的問題，從此上看待道家的歷史意識，歷史性思維，正和詮釋學上的說法，若合符節。或者可以說，正是道家這種重視個人在場域中獨立存在的強烈意識，對生命核心內涵的不斷逼視，讓人對所身處的世界、人文及自然有更多元向度的反思，或通、或融、或化，以「一宅」寓於不得已，以「虛」應萬物，既能「入遊其樊」而不為藩籬所困，出入無時，無門無毒，無感其名，而莫知其嚮。

符號、名言、律則既是道家不斷要打破的藩籬，但人類又必然處於複雜多變而難言的話語系統中，故如何「化」其「人為之文」，而非處於歷史對面，在歷史當中闡明自身處境，便是道家歷史意識的特殊所在。一切認識既不能免除歷史性的先在解釋，如何在過去、現在、未來的無垠時空演變中，不墮於名言的範定，而顯其自身；或藉由語默、去蔽，謬悠之說，荒唐之言，無端崖之辭，恣縱不儻的方式透顯，使雕琢復樸，紛而封哉？此間，不論《老》、《莊》，一律都指向「無」，盼望以「無」消解「有」之定執，以「虛」、「通於一」，以隨順應萬象世變。

這個「通於一」的過程，往上提一層，便是不斷通往「道」的進路，「以道觀言，而天下之名正；以道觀分，而君臣之義明；以道觀能，而天下之官治；以道汎觀，而萬物之應備。」[41]站在道的高度，察識名言之蔽，以明君臣之分，以治官能之動，以應萬物之備；所以會說「通於一而萬事畢」，這當然是很理想的狀態。或者可以說，人對自身存在、對自身歷史的看待，本來就是不易的事，道家不斷表示，三代以下的天下是囂囂之世，而對三代以前的君王，又以嘲諷之姿視之，那麼人在人間該以什麼樣的秩序為律則？以何者為典模呢？道家表示，就讓官止神行、游心靜觀吧！無感無名，放下感官之知的執著，去除名勢權位的認取，觀其囂囂之復，萬物之復，一切回到根源，回到起點，回到最素樸的狀態，悶悶淳淳，遊夫遙蕩恣睢轉徙之塗，入於寥天一之境。這是由道家講「存有三態」的逆溯歸返及

---

[41] 語見《莊子・天地》。

「存有治療」，也是「道家型」知識分子參與公共場域的入路，是來自傳統的經典光照，也是立足於當代的現代詮釋，是經典真理意義的開啟掘發，更是對存在意義、歷史意識的安頓和覺察。

（二）「新道家」的歷史意識

一個哲學思想不斷被後代詮釋，這個被後人所延續或發展的理論譜系，便可稱為「新」，故凡是後代對前代思想的詮釋，廣義上來說，就是「新詮、新解」，故對比於先秦道家來說，魏晉道家即可名為「新道家」。亦即，凡是對應於前一時代的同類型哲思，皆可被冠上「新」字，「新」字本身並不具有褒貶之意。此外，「新」字當然也具有更變改易、創造發展的意味，從時間發展上說，是與舊相對，不久的、時間較短的，也是剛開始的、始出現、甚或以前未見者，故舉凡一切人、事、物、知識等，皆可有新的創發，前所未見的新發現。

本文中所言之「新」，係言一「返本開新」之「新」，筆者意在說明，因應現代社會需要，對傳統道家的思考，應展開現代意義的詮釋和理解，在繼承中包含批判，在創造下隱含開展，復由此「新」，開啟自身明覺的向度，通過對經典疏釋及學人研究的「不同的理解」，說明此用作理解的文本傳承物，既在詮釋者原具的效果歷史意識下，作為一「效果歷史」，亦同時說明了其不可迴避的歷史性特徵。此「新」之所以可能，不由「革故」、「棄舊」上來，而是一種經典落實於當代社會實踐的耕深研精；是植基於「傳統」的文化母土，做一根源上的逆溯追索；並由此時間歷史之流的延續連貫，言其思想的新增輝光。

經由原典疏釋及當代學者對「新道家」的詮解，正可發現，當代新道家所開啟的歷史意識，是講求一歷史意識的曲成完就，強調人回歸於素樸自然的存在狀態，雖是見素抱樸、回返本真的，但卻不是「後退」的史觀；此既和純粹歷史主義式的思考不同，也不是對現象世界抽離掛空的形上論述；道家型態下的歷史意識，是重視個人在生活世界的自我調節、條暢，與場域的融通、造化的感通，不離人間且適於人間。遊於天地自然，能入於藩籬，對

僵固異化的權力勢位，以怵然為戒的態度，予以「無厚入有間」的對治導引，「游心於淡，合氣於漠，順物自然而無容私焉」，使天下得治，以無私成其私。一方面能「化貸萬物，使物自喜」，個人又能無己、無名、無功，且「立乎不測，而游於無有」。這個不測、無有，不是超離世間的虛無之境，而是保有己心純明安靜素樸的狀態，或可稱作是一種「心靈意識的無執超脫」，以「無厚」對「有間」，以「無有」解消「有」。

　　道家並非揚棄政治文化，因為現代生活，無論如何都無法迴避政治，道家強調的歷史意識，既重視個人對存有的探問反思，個人對政治及公眾事務的關注，便是一種歷史意識的實踐。道家強調，以「無感其名」的「無為」方式參與做為，以對話、互動的相應展開，談知識分子和官僚體系的對應，無疑更具現代意義，或者可以說，正是基於這種「知母」、「守柔」的政治觀照，可以使得個人不受無情政治的摧折，既參與現實，又能全其本真。

　　從具體事務的參與上來說，繁瑣的教令規範，當是道家所欲避免抑斥的，因為「多言數窮，不如守中」，以得其環中的智慧，參與世俗物象，以挫銳解紛修其內，以和光同塵治其外，使中虛其心志，便能用心若鏡，不將不迎，應物而不傷。在親疏、利害、貴賤的現象對比中，因個人之後其身、外其身，而使「功」，可以「成」，且得以「全」，真正成為「天下貴」。從道家講聖人之治的觀點來說，此工夫實踐，不僅是主政者必須要求自己的修為實踐，對知識分子來說，特別是非隸屬於政治權力系統中的知識分子，更可因其對具體事務的批判，導引出一條治療體制、重新條理場域的可能道路。

　　對權勢說真話，對威權、傳統、典章、教令，提出一套存有、場域、實踐的真理標準，如此，道家所主張面對的，便不僅僅是對少數權力擁有者的質疑、批判、療治，而可以是對全體群眾社會的呼籲、反省，因為這些不容迴避，也無法逃避的具體現實，正是《莊子》筆下人間世的現代樣貌，道家不是不去承擔責任，而是強調對現實社會、日常生活，每個人都有不可迴避的承擔，而不論採取獻身滲入制度或冷漠淡然觀察的不同進路，亦皆不啻是一種回應與承擔；建構或瓦解、自化或曲承，並不是斷裂開來，而是連續

的,世俗活動或終極理想,都必然回返、逆溯至更高的根源以照亮,復由此照亮以向下展開,但展開之後又有一瓦解、再構的過程,如此迴環往復,是「其於宗也,可謂調適而上遂矣」[42]。

　　道家這種對存在之我的覺察反思,正是當代談道家思維、從事經典詮釋時,所可為及當為的一條入路,對傳統經典予以現代學術話語的建構,不僅是當今哲學談意義、價值釐清、面對未來,可提供人類世界的養分來源之一,對研究者來說,提供一份新的思索及詮釋,亦同樣是當代知識分子在盤根錯節的社會結構中,該當扮演的角色。道家面對總體社會,既遊於人間、世俗,亦同遊於無何有之鄉,並在條理位階、倫理層次上,提供另一種回到生命本身,以對應圓融的可能。不同於儒家那種肯定人間社會、文化價值的意義承擔,道家所欲開啟的,是人參與歷史場域的意識覺察與觀照,並以其洞澈靈明的觀照,或對現實以批判、療治,期許現象萬物以自生、自化,談自由單純而不是控制複雜,回到場域中,「虛室生白,吉祥止止」,如此,人便不只是文化人、社會人、歷史人、政治人或自然人,只是做為場域的「產物」,而是還其為一個真正的「全人」[43]。通過筆者對道家歷史意識的觀察研究,正可共同參與前輩學人論述,於後牟宗三時代談「(超主客)道家存有論」的詮釋進路外,一個得以安適存在之我的新可能、新發展,以提供現代人對歷史意識的發展與回歸、啟源與圓融,另起一新向度的思考。

---

[42] 語見《莊子‧天下》。

[43] 此處所說的全人,有近於道家所說的天人、神人、至人、聖人之類者。賴錫三將之稱為「宇宙人」。參賴錫三:《莊子靈光的當代詮釋》(新竹:清大出版社,2008.12初版),頁94。

後新儒家教育哲學探論
——以林安梧先生爲代表

張榮焜*

摘　要

　　本文以林安梧先生為代表，作後新儒家教育哲學的探討。文分四個部分，第一部分為前言，介紹林安梧先生教育哲學的基礎；第二部分探討哲學與教育的關連性，指出哲學對教育具有規範與分析的功能；第三部分以哲學規範、分析的兩層意義，就教育哲學兩個根本問題：教育的本質與目的、教育主體相關問題作哲學考察。最後為結論，指出以林先生為代表的後新儒家教育哲學的意義與價值。藉由本文的探討可以讓我們對教育的本質與目的有更深刻的思考，肯定教育生長說的價值，並從後新儒家的觀點對現今教育相關問題的產生與問題的改善，提供理解方向與解決對策的參考。

關鍵詞：教育本質　教育目的　教育內容　教育主體

---

* 實踐大學應用中文系助理教授、元亨書院首任執行長。

一、前言

　　教育是百年大計，關係國族發展乃至人類文明的演進，而教育的理論與實踐，都與哲學密不可分。林安梧先生為後新儒家的代表人物，除了長久浸淫於哲學研究之外，亦同時從事教育工作，任教過竹南高中、師大附中等高中及清華、南華、臺灣師大、玄奘、慈濟等多所大學，長年投注於教育現場，使其對教育現況及教育問題有深刻的體認與了解。哲學家常常是教育家，自孔、孟、蘇格拉底以降，古今中外莫不皆然，三十餘年來林先生以其深厚哲學素養與教育實務經驗，對教育有精到的觀察與省思，並建構出自己的教育哲學。不同於以往教育哲學的研究著作大多引進或擷取西方學者理論來作介紹，或藉整理、歸納國內外學者理論以成說，林先生的教育哲學建基在其多年哲學研究與豐富的教育實務的省思，而成一家之言。他自述其教育哲學理念：

> 大體說來是以布伯（Maitin Buber）的「我與您」（I and Thou）做為根柢，而以穆勒（J. S. Mill）「群己權界論」（即自由論）義下的民主自由做為標的，並結合了哈柏瑪斯（J. Habermas）的批判理論，對於現行的教育展開批評與重建。當然，長久以來我的思考總在東方哲學儒、道、佛的思考基底下開展，不管是布伯、穆勒或是哈柏瑪斯，在我的理論裡總會滲入儒道佛的因子。[1]

由上述，可知林先生教育哲學理念乃以儒道佛哲學為本，並汲取西方哲學的養分熔鑄而成：

> 在儒道佛所形成的心靈土壤下，加入了上述幾家思想的資源，我逐漸

---

[1]　林安梧師：《教育哲學講論・自序》（臺北：讀冊文化事業有限公司，2000 年 9 月），頁 1-2。

陶養自家的教育哲學，這樣的教育哲學是在我們自己的文化土壤長出來的教育哲學，不是西方當代教育哲學的介紹，也不是教育思想史上諸家思想的湊合，而是自本自根的哲學生長。[2]

因此林先生說其教育哲學「絕非舶來品、進口貨，也非加工貨，它是土生土長的本土貨」[3]，並謂「在牟宗三先生之後努力思考哲學未來的我來說，……這或者可以當成『後新儒家思維向度』下的教育哲學吧！」[4]本文即試以林先生為代表，來探究後新儒家的教育哲學。

二、哲學與教育的關連考察

哲學（Philosophy）源出希臘語 philosophia，意即愛智慧（Philosophy as love of wisdom），這也是哲學最古老的定義，故凡對於萬事萬物加以探索並作出合理的解釋者，均可視為「愛智」的活動，[5]也就是哲學。然此定義過於廣泛，隨著社會的發展及追求知識方法與工具的進步，許多知識由古老哲學領域獨立分化而出，而被稱為一門一門的「科學」，然而哲學都是這些科學的本源，故進而有「哲學為科學的科學」的定義，此「科學」即指分科的知識。此說以為：哲學所要探究的是一切學術的原理原則，對於一般科學的研究，具有指導與批判的功能。[6]

（一）哲學的現代意義

哲學為科學的科學屬概念性的意義，隨著時代的發展，現代哲學的意義

---

[2] 《教育哲學講論・自序》，頁2。

[3] 同上註，頁3。

[4] 同上註，頁2。

[5] 伍振鷟主編：《教育哲學》（臺北：五南圖書出版股份有限公司，2015 年 5 月，二版二十一刷），頁7-8。

[6] 同上註，頁8。

日趨具體精密，現在大致發展出三種定義：

一、哲學為規約成規範的活動，乃是認為哲學是研究價值判斷或行為規範的原理原則的一門學問。

二、哲學為思辨，乃是基於人是理性的動物，而理性具有自然的光輝，可以燭照人類的心靈，吾人只要能夠稟持理性，慎思明辨，自不難一通百通，以此類彼，而獲得對於萬事萬物的知識或真理。

三、哲學為分析，乃是將哲學當作一種分析的活動，用觀念分析的嚴謹方法，釐清哲學上許多含混、籠統的語言、觀念、命題、預設等，期能掃除蔽障，撥雲見日，而導致是是非非、絕不可是非非是，俾免於造成範疇的失誤。[7]

上述三種定義可以視為哲學家對哲學功能的定位，各定義雖各有所重，惟皆可見哲學之一端，綜合上述意義，可歸納出哲學具有規約、思辨與分析三種功能。

（二）林安梧哲學的兩層涵義——規範與分析

林安梧先生對於哲學的看法，則提出哲學有規範與分析兩層涵義。林先生說：

> （哲學）它都有兩層意思，一層意思是規範的（normative），一層是分析的（analytic）。這種哲學也就是說通過我所理解的哲學的一個指向，而說……應當是什麼、應當是什麼；另外一層意思是說，……做為一個總體這裡頭所含的各個具體的現象、事件，我去檢討它，我去理解、詮釋、反省、批判、瓦解跟重建它，而說出一套東西來，這樣

---

[7] 《教育哲學》，頁 8-9。

做出的一個理論性的反省，這也叫哲學。[8]

與上節伍先生歸結出哲學具規約、思辨與分析三種功能對照，林先生的「分析」義大致可包含上述「思辨」與「分析」兩層義涵，故林先生的兩層涵義實可兼含上述規約、思辨與分析三種定義，十分周延。林先生進一步解釋說：

> 哲學之作為一門學問的時候，它其實講的一個層次就是本源。由這個本源所導生一個指向，從這個指向而去說你要去規範的一個具體的科學，或者說，某一個向度的科學，那是一個 dimensional 的理論；另外一個哲學層次，既是做為本源，它的一個意思是我們必須從很多經驗現象回到這個本源，做為一個反思的活動，或者回溯的活動。[9]

分析、思辨在於探究本源，以形成規約，就教育哲學而言，此規約即教育的本源。教育以此本源作開展，訂立教育目的、規劃教育內容，形成種種教育作為，然而種種教育作為是否符合教育目標的要求，各種教育內容的規劃是否能達到設定的教育目的；教育目的的訂立是否符合教育本質的原則，仍必須進行回溯省察，以防止其異化，由此可以看出林先生是以其「存有三態論」架構──存有的根源、存有的開顯、存有的執定──在論述哲學的義涵。這也可以看出林先生的哲學觀，除了學術理論的思考與建構外，更要回溯到本源的深層思考，藉由此本源作理論及現實的反省，並重新建構，使教育的發展能更趨近本源。這也符合上述所謂哲學對於一般科學的研究具有指導與批判的功能的「哲學為科學的科學」說。美國教育哲學家杜威說：「哲學是教育的普通原理，而教育是哲學的實驗室。教育須根據普通原理而實施，而普通原理則須根據教育實施的結果來考核。」[10]意指哲學的原理、原

8　《教育哲學講論》，頁30。

9　同上註，頁31。

10　引自《教育哲學》，頁17。

則對教育具有指導的作用,而教育可作為哲學原理原則的檢驗,兩者交融並進,與林先生的說法也可以中西相呼應。

(三) 哲學對教育具規範和分析的作用

教育既為一門科學,自然受到哲學的影響。伍振鷟先生說:

> 從教育歷史的發展來考察,不難發現整個教育活動的歷程,不論理論與實踐,都與哲學有表裡一致難以分割的關係;所以教育的理想與設施莫不隨著哲學的勃興或轉變,而亦步亦趨地發展與變動。[11]

由上可知哲學對教育影響之重大。伍先生以為哲學對教育的影響主要有三方面:

> 一、教育目的的決定需要哲學的引導。
> 二、教育內容的選擇需要哲學的批判。
> 三、教育方法的應用需有哲學的依據。[12]

分析伍先生所提哲學對教育的影響,「引導」、「依據」具有哲學規範的涵義,「批判」則具有哲學分析的涵義,這也是上述林先生所提哲學的兩層涵義。林安梧先生以這兩層涵義來探討哲學對教育的影響:

> 教育哲學其實有兩個層次,……就生命態度指向來說,……教育所追求的其實是一種確定性,而所謂確定性是一種生命的自由。……「自」所指的是生命主體的一種安頓,「由」指的是由你可耕耘、可生長的田地所走出來的一個途徑。而在這個過程裡你是在一個永恆不

---

[11] 《教育哲學》,頁 17。

[12] 同上註,頁 17-22。伍先生為師大教育系名譽教授,其主編《教育哲學》一書在教育哲學領域有相當的影響力與代表性。

休止的生長過程，……這樣的哲學意義……是屬於規範層次的。……
哲學另外一層用意……是分析的……用最寬廣的意義……重點在反
省、批判[13]。

在此，林先生論及教育哲學的兩個層次——規範與分析時，指出教育的目的
是要讓人能夠生長，進而讓人能找到「確定性」，這是其對教育的規範義；
另一方面，他也認為教育也應以此規範義作反省與批判，考察其是否符合此
一規範，使其能回溯本源，以防止其異化，足見林先生的教育哲學不僅具有
透過理解、批判，為教育下定義、作理論考察的靜態意義，更重要的是反省
跟重建，畢竟教育是已進行的一種事業，「如何就這個進行的事業，給予哲
學的反省、哲學的解析、詮釋，去省察教育是什麼，展開的過程裡，有些什
麼問題？把他們提出來理解、詮釋、反省、批判、瓦解、重建」[14]，這才是
更重要、也更具有意義。因此如何藉由反省、批判、瓦解後再重建，使教育
能回歸生長的本源，對有所異化的教育現況作調整，更是林先生教育哲學所
關切的議題，由此也可見其教育哲學除了理論之外，更具有現實及實踐的意
義。

三、後新儒家教育哲學探討舉例

　　教育涵蓋的範圍十分廣泛，教育哲學應探討教育的哪些面向呢？這個問
題學者專家看法各有不同，以致每一本教育哲學的著作內容都有差異。不過
上述伍振鷟先生所提教育目的、教育內容與教育方法三項教育哲學所要探究
的問題，大致是教育哲學家都會觸及到的面向，這也是教育核心的問題。就
性質言，教育目的、內容與方法都是教育根本且重要的議題，更會影響教育
目標的訂定及教育的發展，是每個教育哲學家都關注的問題。

---

[13]　《教育哲學講論》，頁27。
[14]　同上註。

（一）教育哲學探討的面向

　　林安梧先生如何看待教育哲學所注意的教育面向呢？他在《教育哲學講論》一書中指出，教育哲學最主要談的是：教育的範圍，教育的內容、教育的場域與教育的主體，[15]這四個項目。林先生此書因係上課講錄，部分用語定義較寬，如其所謂「教育內容」談的有與伍先生所指課程、教材意義接近者，也有指教育本質或教育目的的部分；其所謂「教育範圍」談的，主要指的是學習的內容，近於伍先生所提的「教育內容」；其所謂「教育主體」談的，則主要是學生與教師互動的問題，同時也論及教育理念和教育方法等問題；至於「教育場域」一項，林先生談的是環境與教育的關連，這也是現代教育重視「境教」的一個部分，是其較為深刻的教育哲學思考，可看出其關注到環境與教育的相互影響了。

　　林先生教育哲學所關注的四個面向與伍先生所論稍有不同，尤其關注到教育主體、教育的場域的問題是一般教育哲學學者較少論及的，林先生說：

> 反省我們周遭事物……什麼地方是起點……你感受到的可以面對的地方就是起點。……如何是核心，就是最具體的，你感受到最深刻的，具體和實存的問題就是核心。從具體實存的問題你穿透過去了，你就可以重新去建構一套，所以我們理解、詮釋、反省、批判哪個是起點呢？就是你生活世界當下的那一點就開始了。[16]

可見這四個面向是林先生心目中極為關切的教育問題，平心而論也是目前教育亟待面對與省思的問題，這也可以看出林先生的哲學是走入生活世界，更關注社會實踐的面向，可說是其自家教育哲學的特色。

　　上述面向中，教育目的是教育的最核心與指導方針，也是教育最應確立及思考的問題；教育主體則是完成教育目的對象，師生之間該有怎樣的認

---

[15]　《教育哲學講論》，頁 55。

[16]　同上註，頁 28。

知，該如何互動，確實也是當今教育極重要的課題，以下筆者就以這兩個議題為主，探討以林安梧先生為代表的後新儒家對這些相關議題的哲學思考。

（二）教育本質與目的相關問題的哲學探討

對教育本質的看法是教育哲學的起點，關乎教育目的的設定，教育目標的規劃，教育內容的設計、課程的規劃等，是教育哲學最核心的問題，以下試作林安梧先生教育本質論探討。

1、教育的本質是生長，目的在追求自由

林先生以為教育的本質是生長，其目的在追求確定性，也就是「自由」。林先生說：

> 教育其實是追求一種確定性。……所謂追求「確定性」，其實是追求「自由」。所謂「自由」是「回到事物本身」，這個事物該當如何停當地擺在那裡，它就應該如何停當的擺在哪裡。我這個人，該當如何停當地被擺在這個生活世界裡，我就如何被停當地擺在這裡。這就叫自由了。[17]

上述，林先生以「自」字的本義及「由」字的字形而定義「自由」。「自」字現今見到最早的文字甲骨文作 𦣻、𦣻，畫的是鼻子的外形，《說文解字》說：「自，鼻也。象鼻形。」這是「自」字的本義。現代漢語「自」字雖然不用為鼻子的意思，但人們自稱時，常會指著自己鼻子說：「我……」；同樣的，說別人的時侯也常會指著對方的鼻子說：「你……」，所以「自」字後來雖引申用來指自我，現在我們說一個人沒有主見，還會說是「被牽著鼻子走」，這都保留著「自」字的原本涵義。林先生在本義基礎上對「自」字作進一步的詮釋，他說：「鼻子是用來呼吸的，人生要維持下去就必須能夠

---

[17] 《教育哲學講論》，頁3。

呼吸，所以可以用來作為生命的主體的意思。」[18]「由」字不見於《說文解字》，林先生以其構形來解釋這個字，說：「『由』關聯到田地的「田」，這田地的田它有一個規格、一個道路，由這個道路走出來，便成了由這個字。由的意思，就是從你的生活世界裡，走出一條路來。從哪裡來？由哪裡來？由哪裡去？這個『由』，其實指的是一個『生命的途徑』。」[19]林先生藉由賦予「自由」哲學新義的方式重新詮釋「自由」，他以為：

> 「自由」這個意義，其實一方面說的是：你如何回到自己生命的主體。另外的意義是，說從這個主體裡好像在田地中，由這個田地走出一條路來。自由兩個字聯接著中國文化所說的，一方面是你的居處、你的住所，你生命所駐足的地方，有一個主體性在。一方面是你走出你的住所，你的住宅，你進到這個生活世界裡，有一個途徑，也就是中國文化傳統所說的「居仁」，另外是「由義」。[20]

由上，林先生把「自由」與中國文化傳統關連，「自由」不僅只是西方意義下的減少束縛，在另一方面還要尋找生命的確定性，「要追求一種確定性，追求一種自由，其實它要求的是一種很恰當的生長。」[21]能夠自由，就要能恰當的生長，這就是林先生對教育本質與目的的看法。

2、教育的目的是在使人行仁

　　教育是告訴我們如何安頓，找生命的居所，就是有一個生命的家。家是一個調節絪縕、造化的地方，有了家，就具有調節絪縕、生長的力量，也就有了創造和生長的力量，而生命的家、生命安頓的居所，林先生以為就是儒家的「仁」。「仁者愛人」，林先生說：

---

18 《教育哲學講論》，頁 5。
19 同上註。
20 同上註，頁 4-5。
21 同上註，頁 4。

可以是理念的層次，可以是現實的層次。理念的層次它可以透過歷史，塑造出一些人物典型，作為一個理想的類型，而你追求它。它也可以成為一個理念，某一個理念，而你朝向那個理念邁進。而在現實裡，它其實最基礎的，是你的生活周遭，譬如你的家庭、父母、兄弟姐妹、朋友、學校、社團、社區。你走出來所構成的任何一個暫時安住的住所裡頭，那個總體通通可以叫做你的安宅。[22]

有了仁作安宅，之後還要擴大出去，這就是居仁由義。「身是你心的安宅，家是你身的安宅，國是你家的安宅，天下是你國的安宅。」[23]「套用中國傳統，就是正心、修身、齊家、治國、平天下。」不過林先生對修齊治平的觀念與傳統的見解有所不同，他說：

其實並不是你把心正好了以後才修身，不是把身修好了才齊家的；不是把家齊好了才治國的；不是把國治好了才去平天下。它其實是，身跟心是一體的。當你說，要把心安頓好的時候，是在身裡安頓；當你說要把身安頓好的時候，是在家裡安頓；當你說要把家安頓好的時候，是在國裡安頓。[24]換言之，我們這裡可以發現到，從一個比較個別的，進入到一個比較總體的，再由這個總體做為一個別的，進到一個更大的總體裡。它其實，彼此都有一種交互的關係。這個交互的關係裡，讓你去理解，什麼叫做一種總體的交融狀態。[25]

由上述的引文，可知林先生認為教育最終的目的就是要行仁，而行仁不是等到學好了、學成了才來做，是要時時行仁、處處行仁。一個人能夠懷抱仁心就會對自我有所期許、有所堅持，對社會人群有使命感，如孔子所說的「士

22　《教育哲學講論》，頁6。

23　同上註。

24　同上註。

25　同上註，頁7。

志於道」，進而有曾子所謂「士，不可以不弘毅，任重而道遠。仁以為己任，不亦重乎，死而後已，不亦遠乎」的自我期許與實踐，如此就能使不可測的生命有了確定感。

上述林先生教育本質與教育目的觀的討論，明顯的是從傳統儒家出發的，不僅闡發古聖先賢之用心，也得傳統教育的精髓，林先生說：「仁，是生命的源頭活水」[26]；孟子說：「吾身不能居仁由義，謂之自棄。仁，人之安宅也；義，人之正路也。」（《孟子·離婁》）生命有了安宅，找到正確的方向，自然有了意義與價值，尋找生命的確定感對於人心浮動無根的現代，更是學子極好的指引，無怪乎林先生說：「教育是生命的點燃與照亮。」[27]其教育觀點確具新義與卓識，這也是其一直以來所關注如何賦予儒學現代意義的展現。

綜合來看，林先生對教育本質的主張，雖然傾向於主張發展個人特性，培養個人人格為主旨的個人主義哲學色彩，但林先生不為個人哲學所限，不將個人自限於自我的領域，而要人走入生活世界、走入人群，對社會有所貢獻，更見其懷抱的超越。

3、我國教育目的的哲學省察

上述林先生做了教育本質與目的的規範義，其論哲學也指出：哲學有規範與分析兩層意思，以下我們即以此對我國教育本質與目的試作探析。

(1)我國教育目的的演變

我國傳統教育思想大致以儒家學說為中心，大多是出於學者的理論與主張，歷代政府並沒有作過明定，歸納起來大致有四個目的：

一、明彝人倫。

二、修己善群。

三、涵養心性。

---

[26] 見氏著：《論語──走向生活世界的儒學》（臺北：文海學術思想研究發展基金會，1995 年 5 月），頁 39。

[27] 同上註，頁 63。

四、格物致知。[28]

由上述可以看出傳統教育目的明顯的儒家格物、致知、誠意、正心、修身、齊家、治國、平天下的一脈主張。

清末外患頻仍，為變法圖強，教育不得不變。光緒三十一年設立學部，次年公布教育宗旨，計有五項：「忠君、尊孔、尚公、尚武、尚實。」這是第一次由政府機構明令規定教育目的，由此可以看出教育受到西方的影響，走向務實、富國強兵。

民國肇建，進入新式教育時期，民國元年教育部公布新的教育宗旨為：「注重道德教育，以實利教育，均國民教育輔之，更以美感教育完成其道德。」此階段的教育宗旨顯然受到西方思潮影響，大致擺脫了傳統封建主義色彩，而美感教育的提出更是一新耳目。

(2)現階段教育宗旨與目標的探討

要了解現階段的教育宗旨與教育目標，可以從相關法令的規範來探討。教育憲法第一百五十八條規定：「教育文化，應發展國民之民族精神、自治精神、國民道德、健全體格與科學及生活智能。」這是我國現階段教育宗旨，也是我國教育的總目標；另外民國十八年國民政府公布「中華民國教育宗旨及其實施方針」，其中教育宗旨訂為：「中華民國之教育，根據三民主義，以充實人民生活，扶植社會生存，發展國民生計，延續民族生命為目的；務期民族獨立，民權普遍，民生發展，以促進世界大同。」由上述可以看出，我國教育的總目標乃在實現三民主義、實現國家目的，有認為教育目的在造就個人為社會服務，以謀社會群體的福利的社會主義哲學色彩。

再就各級學校教育目標來作考察：

幼稚教育法第一條規定：「幼稚教育以促進兒童身心健全發展為宗旨。」[29]具體目標為：「養成兒童身心健康；養成兒童良好習慣；充實兒童

---

28 《教育哲學》，頁87-89。

29 幼稚教育法於民國70年11月6日公布，103年6月18日廢止。改訂為幼兒教育及照顧法，於104年7月1日公布。

生活經驗；增進兒童倫理觀念；培養兒童合群習性。」這是幼稚教育的目標。

　　國民教育法第一條規定：「國民教育依中華民國憲法第一百五十八條之規定，以養成德、智、體、群、美五育均衡發展之健全國民為宗旨。」[30]這是國民中、小學教育的目標。

　　高級中學法第一條規定：「高級中學以陶冶青年身心，培養健全公民，奠定研究學術或學習專門知能之預備為宗旨。」[31]這是高級中學的教育目標。

　　大學法第一條規定：「大學以研究學術，培育人才，提升文化，服務社會，促進國家發展為宗旨。」[32]

　　上述各級學校教育目標的考察，由幼稚教育階段的培養合群習性、國民教育階段的成為健全國民、高中階段的成為健全公民，到大學階段的服務社會，促進國家發展，可以發現我國教育目標主要在於培養身心健全的現代公民，以適應公民社會的生活，同時又希望公民都能夠服務社會，促進國家發展，這樣教育目標的設定，帶有傳統儒家修齊治平的精神，又注意到現代公民社會的需求，立意甚高。但由「養成」、「培養」、「培育」等用語可以知道其主體在學校、教師，而非受教者本身，這樣的教育目標帶有國家本位立場的色彩，仍有較濃的社會主義哲學思想，雖最後與林先生主張的應走入生活世界，以仁為己任，服務人群相近，但一由外塑，一為個人的自覺與自許，差異頗大。惟就國家立場而言，設定這樣的教育目標有其考量，且是時代性使然。教育工作者在現階段仍應認知教育生長的本質，藉由課程的設計及教育作為的調整去引導受教者的成長，才是現行教育制度下的合適的作法。

4、五育教育目標的哲學省察

　　教育目標的訂定有其對教育的指引性，然而若沒有恰當的掌握與理解，

---

[30] 國民教育法於民國 68 年 5 月 23 日公布，100 年 11 月 30 日第十二次修訂公布。

[31] 高級中學法於民國 68 年 5 月 2 日公布，99 年 6 月 9 日第十次修訂公布。

[32] 大學法於民國 37 年 01 月 12 日公布，100 年 01 月 26 日第十二次修訂公布。

除了產生觀念的誤解外，甚至還可能產生作法的偏差，又怎能期待教育目標的達成呢？國民教育為教育的基礎，也是教育極為核心的部分，它要達成什麼樣的目標實有了解的必要。如上述，我國國民教育（中小學）目標是「以養成德、智、體、群、美五育均衡發展之健全國民」，這德智體群美是人人琅琅上口的，但一般人可能並沒有恰當的去理解，值得再進一步作探討。

德，我們一般說是道德；智，是理智或者理性；體，是身體的鍛鍊；群，是人群的互動；美，是藝術或美學的陶冶，這是五育初步的理解，若作本源的省察，林安梧先生以為：五育中的德，其實是一種生長，《老子》講「道生之，德蓄之」，「道」是就總體本源來說的，「德」是就內在的德性、內在的本性來說的，「道生之，德蓄之」強調的是那個總體的本源落到一個存在的事物，這個存在的事物可以包括一切的事物以及有生命的人，儒家將之稱為「天命」，《論語》說「志於道，據於德」，這即是指對於那個總體的本源有一個心靈的嚮往，因而會將這個總體的本源視之為理想。[33]在教育上，譬如上一門課會形成的一個總體，我們可以稱之為「道」。上課者有一個理想上的嚮往，希望能從課程裡學得東西。有了這樣的嚮往，這個總體的根源便向你開顯、落實，成為你的本性。由於有這樣一個理想定向的自覺，使得那個總體的本源開啟，能依循著這個本性展開行動，所以道德其實是一個人「自覺的生長」，並不是大家所想像的符合教條規矩而已。

道德更高的層次是要回到那個總體的本源，由那總體本源的開顯而落實為人的本性。[34]如此說來，「德」的重點就不在「規範」，而在「生長」，而這生長隱含了人跟人之間的互動關連，人跟物之間的互動關連，所以裡頭也就隱含了「群」，也隱含了「美」。因此廣義的道德教養，其實一定跟群育，跟美育連結在一塊兒的，若再更廣義一點的說，也不能夠違背體育跟智育。[35]

智育，現在強調的往往是通過了一套語言文字符號系統，對於外在存在

33　參《教育哲學講論》，頁60-61。

34　同上註，頁62。

35　同上註，頁63。

的對象作精確、確切的把握，進而能夠操作、控制它，達到我所要生存、運用的功能，達到我生命追求種種需要的東西，[36]換言之，它是主體對於客體的把握，是一個「以主攝客」的方式。但是以主攝客往往會產生執著性，而牽引出其他種種東西進來，導致人的異化，如智育常常是經由機械的考試方式、標準答案的方式來操控，久而久之，會變成只是如何很精準的答對老師或者課本上所規定的答案而已，這樣就會讓學生成了考試的工具，教師也成了培養學生成為考試的工具的人，如此人就容易異化成工具，與原先教育強調怎麼讓自己生長的目的有違，這是現代教育很嚴重的問題。[37]

　　同樣的，體育應該強調的是身、心、靈的健康，學習的是競賽的禮儀，這個禮儀會形成一個共同的標準，成為大家努力的目標和理想，[38]但現在體育偏重運動技能的學習，與此本源即有相違；同樣的，群育的重點在人跟人之間的互動，互動要有規範，以儒家傳統而言，強調的就是「禮」；互動要和諧，強調的就是「樂」；互動要能感通，強調的就是「仁」；互動要有原則性，強調的就是「義」；互動要有是非判斷的基本準則，強調的就是「智」，[39]所以「群」育的範圍極為廣泛且重要，然而現在學校群育教育偏向班級和團體活動量的考察，顯然可以更為深刻點。

　　至於「美」是應該在告訴我們如何回到事物本身、回到生命本身，譬如看到高山，我們覺其崇高、莊嚴；看到小橋流水，我們感受到與之交融一塊的美好經驗，這就是一個很美的一個心情，在這交融不二的關係裡，我們顯露出那個喜悅，所以美的培養是告訴你，要將現實的意象取消掉，要懂得以生命最真實的情感去跟它面對，美育的培養應該是這樣的關係。[40]所以美說到徹底跟德行，跟體育、跟群育有著密切的關係，對過分強調的智育更可以產生調節，乃至治療的作用，這也可以看出民國初年蔡元培擔任教育部長時

---

[36]　《教育哲學講論》，頁 63。

[37]　同上註，頁 63-66。

[38]　同上註，頁 66-67。

[39]　同上註，頁 69。

[40]　同上註，頁 70-71。

所訂定教育宗旨強調美育的卓識。

　　由上述林先生對五育的詮釋與省察，我們可以清楚的理解到五育應該達到的教育目標。以之來看現行學校的五育教育：德育，一般學校以出缺勤和獎、懲紀錄作評量；智育，一般以語文、數理等學科的學習表現作評量；體育，一般以運動技能的學習和體能的表現作評量；群育，一般以日常行為表現與團體活動的參與作評量；美育，一般以美術、工藝創作的成果作評量。五育之中，智育又因與畢業、升學最相關而最受注重，這也使體育、群育常常作為調劑，美育也往往聊備一格，德育則以教條規範來制約學生，以助智育目標的達成，這與林先生所揭櫫的教育理想實相去甚遠。

　　然而，筆者以為學校教育有其窮，評量更使得教育的理想有其侷限，上述的五育目標要落實於學校教育、評量之中恐亦有其難度，惟教育工作者若能認知教育的目的是生長，在引領學生找到生命的確定，則如何建立學生正確的認知與作法，仍是學校與教育工作者可以著力的。學校與教師可以在環境、教學情境的規劃、布置上，教師可以在教學活動的設計安排上作適當的規劃，導引學生往合宜的方向成長，教師也要教導學生如何生長，不斷引導學生成長，這才是教育應走的方向，等學生「生長到了一定的程度之後，他會形成一個自發的機制，你不去理他，他還是會生長的」，[41]如此才能導向教育的本質，這也才是目前學校教育應該，且可以努力的方向。

5、「教育生長說」的東西對比

　　美國教育家杜威（John Dewey, 1859-1952）也主張「教育生長說」，惟究其內容與林先生有異，以下略作探討，以作東西的對照。

　　杜威是美國實用主義教育哲學家，其教育哲學主要見於《民主主義與教育》一書，此書 1916 年出版，副標題為「教育哲學引論」。杜威信仰民主，深信民主社會的運作有賴於教育的積極運作；民主社會的建立，需要借助教育的普及與個人智性的發展來達成，而民智的啟迪乃是發展民主社會的必要途徑。他說：

41　《教育哲學講論》，頁 13。

> 民主主義不僅是一種政府形式，也是一種聯合的生活方式，一種經驗
> 交換的結合方式，是在於擴大共同參予的層面，使個人的種種能力更
> 為自由。為了適應民主主義社會的需要，就必須教育社會成員發展個
> 人的首創精神和適應能力，民主社會既然不承認外在政治權力的規
> 範，必須用自願的傾向和興趣代替它；而自願的傾向和興趣，只有通
> 過教育才能形成。[42]

由上，可以看出杜威對教育的重視，而所訂定的教育的目的即在於發揚美國
的民主精神。

　　民主精神重要的是對於個人的尊重，因而其教育哲學的重心也偏向個人
主義的哲學思考，他主張教育即生活、教育即生長、認為教育就是生活、生
長和經驗改造的歷程，教育是輔助受教者，使之生長、發展、改造經驗的活
動。杜威說：

> 教育即生長。生活是發展；發展、生長都是生活。如果用教育的術語
> 來說，可以歸納成兩個方面的意義，其一是在教育的歷程之外，沒有
> 其他的目的；它就是它自己的目的；其二是教育是不斷地重新組織、
> 重新構造、重新轉換的歷程。[43]

一般討論杜威教育哲學時，有時會斷章取義的說杜威是「教育無目的論」
者，從而難以接受他的主張，但由上述，可知杜威此說乃在批判當時主張教
育是為未來作準備等的傳統教育理論，認為這種教育思想在教學上只重視識
字及相關職業技能之教育，卻忽視兒童的興趣是不恰當的，因而杜威才會提
出兒童（受教者）是教育的主體，是最應該重視的。基於對受教育者的重
視，杜威反對傳統灌輸式的教育方法，強調教育要重視兒童當時的身心狀況

---

[42] 杜威，林寶山譯：《民主主義與教育》（臺北：五南圖書出版公司，1992 年），頁
　　 81。

[43] 《民主主義與教育》，頁 46。

及需求，而不是為虛渺的未來作準備，將孩子塑造成受教者父母、教師心目中的定型的產品。他認為「學校教育工作的中心任務在於促進兒童的生長，一切都從學生的需要為起始點，以促進兒童的生長為重心。生長是生活的特徵，所以在教育的歷程之外，沒有其他的目的；它就是它自己的目的。」[44]

當然杜威所說生活、生長，自然不是放任不管，而是要求在教育中要衡量評介兒童的本能或先天的能力，不要窒礙兒童生長所依靠的器官之發育或使它們畸形發展；要發展兒童應付新環境的首創精神；不要過分強調訓練以免犧牲個人的理解能力，導致機械的技能；要尊重兒童時期、尊重生長的需要和時機，不要忽略生長的過程以致揠苗助長。[45]如此師長或學校要做的是創造充分的條件讓學生去經驗，讓學生能夠發展他的稟賦，不斷提高受教者的能力，使教育的目的和過程兩方步調一致，教育目的就在教育過程之中實現，這才是「教育即生長」的根本義涵。教育就是要使生長永不停止，教育要使受教者能不斷學習，達到終身學習的目的，這才能因應自由開放、不斷進展的民主化社會，這是杜威教育的主張。

由上述，杜威對以教育推進民主主義的重視，及其教育目的的訂定，可知他的教育主張是以民主的方法來教育美國人民，讓美國人成為具有民主主義社會品格的公民，這由其著作定名為《民主主義與教育》即可看出，也充分顯示出美國特色的教育思想。雖然杜威的教育思想仍有其國家目的的考量，但其重視受教者，以學習者為本位的教育思維，對於現代教育有重大的啟發；而民主又是現代的生活方式，故其教育哲學受到全世界極大的重視，也對推動教育現代化起了很大的作用。惟因其首倡當時的教育思潮和社會條件不足，尤其缺乏能夠符合其教育理念施教的師資，故杜威教育主張早期推展並不順利，但其對後來的美國教育的巨大的影響與對世界各國現化教育的催化是不容忽視的，也因而被譽為現代教育之父。

林安梧先生的教育成長說主張教育的本質是生長，要追求確定性，追求

---

[44] 《民主主義與教育》，頁46。

[45] 趙祥麟、王承緒編：《杜威教育論著選》（上海：華東師範大學出版社，1991年），頁159。

自由，與杜威一樣同樣都從受教者角度來思考教育本質的問題，同樣注重受教者生命自身的發展。惟林先生主張受教者生長、確定後，還需己立立人，終身行仁，較之杜威期望受教者能終身學習，以適應美國的民主社會更具有積極義，也更能呼應修齊治平的儒家傳統文化思維。當然，中西有民族性的差異，也有文化、制度的不同，不必然要強加比較其優劣，但由比較中應證林先生所言其教育哲學是「自本自根的哲學生長」，又言「絕非舶來品、進口貨，也非加工貨，它是土生土長的本土貨」已然十分清楚。由教育哲學的發展來看，也可以看出林先生的教育哲學主張並不是孤立獨存的，筆者以為杜威教育哲學重視受教者的生長，發展其能力，終身學習以推動民主社會運作與成熟，與林先生重視個人的生長，以尋求「自由」，並不斷成長，以適應現代公民社會的用心，正可以東西輝映。然而同樣的，林先生的教育理想同樣面臨杜威當年提出教育主張時社會一時無法接受、師資無法配合的困境，在傳統教育觀念的束縛與西方教育思潮當道的夾雜下，在社會快速變遷與文化養分的流失中的現代臺灣杏壇，林先生的教育理念仍需要有一段推展與調整的時間，我們也期望甚能如之後杜威教育主張為世人所接受，成為現代教育之父一樣，林先生的教育哲學受到應有的重視與推展。

（三）教育主體相關問題的哲學省察

學校是達到教育目的的地方，學校教育的開展是老師與學生之間的活動，因此「學生」與「教師」無可置疑的是教育之主體。在以往威權體制的年代裡，教育只考慮到國家教育目標的達成，教師和學生都是達成國家意識型態的工具。[46]然而現代教師與學生都是教育的主體，關係也最為密切，師生之間的關係該如何？教學應如何進行？有哪些問題是師生所應關懷的？還有哪些師生要共同認知或面對的問題？這些與教育主體有關的問題都是極為重要的議題，以下試作探討。

---

[46]　參《教育哲學講論》，頁 227-228。

1、教師與學生間應有真實生命的感通

教師與學生一般認知似乎就是教與學的關係，但是現代受到教育消費化的影響，師生常會流於知識的消費關係，教師教的往往只是技術，而不是引導學生生長，而技術又往往淪為解題技巧的訓練而已。在學校會考試的學生常被認為是好學生，同樣的，一個善於教導學生快速正確解題的教師，往往也會成為名師，學習變成是一種 I and it 的對制關係，而非 I and Thou 的感通，師生之間流為消費的關係，而缺乏生命的互動與聲息的感通，這是現今校園很大的問題。

林先生以為，師生之間應有真實生命的感通。師生之間要有真實生命的感動最重要的就是要溝通，所以教學活動要有對談交流，學校和班級的公共論域要能開展，讓師生都可以暢其言，而一旦發生抗爭或爭議，一定要回到教師與學生共同形成的主體來思考解決，學生與教師互為主體，如此才可能得到解決，使衝突成為生長的契機。

2、教學應是「傳達」與「溝通」，不應是「知識販賣」

現在教育常流於知識販賣的型態，尤其常成為解題技巧的傳授與學習，這與教育生長的原則有違。林先生以為教育應是傳達與溝通，而不是知識的把握，如果教學活動只是對知識的把握、技術的學習，那就成為是 I-it relation 的活動，如此是否可用影片替代？用書本替代呢？事實上影片、書本的 I-it relation，永遠都替代不了 I-Thou relation，[47]所以教師的教育活動不應只是「知識販賣」的關係，而應是一種傳達與溝通。傳達、溝通背後有一個更深層的意義，就是生命聲息的融通、融會，所以教學不能只停留在技術、方法的層面，還要傳達意象、態度和風格。使學生從中學習到教師對生命的態度以及做學問的方法，進而使生命能夠成長，[48]這才是教學的真諦。教學活動可能會有突發狀況的，不必想要去控制避免，其實學問的生長常在這種過程中很自然生長的，所以光讀書學問是不會好的，要上課學問才會

---

[47]　參《教育哲學講論》，頁 77-78。
[48]　同上註，頁 78-79。

好。上課老師講一些跟與課程相關但是照本宣科的東西,就可以使學生從那裡生長一些東西來。所以一個教師上課如果全部都是照本宣科,非常規格化的,很整齊的進行,這不是好教師。[49]

因此作為教師,應該要知道在課堂上展開教育活動時,千萬不要忘記這是 I-Thou relation,真正教育的學習,是總體的生長,而不是一個方格一個方格的堆積,不是分割出來的某一個語言、符號系統所承載的意義,教師不應只為經師,更要為人師,教學一定要有生命的交融、I-Thou relation 的關係,不能夠只是 I-it relation 的關係,[50]作學生者也應有此體認,不以學習知識為滿足,更要追求生命的成長。

3、學習要上遂於「存有的本源」,要有「生命實存的體會」

學生在學校其實學了很多東西,但許多學習到最後統統是浪費掉的了,因為所學習的東西,常常只是在應付考試而已。換言之,學校學的通常是怎麼練一套考試的技巧而已,並沒有將所學的東西成為生命的一部分。[51]

林先生以為:學一個東西的時候,不應只是利用標籤的概括方式去把握、去記憶,不應只停留在語言文字的整理上,而要經由生命的參與,進到它的內涵裡面,用心靈去跟所學的東西相遇,而成為生命生長的可能。[52]

當我們學習能往上溯時,才能把握本體,產生真正的創造力。學問程度能夠到具有原創性的時候,只要經由別人的一個指點,告訴你某一個學門的一些方法、歷程、步驟,你很快的就可以透進到它的很重要的本源。所以,愛因斯坦是一個科學家,但他也可以談很深的哲學問題,也可以涉及到音樂及藝術的問題,而且談得非常好。為什麼?因為他學習不停留在由方法、技術、步驟往下墜的層次,而能往上提,由風格、意象的把握而產生創造力,這就是我們所說的:學問有道。[53]

---

[49] 《教育哲學講論》,頁 18。

[50] 同上註,頁 77-79。

[51] 同上註,頁 14。

[52] 同上註,頁 75。

[53] 同上註,頁 75-76。

　　教師教學如能把握上述的方法進行教育，就能夠讓學生生命得到生長，當我們的教育生長到了一定的程度之後，他會形成一個自發的機制，你不去理他，他還是會生長的。[54]如此才能讓學生由不斷成長中找到確定性，也才能走出一條路來，這也是學生學習該有的認知。所以一個好的教師，是會影響一個學生一輩子的學習的！教師重要的是在喚起學生對於學問之道的追求，對於生命之道的追求。[55]自然作學生的也不能以記憶課程內容，考試得高分為滿足，而要養成探究本源的習慣與能力，尋求生命的成長豐滿。

4、學習是從最具體實存的情境長出來

　　現今教學內容有些與生活缺乏關聯，因此學生可能只學得抽象的概念，卻無法運用於生活裡，例如我們學了生物課，對於各種定義乃至分類都很熟悉了，卻叫不出校園的植物來。所以林先生認為，學習要從最具體、實存的情境生長出來，絕對不是傳達一個非常概括性的概念去說「這是什麼？」[56]例如生物課應該由生活週遭的事物認識開始，學習英語，應該從日常生活的對話開始，如此才不會學英語多年，遇到外國人，卻啞口無言。當然現在的教材的編製可能並不理想，因此教師應活用教材，儘可能將教材與生活實境或學生生活經驗作結合，學生對於所學也應儘量加以應用，才能達到教育生長的目的。

　　當然目前有些學校學習的科目，如數學、化學、歷史等可能與現今生活的相關性較少連結，但學術研究能力的提升有可以看作是生命的生長，以往生活的經驗對生命也能有所啟發，端看個人的認知與作法。不過就國民教育而言，目前科目的設立常流於學科學者專家的討價還價的結果，所學的科目的確過多、內容也過難，師生常流於趕課而缺少生命實存的體會，因此如何作全面的調整也是現在要面對的問題。

5、應走向更深廣的全人教育

　　「全人」一詞就中文意義來解釋，是指完整的個人，全人教育指的是：

54　《教育哲學講論》，頁 13。

55　同上註，頁 31-32。

56　同上註，頁 14。

能夠提供一套兼具深度（專業）及廣度（通才）的學習，進而使一個自我，充分展現完整的個人，培育博雅素養，實踐「知識探索」與「人文關懷」的一種教育模式。所謂「全人」不是就「量」上的意義而說，而是就「質」上來說，是就理想上而說的「全」。現在中學教學都是分科進行，學生學的是分科的專業知識，常常缺乏整合，沒有達成通才教育的要求。同樣大學分科設系，情況只有更形嚴重，尤其理工科系學生，通常以專業的研究為重，對於通識不夠重視，常欠缺人文的關懷，最終落到成為研究的工具，更顯全人教育在現在教育中的重要性。當然學校要注意這個問題外，作為學生也應有這樣的體認，不要受限於自己學習領域，而應培養更廣闊的學習內涵，尤其人文的關懷，才能找到生命的價值。

6、消費化與權力化是當前教育嚴重的問題

　　教育原本是為了生長，但現代教育卻出現嚴重的消費化問題，把教育當作消費，不管學校、家長、教師、學生，常常都以現實關係的利害均衡作為公平考慮的起點，凡事都變成一種可計量的關係，似乎什麼都變成一種「我與它」（I-it），成為是一種人跟物的關係，而不是一種「我與您」（I-You）生命交融的關係，如此教育就變成一種消費，一種計算，變成消費化了。例如中學生也常以學習的科目在不在升學考試之中，來作為認真學習與否的考量，往往只注重智育科目而忽略藝能科目對生命成長陶冶的重要性；同樣的，大學課程的開設考量也常是成本、效益，而非教育的理想；大學生選課常考量老師的課好不好修，學分好不好拿，方不方便蹺課，而不是課程能不能讓自己成長；高等教育亦然，現在許多基礎研究的研究所招不到學生，因為學生思考的是容易不容易畢業？畢業後是不是比較能找到職業？薪水是不是比較高……，這都是消費化的現象。

　　林先生以為這是這個時代很大的損失，消費化的後果，使得人跟人、人與其他東西之間都變成一種交易。到最後，人的存在只有利害而沒有終極關懷。這種損失是整個時代文化精神衰頹的表徵，那就是人從「質」往「量」上講，從一種「不可計數的」、「不可量的」轉成「可計量的」關係，更嚴重的是大家願意放棄這個不可計量的關係，而把自己拋到一個可計量的關

係，成為人跟物、I-it 的關係，而不是生命的感通，這是目前教育之癌。[57]

　　權力化則是另一個嚴重的問題，這個問題的關鍵落在知識的傳達上。知識的傳達本質上是「I-it relation」，是我對一個「它者」掠奪而據為己有，而當我所據有越多時，就獲得越大的權力；獲有越大的權力，便有越大的安全感。而當別人獲有這麼大權力時，自己就沒有安全感，因而造成一群人在競奪權力。教育原來為的是生長，但是我們的教育從我們年紀很小時，就驅策我們進到權力競爭中，「不要讓你的孩子輸在起跑點上」這句民間最常用在幼稚教育上的話，就充滿權力競爭意味。[58]

　　林先生指出：知識若是落在技術之用，便容易以此控制他人，對於知識背後所滲透的權力，人們通常會失去反省的能力。而且當他獲得越來越多的權力之時，便會完全地相信知識的力量。這就是整個現代化精神：工具理性的科技發達。[59]教育所重視的是「生命的生長」，即使學問亦是一種生命的生長。但淪為消費化、權力化之後，人跟人的關係就會越來越淡薄了，現在很多大學也都把教育當成知識的權力的販賣，而忽略了背後有一個更重要的生長。

7、改革不應是消極的瓦解，而應積極重建

　　我國的教改一直在進行著，比較重大且影響至今的是 1994 年（民 83 年）四月十日，以臺灣大學教授黃武雄為首的民間教改團體組成的 410 教改聯盟所發起的教改活動。該聯盟在 1994 年 4 月 10 日發起遊行，並提出四大訴求：(一)實施小班小校。(二)廣設高中大學。(三)提升教育品質。(四)訂定教育基本法。由於當時升學窄門及聯考造成許多社會問題，所以 410 教改聯盟的訴求激起極大的社會回響，教育部也很快的在 1994 年 6 月回應訴求，召開第七次全國教育會議，隨後成立「行政院教育改革審議委員會」（簡稱教改會），由李遠哲擔任召集人。

　　「教改會」經過非常多的意見討論及諮詢，完成了「教育改革總諮議報

---

[57] 《教育哲學講論》，頁 50-51。

[58] 同上註，頁 206-207。

[59] 同上註，頁 124。

告書」，提出了：(1)教育鬆綁：解除對教育的不當管制；(2)發展適性適才的教育：帶好每位學生；(3)打開新的「試」窗：暢通升學管道……等綜合建議。於是在「暢通升學管道」、「教育鬆綁」的原則下，廣建高中、大學，學校課程也進行極大的變革。

教改推動了 20 年後，教育鬆綁的主張成效最為顯著，高中、大學學之門大開後，甚至不到 8 分（2008 年指考分發）就可以上大學。但多元入學的方式也造成新的問題，教育獲得鬆綁，使課程、教材產生很大改變，但提升教育品質、發展適性適才教育成效等應是教育改革最重要的目的成果卻受到極大的質疑，尤其多元入學所造成的公平性的質疑，內容複雜難懂、學生入學申請成本過高、忽視社會正義等問題，[60]與學生程度、競爭力的下降最受詬病，李家同教授在國教行動聯盟等教育團體 2014 年 4 月 20 日舉行的 410 教改二十年回顧與檢討座談會上甚至呼籲：「教改休兵，不要再鬧了！」[61]足見教改出了不少問題。

教育改革為什麼達不成所要求教育的成果呢？林先生以為教育改革仍然難脫知識消費的問題，還是停留在只爭取個人權益的思考，而鬆綁常導致瓦解，瓦解後往往難以再造，反而造成更大問題，他以為要改革，但教育改革應提到教育理想的層次來思考，才是教育改革應抱持的大原則，如何使教育成為生長，如何協助學生找到生命的確定性，才應該是教育改革的重點。

以上針對教育主題相關問題的哲學探討，以林先生的教育生長論來看可以發現上述這些教育現象，都是偏離嚴重的問題，尤其教育消費化與權力化似乎被社會大眾所認可，更是嚴重的問題，亟待有識者共同正視及大聲急呼改善。當然林先生的教育主張有其理想性，即使時空條件具足，要所有教育工作者都能實踐亦有其困難，然而理想是行動的指引，教育工作者若能認知其理念，認同其理想，學習者能夠體悟其教育成長的要旨，各自在現有社會

60　參秦夢群：〈大學多元入學制度實施與改革之研究〉，《教育政策論壇》第七卷第二
　　期，2004 年 8 月，頁 59-84。

61　自由時報 2014 年 4 月 20 日，http://news.ltn.com.tw/news/politics/breakingnews/99183
　　5。

構造與現行教育制度作可能的調整，相信對未來教育的發展與教育理想的達
成，會有積極且正面的意義與價值。

四、結論

　　本文以林安梧先生為代表所作後新儒家教育哲學的討論，對教育深度的
省察與批判，及作現代詮釋與重建，對我們思考現今教育相關的問題的解
決，教育政策的訂定與調整、教學方法的實施、教師、學生、學校對教育問
題的思考都極具啟發。林先生提出：教育是生長，其目的要尋找確定，也就
是自由的教育見解，更是現代教育極重要的借鑑，也給現代教育提供很好的
反省與調整的啟示，其期許受教者尋求自我確定後還要能走入生活世界，居
仁由義，更彰顯其儒士仁人之心，懷抱令人欽敬。

　　當然現在的教育現況離林先生的理想還有一段距離，難怪談起教育問
題，林先生要憂心如焚了。當然林先生的教育主張也有相對的理想性成分
在，要在現實教育中落實仍有很大的挑戰，或許也必須再做一些調整，但是
教育工作者若能了解其主張最核心的精神，將之落實在教育作為之中；體認
到其關注諸如消費化、權力化等教育問題的嚴重性，盡可能去避免和改善，
相信對現今的教育弊病的改善，校園問題的解決，師生互動的難題等，都會
有很大的助益。

　　林先生教育哲學更有意義與價值的是，這是建基在其多年哲學研究與豐
富的教育實務的反省而成的一家之言，也是根基於中華文化的教育哲學，對
於建構本土的教育哲學，更有重大的意義。林先生說：

> 我以為有了這樣的「本土」——國際融於此本土中，才有一創新的本
> 土，有此創新的本土做為主體，我們才能邁向所謂的國際——這樣的
> 國際才是一主體際下的國際，才不是被主宰，被奴役的次殖民地義下
> 的國際。國際是我們的視野，但「本土」是我們的生長。哲學須要如

此，教育更須如此。[62]

藉由林安梧先生教育哲學的探討，我們看到後新儒家對教育問題的關注與貢獻，看到對林先生發揚儒家現代價值的用心與付出，看到他不埋首書堆裡而亟欲淑世善群的努力，在本土的教育哲學的研究上林先生已啟其端，也期待更多有志者繼續奮勉發揚。

---

[62] 《教育哲學講論・自序》，頁2。

林安梧先生的學識與其哲學的展望

譚宇權*

摘　要

　　在本文中，我先以學問與見識相為表裡之論，分析林師的見識有二：1.打破終身埋首於故紙堆的傳統，直接指向現實世界去反思哲學家的社會責任。2.改正中國讀書人只知在形上學中，高舉心性之學的研究，卻忽略天下蒼生的問題。又其重要學問有三：1.主張將哲學家的工作重心放在存有的開顯與執定上，以免哲學家空談性理之學。2.避免再走理想化的思想路線，而能大顯外王問題的優先性。3.但不是空談外王之學，而是不再談傳統儒家所強調的心性學下的本心，而是說社會正義下的本心。不但如此，林師能夠反思牟宗三設法將窮智以見德，轉乘以德攝智，是強人所難，也是忽略康德哲學畢竟發生在不同於中國的歷史與社會背景中的哲學。何況，康德哲學的知識進路不同於中國的實踐進路，今若不加分別，將有牽強附會之嫌。故林師一本中國學者「在不疑中有疑」的學術精神，形成其開拓後牟宗三的學說，值得身為弟子的我們努力學習。至於林師學問的展望，則是基於我對老師的景仰而發：1.至今林師努力開發的後新儒家的思想園地，仍屬於草創時期，例如公民社會或公平正義的理念將如何落實於人間社會？似乎有一段漫長的路要走。2.哈貝瑪斯的交談倫理（或溝通倫理），似乎是發展當代中國儒學必須重視的；例如在臺灣的民主社會中，就需要這種倫理來化解藍綠兩黨之間的糾結。故我今延續老師相關的理論，進一步作此論述。

關鍵詞：性理之學　外王之學　牽強附會　公民社會　溝通倫理

---

* 　中央大學哲學研究所博士候選人。

一、前言

民國七十六年，我已是一位中年人，才到臺灣師大修研究所課程。起初，在教育所進修。後來，又讀歷史所。但讀完之後，依然興趣盎然，便利用了白天的課之後的時間，坐火車北上到夜間部修讀《莊子》一門課。

我選讀《莊子》，完全是仰慕林安梧師之名而來。因為當時從報章雜誌上已讀了林師的一些文章；我讀出他是一位在新儒家之中，少數的能夠不斷發出「反思」言論的重要學者；所以其地位，就如同在一片雜亂的草原上，逐漸演變出一條令人鼓舞的清流一般。

後來，我與林老師接觸之後，更感受到，盛年的他，雖然已有深厚的學問基礎，但依然試圖不斷進行學問紮根的工作；譬如，當年他教我們《莊子》，不是先對莊子的學說「說三道四」，而是對莊子文本作「一句一句解讀下去」。記得當年，他不只是用華語進行誦讀，而且交雜閩南語來朗誦；他認為：「閩南語典雅，其用詞來自中原文化，所以我相信用它來朗誦文本，更能讓我們能貼近中原哲學家思想的心靈深處。」[1]

這一段話，深獲我心，也令我想到，自己過去無論寫作中，或寫作之前的閱讀文本，實缺乏這種自我訓練。反之，對於經典，我們必須經過以上這番反覆的朗誦之後，才可能將古文的「原汁原味」完全釋出來。然後，我們再經如此的「精誦」（多位前輩學者經常強調的），才能真正瞭解文本的意義，及其背後的涵義。否則，我們可能只從文本的表面意義去詮釋，不就是可能落入一般學者可能犯的似是而非、甚至「斷章取義」的問題中嗎？

多年後，我到中大哲學所博士班進修，再聆聽林師進一步說他對《四書》執著學習的態度；他說：「我大約每四年必須重讀《四書》一遍」，才知道，經典必須像這樣反覆閱讀的。因為我們的生命有限，但世間每天出版的書，可能汗牛充棟，那麼，究竟該怎樣去選擇，才是智慧的呢？顯然，在

---

[1] 後來我在林安梧著：《儒學轉向：從「新儒學」到「後新儒學」的過渡》（臺北：臺灣學生書局，2006 年），頁 471，提到閩南語講的常常就是文言文。

這世上，只有少數的，值得讓我們利用如黃金般的時間，去反覆思考與琢磨的確實不多。因此，老師讀書方法為我們立下典範。從此，也讓我受用無窮。而且，我從歷代大哲之一如朱子一生反覆研讀並多次詮釋《四書》這件事看來，他的成就不正說明——我們治學的重要原則，不在讀遍天下的書籍，而如何在少數經典上發揮「精讀的功夫」。而且，在如此精讀之後，發表自己的見解，才能見人所不能見的。

二、林師的學識

在現代儒家廣闊的草原上，林師顯然已為我們展示了，他由上述方法創造出的一片開滿燦爛花朵的大花園。有不少國內與大陸研究生曾以老師的學問，作為學生論文的主題，便是最好證明。甚至於，有學者以他的學問，作為現代儒家發展過程中的一章來討論。但我更有興趣的是，究竟老師如何在「眾星拱月」的環境中，走出自己的道路來呢？今就「學識」的概念，分析林先生的學問與見識來說明。

就我所知，一個人的學問與見識是一體兩面；即一個人的學問，可由，也必須由其見識高低來彰顯。反之，一個人的見識高低，充分由其學問表現出來。但本文先由林先生之學問談起。

誠如大家所知，林老師是新儒家重鎮牟宗三之大弟子之一。其學問師承，自然是牟先生，而牟先生又是熊十力大師的得意門生，所以林老師的學問淵源，自然包括牟先生與熊先生的哲學。

但，林老師顯然不滿意當代新儒家「護教的」流派，所以決心走上「批判儒家」的道路，而且高舉「批判的新儒家」的大旗，於是成為一支異軍突起的既繼承、又批判新儒家之思想重鎮。今以他在《儒學革命：從「新儒學」到「後新儒學」》一文說，他認為：

> 護教的新儒學，批判的新儒學兩者同宗孔孟，並尊陸王，其異的是：
> 前者以康德為對比及融通之主要資源，而後者則對於王船山哲學頗著

> 其力，並注重西方歷史哲學，社會哲學乃至現象學，解釋學之發展，
> 回溯當代新儒家之起源，重新詮釋熊十力，對牟先生則採取一既批判
> 又繼承的方式。[2]

那麼，林老師顯然不滿意其師牟先生一生走的融通康德與孟子、陸象山、程明道，以及王陽明的道路，又不完全贊同以本體建構的熊先生《新唯識論》的道路。但不可忽略的是，在熊十力建構之本體論中，無論「體用不二」，或因此以邏輯推出的「翕闢成變」的重要概念中，由於本體永遠是隱而不顯的；換句話說，它必須靠著宇宙中的現象界大化流行的「用」來張顯；所謂「掃相顯體」（或「即用顯體」），或「作用見性」，都說明：熊十力雖然以形上學為哲學家唯一追究的標的，但，如果形上學的本體沒有其作用（現象界）來解釋，則哲學永遠無法落實於人間。

基於此，林先生在上述「重新詮釋熊十力」的意義為，一方面能夠擺脫「良知中心主義」[3]的儒學傳統，而設法用西方歷史哲學、社會哲學乃至現象學、解釋學的觀點，來強化其早年著墨的船山之外王為重的哲學傳統。

究竟怎麼強化呢？他說：

> 面對人的實際生活世界，面對歷史社會總體，面對一具有物質性的世
> 界，是人面對自己最重要的起點；這不是本質式的抽象的把握，而是
> 物質性、主體對象化、實存的、主體化的把握。[4]

由此可知，林師試圖由新儒家重視良知本體的學術傳統，回返活生生的，那個吾人朝夕面對的現實世界。並試圖就現實世界的根本哲學問題，作哲學反省，與哲學體系的建構工作。

但他究竟是怎樣到生活世界中，作哲學的根本思考與建構呢？

---

[2] 同上註，頁 78。

[3] 同註 1，頁 87。

[4] 同註 1，頁 103。

他在〈「後新儒家」的哲學擬構：武漢大學的講詞〉這篇宣示性的文章中，明白說：

> 在一個現代化的社會裡面，人作為一個人作為一個獨立公民，進到公民社會，進到一個組織結構裡面，是經由客觀的法則性來參與這個社會結構的。這個時候不再是從本心逐層擴散出去。[5]

又說：

> 我認為應該安排社會正義論為優先，而心性修養論在社會正義論之後；然而這並不是說不注重心性修養論，而是強調要以社會正義論為優先來思考。[6]

從這段話中，已告訴我們，他與新儒家的最大不同是，後者依然強調宋明理學的良知心性之學，並從良知的「自我坎陷」說法，設法接續現代的民主與科學的世界思潮。但林師顯然希望，直接到我們今天面對的社會與政治環境（重視作為一個獨立個性的公民社會），來反思怎樣才能建立現代儒學的時代環境。而且，這個社會的道德價值是講「社會正義」，而非以心性修善為優先。因此，他的外王哲學根本打破了傳統儒學，必須由內聖而後外王的傳統。於是，來到先外王，而後再提內聖的新方式。

那麼，他建構的倫理，顯然是一種「責任倫理」[7]，而非一種「孝悌倫

5　同註1，頁308。

6　同註1，頁308。

7　韋伯的「責任倫理」一詞，依李怡的解釋是：「負責任的政治家，除了要以關懷公眾福祉的意圖（心志）倫理，作為他的政治行為的基礎之外，在進入政治之後，更要熟慮自己的政治行為所產生的可以預見的後果，並對之負責。」李怡專欄：「責任倫理」（2002/1/22）hk.Apple.media.com/news/art/2002/1/22/2388537（2016/4/20.瀏覽）。

理」；有關前者，就是曾子說的：「吾日三省吾身：為人謀，而不忠乎？與朋友交，而不信乎？傳不習乎？」；此與孔子說的：「言忠信，行篤敬，雖蠻陌之邦行矣。」——都是強調「社會責任」的重要。也就是，責任倫理的優先，而非子若說的：「其為人也孝悌，而好犯上者，鮮矣，不好犯上而好作亂者，未之有也。君子務本，本立而道生。孝悌也者，其為仁之本與？」的以「孝悌倫理」為優先的倫理觀。[8]

在此，我也點出他的學問道路，是完全不同於二千年來，儒家從孟子到熊十力、牟宗三的學問道路，而是繼承王船山重視歷史、社會現實問題的精神，來解決問題的道路。

基於此，我認為林先生表現出來的見識有：

第一、根本打破了傳統儒家學者終身埋首於故紙堆中，先研究與現實社會形成相當隔絕的形上問題，故希望帶領大家直接回到現實與生活世界，去反思哲學家的責任，究竟應該怎樣面對現實許多問題，尋求解決的方法。[9]

第二、又就林師經常說的，傳統儒家犯的本質之義來說，由於傳統儒家把哲學家的任務過分於在個人的心性修養上，卻遺忘了比個人修養更重要的外王事業。分別言之，前者，可以以高談怎樣從形上界講心性的究竟，卻忽略天下蒼生的問題。可是，林師卻翻轉來說，將天下蒼生的問題，列為首要必須解決的問題。

以上，是我作為林師的學生，對其學問由來與卓越見識的一些體會。但以上是由林師的學問，談到其見識。今再由其見識，談到其學問。

今就林師在讀研究所時代，所寫的有關船山與熊十力的碩博士論文來

---

[8]　同註 1，頁 310-311。

[9]　在《儒學革命：從「新儒學」到「後新儒學」》中，林老師這樣說：「生活世界之為生活世界需置於經濟界來理解，不能以睿智界與現象界兩分下，而將之放置於睿智來詮釋，或者我們可以說：『生活世界』不能直接屬於道體而鳶飛魚躍，而應面對實在的對象，而見其升降浮沉，憂樂悲喜，有如此對生活世界的經驗如實理解，才能在一恰當的社會歷史總體之理解」，頁 90。

說，林老師今天的成就，實來自對以上兩個思想重鎮（王船山、熊十力）的深入探討與徹底反思，才形成的。換句話說，由於年輕時代的林安梧，有了這樣的學思過程，於是一方面在吸收熊十力「體用不二」論之後，並能夠反省其師牟宗三的「兩層存有論」中的利弊得失，才提出「存有的三態論」的卓識；有關此點，今由他說的：

> 在熊十力的「體用哲學」裡，其實正扮演著這樣的角色。他很清楚的闡釋了由「存有的本源的顯現」（我姑且將它名之為「存有的開顯」），在落實為「存有的執定」以及與此相關的曲成「萬識一體」（境識俱泯），從外境與心靈意識完全泯合為一的寂然不動狀態，再由感而遂通（境識俱起），當下「一體明白」、沒有執著的狀態，最後再轉到「境識俱起而兩分」（以識執境），由心靈意識主體到外在對象的把握，此即是所謂「存有的執定」。[10]

今從林師的說明，他的存有三態論，顯然是他具有不同於前輩（牟宗三）的眼光，並能從熊十力的「體用哲學」中，看出其中呈現的意義，如在存有變化裡，應包括三個重要的程序；即「存在之本體」，到「存在顯現」。又由初期無分別、無執著的狀態，到「有分別、執著外物的狀態」。

　　在此，我認為可以說的「萬物生於有，有生於無」與「道生一，一生二，二生三，三生萬物」來說明；即「道」作為萬物的本源，但其初始狀態識「一」的無分別狀態，所以叫「無」。但，它開始有分別即二、三，是「存在顯現」乃至萬物，就是「存有的執定」狀態了。

　　今天就此點來說，由林師「存有三態論」識見，呈現的學問意義是：
第一、不但強調哲學的根源——「道」的肯定，更把哲學家的工作「重心」
　　　放在「存有之開顯」與「存有之執定」之上；也就是說，他轉變儒家
　　　一向強調的「超越又內在」的本心之學，向外王問題的解決（即存有

10　同註1，頁306。

的開顯、存在的執定）上；如此，顯然可避免哲學家空談性理之學的問題。

第二、就中國傳統哲學來說，雖然呈現儒家、道家、中國佛家，乃至宋明理學的四大流派，但就其缺點而言，都在於：「理想世界的追求，此點早為大哲方東美指出。」[11]於是對於現實社會與政治問題，相對的忽略。因此林老師重點在於，大顯外王問題的優先，而後才來讀內聖。此顯然為了，糾正二千年來中國哲學的重要偏差。又就中國哲學的發展而言，林老師的堅持，也有明顯的脈絡可尋。

第三、「存有三態論」的見識，並非只孤立地談外王學而已，而是想糾正中國傳統哲學長期以來對外王學的輕忽，所以對於內聖問題並非拋棄，而是 1.加強重視外王方面的問題 2.「內聖外王」依然成為林師思考的重點；他在〈儒學革命的可能方向：上海復旦大學的講詞〉中曾說道：

> 其實「內聖」與「外王」是通透的，二者由內向外，同時也是由外而內的。在這裡，我採取了王夫之「兩端而一致」的思考，也就是二者「互藏以為它，交派以為發」。用王夫之的話來講，也就是說「內聖」必須經由「外王」的發展，而得到安頓，而「外王學」也必得因「內聖學」的安頓才能獲致一個恰當的方向。所以說，它們二者之間基本上也是一個互動的關係。[12]

因此，老師在以上的論述中，我們已很清楚地發現，其建構的新儒家哲學，

11　參見方東美著：《中國哲學精神及其發展》（上）說：「唯心主義新儒學發展於巔峰之際，明儒王廷相乃倡唯氣論及唯物論，作為反動……。泊乎十七、十八世紀，自然主義派賡續發展，終乃形成王夫之之功能派自然主義。」（臺北：黎明文化公司，2004 年），頁 96。

12　林安梧著：《儒學轉向：從「新儒學」到「後新儒學」的向度》（臺北：臺灣學生書局，2006 年），頁 191-192。

並非只是空泛的，或沒有「源頭活水」的外王之學，而是經由存有的根源
——「道」，來發展的外王之學。不過，值得注意的是，此道，已不再是傳
統儒家所強調的心性學的本心，而是「社會正義下的本心」。[13]

　　那麼，由林老師此卓見來論，我看到的儒家新學問是，能夠回應廿世紀
以來，人類思想家必須共同面對的問題，包括所謂資本主義發生後，如何徹
底解決的「財富分配不均」與「如何重新分配」的社會正義問題。[14]但相對
於，只知主要由傳統儒家孔孟道統的源頭與發展現代儒家的哲學家，如主要
吸收宋明理學養分來建構現代儒家的熊十力、牟宗三，乃至唐君毅等人而
言，林師哲學的意義，便是能夠抓到「時代的脈動」，然後，啟開創新哲
學。這是我理解到的，吾師哲學的最大意義。

　　不但如此，林老師發現，人們在保守主義瀰漫當代儒家研究中，一直沉
睡在心性學傾向的「本質主義」的研究，故像這樣走下去，將走入永遠走不
出的死胡同的，因此，我在此大膽指出，當代儒學體系所以無法擺脫宋明理
學以來的「良知體系」，以致形成牟宗三說的必須由「良心自我坎陷」的方
式來開出民主與科學的問題。

　　反之，林師在其著作中，表現的重點，即能不斷反覆強調「生活世界」
概念的重要。其意義，顯然在於：1.設法擺脫孔孟可以永遠不變地成為治療
現代社會的萬靈丹的問題。2.因為孔孟發生的時代是一個「血緣性縱貫軸」
的社會，因此，在面對現代講社會正義的公民社會，必須延續原儒孔孟能夠
面對社會、政治精神的新思維。而這個新思維，顯然必須落在講自由民主，
以及人權講個體性的公民社會中，而非重新講血緣關係，家族倫理的社會中

13　所謂開啟以「社會正義論」為核心的儒學。林安梧著：《儒學轉向：從「新儒學」到
　　「後新儒學」的過渡》（臺北：臺灣學生書局，2006 年），頁 192。

14　楊志良認為：資本主義社會的財富不均問題嚴重，但共產中國的財富不均問題更為嚴
　　重；他指出：「十餘年過去，大陸貧富差距『基尼指數』高達 0.6（財富完全集中在
　　一人，基尼指數為 1，完全分配為 0，北歐國家多在 0.25 左右），早已超過學界劃定
　　的警戒線 0.4，在全球排名第二，只次於南非。雖然中共當局近年來在社會保障這一
　　塊投入鉅資，但情況不見好轉，只有惡化。」《分配正義救臺灣》（臺北：時報出版
　　公司，2015 年），頁 60。

去講。那麼，現代儒家的確有變革的迫切與必要。

　　當然，他的「哲學建構」或許被認為是粗糙（演講式的），或處於擬構式的構想的階段。再者，他說的「先外王後內聖」的進路中，到底，他將怎樣面對二十一世紀中國瘋狂重視資本主義的社會問題、兩岸問題，乃至他身處臺灣的各種問題。更重要的，在他最後必須講的「內聖」，到底與孔孟說的君子、聖人境界有何異同？這是林師必須面對的問題。

　　最後，我還必須強調一點是——林師所以能夠建構出具有個人特色的哲學體系，乃在他能夠徹底反思其師牟宗三體系中的內在問題，這是在《牟宗三前後：當代新儒家哲學思想史論》（2011 年 8 月）中的第十一章〈牟宗三的康德學及中國哲學之前瞻〉中，最後提到幾個問題：1.「牟先生忽略康德所涉及社會總體意識及社會契約之傳統」——這的確是一個很重要的問題；即忽略一種哲學在西方哲學發展脈絡中，到底應該呈現出什麼意義呢？反之，當學者用一個不同於西洋哲學史發展的中國哲學史觀，去理解康德哲學，是否就如同許多鄙視中國哲學的中國學者，應以西方哲學的知識、倫理學以及形上學的觀點，去論述中國哲學，一樣有問題呢？

　　再者，林師該文指出的 2.「智的直覺」與「物自身」在牟先生體系做了大的轉折，已不是康德哲學體系中的意義；林安梧指出：「上帝智的直覺的活動，我想是康德學所必須預設的一個活動，它並不是真實的，並不是你可以覺知到的活動，因為人是有限的，不可能覺知到上帝這個問題。但依儒學來說，是人之有怵惕惻隱之仁，人的『良知是造化的精靈』，那不就是預設的，是當下呈現的，這點是不同的」。——換句話說，牟宗三指出的康德哲學的問題，是牟宗三想以中國哲學的角度，去批判西洋哲學家康德的觀點所造成；此一如上述方東美必須以西方哲學的觀點，由〈十翼〉來論述孔學一般，是難免產生錯誤的。

　　今在由林師論文的八點指出的「牟先生將康德哲學的『窮智以見德』轉成『以德攝智』」來說，誠如林師指出的「牟先生具有非常強調的道德主體主義的傾向，（但）在康德學看來是『窮智以見德』，而這『窮智以見德』並不隱含著一定『以德攝智』」那麼，牟先生的可能錯誤在於，試圖以康德

哲學來重新詮釋中國傳統哲學。故其問題在於，忽略康德哲學是產生於全然不同的歷史背景中。之外，更重要的是中國傳統哲學向來以實踐為思考進路，但康德哲學是「知識進路」，今如強加牽合，的確有「牽強附會」的問題存在。

因此，林師總結在牟宗三哲學的問題是「牟先生補康德哲學之不足，是通過中國哲學之所看到的康德哲學，譬如說他認為康德哲學認為上帝才有的『智的直覺』，因此沒有辦法隱立『物自身』，有因此整個知識是沒有辦法確立起來的，但是在康德哲學來講的話未必是如此」。

今看了林安梧對於許多牟派弟子「幾乎無疑吾師」的見解，竟能從「不疑中有疑」（朱子語），不充分說明，學問貴在從事不斷從前人充分肯定處，發掘出問題？但此卓識，不是任意的、粗糙的，而是對古代原典的充分理解之後發生的。而且，唯有先進行充分的理解之後，才能真正證成個人的新見解，不是嗎？當然，學問貴在於創新，但創新之前，似乎能有上述林師般的透視工夫。

基於此，我認為林師學問的最重要意義，包括在學問中，反思的工夫（即是對自己老師不疑的見地中）。最後，才能進一步談到創新。

三、林師學問的展望

所謂林師學問的展望，是當我對他建構至今哲學的了解之後，所形成的一些展望。

雖然我認為，林安梧師對於傳統儒學做了以上種種大膽的突破，甚至革命，可是不可諱言的，這還是他對於建構現代儒學（或後儒學）之前的，一種可能的構想仍然處於初步大綱而已；譬如，他在《儒學轉向：從「新儒學」到「後新儒學」的過渡》書中，從第二章「後新儒學的思考：對『兩層存有論』的批判與『存有三態論』的確立」（1999 年）之後，到第六章「儒學革命的可能方向：上海復旦大學的講詞：上海復旦大學的講詞」到第七章「後新儒學的基本規模：對比與差異──以「存有三態論」為核心的基本規

模」（2001 年），到『後新儒家』的哲學擬構：武漢大學的講詞」（2001年）。最後，到第十章的「『後新儒學』的構想：華東師範大學的講詞」（2004 年）的內容來論，他依然從儒學革命的可能方向、基本規模、擬模，以及構想等面向來進行論述，而尚未從此擬模、構想的基本骨架之上，完成其完整的哲學體系。

　　因此，我好奇的是，到底林老師對於他經過對中國傳統儒家，或其他各家思想[15]，做了徹底的反省，並作出建構個人哲學體系的準備工作之後，將何去何從呢？

　　誠如上我提到的，老師認為：「注重歷史哲學、社會哲學乃至現象學、解釋學之發展」，似乎是他準備吸收並作為建構其哲學的重要養分，例如，他在〈存有三態論與廿一世紀文明之發展〉中，提到「哈貝瑪斯的溝通理性」，來作為融合《易經》「天、地、人三才」的方式[16]。但在這方面，我至今，尚未看到林老師加以著墨。但我認為，這確實是一個可以嘗試的重要方向。

　　譬如我在二〇〇六年五月在中大舉辦的「宋明理學」會議中，以哈貝瑪斯在《溝通與社會演化》（Communication and the Evolution of Society）中，提出的四個原則「說出某種可理解的東西」、「提供聽者某種東西去理解」、「由此使他自己成為可理解的」，以及「達到與另一個人的默契」[17]，來進一步詮釋王陽明的「一體之仁」的現代意義。我主要的論述方式是，在我們強調道德主體性之時，同時必須強調：個體性道德的發揮；因為唯有每個人在其個體性受到尊重時，我們才可能判斷其言行是否合乎道德。[18]

---

[15] 他對韓非政治哲學有〈韓非政治哲學的特質及困限〉的精彩論述。林安梧著：《道的錯置：中國政治思想的根本困結》（臺北：臺灣學生書局，2003 年），同註 10，頁93-118。

[16] 同註 1，頁 400。

[17] 原文是：a. uttering something understandably; b. Giving (the hearer) something to understand; c. Making himself merely understandable; and d. Coming to an understanding with another person. (translated by Thomas McCarthy Beacon Press; Boston, 1979, P2)。

[18] 此文〈「一體之仁：從王陽明哲學到新仁說」〉，發表在《當代儒學研究》第一期（2007 年 1 月）；另外，我希望傳統的新儒家能夠徹底拋棄「道統」的觀念，在融

　　同理，在有些學者認為：孟子說的「義」，就是西方哲學家說的「正義」之時，我卻認為，前者是從惻隱之心（仁心）出發的正當行為。或在超越理想世界中，講的應然行為。相對而言，在西方學者說的「正義」（justice）或「公義」（righteousness），是落實社會層面的公平合乎正義的行為或原則。而且，都由人民主權的基本概念出發，才能建築一套現代社會的「社會契約理論。」[19]換句話說，西方人，總是試圖解決客觀世界的實然問題，多於應然問題。凡此，已由 Theodore de Bary（狄百瑞）在 *The Trouble with Confucianism*（《儒家的困境》）一書指出了。[20]

　　為什麼會如此呢？

　　原因就是，林師說的，現代社會是仍然以西方文化為主宰的；所謂的西方文化，今從其特徵來說是個體性大於（或優先於）主體性。所謂主體性，在中國儒學來說，是希望人回返到道德領域中，成為能夠超越慾望的生命主人。但弔詭的是，人欲（名利、富貴、地位）永遠會跟隨人，很容易就奴役他／她們的生命——於是，先有孔子說的「君子」、孟子的「大人」人格的道德自我要求。之後，有宋明理學的「存天理，去人欲」的道德覺悟。

　　然而，不管是孔孟，還是宋明理學家，提出的道德自我要求，往往只能成為知識分子的自我要求與期許，卻缺乏一種全民參與的意義存在。[21]分析

合中西哲學中，不再以「中體西用」的模式，以哈貝瑪斯在《現代性的哲學話語》中指出的，從主宰者的身分，變成「互動參與者」的身分，進行溝通與融合的工作，即「中西文化一體為用」的思考模式，進行平等合理的互動與溝通。（哈貝瑪斯著，曹衛東譯：《現代性的哲學話語》〔南京：譯林出版社，2011 年〕），頁 349-350。

19　荀子知「君者，舟也，庶人者，水也；水則載舟，水則覆舟。」但由於荀子沒有主權在民的思想，無法產生社會契約的理論；分析見蔣年豐：〈荀子與霍布斯的公道世界之形成〉，見戴華、鄭曉時主編：《正義及其相關問題》（臺北：中研院社研所，1991 年），頁 65-92。

20　狄百瑞說：「儒家所謂的義（rightness）也不同於《舊約》中所謂的『公義』」。狄百瑞著，黃永婴譯：《儒家的困境》（北京：北京大學出版社，2009 年），頁 14。

21　此即狄百瑞在書中說的：「由於儒家思想中缺乏這樣一種立約，缺少履行誓約過程中百姓的積極參與，所以變革世界的重任最後完全落在了統治者及其輔佐者的身上。」（頁 27）同上註。

而言，二千年來的中國社會，由於一直以儒家主導的中國文化，作為現實政治與社會的指導原則（儘管有得有失），但就一般百姓而言，人欲卻是他們生活的真正指導原則，故儘管知識分子不斷強調道德的主體性，但到了民間社會，又是另一套生活哲學。故與知識分子社會，儼然成為兩個不同的世界。

然而，我們希望吸收西方文化的精華（民主與科學）的目的，必須來到林師一再強調的「生活世界」中，廣泛接納普遍百姓的內在需求（主要是欲望問題）的解決。那麼，此時，我們強調的，不僅是設法將百姓納入知識分子的道德領域中，講主體性（生命的主人），更必須強調個體性或互為主體性；即在全民相互尊重的情況下，講公平公正或分配正義的社會。

此所以林師說的「先外王而後內聖」；即由於現代化社會已由尊重道德人格（或君子人格）的社會，來到一個講究全民參與的道德社會；在此社會的組成分子，不僅限於傳統社會少數的知識分子，而應包括整個公民社會的全體國民。

基於此，我反思林安梧先生所陳鋪的生活世界論述，的確是設法將傳統儒學講的個人道德與現代社會講的社會道德，作合理的連接。也就是說，他並不在否定中國傳統哲學的道德，而是看到傳統社會哲學的嚴重不足，於是，設法作了上述的革命性的儒學轉向。

但在此重大轉向中，必須充分有一種說服力，就是到底重視個體之後，儒學還有多少成分，成為延續儒學的保證？特別是，此一轉向中，已使儒學從孔孟強調的，在五倫架構下的「群體主義」急向「個體主義」傾斜。為回應此一問題，我的答案是，每一個時代，必然產生不同的哲學。事實上，任何哲學家的工作，如果不能回應其時代社會的普遍需求，將可能淪為「炒冷飯」或「古已有之」的懶惰論述而已。反之，一種高明的聲音，所以能引起知識分子的共鳴，往往不是他只會「標新立異」，而是能夠承繼先哲創造的精神，才發揮哲學家的自我期許與要求。

當然，林師目前的成就，到其成功之站，還有一段距離可走。何況，他遇到的困難，或許相當艱險往往會超出想像，但我看到，他能夠如此勇敢去面對現代中國社會的問題，作出全面哲學的反思，就令人發覺，他實在是我

們這群有志於發揚中國文化的知識分子中，少數中的少數，能夠具備哲學家特質的智者。

四、結語

總之，林師問題的提出，至今依然是「石破天驚」的！他似乎以顛覆了整個宋明理學崇古的思想步驟，而主張真正面對現代社會，作現代儒學的重新省思不可。又在其努力中，我們可以看到別人不時對他的讚美，但事實上，他在高峰上行走當中，顯然不時有狂風暴雨的侵襲。可是，誠如作為第三者的大陸儒學觀察者李翔海在《現代新儒學論要》中說：「在現代儒學的發展中所可能具有的根本意義在於，他從當代新儒家的內部在『新理學』與『新心學』之外，開拓了一個已初具理論規則的『新氣象』的學理系統，在某種程度上具有改變當代新儒家之基本格局的理論可能性。」[22]

在這方面，依我的看來，林師對於《易經》[23]、道家，乃至佛家精華的吸收之後，可能會展示出一套全新的哲學論述或未可知。

這正是我在反思林師哲學之後，作的一些合理的推測與期望。

二〇一五年九月九日初稿
二〇一六年四月九日修訂

---

[22] 李翔海著：《現代新儒學論要》（天津：南開大學出版社，2010 年），頁 48。

[23] 據我所知，近年來林師對《易經》研究著墨甚深，但據徐復觀的看法，《易傳》的性命思想與原儒孔孟，《中庸》的性命思想顯然成為不同的外在道德發展進路。徐復觀著：《中國人性論史》（臺北：臺灣商務印書館，2010 年），頁 216-221。故我的看法是。如果老師以《易傳》的性命思想為發展進路，是否形成與孔孟學說的不同進路。

太極拳作用於太極人生之開顯

蘇清標[*]

摘　要

　　太極拳之為太極拳，乃是本著太極之理，發揮太極的精神，以一陰一陽的變動之勢，無對以化，無執以守，綿綿若存，用之不勤，虛以涵實，實以載虛，虛實相生，運化如如，任氣自然，了然無礙，覺性自照，充實圓滿。太極人生即是依據太極的性理思想，透過太極拳的知覺運動的修煉歷程，經歷三層九階之進路，由著熟而漸悟懂勁，由懂勁而階及神明，經由技、藝、道，三極之徵見而開顯，由技入道，道化人生，而達於圓滿和諧。

關鍵詞：太極拳　太極人生

---

[*]　南華大學哲學碩士、楊氏太極第七代傳人、第廿二屆全球中華文化藝術薪傳獎獲獎人。

一、前言

　　太極拳之有各家的判別，皆在歷史的傳承上經由概念機能總體的判別，而顯現的各家風格，此乃是當今太極拳教習之實然現況[1]，並不是太極拳的本質實況。太極拳的實況乃是依太極的性理而顯現的，是本於「無執著性，未對象化的太極實體」[2]，太極實體是即用顯體，承體大用的。

　　太極拳的真是一動態的，生發不已的存在，藉由存在者（修煉者）的覺知，以屈伸開合之勢，陰陽二氣互用之能，從修煉者依身體的空間位置覺及時間的運動覺，以心行氣以氣運身的照應運動中，新新不已，流行不息的將太極拳的形式演化運行於套拳之中。

　　太極拳運行之勢藉由人體的覺知自如其如的開顯自己，藉由身體體現，歸返於一無執性、未對象化的太極之理的流行。藉由存在者的身形變化，而演化出太極拳的形象。就「存有的根源」[3]來說，太極本是一無執著性、未對象化前的存有，它是無對象相的，非吾人所得認識的，但通過吾人概念機能總體的執著與決定[4]，而可以使原先陰陽「翕闢詐現」[5]的跡象有所執定，使之成為一個「決定的定象」[6]。這些決定的定象，不再是一絕對性的存在，而是一相對性的存在，這麼一來，便將相對性攝於絕對性之中，兩者非對立。因此才形成幾百年來太極拳演化成各種形式的表徵，經過歷史的淬煉洗滌，去蕪存菁，形成現今陳家、楊家、武家、吳家、孫家等代表性的各成一家的太極拳。此種形成的原因就如前面所論述，乃是基於認識的概念機能總體所作的「存有的執定，是一相對性的存在」，此一相對性皆由存有的根

1　林安梧著：《存有、意識與實踐》（臺北：東大圖書公司，民 82 年），頁 149。
2　實體乃是一周流太虛，無有分別的總體狀況，是一生命的實體，是一存在的真實，太極拳的實體是太極性理貫注於人而形之於拳，而成為太極的實體，是一生命的真實，一存在的真實。
3　同註 1，頁 107。
4　同註 1，頁 219。
5　同註 1，頁 115。
6　同註 1，頁 246。

源——太極的性理進而存有的開顯——太極拳的產生。這是一種相對性的存在，但這種相對性的產生，卻有一共同的性理顯發而來。太極拳如何透過下學而上達，將相對性攝於絕對性之中，使太極拳由執著性對象化的各家之形，進入無執著性未對象化，存依一實踐的理念而開啟。就其本體而顯現其自己，所謂無形之形、無象之象，見乃謂之象，越過執著性、對象化的存有，而證會太極本性成就太極人生的趣歸證會[7]。

二、太極人生與太極視域

（一）太極人生，圓滿和諧

　　人生包括了生命、生存、生活、生化，由命之生，《太極圖說》：「無極之真，二五之精，妙合而凝，乾道成男，坤道成女，二氣交感，化生萬物」[8]，生命已焉存在，生存使生命有了空間而落實生根，如老子第八章言「居善地」有空間才有生存的可能。生存方法不同因此顯現了生命的活力多元，生生不息，循環演變。人得其秀而最靈，心、物、命、性最俱足圓滿，「形既生矣，神發知矣，五性感動而善惡分，萬事出矣，聖人定之以中正仁義，而主靜，立人極焉」[9]生命之昇華轉化，由中正仁義出發，經歷了萬事萬物的互動變化，達人之極的圓滿和諧。

　　「『太』者，其大無際『極者』環中之樞，太極者，大而無際，環中之樞，至大無外，周流六虛，人處環中，以應無窮」[10]。環中之樞用之於人，乃人群社會之中心也。中心為何？一為道德精神，一為政治權力，道德精神即為中正仁義之精神，政治權力即為萬事萬物之處理掌握，二者合而為一即

7　同註1，頁269。

8　周學武著：《周濂溪太極圖說考辯》（臺北：學海出版社，民70年4月），頁134-135。

9　同註8，頁137-138。

10　蘇清標著：《太極拳的修煉哲學》（楊太極武藝總會出版，2009年8月），頁1。

是太極之於人生之總體，亦即周子所言立人之極。

太極拳之為太極拳乃本著太極之理，發揮太極的精神，無對以化，無執以守，綿綿若存，用之不勤，虛以涵實，實以載虛，虛實相生，運化如如，了然無礙，任氣自然，覺性自照，充實圓滿，道術發用，無礙自化，達於圓滿和諧之境地。

太極人生即是透過太極拳的修煉，經歷三層九階之進路，由技入道，道化人生，達於圓滿，吾稱之為太極人生，圓滿和諧。

（二）太極視域

林安梧先生有言：

> 太者，其大無際，極者，環中之樞，太極者，大而無際，環中之樞，至大無外，六合咸具，處於環中，乃應無窮也。方其初，未始有其初也，境識俱泯，純任造化，孰以靜之徐生，寂然渾然，綿綿若存，此「一陰一陽之謂道」也。繼其始，未始也其繼也，境識俱起，一體明白，孰以動之如幾，湛然達然，感而遂通，此「繼之者善也」。成其終，未始有其終也，境識俱成，當下即是，和合兩端，了然自然，通天接地，此「成之者性」也。太極之理，六合妙契，樸散為器，殊為萬有，和合於道，還歸於無也。[11]

明朝來知德所著：《易經來註圖解》對太極圖之序言：「此聖人作易之原也，理氣象數，陰陽老少，往來進退，常變吉凶，皆寓乎其中。」[12]，此言示現太極之主宰者理也，太極之對待者數也，太極之流行者氣也。

從以上兩者的言說可知在方其初，太極之理境識俱泯，一陰一陽純任造化，氣之流行境識俱起，一體明白，感而遂通，太極之理氣六合妙契，樸散

---

[11] 同註10。

[12] 〔明〕來知德著，鄭燦訂正：《易經來著圖解》（臺北：中國孔學會印行，民 67 年元月再版），頁1。

為器，殊為萬有。以對待，「數」因而生之，由不可說之道而為可說之數，可說而說；說而有所對也，對執以定，定之成之，因而化之，成為太極生化的宇宙觀。還此說於可說，歸此可說於不可說，理氣象數，默契道妙，尊道貴德，落實於人生，建構人之生活場域。太極流行，運化人生，匯集成歷史總體，涵化出太極的人生觀。

太極的視域，顯現的就是太極的宇宙觀及由太極的性理轉化而成為拳術的修煉，落實於人，成為太極拳的人生觀，周子的《太極圖》與《太極圖說》更具體的說明了太極拳的宇宙觀與太極拳的人生觀。

從太極圖說的內涵示現了太極的宇宙觀與太極的人生觀，太極的宇宙觀作用於太極拳，成為太極拳的性理思想的準則依據；太極的人生觀作用於太極拳，成為遊走人間，轉化為內在的道德精神與外在的政治權力的人事對待。修煉太極拳即在認識宇宙，充實人生。

三、太極的性理思想

太極思想是太極拳之為太極拳的理論基礎，要了解太極拳的實質，首先必須探討太極的思想體系，由太極的思想演化為太極拳意識思想的理法，依此理法規創出人的肢體的舉動形象，而成為太極拳的外樣形態，太極拳的意識思想理念與外樣形態的結構體系，組成了太極拳的實體，如表一：[13]

---

[13] 同註10，頁36。

表一　太極拳本質結構體系

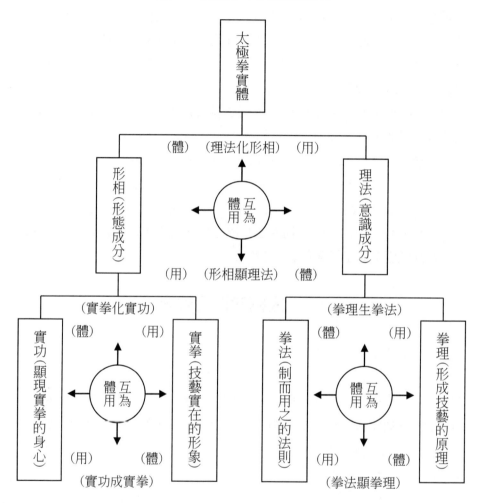

　　王宗岳的《太極拳論》開宗明義：「太極者，無極而生，陰陽之母也。」[14]在此明白的道出了太極拳的思想源頭，即是根源於太極的性理思

14　〔清〕王宗岳等著：《太極拳譜》（臺北：大展出版社有限公司，1996 年 3 月），
　　頁 33。

想。太極性理思想體系裡，屬於「無極而太極」的那部分內涵，就是太極拳本質意識上的基礎，這些意識的性理充分的涵容了太極拳的拳理、拳法，成為太極拳形而上理法的指導原則，以及形而下的實功、實拳的修煉依據。

關於太極拳的拳理和拳法，在王宗岳的《太極拳論》裡有明確而扼要的論述，同時在他的「十三勢」，「十三勢歌」，和打手歌的文獻裡，也有詳實的記載，但論述是一整體而言說，未有清楚的分類，後經華步庭王子和師編列為四綱二十八目，且於目下分別註釋其要旨，其綱目分別指出了何者為拳理、拳法、實拳、實功，在此以其分類表述如下：[15]

剛柔相濟的拳學理論

1、無有（以言無極太極的出入；出分陰陽，入合元一。）

2、陰陽（以言太極具有的現象；一元二氣，陰陽孳變。）

3、剛柔（以言陰陽對待的性能；柔作成陰，剛作成陽。）

4、動靜（以言陰陽對待的趨勢；動靜往復，變動不居。）

5、闔闢（以言陰陽對待的動勢；陰闔翕闔，陽闢直專。）

6、消長（以言陰陽對待的趨向；陰向消退，陽向長進。）

7、虧盈（以言陰陽變動的範圍；陰陽盈虧，循環無端。）

動靜一如的拳路法式

1、隱現（與無有的出入互相表裡）

2、取捨（與陰陽的孳變互相表裡）

3、對待（與剛柔的性能互相表裡）

4、機勢（與動靜的趨勢互相表裡）

5、隨應（與闔闢的動勢互相表裡）

6、緩急（與消長的趨向互相表裡）

7、蓄發（與盈虧的範圍互相表裡）

曲伸開闔的實拳變化

1、虛實（以應無有與隱現；虛實相藉。）

---

[15] 同註10，頁37。

2、攻守（以應陰陽與取捨；進退相輔。）

3、進退（以應剛柔與對待；進退相輔。）

4、意氣（以應動靜與機勢；意氣相佐。）

5、開合（以應闔闢與隨應；開合相因。）

6、屈伸（以應消長與緩急；屈伸相輔。）

7、正隅（以應盈虧與蓄發；隅正相濟。）

知覺一氣的實功體認

1、轉換（以副無有隱現；與虛實相表裡。）

2、提放（以副陰陽取捨；與攻守相表裡。）

3、輕沉（以副剛柔對待；與進退相表裡。）

4、骨肉（以副動靜機勢；與意氣相表裡。）

5、知覺（以副闔闢隨應；與開合相表裡。）

6、往復（以副消長緩急；與屈伸相表裡。）

7、方圓（以副盈虧蓄發；與隅正相表裡。）

從上面所列太極的思想與太極拳之間的關係，對於理解太極拳本質根源，應有所助益。從這方面的認識建立起來，進而再窺太極拳本質的組構，確定太極拳是太極意識思想下的產物，而不是空以「太極」之名為名的拳術了。太極拳本質的理論體系，由抽象而漸次具體，就是由形上的拳理拳法的思想意識，轉化而成形下的實拳實功的修煉法則，由拳理→拳法→實拳→實功，而修煉者則由具體的實拳實功的下手修煉，進而體證抽象性理思想，由實拳→實功→拳理→拳法，是由形下而形上上下貫通，方為全修。

人是小宇宙，自然是大宇宙，人從大宇宙法則中歸納、演繹，使成具體化。人的行為不應違背大宇宙的自然法則，亦即要合乎天理，由此去了解人與自然的關係。太極拳就是最具體有效的下手功夫，修煉太極武藝即是在認識宇宙，充實人生，太極拳從正、知、覺、會、通、神、明、歸、藏的程序，逐階進修，拾階而上，盈科而進，從拳的落實修煉，人踐其形，以詮證三極之道，服膺於立人之極仁與義，進而達到人生之優美，天人合一之真境。

四、立人之極

（一）三極徵見

　　三極者，天極、地極、人極也。陰陽為天極，剛柔為地極，仁義為人極，合之為太極。陰陽動靜而生剛柔，剛柔相摩而生萬物，《周易・繫辭上》篇有言：「剛柔相摩，八卦相盪，鼓之以雷霆，潤之以風雨，日月運行，一寒一暑，乾道成男，坤道成女」[16]；周濂溪《太極圖說》亦言：「二五之精，妙合而凝，乾道成男，坤道成女，二氣交感，化生萬物，萬物生生而變化無窮焉」[17]。古代的聖哲皆認為人類生為萬物之靈，能體念天地生生之德，致中合之道，而將人列於三才之位。故曰：「成位乎其中」[18]，位字為立人之意，《說卦》曰：「昔者聖人作易也，將以順性命之理。是以立天之道，曰陰與陽。立地之道，曰柔與剛。立人之道，曰仁與義……。」[19]周濂溪《太極圖說》：

> 惟人也！得其秀而最靈，形既生矣，神發知矣，五性感動而善惡分，萬事出。聖人定之以中正仁義而主靜，立人極焉。故聖人與天地合其德，日月合其明，四時合其序，鬼神合其吉凶，君子修之吉，小人悖之凶。故曰立天之道曰陰曰陽，立地之道曰柔曰剛，立人之道曰仁曰義。[20]

人居天地中間，以仁義立身，才是成位乎其中，貫通萬物之理，才可以參天地而贊化育。以仁存心，以義存行，仁民愛物，化育群生，卓立於天地之

---

[16]　王夫之著：《船山全書》第一冊（長沙：嶽麓書社），頁 508-509。
[17]　同註 8。
[18]　同註 16，頁 512。
[19]　同註 16，頁 622。
[20]　同註 8，頁 136-140。

間，俯仰無愧。天大、地大、人亦大，人能成位於大仁、大義，才能自列於三才，與天地合其德，與日月合其明，與四時合其序，與鬼神合其吉凶。

（二）立身中正之道

聖人之行，達於立人之極，與天地合德，日月合明，四時合序，然而吾人非聖賢，如何跟隨聖賢步履，下學而上達。在天地之間能自處與運用。在此分為四點加以詮釋：第一、歸零的心；第二、三心意志、四得胸懷、五點作為；第三、凝聚生命的勢能；第四、太極武藝之體用。

1.歸零的心，擁納一切的勢

零為數之始，零亦是渾沌虛空之象，雖虛無而含妙有。妙有初顯為一，一是圓周，又是中心點，若將一畫作〇即是虛空、無極、無始之概念。若將一畫作⊙，即是有精有物，至微至妙之概念。若將一畫作｜，即為太始、太極、太素、太初之概念。由零而一，其理為一貫。

《易傳》：「一陰一陽之謂道」。此即指內含陰陽二氣，在太極渾沌，淳和未分之際，即為一，亦為〇，因此歸零的心，亦即要回歸到宇宙的本體，生命的根源，即是太極。

人生不如意之事十之八九，為何至此，乃因人的無知或錯誤的認知造成了人事物的分別與對立致使磨擦產生。如果能有歸零的心，將心置於淳和未分，毫無成見的心境上以最和諧，無偏見的中道精神，蘊化出太極的生命力，此生命力是最柔和，最旺盛的。生命的爆發力道，永遠從最柔嫩，和緩的本體中產生。從大自然的運化，和各種生命的成長可知，生命力皆是從柔嫩中發出，例如從堅土中長出的嫩芽，其生命力之旺盛，氣勢之強，可想而知，但它顯現的是那麼的柔嫩，欣欣向榮。老幹一樣有新枝的生命，生命的生成，不因歲月的長短而有差別，而是在於你對生命是否懷抱無窮的生機，只要能隨時把持一顆歸零的心，掌握當下，使生命永保有個活水源頭，生命隨時皆能展現。此歸零的心之活水源頭即在於一「誠」之實踐，周子《通書‧誠上第一》言：「誠者，聖人之本。大哉乾元，萬物資始，誠之源也！

乾道變化，各正性命，誠斯立焉。純粹至善者也」[21]。一切生命之所以存在而不滅，來致於生命的至誠，所以可以說，誠是一，亦是人心之太極，一是元，是始，是真，為一切萬物的生機，為宇宙之本體，亦為人類之定性。佛家亦言「一真法界，虛空藏」，虛空是零是無相，藏是一，是真如實性。所以說，真空妙有，真空是零，妙有是一，零即是一，一即是零，一分而成萬有，分為百千萬億，統之為一元，故能歸零即歸於一切。由此心境出發，心無礙，則一切無礙，心中擁納一切的勢，能量無限，威力無窮。

去掉外在的種種執著，讓心境隨處歸零，則隨時可用，隨處可住，動靜歸於一處，動亦靜，靜亦是動，身亦是心，心亦是身，則動靜一體，身心一如，一切隨緣。因緣俱足，則能源不斷，生生不息，生命得以永生，道業得以證成。

站在科學的角度而言，「歸零」亦是大自然運行不止，週行不殆的能量源頭的證明，也證明了生命的生存根源與自然是不謀而合的。在電的世界裏有一個公式可以用來解釋歸零之意義即 $P = EI \cos \theta$，P 代表作功能力，亦可以代表生命勢能發揮的程度，E 代表電動勢，亦即能之源或勢之源，對人而言即身之能與心之能。I 代表電流，就是勢的流動，θ 表示人所能發揮的勢能大小的關鍵角度。$\cos \theta$ 代表決定實在功率的因素角度，當 θ 為零度時，代表心態歸零，$\cos \theta = 1$ 則 $P = EI \cos \theta = EI$ 為最大的功率輸出，$\theta \neq 0$ 時 $\cos \theta < 1$ 則無法發揮到極致。此種自然法則告訴我們歸零的重要性，所以老子亦強調：歸根復命的重要，人的身心無法歸零回到生命的根源。則生命無以覆加。歸零對太極拳而言，就是守住中心立身中正，以中心推動重心，則無過不及，隨屈就伸。太極拳的守中，即是歸零之意。

人常因外在的名位，身分等等枷鎖而造成身不由己，心態無法歸零，產生了種種的障礙，造成生命的困頓而抱怨不已。學習當下歸零的心，即是一種修身養性。身心能隨時歸零，則隨時歸根復命，隨時蓄勢待發，充滿無限的生機，眼放長空得大觀，心收靜裡尋真樂，能觀所觀，進入無極觀，內心

---

[21] 陳郁夫著：《周敦頤》（臺北：東大圖書公司，民 79 年），頁 111。

源頭不亦樂乎，自彈無弦曲，心中真樂園，花枝春滿，天心月圓，虛空藏。歸零的心，擁納一切的勢，人立於天地之間，得以圓滿，首在歸零的實踐。

2.三心意志、四得胸懷、五點作為[22]

(1)三心意志

志不立則事無成，意志要立得起，需要具備三心毅力即信心、恆心、誠心。

信心是學習的最基本原動力，太極拳的修煉或一切事物的學習，如果對其不生信仰之心，處處懷疑與否定，患得患失，心猿意馬，則無法產生學習動力。另一方面對自已亦要有信心，相信自己可以達到，孟子言：「可欲之為善，有諸己之為信。」掌握到了事物的核心，對自己與事物皆能信其可行，則一切困難皆能克服。信心能為學習修煉產生必備的毅力，是學習成功的首要條件。

恆心是持之以恆，一切的功夫學習，到最後成為生命的一部分，主要來自於永恆不懈的切磋練習，久而久之才能得心應用，決不是三天打魚兩天曬網能夠成功的。拳不離手，拳我一體，達到太極生活化，生活太極化，都需要持有一顆堅持到底的恆心，下定決心奮勇不懈，才能成為人上人，立足於芸芸眾生之中，而成為中流砥柱。

誠心是超脫現實的規範，無條件的對待至善，奉守至真，它不雜不染，至善無惡，《中庸》言：「誠者，天之道，誠之者，人之道」[23]。誠心的奉守即是人行道的本心發用，在太極武藝的修煉上，尊師重道是誠心最具體的表現，透過誠心的奉持與對待，才能產生心會操持，無往不利，神遊於太極意境的學習情境，才能體會武藝的精神道境。太極武藝的大成大用，除了上述的信心、恆心的具備外，誠心才能臻於至善之境，階及神明之功。

太極拳之所以可貴，不僅在實功上練就的強健體魄，及它在實拳上所展現的技擊效果，更重要的是太極拳反映出的人格特質即一個人的一切輕重緩

---

[22] 同註10，頁370。

[23] 朱熹撰：《四書章句集註》（臺北：鵝湖出版社，民87年10月），頁31。

急的性格，都會在太極拳的修煉歷程中，如實地反映出來，這些性格的養成即在於「誠」的建立，《中庸》言：「誠者，物之終始，不誠無物，是故君子誠之為貴」[24]。這就是說：「一切事物在一個『不誠』的心態運作之下，便不可能完全展現出它自身的真實面貌，既然見不到真實，則無法覺知它的存在，更別說能擁有它。因此誠心則成為修煉高境界太極拳的不二法門，不誠無物，學習者能不慎乎！」

(2)四得胸懷

四得胸懷是太極人生的四種風度，即想得細、看得開、提得起、放得下。

人生之路必須經歷認知期、定位期及自動期三個過程，太極拳的修煉也不例外，對所學的事物主體及其相關的各種因素，都要深入的瞭解和認識之後，才可能將它學好，這就是認知期的學習，為了完成認知期的需要，必須費盡心思去思考探索，達於事物的細微之處，謂之「想得細」。

想得細，知了事物的來龍去脈，一心一意的去鑽研實踐，但如果太過於用心專研，剛愎自用，往往會進入了象牙塔，直鑽牛角尖，使自給的思路領域越來越狹小，養成了固執、傲氣、孤僻的個性。因此有了想得細的細辨力，必須要有看得開的胸懷，吾人常言，人生要有一核心的目標，多面向的學習，如此才能想得細，看得開，眼放長空得大觀，心收靜裡尋真樂。看得開，則一切事物能平，平則廣闊，如《拳論》所言：「勿使有缺陷處，勿使有凹凸處，勿使有斷續處」[25]，能看得開則一切無有掛礙。

想得細、看得開，無執於心，但非只是思維的層面，人的生活場域是經由生活實踐所營造的，因此自身責任的承擔，使命感的驅使，要有吃得苦中苦，方為人上人的心智耐力，才能遊走人間。太極拳的修煉，從築基練功的苦撐苦煉，到串拳的輕提輕放，進退平穩，皆是在訓練人的心神體能必須提得起的能力，對任何一個要求，難關堅苦都能接納，面對現實而不逃避，謂

---

[24] 同註23，頁34。
[25] 同註14，頁55。

之「提得起」。

　　人各有體，秉性不一，身心條件亦有差異，事物的領會與準度也因人而異。太極拳的架式著法依照太極的性理思想編配而成，其拳理、拳法標準訂得很高，一般常人難以達成。因此修煉太極拳，幾乎一輩子都在「失誤」中探索，從減少失誤的次數中，不知不覺中提升了自己的能力。可見其難度，因此必須經得起失誤，挫敗的經驗，更必須要能從失敗中去學習，才易於有所成，將失敗轉化為成功的踏腳石，絕不能因一兩次挫折便心灰意冷而失望放棄，必須以失敗為成功之母，越挫越勇的胸懷，坦然面對，吾人稱為「放得下」。放得下，不是消極的拋棄，而是積極的作為。

　　(3)五點作為

　　五點作為是用點功、吃點苦、虛點心、下點氣、知點機，這五種作為是促使太極拳修煉成就的必備條件，今略述如下：

◎用點功：

　　用功的程度多寡，往往是決定一個人武藝成就的高低。《拳論》上言：「入門引路需口授，工夫無息法自修」[26]，工夫的成就是在自強不息下，透過時間點點滴滴的累積功力，不是光說不練，看看書，想一想可以成就的。因此武術又稱為功夫，意味著武功之術必須透過長時間用功才能有所成就的，故首先告訴我們要用點功，點點滴滴的用功，才可以。

◎吃點苦：

　　古人常言，吃苦如吃補，苦是一種身心的煎熬，肉體的磨練，體能的增強，學習太極拳必須透過苦境的訓練，材質的強化改變，心靈意志的專一，都是從苦練苦撐中慢慢熬出來的。王子和師常言：練拳不是一個「苦」字了得，必須超越了苦的修煉，才能苦中得樂，因此吃點苦，苦在點點滴滴中轉化了身心。心神體能充實飽滿，生機旺暢，由苦境中體認到生命的真實感，因此太極拳修煉能有成就，吃點苦是必須欣然領受的，用功、吃苦是踏上太極拳首要體認的。

---

[26] 同註 14，頁 42。

◎虛點心：

　　太極拳緩慢的動作，乍看之下，似乎很容易學習，因此很多人往往輕視了它的難度，事實不然，太極拳的修煉，就是一位天才，花一輩子的精力都難以學好。太極拳的層次多而且高，某些層次要求的標準，不是人體的結構下所能達成的，甚至於永遠無法達到其標準。因此《拳論》上言：「仰之則彌高，俯之則彌深」[27]。它必須以踏實的工夫，且要發之於內的誠心，尊師重道，虛懷若谷的虛心學習，才能潛移默化，薰陶出來。如果是眼高手低，自以為是，自作聰明，都難以修煉成就，要想學好外柔內剛，平淡無奇的高境界太極拳，必須要能「虛點心」，默識揣摩，才能漸有所成。

◎下點氣：

　　武術的重要資產就是武德精神，武德的培養來自於堅忍不拔，尊敬服從中孕育出來的，太極拳更是以靜制動，以守為攻，後發先至，以逸待勞等特性為其武藝特色，因此學習者更需具備容忍、強韌、鎮定的功夫，這些功夫的養成皆來自於對老師敬服下氣；對同門尊敬下氣，對拳理、拳法、實拳、實功虔信下氣，所以太極拳又稱為下氣拳，涵胸拔背，氣沉丹田，屈膝垂肘，鬆腰疊胯等法則，皆培養修煉者要有下氣的工夫。在學習的過程當中，或許要求的不合理，皆必須容忍下氣，同門師兄弟之間，不管智慧能力的參差，或在相處上有些磨擦，以及對自己所練的拳架效度有所懷疑，皆必須虛心接受，不可隨意批評，更不可篾視而放棄。楊家老架太極拳留傳至今，已有一、兩百年的時間，經過歷史的淬煉留傳至今，必定有其過人之處，只是自己一時還無法體會參悟，所以在參學的過程必須下點氣，否則無法據為已有，鄧師時海常言：太極拳滿地金豆子，你有多少能耐，盡量撿拾，要獲得的多，下點氣是不可缺少的涵養。

◎知點機：

　　太極拳又稱為智慧拳、君子拳，從字面上就可以了解，他不只是拳腳工夫而已，它具備高深的理法，必須具備豐富思想才能有所成就的，除了勤修

---

[27] 同註14，頁33。

苦煉外，必須認得其「真」之所在，思想敏捷，心胸豁達，知其機微，才能參悟太極拳理法的精微，太極拳人稱道拳，透過太極拳的修煉是可以臻於道之境界，所以練拳必須要「知點機」，才能進入太極拳高層次的境界。

3.凝聚生命的勢能

(1)自然的啟發：元、亨、利、貞

宇宙間萬物之演變，生生不息，變化不已，今日之花，已非昨日之蕊，明日之果，又非今日之花，汲水而出，已非入手之水。況人事紛紜，瞬息萬變，如何測其變，而握其機，則在於推理。觀萬物萬相之相交轉而探其變化之理則，轉化為人之通權達變，進而悟理明道，以成至真至善，至美的人生，本是太極人生向上修煉，全體大用之目的。

天地間萬物之演變，由簡而繁，由粗而精，由微而顯，由小而大，由雜而醇，不斷的隨時空之演變而分化不已。宇宙間存在著運行與凝聚兩種力量，促使萬物生生不息，進化不已，進化之程序：第一階段為動，動乃始生首創之狀態　第二階段為入，入乃化合之狀態　第三階段為深，深乃深刻稠密之狀態　第四階段為顯，顯乃顯現於外之狀態　第五階段為止，止乃止息固定之狀態　第六階段為代，代乃更換交替之狀態依此循環不息[28]。動→入→深→顯→止→代，再循環回「動」，然後再由代→動→入→深→顯→止→代循環，皆秉著宇宙間運行與凝聚兩種勢能遞變。運行變化之能稱為健，健稱為大之德；承受凝聚之力稱為順，順稱為地之德，合健與順而變化，則萬物生生不息，如《易‧繫辭》所言：「天地之大德曰生」、「生生之謂易」[29]。

由天地之運化，吾人了解，宇宙間萬事萬物，雖時時在變，而必有一歸趨，此趨向如前之六個階段，這些階段的演化，即在求生、求中、求和、求安。終而又始，往而又復，進化無止，人類乃萬物之靈，觀察理解自然現象，與歷史進化，用以把握生生之理。如圖一所示：

---

[28]　曹昇著：《周易精微》，頁 17。
[29]　同註 16，頁 579、529。

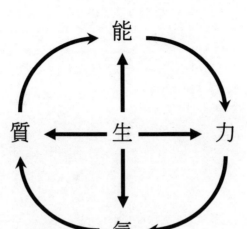

圖一

　　天地間元、亨、利、貞之德，而發揮人之仁、義、智、禮、信五常之
綱，以乾為智，以元為仁，以亨為禮，以利為義，以貞為信，貞下啟元，互
為因果，如圖二、三，循此法則，則人類社會之進化，必達至真、至善、至
美的境地，亦是太極人生追求的至高，亦是人立於天地之間，行立人之極的
最佳人生觀。

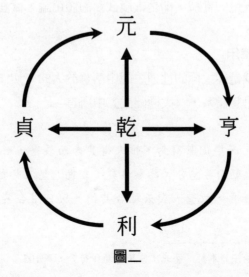

圖二

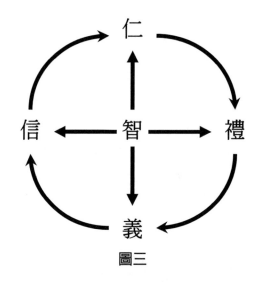

圖三

　　《老子》第 51 章有言：「道生之，德蓄之，物形之，勢成之」[30]，大自然存在著運行變化之能與承受凝聚之力，此兩種力量交織前進，而促使生命的勢能成為可能。生命不斷的演化適應，生生不息，形形色色。萬物之靈的人類如何用認知去定性，用智慧去觀照，用德性去成全，用大道去銷融，達到老子所言「為學日益，為道日損」的道化人生，乃太極修煉者，由技入道的進路。太極人生的實踐，即是太極武藝的體用論，武藝之體用，轉化為人生圓滿的結具。

4.太極武藝的體用

　　太極人生觀就是從太極的性理思想中落實於人的一切作為，秉承著太極的運化而產生的思想體系，《太極圖說》中所言：

　　萬物生生，而變化無窮焉，惟人得其秀而最靈，形即生矣，神發知矣！五性感動而善惡分，萬事出矣。又說：聖人定之以中正仁義而主靜，立人極焉，故聖人與天地合其德，與日用合其明，與四時合其

---

[30] 余培林注譯：《老子讀本》（臺北：三民書局印行），頁 105。

序，與鬼神合其吉凶。君子修之吉，小人悖之凶，故曰：「立天之道，曰陰曰陽，立地之道，曰柔曰剛。立人之道，曰仁曰義」。[31]

這種思想體系可以稱作「太極人生觀」，而太極武藝就是以這種思想，崇尚優而為之以充實人生，崇尚刻己修煉以變化氣質，進而修英雄所向無敵，化三極之道以達全體大用之武藝精神。

太極武藝所要求的修煉是要達到全體大用與道相結合的目的，因此在體用的修習上有著一定的層次拾階而上，並非一蹴可即的，依修煉的次第而言，大約可分為三個層次加以探究，第一個層次的體用可從其功能上來加以探討：體即指人的本身，包含了形式與材質兩部分，在太極武藝的修煉上要法立天之極─陰與陽。觀陰陽二氣的對待變化，順其自然，不斷的鍛練人的身體，從築基功操到套拳，都必須不斷的力求身體結構符合一定的形式，同時經過反覆鍛練以增進體能，並逐漸改變細胞結構，達於形與質的結合使心神體能因形與質的合一而發揮效能。太極武藝強調的是「以心行氣，以氣運身」，氣是勢位轉變所發揮的能量，而太極武藝要以心控制發揮這種身體上的能量，因此體用論在第一層上所指的就是太極武藝的功能而言，以太極武藝的形與質為體而兩者結合在一起對心神體能所發揮的效能為用，當具備一定的體能與形式結夠條件後，套拳與推手才能發揮作用。

經過個人武藝的鍛鍊後，太極拳的形式與結構完整，心神體能的能量充沛，體用關係可以進入第二層，亦即太極武藝的功用上，其所指的就是兩人的對待關係上，第一層屬於知己的功夫修煉，第二層屬於知彼的功夫修煉，體指的是功夫，用指的是對待，具有體的功夫，用在對待才有無盡的變化，這種變化是建立在體之上的。所以說：秉立天之道，陰與陽為體，法立地之道，柔與剛為用，以捨己從人之法，剛柔相濟之勢，在對待上我獨知人，人不知我，修英雄所向無敵。

---

[31] 同註 20。

打手拳之打手的修煉體系表

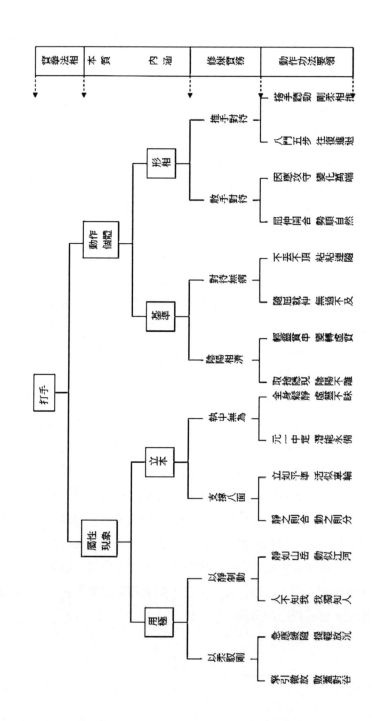

太極武藝從功操，套拳的修煉，建立個體上心神、體、能的成就，進而修煉推手對待、散手對待，利用陰陽相濟，剛柔互用之理則，使之達到對待無病的功夫；從功夫的修煉上達到內在的執中無為，身形上支撐八面，而達到以靜制動，以柔馭剛之功用，為詳細其作用，請詳閱體系表[32]。

從對待無病上，擴而充之到應事應物上的「全體大用」的境界，進入體用觀的第三層，以立人之極的陰與陽為體，立地之極的柔與剛為法，達立人之極的仁與義之全體大用。在自然界中陰陽、剛柔等自然法則，彼此相消相長，變化不已，人能了解此自然法則後，人生問題亦能看得透澈，遇到問題時應付自如，由此而確立正確的人生觀，此人生觀不僅為了個人小我，同時還是為了大我的人生，此大我的人生即是仁與義的發揮，仁與義是人之所以異於禽獸，以及人之所以成德成聖的根據，人倫世界的萬善皆由此而出發，所以孟子對仁義之言特別多如：「仁者也，人也，合而言之，道也。」（《盡心》下 16）「仁，人心也。義，人路也。」（《告子》上 11），「仁，人之安宅也。義，人之正路也。」（《離婁》上 10），仁義，人皆有之，因此居仁由義便是人人之事，而且人亦理當以仁存心，從義而行，仁義之行乃人之天職，人的性分，人之稟賦不足，可以彌補；人之氣質不美，可以變化，人人皆應「居仁由義」，以安頓自家生命，開拓人生的前途。經由仁與義的修為，心會操持，以仁義為依歸，則無往而不利，達到太極之道的全體大用。由技藝修煉，而達道之依歸，秉此一貫之理，以應事物，則能所向披靡，達元、亨、利、貞之境。

王子和師指出，太極武藝體用的三個階段有其修煉的次第，依次為：「正形氣、知守一、覺變通、會類系、通型範、神變化、明道體、歸道化、藏器用[33]等九大步驟」，通稱為三層九階，層層進昇，盈科後進，達體用合一之道，反應在太極武藝上即是「打人不對，不打人不對，沖和為貴」，這才是太極武藝立人之極仁與義的真精神。因此吾人必須本著「天行健，君子

---

[32] 王子和輯錄：《太極拳涵化文集》（臺北：養正堂文化，民 91 年），頁 208。
[33] 同註 32，頁 167。

以自強不息」的精神，依照傳承上正確的方法修練，建立太極道體，並以此體用對待變化莫測的客觀環境，以此印證太極武藝，而體悟太極生活化，與生活太極化的太極人生，太極人生即是道化人生亦即盡心知性以知天，存心養性以事天，修身不貳以立命。萬物皆備於我反身而誠。

五、結語

太極拳的修煉是結合形上的理法與形下的拳功合而為一，落實於生活世界及歷史傳承而不斷開展的，亦可說太極拳的修煉必須正視到太極的理法，實拳本身及自我實踐的覺知，三者一體且互動關聯，環環相扣。而問題的核心則在於實踐的落實。實踐的落實才能達至人生的圓滿。由人作為一個活生生的大生命體對於太極性理的根源之探問與契入而引發生命實踐的動力，此實踐動力是藝道一體，渾化太極的體用哲學。太極拳的體用修煉由形而下的心神體能的修煉，在盤架、串拳的修煉中，轉化身心的材質，使物質的身體提升為精神的發用，達到益壽延年不老春的生命動力，在精神發用下，生理的和諧循環，促使心靈意志的安定與專一，達到覺知明敏，心靈澄明。由自身的修煉實踐，進德修業，推己及人，輯藝為舟，薪火相傳，光耀太極人世間，使人人受益，太極藝業普傳於人間，達到藝道一體的太極人生，圓滿和諧。

太極人生的圓滿其實踐的內涵可概括為下列五點[34]：一為契合太極性理的理法掌握。二為立身中正的身形結構的建立。三為捨己從人的因應之道。四為德藝暢流的藝業修煉。五為藝道一體的道化人生：

（一）契合太極性理的理法掌握

太極拳之所以名為太極拳，就在於拳術的技藝其意識與型態方向是本著太極性理思想所醇化而形成的，太極性理的思想體系，是宇宙萬物最高層的

---

[34]　同註10，頁221。

法則性的觀念，太極拳就是這種法則的具體化，修煉太極拳就是掌握太極性理所演化的拳理拳法。

（二）立身中正的身形結構的建立

太極的本意即是圓滿無缺，無缺陷處，無凹凸處，拳術的運轉變化達到無過不及，隨屈就伸。這種屬屈伸開合聽自由，運轉自如，鬆通無礙，是人體結構合乎立身中正的規法所表現出來的形象，人體隨時掌握「中」與「正」的身形姿勢，才能使「鬆」得以正確的發揮，由立身中正，全身鬆靜，進而入於心靈的修煉。太極拳的踐其形，在於促使身心皆能符合中正之理，中正而能鬆則能達於「和」的境地。

立身中正就是人體結構上的豎軸，由頭頂骨的頂點引下垂一線到尾閭骨尖端所成，這一根軸即拳論上所謂「尾閭中正頂頭懸」。立身中正的修煉就是掌握身體的豎軸，在實拳的運動上達到不偏不倚的周身運動。精確掌握到立身中正的要求，則王宗岳太極拳論中所提到的「虛靈頂勁，氣沉丹田，不偏不倚，立如平準，活似車輪，尾閭中正神貫頂，滿身輕利頂頭懸，中正安舒，支撐八面」，才能真正的領會立身中正則身體勁力的運用才能均衡而不偏，力能均衡則能達到相反而相濟而相和。人的一呼一吸，一動一靜皆相濟相和，則身心能虛靈無礙，感而遂通。身心猶如虛空，鬆通透空，存在的是一種明敏不昧的知覺性能。能立身中正則身心虛靈不昧，此時太極拳即是入於道的體現。

（三）捨己從人的因應之道

實拳的修煉先從立身中正的身形姿勢建立，結構完整，盤架串拳皆能符合規矩，動之則不偏不倚，無過不及，靜之則立如平準，支撐八面。動靜得宜，體正圓滿，進而修「以心行氣，以氣運身」的知覺一氣，使身心達到內外相合的要求。實拳的作用即是實功的對待因應；太極拳的對待因應之道是採取捨己從人，因應隨順的法則發揮技擊對待的功能。捨己從人在於泯除個人主觀上的好惡成見，在鬆靜自然，心無成執的觀照之下，以自身本然的感

覺，通過感官的直覺與身體的接觸而獲得對方各方面的信息，在接觸的一剎那加以處理，達到彼不動，己不動，彼微動己先動的控能力。能捨己從人，則能應物而運，不執成心，故能以物為法，隨順因應，對待變化，無所凝滯，感而後應，緣理而動。捨己從人的因應之道，主要在自身虛與靜能力的培養，虛才能不主觀，靜才能不浮躁，從虛與靜的涵養，完成因應的目標。能虛能靜使心意識無造作，達以「無知」的自然狀態，除去心中的造作，在「無知」的自然狀態下，則無不可合，無所不因，無不可合，以我合彼，而獲我所欲；無所不因，則力無勞累，而功成以就，心不動而形隨。如拳論上所言「靜中觸動動猶靜，因敵變化示神奇」。動中含靜，靜中觸動，動靜互伏，動也是定，靜也是定，無為而無不為，達到捨己從人的因應之道。

（四）德藝暢流的藝業修煉

太極藝業修煉所追求的是身心靈慧的圓滿，在益壽延年不老春的太極內涵中，流露生生不息的生命場域，在此場域中得到自我的肯定，自我的充實，德業暢流於生活場域之中，營造太極人生的社會總體，達到真善美的人生境界，順逆二勢融合於心中，得其道化於太極武藝的技藝行為上，符應於太極的性理思想，使太極理氣勢暢流於藝業修煉上。

由技而進於道是太極拳藝業修煉的進路，三極徵見之中所澆注的是仁心德性的道德精神的涵養，經由仁義德性的精神追求，太極武藝才能傳薪不已，王子和師在《法統頌》中明確的指出，太極武藝的藝業修煉在於：[35]

> 承先啟後，偕道同遊，廣法濟渡，輯藝為舟。
> 廣法濟渡，傳薪不已；輯藝為舟，德業暢流。
> 至言正風，至理正蒙，有情有信，無為無形。
> 有情有信，三極徵見；無為無形，光耀永恆。

---

[35]　同註32，頁239

太極拳的德藝能光耀永恆，必須透過實踐與詮釋，在至言正蒙，至理正風的正功正法下，太極拳藝業的追求才能落實於生活場域之中，成為生生不息，永無止境的人生價值。透過不息的修煉，由技藝的修習轉化為德業的充實進而轉化為道術之境地，人人相忘於道術之爭，逍遙於太極園地。太極武藝成為吾人身心的活水源頭，每天懷抱一顆真誠而喜悅的心，涵詠於太極道境之中，自彈無弦曲，心中真樂園，鳶飛魚躍之情躍然於生活之中，內心充滿飛躍揚昇之氣，精神抖擻，益壽延年不老春是真實不虛，如實俱在。

（五）藝道一體的太極人生

由著熟而漸悟懂勁，由懂勁而階及神明，是太極拳藝道一體的實踐進路。太極拳藝的修煉，開始必須謹守規法，在正功、正法下，嚴守規矩，毫不苟且，久之則達於身心內外相和，與之對待相應則合於變化之中，因應對待，掌握時機，動而時發，應物而運，不執成心，入於技藝之精妙處。周身一體，知覺一氣，志氣如神，能定能應，不將不迎，不即不離。達於究竟則無為而無不為，造於道化圓融之境，達到太極人生的全體大用，修英雄所向無敵。仁心德行遍潤於全體之大生命之中而無敵於天下，化三極之道，三極徵見於無為無形。《莊子‧養生主》[36]中庖丁解牛之由技進於道，是修習太極拳藝道一體的最佳寫照。

庖丁從解牛之技進而入於道的境界，其心路歷程也經歷了一段漫長十九年之歲月。由感官的接觸學習，摸索經過了三年的族庖、良庖的折割技巧，漸漸的熟悉牛之整體結構，對牛整體結構的熟悉，在拳藝上稱之為著熟。著熟乃是對象的學習與認知，透過了技藝的熟巧，主客漸漸的融為一體，身心合一，從技藝的要求與約束，達到專一執著的著熟技術，逐漸達於無執的心靈，在因應隨順的心境下，主客一體，心念一致如莊子所言：「刀之所致，莫不中音，合於桑林之舞，且中經首之會」，由著熟而漸悟懂勁，心會操持，無往不利，達於心靈的自由解放。如拳論所言「屈伸開合聽自由」。技

---

[36] 王邦雄著：《莊子，內七篇，外秋水，雜天下的現代解讀》，頁156-157。

巧上達到手與心應，指與物化的程度，最後忘掉了感官的依賴，純以神行，如莊子所說：「以神遇而不以目視，官知止而神欲行」，身心靈，知覺一氣全體參與，意識功能遍入於四肢百骸，神氣流行，彼此相和，互滲互入，主客之間達於完美的整體互動，如太極之運行，陰中有陽，陽中有陰，此中道化之境即是藝道一體的太極人生。

後新儒家與現代之後學術研討會有感

賴賢宗[*]

　　2016 年 1 月 9 日早上筆者與孔令宜南下臺中，一起拜訪敬愛的蔡仁厚教授賢伉儷，下午筆者參加元亨書院主辦的後新儒家與現代之後學術研討會，此是針對林安梧教授的學術成績之研討會，也是用以慶祝他的六十大壽。環繞林安梧教授在學術創立的後新儒家思想的各項議題，青年學者發表論文，展開討論。

　　在最後一場的學思論壇之中，筆者受大會邀請與林安梧教授對談，作為引言人，筆者發言解釋：所謂的「後新儒家」是要在當代的情境來發揚新儒家哲學，是宋明新儒家哲學的當代的顯揚。有些人誤解新儒家哲學是指牟宗三，而後新儒家是要和牟宗三作一決裂。筆者以為，林安梧的後新儒家與批判儒學並不是要與牟宗三哲學做一個斷裂，而是要批判地繼承，在學術上客觀講求而明瞭牟宗三哲學的優缺點，進而在當代的新的語言與實踐環境來重新發揚，使得儒學永昌。此次研討會的主題之中所謂的「現代之後」是「現代性之後」的意思。「現代之後」是要超越西方的啟蒙運動的「現代性」之理性窄化以及本體失落的問題，西方經歷了兩個世紀末陷入了文化的虛無主義。我們要發揮亞洲哲學的精神傳統，尤其是儒家哲學來充分發展「現代化」，追求理性運用所帶來的富足與科學成果，然後超越之，也要克服西方的「現代性」之危機。

　　如此，林安梧的後新儒家哲學要批判現代社會的虛無主義的文化危機，此一工作是透過反省並重整現代新儒家哲學的思想資源（熊十力、唐君毅、牟宗三）來完成的。如林安梧所說的由牟宗三回到熊十力，由熊十力回到王船

---

[*]　臺北大學中文系教授，東西哲學與詮釋學研究中心主任。

山。林安梧批判康德的二層存有論，以為他的同輩學者引用康德而會通康德
與儒家的逆格義將削弱儒家之生命力，自陷於康德的主體哲學、本質主義。
林安梧轉而從本源的開顯及社會歷史的人的存在的總體性入手，這是他所說
的由熊十力回到王船山。由牟宗三回到熊十力，是從「二重存有論」回到熊
十力的「體用不二」之論，此處的另一個意義是銜接上成中英的當代中國哲
學的本體詮釋學（Onto-Hermeneutics）。由熊十力回到王船山，甚至銜接現當
代西方的政治法律哲學，後者是要疏理學統、道統、政統在當代華人社會的
糾結。

　　本體詮釋學、中國哲學的本體詮釋在華人哲學家之中主要是由成中英提
倡，而由筆者、潘德榮、楊宏聲教授……等人加以發揮。林安梧受到成中英
的啟發，運用其學術語詞，而返回現代新儒家的學統而闡明自己的一套，主
要是將「存有三態論」等學說稱為「本體詮釋學」。為何要講明本體，提倡
本體詮釋學？宋明新儒家闡明儒家的體用論與心性論，主要在於闡發心體與
性體，而有進於先秦儒家哲學。至於闡發心體與性體迴環一本的本體，發揚
本體的問題意識，尤其是與海德格（M. Heidegger）的此有詮釋學、迦達默爾
（H. Gadamer）的哲學詮釋學加以匯通，從而建構具有東西哲學溝通的意義的
討論，真正具有中西哲學會通之廣度與高度者則是成中英的創獲，筆者亦繼
起而著述發揮，筆者著有《儒家詮釋學》、《道家詮釋學》、《佛教詮釋
學》、《天台佛教的解脫詮釋學》、《詮釋學與意境美學》、《道家禪宗與
海德格的交涉》等專書，繼承成中英在本體詮釋學上的創獲。成中英先生雖
然提出本體詮釋學也多所闡揚，但是他自己還缺少系統化的與整體性的深入
闡釋，缺乏專書著作，筆者嘗試進行這些缺失加以彌補，而開展本體詮釋學
在儒釋道三家以及美學上的各個思想面向。

　　又，本體詮釋學不僅是哲學思想的，而且也是文化的與實踐的，這是筆
者在《道家詮釋學》第二部的象徵詮釋學以及在《天台佛教的解脫詮釋學》
一書所進行的實踐詮釋學（Practical Hermeneutics）的宗旨。實踐詮釋學討論價
值的實踐活動及其所涉及的各項課題，涉及象徵者稱為象徵詮釋學，涉及解
脫體驗者稱為解脫詮釋學，涉及文化活動者稱為文化詮釋學。從實踐詮釋學

再往前一步就是社會實踐平台的建構與經營，在這個方面，林安梧教授建立了元亨書院，而筆者最近四年推動「經典唱持與人文詮釋學會」，以及「臺灣烏鐵奉茶協會」，正在此意。

又，此次筆者與林安梧教授對談的主題是「承天命、繼道統、立人倫、弘斯文」。此中，筆者闡明：在這四個討論項目，首先應該探討的是「繼道統」，道就是本體，「繼道統」就是要繼續在當代文化中為華人的生命力本體。此中，儒家向來是中華文化的主流，我們當以進行儒家的當代本體詮釋為首要任務，為全世界之華人立生命之本體，本體明而後文化有根源，本體明而後生命能大用，故繼道統必先講求中華文化之本體詮釋。所謂的繼道統，筆者們要問華人之道統是什麼？如何繼？當代新儒家們不要再走宋明儒批佛老的封閉的老路，而是要做個通儒、達儒，要做個通達儒釋道三家的本體之知的全儒。牟宗三是現代新儒家之挺拔英秀，其思精深閎大，但他批評佛道圓教是團團轉的圓，不能為價值貞定之源，牟先生又判朱熹是別子為宗，乃是他抱持偏見及系統扭曲之判教（本體詮釋）。「繼道統」是繼成本體詮釋以及開展批判活動。又，已經明瞭「繼道統」之後，就知道「承天命」，這裡應該是就學術文化的發展來討論「承天命」，例如前面所說的由牟宗三回到熊十力，由熊十力回到王船山，重新建構中國哲學的本體詮釋學，並發展根源系的與社會性的生命存在的總體性。復次，「承天命」之後，在應用上就還有「立人倫、弘斯文」的文化開展的問題。此中，疏理學統、道統、政統在當代華人社會的糾結，進行各種意識形態的批判，顛覆政治社會的結構性扭曲，在當代環境之中重新展開內聖外王之道，這些都是「立人倫、弘斯文」的重要課題，也是當代儒學具有社會批判功能之處。

而牟先生的海德爾哲學的解釋，也犯有相當多的誤解和曲解，例如以為基本存有論是預設了此有的有限性，缺少康德所說的智的直覺而不能開顯真正的超越的形上學。其實，此有是即有限性即無限的。超越的形上學對於海德格當然不是問題，問題是如何表現超越必須是用有限性即無限的存在方式，一般的超越的形上學還停留在存有的遺忘之中。而且晚期海德格討論無、本成發生，超越了存有的意義的開顯活動，而通過無自無，進一步到達

了即開顯即遮蔽。

此外，從海德格方式的儒家哲學詮釋，來對比或甚至是取代康德的自律倫理學的孟子儒家哲學詮釋，也是一條可以發展的道路，此道路如林安梧、袁保新和筆者曾經多次闡發。又，本來只以自律（Autonomie）與形式主義來解釋康德哲學，以自律倫理學來解釋康德倫理學，像是李明輝那樣，以思想史之中的注釋學方式的康德倫理學的詮釋，想來發揮牟先生儒家哲學與康德哲學的深刻見解，是過於僵化及深度不足的，失落了很大部分的康德哲學上的詮釋內涵，尤其是和很多康德哲學的當代詮釋是格格不入的。康德哲學當然具有動力論的意義，以及具備最高善作為辯證的理想這樣的本體論的涵義，尤其是在他的第三批判與後期批判哲學之中，而不是李明輝那樣淺陋的康德詮釋，侷限在自律性與先驗哲學的形式主義而未能把握康德哲學的精彩。牟先生很清楚康德所說的道德的信仰之中，所包含的道德的形上學的內容豐富性，來對比於相關於自律倫理學的原理分析，所成就的道德底形上學。但是他將道德的形上學歸屬給宋明新儒家的心性論與體用論，而認為康德哲學在此不能進一步加以順成，牟宗三的原意只是在於凸顯儒家哲學難以取代的優點，並沒有將康德哲學的詮釋予以窄化的企圖。但是到了李明輝的手上，康德哲學的詮釋，日益成為僵化的解釋模式，則將他自己的解釋固定化成為的唯一解釋，變成一種獨斷論。筆者認為李明輝這樣是對於康德哲學的固有內涵與其詮釋可能面向的扭曲與誤解，這樣的扭曲與誤解，是不能達到真正東西哲學的對話與溝通的。東西哲學的健全的對話與溝通，是要回到熊十力、方東美、牟宗三、唐君毅等人的開放性的與多元化的詮釋傳統。

在基本態度上，我們對於牟先生的判教或說是中國哲學的詮釋理論，是要在大體上與在大原則上加以繼承，而在局部與細部問題上，必須就學術而論學術來加以批評。不可以固守師門，以為凡是老師所說的，都永遠是真理，以為即使老師講錯了，也有講錯的道理，而要有學術的開放批評與健康態度。這裡所說的學術的開放批評與健康態度，是要回到整個儒家哲學的歷史脈動來反思，並且站在開放性的當代中西哲學對話的平台來溝通與前瞻，不可以將牟先生、牟老師的說法定於一尊，甚至視為不可以侵犯的神聖權

威，如此才是儒家哲學的當代發展之福。

又，林安梧及其門人致力於批判儒學，進行創新意義的本體詮釋。近幾年來，林門和筆者所創辦的臺北大學人文學院的東西哲學與詮釋學研究中心進行學術合作，共用平臺，為當代中國哲學之本體詮釋而協作共進。在此，批判儒學與本體詮釋二大流有統整協進之勢，此為華人哲學界一個深值注意之新方向。而且，雙方不僅是思想上的協作，還透過各自所創辦的書院及社會活動，落實文化、社會之實踐，祈盼立下典範，拋磚引玉，人文化成，讓儒家文化永遠活在當代人的心中。

筆者在此次研討會中，贈送親自書寫的書法一幅與林安梧教授及與會諸君共勉，書法內容為朱熹與張栻論學互勉之詩作。題辭如下。

　　永續儒家慧命
　　朱元晦與張南軒城南唱和詩
　　於民國一百零五年之後新儒與現代之後研討會前夕，寫贈林安梧兄及
　　與會諸君，寄詩中長吟伐木篇之雅意。祈儒學永昌。
　　賴賢宗敬書

又，任教於淡江大學與醒吾大學的講師孔令宜小姐為孔子第七十六代孫，曾經協助父親孔祥祺先生（孔子世家譜續修工作協會臺灣分會會長）編撰新版孔子家譜。她對於孔學以及臺灣的孔子文化之研究貢獻良多，此次也敬贈一尊孔子聖像與論語屏風給林安梧教授，敬奉陳列於研討會會場，作為研討會的精神表徵。

　　　　　　　　　　　　賴賢宗，完稿於 2016 年 3 月 5 日，澄觀堂

承天命、繼道統、立人倫、傳斯文：
「後新儒學」與「現代之後」學術研討會
——林安梧教授回甲學術會議側記

王慧茹*

　　歲在乙未，暮冬春啟，天朗氣清，惠風和暢。「『後新儒學』與『現代之後』學術研討會：林安梧教授回甲學術會議」，於 2016 年 1 月 9 日，在中興大學召開了，這場會議由元亨書院主辦、臺北大學東西哲學與詮釋學研究中心協辦。元亨書院是林安梧教授於 2008 年 9 月創辦發起，召集邀請友好同道師友參與，至 2015 年底，已舉辦過四百多場的民間講學及學術活動，並出版《元亨學刊》四期。至今，元亨書院即將邁入第八年，門人弟子，遍及宇內。故本次會議的主要目的，除為本院開院導師林安梧教授祝賀六秩壽辰外，更兼有期勉同門師友繼續深研學術、傳述經典教化之意。

　　林安梧教授是當代新儒學第四代的重要代表人物，著作等身，在船山學、宗教哲學、意義治療學、經典詮釋學、後新儒學、通識教育等領域，開啟了許多重要的論述，其中更締造了「存有三態論」的哲學體系，為儒學如何面對現代化之後的公民社會，指引出重要的實踐方向。值得我輩進一步耕耘、承繼與開新。會議秉持著「以文會友，以友輔仁」的儒門精神，圍繞著「後新儒學」與「現代之後」此一核心。探究以下四項子題：

　　1.從「兩層存有論」到「存有三態論」。

　　2.道的錯置、異化與歸復。

---

* 輔仁大學中文系兼任助理教授。

3.經典、詮釋與生活世界。

4.承天命、繼道統、立人倫、傳斯文。

當日會議共計發表十四篇論文，環繞會議主題，深入論述，就林安梧教授的學術思想及所涉儒道佛及西方哲學，提出多元的闡釋論析，不只「照著講、跟著講」，而且「接著講、對著講」。從中，我們看到了批判的繼承與創造的發展。

在場有來自海峽兩岸的諸多師友，彰化師範大學國文系前系主任周益忠教授、僑光科技大學學務長翁志宗教授、中興大學王慶光教授親臨致詞；在大陸辦學的前臺中教育大學王財貴教授，亦錄製祝賀辭，以影音媒體「超越」的方式，參與盛事；更有山東大學前文史哲研究院院長、現任山東大學哲學系及詮釋學研究中心主任，傅永軍教授的微信賀訊：「安梧兄大喜！回甲學術會議，適逢其時，兄經年累月為中國文化搖旗吶喊，探尋新路，可謂殫精竭智。明道立言，窮理溯源，可謂『詩文隨世運，無日不趨新』。後新儒學，續儒家道統，接西學新枝，可謂『玉在山存，珠存川媚』。吾兄居功至偉！願吾兄身心康泰，道業昌隆，遍收群山，一覽眾山。」拜 3C 產品及網路所賜，本會舉辦的時程雖僅有一日，兩岸師友若即獲訊者，旋即傳訊致賀林老師壽辰及會議成功，或由臉書同步祝賀，「以不在場的方式，同時在場」，於此，筆者僅藉大會名義，向眾師友致上最深的感謝與感恩。

由與會發表論文的青年學者、林安梧老師所指導的學生輩們觀察，已可明顯得見林門子弟研學方向的傳承與多彩：有中央大學中文系及儒學研究中心主任楊自平教授、實踐大學應用中文系主任李宗定副教授、逢甲大學中文系廖崇斐助理教授，及許育嘉、盧其薇、張榮焜、李彥儀、謝淑熙、王慧茹、賈承恩、譚宇權、林柏宏、關啟匡等，諸多來自各大學的青年學者們，針對林老師目前的學術研究與哲學構建，各自提出不同面向的對比性論述。同門論劍，輝光多彩，尤其特別的是，被討論的核心對象、我們的指導教授「真人」正在現場，後輩學生的產出，亦各有火光，不論所思所慮是否已趨成熟，都是一種自我鞭策與交互砥礪的研精轉深，更是「舊學商量加邃密，新知培養轉深沉」的體現，有會而有味。

　　由於本次會議的核心，是環繞著「後新儒學」與「現代之後」展開，當日會議涉及多方，從林老師的教育哲學、存有三態論、本體實踐學，意義治療學，甚至哲學的話語與方法諸論題，都有所論及。盼望能在廿一世紀全球化的多元論述中，從儒道佛三教的角度奠基出發，參與共同對話，期能達到道通一貫，通同合一的實踐。

　　首場，由林安梧教授就個人的學思歷程做專題演講，林老師期勉門人弟子，不論在任何學程中任職執教，都應戮力於經典講習，續成文化道統。天地有道，人間有德，傳習有願，師友互持，便能圓成個人及大千世界之價值理想。本次會議中場，特別邀請歌唱家林惠美老師，為林老師獻上二首古詩吟唱，以為祝福。詩曰：

> 綠竹繞宅慶榮堂，碧野黃穀勤耕桑，吟詩三百風雅月，簷前飛雨灑斜陽，綸巾羽扇竟還甲，丘壑有形勢難當，長鷹破空嘶天嘯，兄台負劍登太行。

其二：

> 禮樂太和詩雅風，吾兄參贊叩晨鐘，周秦諸子經兩漢，魏晉六朝玄佛通，宋明義理尊心性，新儒西學惟孔宗，六合四極自天祐，丙申回甲不老翁。

詩語由林老師的三妹林惠敏老師執筆；歌唱家林惠美老師，則是二妹，曾出版《惠我美聲》專輯；二曲唱畢，全場熱烈鼓掌，歡歡安可聲不斷，獨礙於場地及時間安排，無法讓惠美老師繼續為我輩明耳洗心，嘉惠我輩形器心感，略感遺憾。

　　學生輩們，則為林老師準備了「鐘型木鐸」陶窯工藝品，取《論語·八佾》：「天將以夫子為木鐸」之意，由知名陶藝家蕭克昌先生製作，上有眾受業弟子敬題，林師安梧教授六秩華誕：「會通三教，安立元亨」，以百年

樹人、「仁者，人也」及太極、蓮座之型，取意於林老師會通三教之意，祝福林老師身心自在安康，引領我輩續成文化理想。老師所指導學生，孔門第七十六代孫孔令宜博士，亦恭贈孔子行教圖及《論語》扇面銅刻，題曰：「梧桐鳳飛安天下，賢哲義配宗道濟」，為林老師賀壽祝福。

　　中場茶敘後，由「第廿二屆全球中華文化薪傳獎得主」蘇清標老師發表論文，講習〈太極人生的開顯〉。蘇老師是林老師以前南華大學哲學研究所指導的碩士，他的碩論《太極拳的哲學》，將林老師的「存有三態論」融攝其中，作為理論，可謂獨步武林。蘇清標老師是楊氏太極第七代傳人，定期在元亨書院開課，「薪傳獎」獲獎一事，恰在林老師壽辰前公布，師門同感榮光。蘇老師並在現場為我輩指導了一場養生操，講授「臭皮囊」轉為「乾坤袋」的養身保生功法，展演楊氏太極拳法。當日，中興大學演講廳中堂外面，初冬庭樹枝落，蘇老師氣旋舞動，下午持續聽講的師友，猶有近百人併同觀覽，一起練功，旁人得見，或當哂我輩正在參與武俠電影拍攝吧！獨此藝此道，又豈是義俠奇情可言！

　　會議的最末的重頭戲，其實是學思論壇。大會邀請了本次會議協辦單位，臺北大學中文系教授、東西哲學與詮釋學研究中心賴賢宗主任，與林安梧老師對談。論壇主題是：「承天命、繼道統、立人倫、傳斯文──談『後新儒學』與『現代之後』」，環繞此一主題，及慶賀林老師壽辰，賴賢宗教授親撰行書大作一幅，祝福林安梧老師及本次研討會成功，並題辭曰：

　　永續儒家慧命
　　朱元晦與張南軒城南唱和詩
　　於民國一百零五年之後新儒學與現代之後，寫贈林安梧兄及與會諸
　　君，寄詩中長吟伐木篇之雅意，祈儒學永昌。
　　賴賢宗敬書

賴教授針對所謂「後新儒家」，再做詮釋疏解。他說：所謂的「後新儒家」是要在當代的情境中，來發揚「新儒家」哲學，是宋明新儒家哲學的顯揚，

並不是要與牟宗三哲學做一個斷裂，而是一種批判的繼承；在學術上，客觀講求而明瞭其優、缺點，進而在當代的新環境中，重新發揚，使儒學永昌。而「現代之後」一詞，更允妥的提法，其實應是「現代性之後」，是要超越啟蒙運動「現代性」之理性窄化，及本體的失落問題。西方經歷了兩個世紀末，陷入了文化的虛無主義，我們要發揮亞洲哲學的精神傳統，尤其是借重儒家哲學，一方面發展「現代化」，也要克服西方的「現代性」危機。如此，林安梧的「後新儒家」哲學，要批判現代社會的虛無主義的文化危機，反省並重整現代新儒家哲學思想的思想資源，如熊十力、唐君毅、牟宗三等，並由牟宗三回到熊十力，由熊十力回到王船山，方能得以落實。賴賢宗教授說：本次對談主題是「承天命、繼道統、立人倫、傳斯文」，但他更盼望我輩，不單單只是「傳承」、或「批判的繼承」而已，而是要「弘斯文、揚文化」，為全世界的華人立生命之本體。本體明而後文化有根源，本體明而後文化能有大用，故言繼承中華文化道統，除了需辨明此一道統的內涵外，更要兼攝當代思維，在全球化的高度下，談當代儒學的社會文化實踐。

賴教授認為，當代新儒家，應該不要再走宋明以來批判佛老的封閉之路，而要做個通儒、達儒，甚至要做個通達儒、釋、道三家本體之知的全儒。賴教授指出：牟宗三是現代新儒家的挺拔英秀，思想精闊博大，但他批評佛、道是「團團轉的圓」，不能為「貞定之源」；並將朱子判為「別子為宗」；這些都是牟先生針對當時社會文化的思考。新一輩的研究者，應該明其限制所在，一方面探本溯源，做原典及牟先生學問的疏通，但更要釐清限制，與當代對話，迎向未來。這是元亨書院和東西哲學與詮釋學研究中心，進行學術合作，共享平台，為當代中國哲學之本體詮釋及儒學批判協作共進，彼此合力統整的努力方向，企盼就社會、文化實踐，學思之融通共榮，拋磚引玉，讓儒家文化活在當代人心中。

林安梧老師回應，他雖長期以來致力於「批判性的儒學」，強調儒學的轉化，提出「存有三態論」之說，但其實「後新儒學」兼涵著「時間意義上」的後牟宗三時代，及「新儒學」之後的思想更新，此「新」之所以可能，是「返本開新」之新，由一陽而言「復」之新、經轉化後的新統。研究

當代新儒學，在方法論上應強調「約定主義」的向度，入於本源，明其開顯，重視歷史社會總體、生活世界。前者接上當代本體詮釋學，後者又可解決並疏理學統、道統、政統，在當代華人世界的糾結。牟先生學思之動能及其影響之鉅，不容置喙，或者更可以說，我的同輩人中，許多學問的養分都來自牟先生，但學理之辨，時空之異，卻是任何一名研究者，必須不斷自我進行對話之處，今天談「後新儒家」、「當代新儒家」，我更盼望可以有後輩轉出開新的面向，亦即可以有更多人參與對話，討論由「牟宗三上溯熊十力，由熊十力上溯及於王船山」的可能。談「儒學革命論」，當然不是世俗口語上的「革命」，而是面對鼎革之際，如何賡續慧命、其命維新之意。現場諸君，絕大多數都是我的學生們，大家讀了我的書就能理解，其他各界各色的批評指教，有機會的話，偶然我也談一談，不過這些也不是重點，重點是，儒家學問不是用來說嘴、寫論文的，而是一氣的感通，端看自家生命做了些什麼，是否積極實踐了「仁」。這許多年來，元亨書院的同道師友，不斷在學問研究上，藏息脩游，相輔互成，就是一種實踐。

礙於本文篇幅，本次論壇內容及學人論文意見，不容一一詳明，元亨書院僅以此專書形式，與海內外師友分享，除誌記此次大會師友之深情厚誼，林老師提攜裁成我輩之功外，亦盼就教方家指正。祝福我輩最敬愛的林安梧老師，福壽綿長，集木成林，繼續作育菁莪，福澤教化，廣披華人。在下一個十年，廿年、卅年、六十年，共同研學論道，一如與會師友們的祈願祝禱一般，儒學弘大，儒門輝光。

純就學術研討會發表的角度來看，本次研討會的最大瑕疵，便是會議時間過短，未能針對每篇論文逐一評騭，大會僅能設列開放共同討論時間；但因其論題、討論對象集中，各項論題皆為我輩所熟悉的領域，加以安梧老師全程聆聽，這項缺陷反而被無意彌補了罅縫。透過各分場主持人的勾連，三至四篇論文的不同觀點，往往被分場主持人一一串述點評，繼而提問深刻，答問緊湊，此誠意外之收穫。林門弟子幾乎遍布全臺各地，來自北、中、南、東的同門學長姐的學思研究，也十分「和而不同」，倒是大家最敬愛的林老師，只在台下「欣賞」我們的各自表述，筆者忝為大會司禮，實在也撥

不出時間，讓林老師回應。

　　老師常勉勵我們，拿到學位的那一天，研究學問之路才剛剛開始，林老師雖達「耳順之年」，但臺灣醫療發達，全臺人均年齡已高達八十三歲。隨著所謂「老年人口」增多，林門學生輩的教授師長們，常是青年學生口中的「歐巴型男」、「無齡女子」老師，林老師則屬「初老級」、「學富 5G（五車）」的資深教授，距離「壯老、長壽老人」，猶有很大的距離，當然這不過是身體機能及生活上的趣談。透過本次會議，倒是更進一步聚集了民間書院的力量，此間，元亨書院的兩任執行長——張榮焜、廖崇斐博士，居功最多，大會順利圓滿，各項瑣事籌辦，多賴廖博士居中聯繫，學長姐們的指點，讓我們在「賴群」上「林門秘密社群」得以順利運作，圓成此次活動，多虧「賴兒」（Line）的 4G 之愛。

　　林老師平日與友朋互動，總是來往低調，不喜無謂酬酢，此次為其籌辦「回甲會議」亦然，我們的討論，一直到最後一刻，「必須」讓老師知悉時，老師不僅再再推辭，且不斷表示萬勿驚擾各方師長，要謙虛低調，年歲壽辰不過尋常云云……。因為我輩始終知道，林老師每逢自己生日那一天，便終日茹素靜坐，以感念父母之恩。會議當日太老爺、太母不便出席，但老師的妻舅、其他的家人們都來了。老師引《孟子・盡心上》「君子三樂」以自況：「君子有三樂，而王天下不與存焉。父母俱存，兄弟無故，一樂也；仰不愧於天，俯不怍於人，二樂也；得天下英才而教育之，三樂也。君子有三樂，而王天下不與存焉。」這場「志道，據德；依仁，遊藝」的研討會，終於必須暫時畫下美麗的句點。簡要摘記當日花絮，未足以言當日點滴，或許這「不典型而典型」的研討會，共參相研的會議，亦可作為一段學術史上的佳話。

　　大音希聲，無象之相，垂拱而化，不著於言之言，不落於研討之研討，正是儒、釋、道三家共會共匯之深意。《易》〈兌卦・象〉曰：「麗澤兌，君子以朋友講習」，承繼道統，端正倫理，講習經典，彰顯價值，亦正是面對新變時代來臨的知常守貞之方。故本次會議與其說是慶賀林老師回甲之齡，感念師恩一類的俗套，毋寧更是藉此作為林門後輩學人，一次自我更

新、學思升級的提醒,一甲子的歲月不短不長,林老師的「研究」也在「繼續成長」中,再次祝願我們最敬愛的老師:福慧圓滿,生日快樂!更盼來日,我輩亦積學得成,同增儒學之新,共豐經典風華!

林安梧教授著作簡目

甲、學術專著

1. 林安梧，1987 年 5 月，《現代儒學論衡》，業強出版社印行，臺北。

2. 林安梧，1987 年 9 月，《王船山人性史哲學之研究》，東大圖書公司印行，臺北。

3. 林安梧，1992 年 8 月，《臺灣、中國——邁向世界史》，唐山出版社印行，臺北。

4. 林安梧，1993 年 5 月，《存有、意識與實踐：熊十力體用哲學之研究》，東大圖書公司印行，臺北。

5. 林安梧，1995 年 9 月，《中國近現代思想觀念史論》，臺灣學生書局印行，臺北。

6. 林安梧，1996 年 1 月，《當代新儒家哲學史論》，明文書局印行，臺北。

7. 林安梧，1996 年 1 月，《契約、自由與歷史性思惟》，幼獅出版公司印行，臺北。

8. 林安梧，1996 年 3 月，《中國宗教與意義治療》，明文書局印行，臺北。

9. 林安梧，1996 年 3 月，《儒學與中國傳統社會之哲學省察》，幼獅出版公司印行，臺北。

10. 林安梧，1997 年 12 月，《儒學革命論：後新儒家哲學的問題向度》，臺灣學生書局印行，臺北。

11. 林安梧，2000 年 9 月，《教育哲學講論》，讀冊文化事業公司印行，臺北。

12. 林安梧，2003 年 7 月，《人文學方法論：詮釋的存有學探源》，讀冊文化事業公司印行，臺北。

13. 林安梧，2003 年 8 月，《道的錯置：中國政治哲學的根本困結》，臺灣學生書局印行，臺北。

14. 林安梧，2003 年 11 月，《兩岸哲學對話：廿一世紀的中國哲學》，臺灣學生書局印行，臺北。

15. 林安梧，2005 年 10 月，《儒家倫理與社會正義》，中國言實出版社印行，北京。

16. 林安梧，2006 年 2 月，《儒學轉向：從「新儒學」到「後新儒學」的過渡》，臺灣學生書局印行，臺北。

17. 林安梧，2006 年 8 月，《新道家與治療學：老子的生命智慧》，臺灣商務印書館印行，臺北。

18. 林安梧，2009 年 10 月，《中國人文詮釋學》，臺灣學生書局印行，臺北。

19. 林安梧，2011 年 4 月，《儒學革命：從「新儒學」到「後新儒學」》，商務印書館印行，北京。

20. 林安梧，2011 年 9 月，《牟宗三前後：當代新儒家哲學思想史論》，臺灣學生書局印行，臺北。

21. 林安梧，2016 年 1 月，《血緣性縱貫軸：解開帝制・重建儒學》，臺灣學生書局印行，臺北。

乙、通識著作

1. 林安梧，1991 年 1 月，《問心——我讀孟子》，漢藝色研文化事業公司印行，臺北。

2. 林安梧，1995 年 5 月，《論語——走向生活世界的儒學》，明文書局印行，臺北。

3. 林安梧，1999 年 1 月，《臺灣文化治療：通識教育現象學引論》，黎明文化事業公司印行，臺北。

4. 林安梧，2000 年 10 月，《老子道德經新譯》，讀冊文化事業公司印行，臺北。

5. 林安梧，2004 年 1 月，《臺灣・解咒：克服「主奴意識」建立「公民社會」》，黎明文化事業公司印行，臺北。

6. 林安梧，2011 年 3 月，《佛心流泉》，當代中國出版社印行，北京。

7. 林安梧，2013 年 3 月，《道可道：老子譯評》，商務印書館印行，北京。

8. 林安梧，2014 年 8 月，《金剛般若與生命療癒：《金剛經》華山九一講記》，萬卷樓圖書公司印行，臺北。

9. 林安梧，2014 年 8 月，《老子道德經新譯暨心靈藥方》，萬卷樓圖書公司印行，臺北。

10. 林安梧，2016 年 1 月，《問心：我讀孟子》，商務印書館印行，北京。

11. 林安梧講述，山東大學尼山學堂採訪整理，2017 年 7 月，《林安梧訪談錄──後新儒家的焦思與苦索》，山東人民出版社，濟南。

12. 林安梧講述，王冰雅、張貝整理，2017 年 9 月，《儒道佛三家思想與二十一世紀人類文明》，山東人民出版社，濟南。

丙、主編之書本著作

1. 林安梧主編，1990 年 8 月，《現代儒佛之爭》（論文集），明文書局印行，臺北。

2. 林安梧主編，1992 年 8 月，《海峽兩岸中國文化之未來展望》（演講論文集），明文書局印行，臺北。

3. 林安梧主編，2000 年 1 月，《一九九九海峽兩岸「通識教育」與「公民養成」學術研討會論文集》，國立清華大學通識教育中心印行，臺灣新竹。

元亨書院簡介

　　書院歷來是民間教育、講學與學術傳承極重要的一環，如宋代四大書院，影響即十分深遠，長久以來，林安梧教授對書院的功能和價值始終心嚮往之。由於籌設一財團法人性質之書院，手續繁瑣、經費龐大，故而幾年來未能實現。2008 年，林教授轉往花蓮慈濟大學服務，本欲將位於深坑讀書寫作的「元亨居」退租，福至心靈，乃順此因緣，邀集同道籌辦書院。是年八月，於臺北召開籌備會議，隔月七日，正式成立。並獲得中華大道基金會張董事長新井與全體董事支持，附設於基會金下，為一合法立案之組織。

　　元亨書院初期，座落臺北縣深坑山河環繞之地。「元亨」出自《易經》：「元者，善之長也；亨者，嘉之會也。」勉勵吾人進德修業，成就君子之德。意義、意象俱佳，亦能沿續原來「元亨居」的命名。自 2008 年 9 月 7 日成立以降，先後舉辦、協辦數百場學術討論及講會活動。並於 2010 年 10 月，正式出版《元亨學刊》，期待藉由彼此學術交流，擴展領域、增廣見聞，深化學養，以傳承學術命脈，發揚文化傳統。

　　鑑於深坑講堂，因地理位置及租賃等因素，限制了書院的發展。2011 年元月，因應長久經營及未來發展之需要，擇於臺中市國光路設置講堂。除延續舉辦常態性學術講習活動，以聯絡學友，廣傳道藝，更以靈活的體制，規劃經典講習、兒童讀經、身心療癒講座等相關活動，逐步彰顯書院之教化功能。2014 年 1 月 18 日，又有臺南薪園講堂揭牌。自此串連起臺灣北、中、南同道，同聲相應，同氣相求，陸續舉辦「周易講座」、「宋明儒學講座」、「楊家老架太極拳」、「惠我美聲」、「四書講習」以及國學、經典講座。宣揚常理常道，志在聖賢之業，不辭涓滴細流，但求可大可久。願斯土斯民，永保華夏命脈。

國家圖書館出版品預行編目 資料

後新儒家與現代之後
——林安梧教授回甲誌慶學術論集

元亨書院主編 . – 初版 . – 臺北市：臺灣學生，2017.12
面；公分

ISBN 978-957-15-1737-7（平裝）

1. 中國哲學 2. 現代哲學 3. 文集

128.07   106013984

後新儒家與現代之後
——林安梧教授回甲誌慶學術論集

主　　　編　廖崇斐
執 行 編 輯　王慧茹、李彥儀、張榮焜、黃勤媛
出 版 者　臺灣學生書局有限公司
發 行 人　楊雲龍
發 行 所　臺灣學生書局有限公司
地　　　址　臺北市和平東路一段 75 巷 11 號
劃 撥 帳 號　00024668
電　　　話　(02)23928185
傳　　　真　(02)23928105
F－m a i l　student.book@msa.hinet.net
網　　　址　www.studentbook.com.tw
登記證字號　行政院新聞局局版北市業字第玖捌壹號
封 面 題 簽　曹昇之
封 面 設 計　紫晶數位有限公司
印　　　製　紫晶數位有限公司
地　　　址　新北市板橋區新民街 7 巷 7 號 2 樓
電　　　話　(02)29630668
定　　　價　新臺幣八〇〇元
出 版 日 期　二〇一七年十二月初版
I S B N　978-957-15-1737-7

12817